Wagner · Grundlagen der Gestaltung

Herausgeber: Prof. Dipl.-Ing. Reiner Thomae

Titelbild: Vierteilung des Würfels, Studienarbeit von Beate Laschet

Friedrich Ch. Wagner

# Grundlagen der Gestaltung

## Plastische und räumliche Darstellungsmittel

Verlag W. Kohlhammer
Stuttgart Berlin Köln Mainz

**CIP-Kurztitelaufnahme der Deutschen Bibliothek**

**Wagner, Friedrich Ch.:**
Grundlagen der Gestaltung :
plast. u. räuml. Darstellungsmittel /
Friedrich Ch. Wagner.
– Stuttgart ; Berlin ; Köln ; Mainz : Kohlhammer, 1981.
(Lehrbuchreihe Architektur)
ISBN 3-17-005776-6


Stuttgart Berlin Köln Mainz
Verlagsort: Stuttgart
Gesamtherstellung: W. Kohlhammer
Druckerei GmbH + Co. Stuttgart
Printed in Germany

# Vorwort des Herausgebers

Architektur im großen wie im kleinen – sei es eine Stadt oder ein Möbelstück – ist auf unterschiedlichen Ebenen zu betrachten und zu werten.
Beispiele für diese Ebenen sind Funktion, Konstruktion, Gestaltung, Wirtschaftlichkeit, Umweltbezug usw. Für ein zu erstellendes Architekturobjekt heißt dies, es ist auf verschiedenen Ebenen zu planen und darzustellen, wobei Planung und Darstellung ebenfalls zu planende Ebenen sind.

Die »Lehrbuchreihe Architektur« des Kohlhammer-Verlags beschreibt für alle am Bau Beteiligten die verschiedenen Ebenen mit ihren Problemstellungen, mit den wesentlichen Verfahren zur Problemlösung und ihren gegenseitigen Abhängigkeiten und Verflechtungen.
Eine lexikalische Darstellung aller Problemlösungen ist nicht unsere Absicht. Die Reihe versteht sich nicht als Ersatz der großen Architektur-Handbücher, wohl aber als ihre Ergänzung: als Einführung in die für das Bauen relevanten Wissensgebiete.
Hierbei stellten wir an uns die doppelte Forderung: das Wesentliche leicht verständlich darzustellen.

*Reiner Thomae*

# Vorwort

Der Gegenstand dieses Buches bedarf einer Erläuterung und Klärung, um Mißverständnissen vorzubeugen. Es handelt sich um eine Einführung in die Grundlagen der Gestaltung für Architekturstudenten. Das bedeutet, daß hier in einen speziellen Ausschnitt der Gestaltungsgrundlagen eingeführt wird. Und selbst dieser Ausschnitt kann nicht erschöpfend behandelt werden; denn für den Bereich der Architektur liegen die Grundlagen der Gestaltung aus didaktischen Gründen noch im Vorfeld architektonischer Gestaltung: zum einen wird der Studierende erst im Laufe seines Studiums in die komplexen Vorgänge der Entwicklung von Architektur eingeführt, zum anderen können Gestaltungsprozesse nicht theoretisch, sondern nur praktisch vollzogen werden. Der direkte Bezug zum Bauen kann aber zunächst nicht hergestellt werden.

Eine Einführung in die Grundlagen der Gestaltung im Bereich der Architektur muß aber auch konkrete Anlässe schaffen, die es dem einzelnen erlauben, in einen Gestaltungsprozeß einzutreten, seine schöpferischen Fähigkeiten zu entdecken und anzuwenden, Gestaltgesetze zu erkennen, ihre Ordnungen zu berücksichtigen und in der Auseinandersetzung mit Materialien und ihren Eigenschaften Objekte zu schaffen, die exemplarische Lösungen grundlegender Gestaltungsaufgaben darstellen.

Das Buch ist in fünf Bereiche gegliedert, die verschiedene Einzelthemen enthalten:

**Denkmodelle (Teil 1)**
**Kreativität (Teil 2)**
**Topologische Ordnungen (Teile 3 bis 6)**
**Geometrische Ordnungen (Teile 7 bis 9)**
**Ausblick auf Architektur (Teil 10)**

Die Reihenfolge der Themen folgt einer »inneren« Logik insofern, als vom Einfachen zum Vielschichtigen, vom Spielerischen zum streng Durchdachten fortschreitend der Studierende immer tiefer in die Grundlagen eindringt und dabei dann, wenn es ihm gelingt, die Erfahrung macht, daß das Strenge spielerisch werden kann und das Komplizierte einfach.

Die theoretischen Grundlagen beschränke ich auf das Minimum. Sofern sie in Büchern zur Verfügung stehen, wird darauf hingewiesen. Der Studierende soll sich im Laufe des gestalterischen Arbeitens selbständig um theoretische Grundlagen bemühen. Hier geht es in erster Linie um praktische Übungen und um das Wagnis, sich in einen Gestaltungsprozeß einzulassen. Daher gebrauche ich bei Partituren und Aufgabenstellungen auch sprachlich die direkte Form.

Mein besonderer Dank gilt an dieser Stelle allen Studierenden, die durch ihre Arbeit und durch Gespräche die Grundlage und die praktischen Beispiele für dieses Buch geschaffen haben. In Dankbarkeit gedenke ich meiner Lehrer Walther Hennig, Karl-Heinz Wienert, Egon Eiermann und Arnold Tschira, die meinen eigenen Weg geprägt haben und leider nicht mehr am Leben sind. Ganz herzlich danke ich Rolf Lederbogen, der mir ermöglicht hat, die Lehre der Gestaltungsgrundlagen zu erarbeiten, und bei dem ich gelernt habe, andere zum Machen anzuleiten und das ganzheitliche Machen als eigenen Wert zu achten.

Karlsruhe, im August 1981 *Friedrich Ch. Wagner*

# Inhalt

**Abb. 1-1** Aufbau einer Flächen-Struktur aus Stäben zu einem Festzelt (S. 158)

# 1 Allgemeine Grundlagen

## Bemerkungen zu einigen Begriffen

### GESTALT

Ethymologisch finden wir das Wort Gestalt im Zusammenhang mit Gestell, feste Form geben, still halten, zur Ruhe bringen (s. Kluge, ethymol. Wörterbuch der dt. Sprache). Gestalt ist die Summe von »stalt«, von Erstelltem, der Inbegriff, die Ganzheit des Erstellten. Jeder Mensch überträgt sein Gestalt-Wissen, das Wissen um seine eigene Ganzheit, seine Gestalterfahrung, auf seine Umwelt. So begreift er sie, ordnet und beherrscht sie (z., B. im Vorgang der Namengebung). Aus der Erfahrung der eigenen Ganzheit aus Leib mit Materie und Form, aus Seele mit Empfindung und Ausdruck und aus Geist mit Sinn und Leben fließt die Gestaltung, die Menschen vornehmen.

### GESTALTUNG

Das Bilden von Gestalt, die Gestaltung, ist immer Selbstdarstellung. Darstellung des eigenen Seins auf verschiedenen Ebenen: leiblich, seelisch und geistig, in verschiedenen Medien: Sprache, Ton, Bild, Körper, Raum usw. und mit verschiedenen Zielen: im sozialen Umfeld, zur Befriedigung verschiedener Bedürfnisse, zur Knüpfung und Lösung verschiedener Beziehungen, zur Erfüllung verschiedener Funktionen, letzten Endes zur Lebensbewältigung.

### GANZHEIT

Alle diese Darstellungen gestalten Menschen ganzheitlich, sofern der Gestaltungsvorgang direkt auf den Menschen bezogen bleibt. Ganzheit trägt immer den Charakter von Einheit, heil sein, unzerstört, einssein. Sie besitzt Ordnung und eine Grenze. Wenn sie nicht erreichbar ist, so bleibt sie doch Ziel der Anstrengungen.

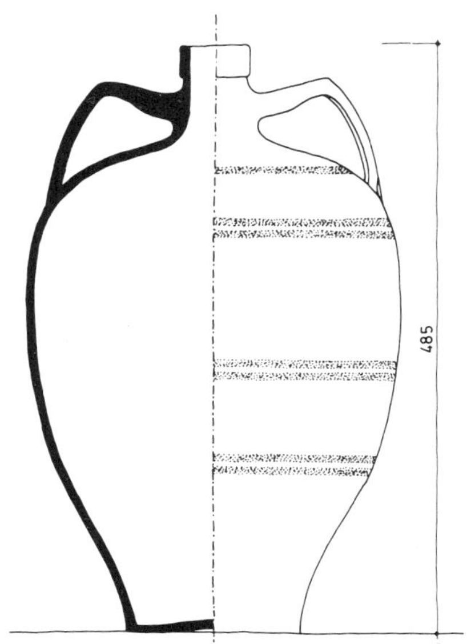


**Abb. 1-2** Wasserkrug aus Siphnos
aus: F. Ch. Wagner: Die Töpfersiedlungen der Insel Siphnos. Selbstverlag, Karlsruhe, 1974

### GRENZE

Die Ganzheit lebt im Kampf um die Grenze, um den Ausgleich zwischen Öffnen und Schließen, Bergen und Verströmen, Wagnis und Bewahrung. Die Grenze wird bestimmt durch die innere Kraft, die innere Ordnung, den Selbstwert und Sinngehalt in der Auseinandersetzung mit der äußeren Kraft, der Formkraft der Materie, dem Chaos, der Formkraft des Verfalls. Das Material der Grenze wird bis an seine Grenze beansprucht wie z. B. bei einem Wasserkrug aus Ton **(Abb. 1-2)**.
Form ist alles, auch Chaos ist Form: Unform. Gestalt ist die durch einen Sinn begrenzte Form, dienende, einem Inhalt dienende Form: einer Aussage, einer Bedeutung, einer Beziehung. Gestalt steht und fällt mit der Formulierung der Grenze.

Was liegt nun zugrunde, wenn ein Mensch Materie in eine Gestalt zwingt? Was befähigt ihn? Welche Beziehung hat er zu anderen »Tätern«?
Zugrunde liegen Gestaltmerkmale, die er in sich selbst besitzt. Er wendet sie an zur Selbstdarstellung indem er Ordnungen errichtet, die ihm selbst entsprechen mit Maß (Grenze) und Ziel (Sinn und Bedeutung).

KREATIVITÄT

Zugrunde liegt auch die Fähigkeit, zu schaffen, immer neu die Grenze zu errichten zwischen Innen und Außen, Sein und Nichtsein, Sinn und Unsinn. So baut er Beziehungen auf oder zerstört sie, er ändert sie oder behält sie bei in einem täglichen, meist unbewußten Prozeß.
Er bedeutet anderen Tätern, Gestaltern, etwas durch seine Schöpfungen. Er lebt im Voranschreiten zu Neuem, zu sich selbst und wem es zuteil wird, wer ihn annehmen kann und angenommen wird, zu Gott.

BEWUSSTSEIN

Die Beschäftigung mit den Grundlagen der Gestaltung bedeutet ein Anheben der Vorgänge ins Bewußtsein, ein Kennenlernen und Anwenden der gegebenen Ordnungen im Sichtbarmachen der eigenen Gestalt mit dem Ziel der Sinngebung, der Selbstfindung, der Lebensbewältigung schlechthin. Damit aber auch mit dem Ziel, über alles Immanente hinauszugelangen und Gott, dem Lebensziel außerhalb des eigenen Lebens zu begegnen. Im Religiösen haben alle Völker Sinngebung gefunden und damit den Ansatz gemacht, über die Selbstdarstellung hinauszugelangen. So sind die Kultbauten aller Epochen jeweils Höhepunkte architektonischer Gestaltung: Summe aus technischer Beherrschung des Materials, aus funktionaler Form und aus der Darstellung höchster Werte in einem geordneten Ganzen, das allen Beteiligten kommunizierbar ist und ihnen etwas bedeutet.

MACHEN

Schließlich ist die Beschäftigung mit den Grundlagen der Gestaltung nur möglich durch Selber-Machen, durch den Vollzug von Gestaltungsprozessen. Sie gelingt niemals theoretisch! Das Machen, das Umgehen mit Materialien und ihren Möglichkeiten mit dem Ziel, Formen nachzuspüren, Gesetzmäßigkeiten zu erfahren und dann Inhalte auszudrücken, erweist sich als ein eigener Erkenntnisprozeß, der nicht durch etwas anderes ersetzt werden kann.

**Literatur:**


*Arnheim,* Rudolf: Anschauliches Denken, Verlag M. Du Mont Schauberg, Köln 1972

*Bloomer,* Kent C. und *Moore,* Charles W.: Architektur für den »Einprägsamen Ort«, hrsg. Gerald R. Blomeyer und Barbara Tietze. Deutsche Verlagsanstalt, Stuttgart 1980

*Hall,* Edward T.: The Hidden Dimension, Garden City, N.Y. 1966 deutsch: Die Sprache des Raumes, Düsseldorf 1976

*Jenny,* Hans: Kymatik, Bd. 2, Basilius Presse AG, Basel 1972

*Küppers,* Harald: Farbe (Ursprung, Systematik, Anwendung), Callwey Verlag, München 1972

*Metzger,* Wolfgang: Gesetze des Sehens, Verlag Waldemar Kramer, Frankfurt a. M. 3. Auflage 1975

*Rausch,* Edwin: Struktur und Metrik figuraloptischer Wahrnehmung, Verlag Waldemar Kramer, Frankfurt a. M. 1952

*Rausch,* Edwin: Das Eigenschaftsproblem in der Gestalttheorie der Wahrnehmung. In Hdb. d. Psychologie 1. Bd. 1. Hälfte, Göttingen 1966


## 1.1 Modell der Grundlagen der Gestaltung

Die allgemeinen Grundlagen der Gestaltung möchte ich an einem Bild veranschaulichen **(Abb. 1-3).** Es soll nicht als System verstanden werden, sondern soll modellhaft die Bereiche des menschlichen Lebens bezogen auf Gestaltungsprozesse einander zuordnen.
Drei Raumrichtungen stellen drei zentrale Bereiche dar:
1–2 Kreativität / Leib: Physisches, Sein, Leben, Wachstum, schöpferische Kraft, Machen
3–4 Gemeinschaft / Seele: Psychisches Sein, soziales Verhalten, Beziehungen, Empfindungen
5–6 Sinngebung / Geist: Geistiges Leben, Wertsysteme, Gottesbegegnung, Ichfindung, Erkenntnis.

Jede Raumrichtung ist in zwei polare Bereiche gegliedert, die wiederum in sich je zwei Dimensionen bergen: das Sein und das Tun, Potenz und Aktion. So wirken sechs Kraftfelder, die im Bild Würfelflächen entsprechen, einen Innenraum: die Gestalt menschlichen Lebens.
Sechs Würfelkanten im Bild entsprechen Seins-Komponenten und wirken statisch: es treffen sich je drei in einer Würfelecke und die beiden entstehenden Würfelecken liegen sich räumlich im Würfel gegenüber. (Schwarze Punkte in **Abb. 1-3** und **1-4**). Die übrigen sechs Würfelkanten bilden einen dynamischen Ring, der eine Art Wellenbewegung mit Hoch- und Tiefpunk-

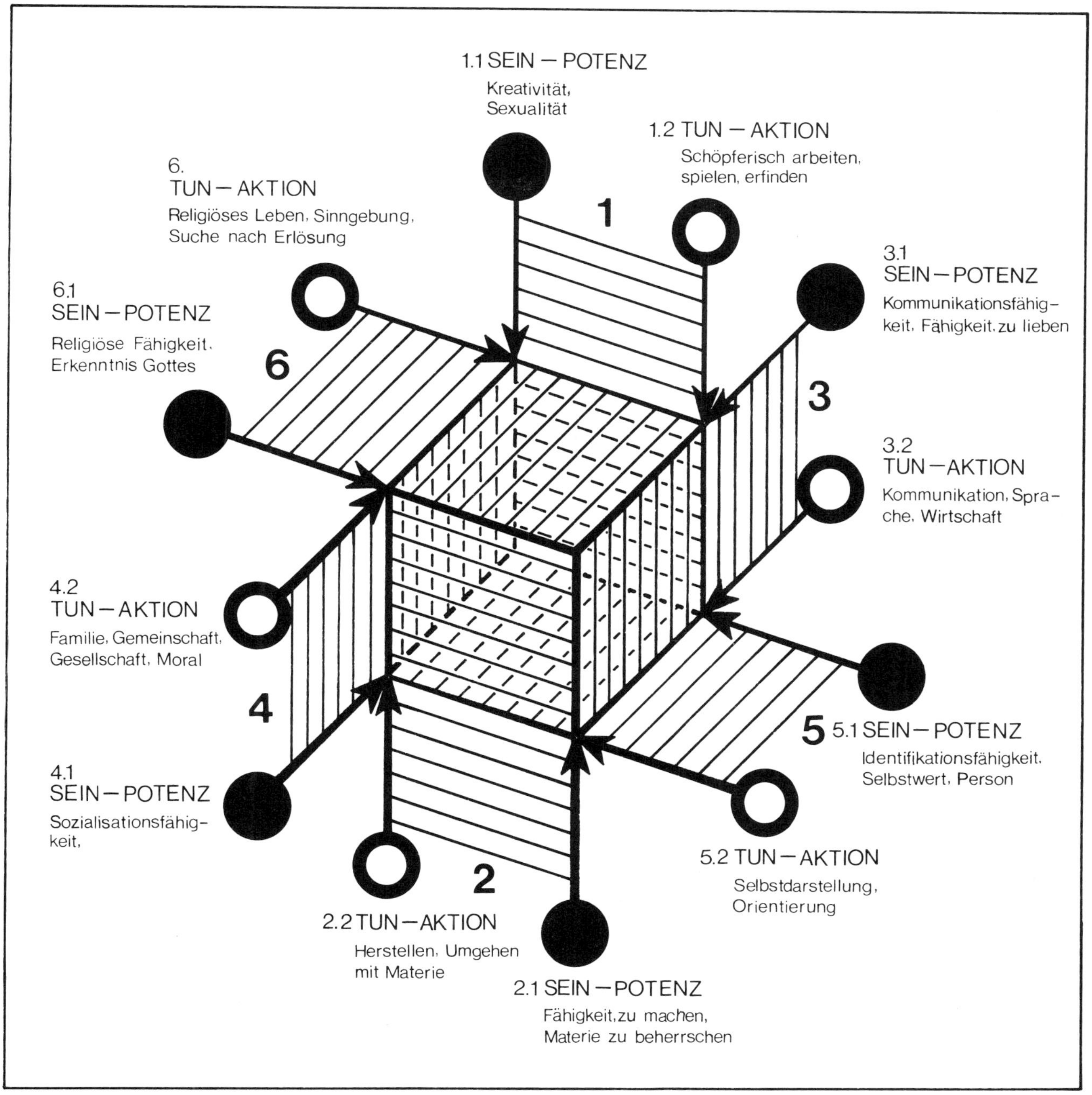


**Abb. 1-3** Räumliches Denkmodell »Grundlagen der Gestaltung«

ten beschreibt. Er entspricht den Handlungs-Komponenten und umspielt die Ebene, zu der die Achse zwischen den Würfelecken, die die statischen Elemente bilden, senkrecht steht. (Ringe in **Abb. 1-3** und **1-4**.)
So fließen im Bild statische Seinsgrundlage und dynamische Handlungsgrundlage zum Gestaltungsprozeß des Lebens zusammen.

In allen Bereichen bestehen immanente Gesetzmäßigkeiten, die im Handlungsbereich noch durch Regeln ergänzt werden. Im Folgenden sollen die Inhalte der Bereiche beispielhaft soweit angedeutet werden, daß der Leser das Modell verstehen und selber weiter ergänzen kann. Der Einfluß einzelner Teile auf Gestaltungsprozesse ist hier nicht entscheidend. Das Bild-Modell soll nur zeigen, daß immer alle Lebensbereiche in die menschliche Gestaltung hineinwirken. Selbstverständlich werden je nach Art des Prozesses die Wirkungsweisen und die Gewichte einzelner Bereiche unterschiedlich sein.

## ACHSE 1–2: KREATIVITÄT / LEIB

### 1.1 Sein – Potenz

Schöpferische Fähigkeit, kreative Potenz, Fähigkeit zum Spiel, physisches Sein, Sexualität, Wachstum, Entwicklung etc. Leibliche Seinsstrukturen, Wachstumsgesetze etc.

### 1.2 Tun – Aktion

Schöpferisches Tun, kreative Prozesse, Spiel, Erfindung, Innovation etc.
Gestaltgesetze, Spielregeln, Orientierungsmuster, Wahrnehmungsgesetze, Zahlen, Symmetrie etc.

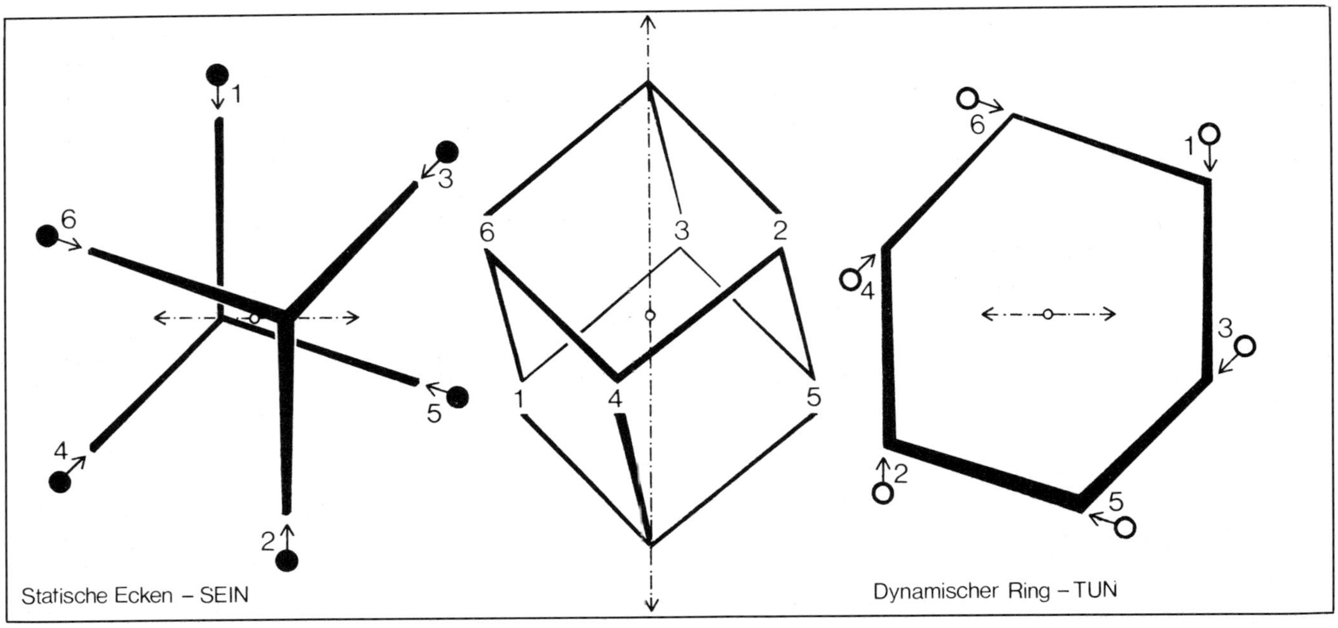


**Abb. 1-4** Drehung der horizontalen Achse in die Senkrechte: die statischen Ecken liegen oben und unten, der dynamische Ring liegt in der Mitte.

2.1 Sein – Potenz
Fähigkeit, zu machen, Materie zu beherrschen, Denkfähigkeit, Handlungsfähigkeit etc.
Gesetze des Machens, Handlungsgesetze und Handlungsstrukturen

2.2 Tun – Aktion
Machen, Materie beherrschen, Macht ausüben etc.
Umgang mit Natur etc.
Materialgesetze, Schwerkraft, Physik, Geometrie etc.
Handlungsanweisungen, Partituren, Pläne, Absprachen für das Machen etc.

ACHSE 3–4: GEMEINSCHAFT / SEELE

3.1 Sein – Potenz
Fähigkeit zur Kommunikation, Erotik, Ich – Du-Beziehung
Fähigkeit zu Empfindungen, Ästhetik
Gesetzmäßigkeiten der Kommunikation

3.2 Tun – Aktion
Kommunikation, Herstellen, behalten und lösen von Beziehungen, Sprachen, Zeichensysteme, Wirtschaftssysteme, Kommunikationssysteme aller Art, Regeln der Beziehungen und Verhaltensweisen

4.1 Sein – Potenz
Sozialisationsfähigkeit, soziale Gesetze und Strukturen

4.2 Tun – Aktion
Bilden von Gruppen: Ehe, Familie, Sippe, Stamm, Volk
Gesellschaftsstrukturen, Arbeitsgruppen
Politik, Gruppengesetze, Gruppenstrukturen, Moral, Gesetzgebung, Regeln

ACHSE 5–6: SINNGEBUNG / GEIST

5.1 Sein – Potenz
Fähigkeit zur Identifikation, zur Ich-Findung, Personsein, Selbstwert

5.2 Tun – Aktion
Selbstdarstellung, Ich-Findung, Selbstverwirklichung, Heimat bilden, Eigentum bilden, Grenzen bilden, Urakte, Orientierung, Archetypen

6.1 Sein – Potenz
Religiöse Fähigkeit, Erkenntnisfähigkeit, Fähigkeit zur Hingabe, Beziehung zur Transzendenz, Offen sein für Gott

6.2 Tun – Aktion
Suche nach Erlösung, nach Gott, Ethik, Normen, Sinngebung, Ritualisierung des Lebens, Symbole, Weltbilder
Gotteserfahrung

So, wie hier vereinfacht dargestellt, ist das System in sich geschlossen. Leben bleibt ein Gestaltungsversuch in Grenzen. Kein Mensch kann über sich hinausgelangen, obwohl gerade darin alle religiöse Sehnsucht ihr Ziel hat. Ohne eine Begegnung mit dem lebendigen Gott wird aber Gott immer innerhalb des Systems gedacht. Religionen und Ideologien spiegeln diesen Vorgang und seine Folgen wider. Er läuft darauf hinaus, daß Gott als Idee oder als Prinzip gedacht wird und daß man annimmt, der wahrnehmbare Kosmos mit allen seinen komplizierten Einzelformen sei durch Zufall bzw. durch Evolution entstanden. Ein denkbarer Gott steht aber im Widerspruch zu beobachtbaren Phänomenen wie z. B. Leben, Elektrizität oder Magne-

tismus. Man sagt dann das sei Gott und macht ihn damit immanent.
Da es nicht möglich ist, ohne Weltanschauung zu leben und zu gestalten, halte ich es für meine Pflicht als Lehrer, meinen Standort ausdrücklich darzulegen. Ich möchte jeden Leser herausfordern, sich über seinen eigenen Standort Rechenschaft zu geben.
Es liegt mir aber fern, andere überreden zu wollen zu einer Existenz, die eine persönliche Entscheidung zur Grundlage hat und das eigene Leben kostet. Jeder trägt dafür selbst die Verantwortung.
Ich halte es also für logisch, ja sogar zwingend, daß es nicht möglich ist, von einem gedachten oder selbst erfundenen Gott zu reden, den es nicht geben kann, sondern Gott zu sagen zu jemandem, dessen Sein unvorstellbar und außerhalb des Kosmos ist, der der Verursacher, der Schöpfer dieses Kosmos ist. Wir müssen es hinnehmen, daß wir über die Herkunft des Lebens, die Herkunft des Kosmos keine wissenschaftlichen Aussagen machen können. Die Evolutionstheorie ist keine Theorie, sondern eine materialistische Glaubenslehre. Es gibt keinen Beweis für ihre Gültigkeit. Aus der Reihe der Gegenbeweise ist der zweite Hauptsatz der Thermodynamik über die Entropie grundlegend, der wissenschaftlich exakt bewiesen ist und besagt, daß in einem geschlossenen System Veränderungen stets den Gesamtbetrag der Unordnung dieses Systems zunehmen lassen. (Rupert Riedel: Die Strategie der Genesis, Naturgeschichte der realen Welt, R. Piper & Co. München 1976). Das bedeutet praktisch, daß in dem uns beobachtbaren Bereich der realen Welt das Chaos immer mehr zunimmt und die Ordnung entsprechend abnimmt. Dies widerspricht aber vollkommen der Vorstellung einer Evolution aus niedrigen zu höheren Ordnungen wie das in der Evolutionstheorie postuliert wird.
Von Gott zu sprechen, halte ich allerdings nur dann für sinnvoll, wenn von ihm als Person, als ansprechbarem Gegenüber die Rede ist, das unvorstellbar und unerreichbar bleibt, sich aber durch Offenbarung erfahrbar macht. Gott als Prinzip oder als Theorie ist manipulierbar. Das Prinzip Gott kann in Religion zur Machtpolitik

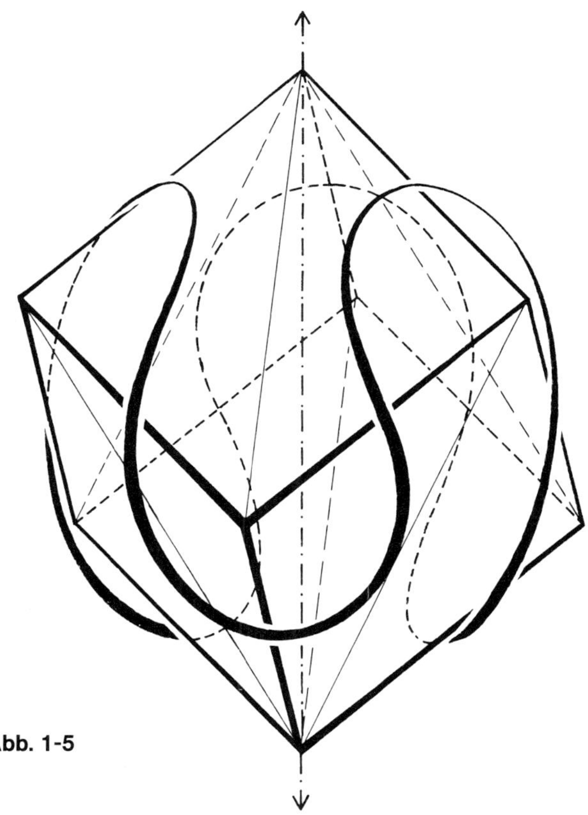

**Abb. 1-5**

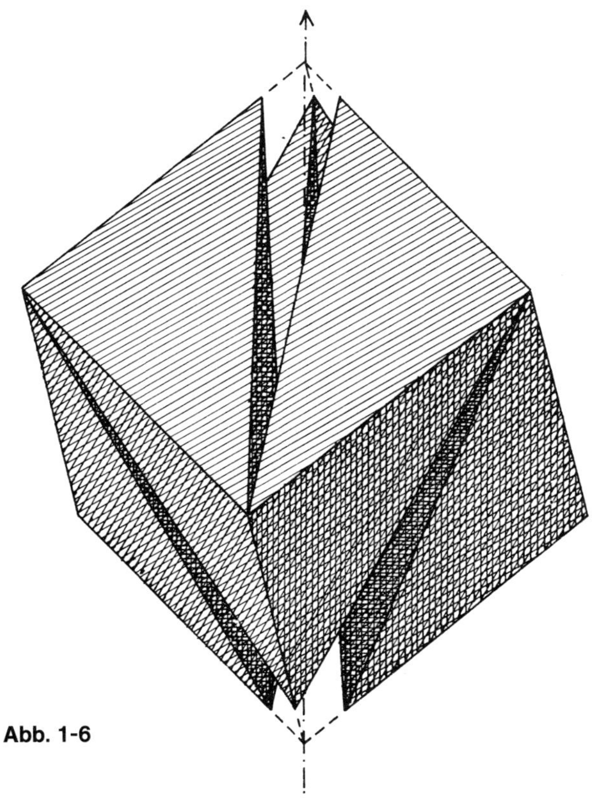

**Abb. 1-6**

Der Würfel wird in diesem Denkmodell ein Körper mit zwei Polen, der das statische und das dynamische Prinzip in sich vereinigt. Wie im Abschnitt Leibraum (1.2) deutlich zu erkennen sein wird, ist die Würfelgestalt ein Analogon zur menschlichen Körpergestalt und die darin verborgene Einheit von Statik und Dynamik bestitz nicht nur Modellcharakter. Sie hat auch weitreichende Bedeutung. Um das sichtbar zu machen, zeigen die **Abb. 1-5**, **Abb. 1-6**, **Abb. 1-7** und **Abb. 1-8** an anschaulichen plastischen Objekten, die Sie zur Überprüfung aus Karton bauen sollen (Abwicklungen in **Abb. 1-9** und **Abb. 1-10**), die beiden Grundprinzipien Statik und Dynamik, Ruhe und Bewegung.
In **Abb. 1-5** sind die Würfelflächen von den Polen aus durch Diagonalen halbiert. Jeder Kante des dynamischen Ringes werden damit zwei Dreiecke zugeordnet und der Würfel würde, entlang der Kanten und Flächendiagonalen von den Polen aus zerteilt, in zwei mal drei einander spiegelbildlich gleiche Tetraeder zerfallen. Die geschwungene Linie verfolgt nun die Ringkette aus rechtwinkligen Dreiecken indem sie jede Würfelkante rechtwinklig schneidet und als endloses Wellenband den Würfel umspielt.
In **Abb. 1-6** wird der Würfel an den Polen aufgespalten, so daß diese Kette als eine Folge von Tetraedern sichtbar wird. Denkt man sich dabei die Würfelkanten, die von den Polen ausgehen und an denen je zwei Tetraeder zusammenkommen, gelenkig in der Form von Scharniergelenken, so können die Elemente in einem gewissen Spielraum bewegt werden.

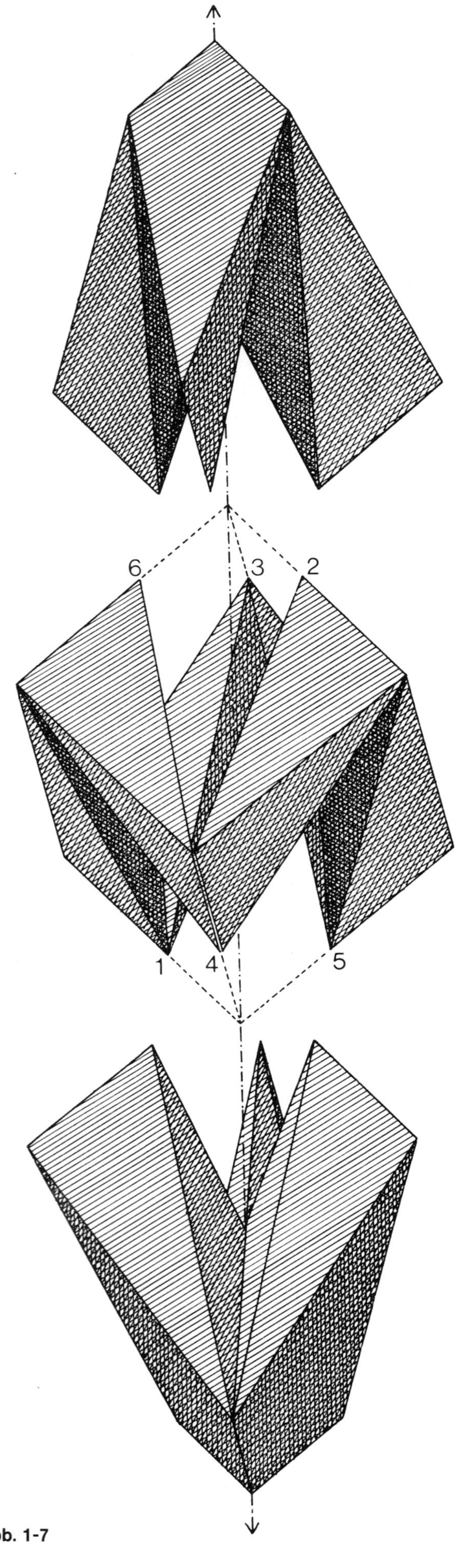


**Abb. 1-7**

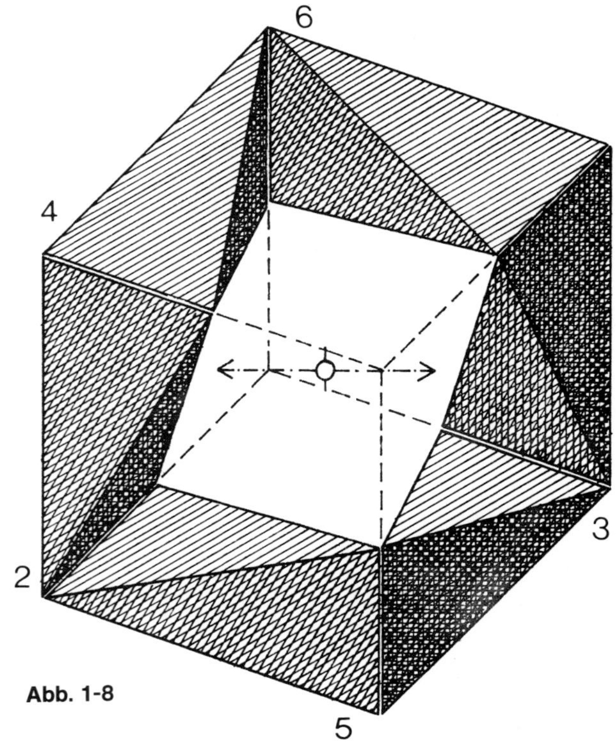


**Abb. 1-8**

In **Abb. 1-7** ist der Vorgang aus **Abb. 1-6** fortgeführt bis zu einer solchen Länge der gelenkigen Kanten, die es erlaubt, den Bewegungsvorgang endlos fortzusetzen. Der Ring aus Tetraedern läßt sich dann umstülpen und beschreibt dabei in einem bestimmten Rhythmus vier Lagen im Raum, die den Ausgangswürfel auf verschiedene Weise imaginär darstellen. An den Polen bleiben zwei Körper übrig, die den statischen Charakter in ihrer kristallinen Form anschaulich zeigen.
In **Abb. 1-8** ist der dynamische Ring in derselben Lage dargestellt wie in **Abb. 1-3**.

benutzt oder zu »Opium für das Volk« verarbeitet werden.
Der persönliche Gott ist absolut souverän und läßt nichts mit sich machen. Er hat sich in Jesus Christus erkennbar und erfahrbar gemacht. In Jesus Christus ist alle Religion zum Ende gekommen, weil er selbst »der Weg zum Vater«, der Weg zu Gott ist. Er hat eine neue Dimension eröffnet. In ihm hat Gott in die Welt, in jedes von uns denkbare System, auch das im Bild dargestellte, eingegriffen. Er hat es nicht zerstört, sondern es in Bewegung gebracht. Im Bild des Modells gesprochen kann man sagen: es ist auf der Achse 5–6 eine neue Dimension hereingebrochen für den, der es annehmen kann und will. Die Beziehung zu Gott bleibt nicht Wunsch, Antrieb oder Kultus, sondern ist erfüllt und kann real gelebt werden. Ziel ist nicht mehr Selbstverwirklichung, sondern Christusverwirklichung. Nicht das Verharren im Gott-Suchen, im Wahrheit-Suchen, sondern Gott, die Wahrheit, das Leben zu finden und darin zu leben durch Jesus Christus.
Wenn nun von Grundlagen der Gestaltung die Rede ist und im Tun Vorgänge und Dinge Gestalt annehmen, so sind immer alle Lebensbereiche enthalten und der jeweilige Sinngehalt, den ein Mensch seinem Leben gibt, prägt alle Entscheidungen. Architektur hat in besonderem Maße mit Lebensprozessen Einzelner in

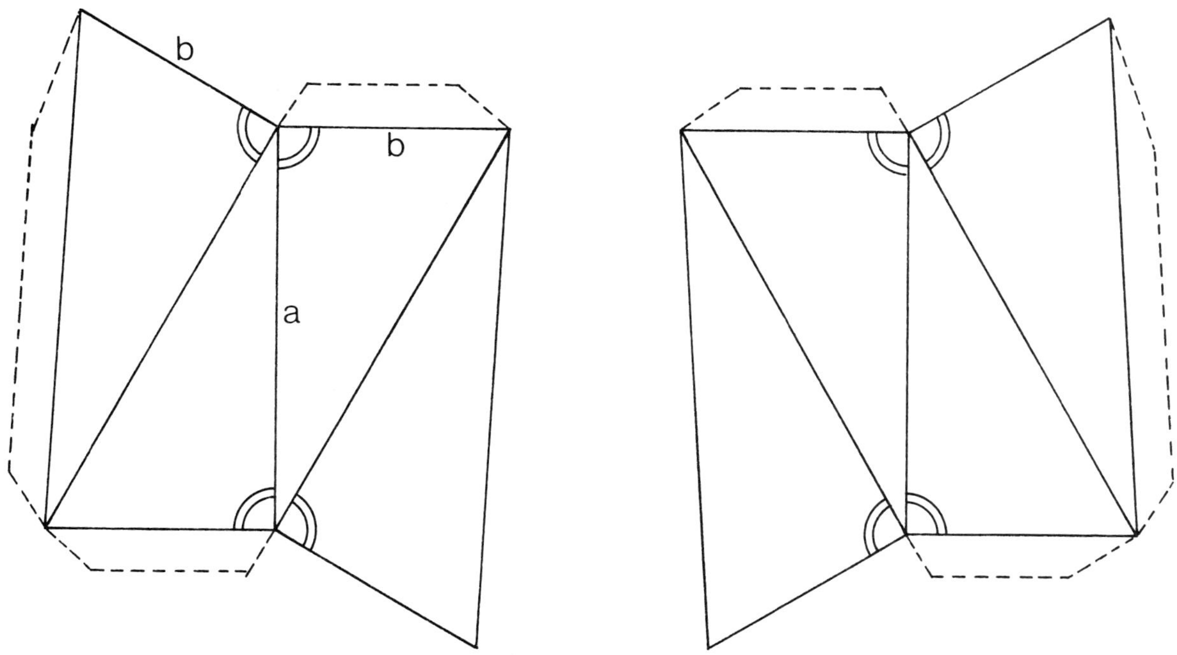


**Abb. 1-9** Abwicklung der Tetraeder des beweglichen Ringes. a = die Kantenlänge des Würfels, b = ⅓ der Höhe im gleichseitigen Dreieck mit der Seitenlänge 2a. Je drei der abgebildeten Abwicklungen ergeben die 6 erforderlichen Elemente. Die Beweglichkeit an den Kanten wird durch Einkleben von dünnem Stoffband erreicht.

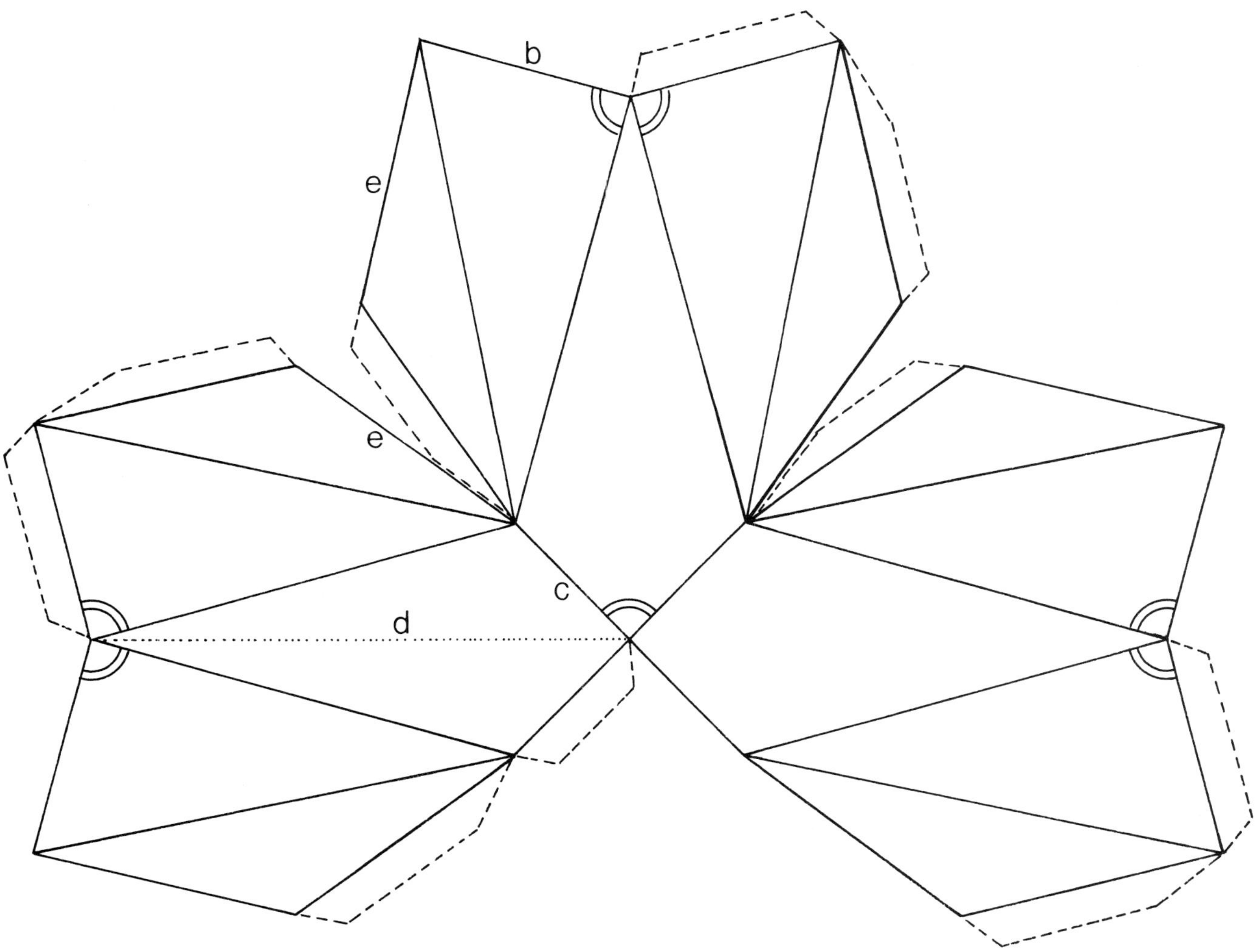


**Abb. 1-10** Abwicklung der statischen Kristallkörper an den Würfelpolen. b entspricht (b) in Abb. 1-9, c entspricht (a–b) in Abb. 1-9 und e = die Hälfte der Diagonale im Rechteck aus der Flächendiagonale des Würfels d (= a/2) und der Länge (a–2c). Alle bezeichneten Winkel sind rechte Winkel.
Das Phänomen des umstülpbaren Würfelringes hat als erster Paul Schatz verfolgt und in seinem Buch: Rhythmusforschung und Technik, Verlag Freies Geistesleben, Stuttgart, o. Jahr, veröffentlicht unter dem Thema »Der umstülpbare Würfel«.

verschiedenen Gruppen zu tun. Grundlagen der Gestaltung müßten dementsprechend weite Bereiche des Lebens umfassen. Sie müßten helfen, alle Anteile im Gestaltungsprozeß kennenzulernen, zu üben und in einer Situation anzuwenden. Vor allem müßte ihre Zuordnung und Gewichtung studiert und beurteilt werden.
Solch umfassendes Grundlagenstudium kann und soll hier nicht vermittelt werden. Der Schwerpunkt dieses Buches liegt im Bereich der plastisch-räumlichen Gestaltung. Es werden Körper, Oberfläche, Masse, Raum, Licht, Farbe, Bewegung und Schall berücksichtigt, sofern sie mit Plastik und Raum zu tun haben. Große Bereiche der allgemeinen Grundlagen der Gestaltung werden deshalb fehlen müssen: Teile der Kreativität, große Teile des Bereichs Material, Materie, weil hier nur Anregungen gegeben werden können, dann weite Bereiche der Kommunikation, auch der Zeichensysteme und der Ästhetik, der ganze Bereich Sozialisation, Gesellschaft, Politik mit Ausnahme der Hinweise zur Gruppen-Kreativität und ebenso die Bereiche der Philosophie und Theologie, auf die ich hinweise, um deutlich zu machen, daß es kein Niemandsland gibt und daß es entscheidend ist, über das eigene Gewordensein nachzudenken und den eigenen Weg zu finden und zu gehen.

## 1.2 Leibraum

Wir Menschen finden uns vor in einem Leib, der räumlich in verschiedenartiger Weise gegliedert ist. Die Erfahrungen in unserem Leben sind weitgehend abhängig von der Form unseres Körpers, mit dem wir wahrnehmen und der vor allem das Erleben von Bewegungen und das Leben in dreidimensionalen Räumen ermöglicht. Offenbar besitzen wir Menschen ein unbewußtes Bild unseres Körpers, das veränderbar und an verschiedene Situationen anpaßbar ist. Bei Erfolg und Bestätigung wird es weiter, bei Mißerfolg kleiner und enger, wir haben Angst.
Ein Schema dieses Bildes (in der Psychologie »Körperschema« genannt, s. Schilder, Paul: Das Körperschema – Ein Beitrag zur Lehre vom Bewußtsein des eigenen Körpers, Berlin 1923) ist ein dreidimensionales Achsenkreuz: oben – unten, rechts – links, vorn – hinten, das deutlich macht, daß wir unbewußt unsere Körper innerhalb eines dreidimensionalen Raumes einordnen **(Abb. 1-11)**. Die euklidische Geometrie entspricht diesem Schema und liefert brauchbare Modelle für den Handlungsraum: er läßt sich damit ordnen.
Ein weiteres Schema des unbewußten Bildes unseres Körpers betrifft topologische Ordnungsmerkmale und ist bestimmt durch Ganzheit, innen – außen, Grenze – Sphären, Beziehung – Verbindung. Wir benutzen das Schema, um Orte, Bereiche und Vorgänge einander und uns selbst zuzuordnen.
Die verschiedenen Sinne wie Gesichtssinn, Tastsinn, Lagesinn, Gehörsinn u. a. bringen Schwerpunkte in diese Schematas hinein. Ein Beispiel dafür ist die Euklidizität unseres Gesichtssinnes: wir sehen z. B. rechte Winkel und parallele Linien, wo auf unserer Netzhaut keine solchen erscheinen und wir optisch andere Winkel und nicht parallele Linien wahrnehmen.
Unser Leib mit seinen Eigenschaften ist uns Modell für die umgebende Welt. Wir erfahren sie nicht nur mittels des Leibes, sondern ordnen, werten und bezeichnen sie auch mit seinen Strukturen und messen allem entsprechende Bedeutung zu. Gestaltungsvorgänge haben somit immer die eigene Leiblichkeit und den dreidimensionalen Raum zur Grundlage.

Folgende Eigenschaften des Leibraums sollen nun als *Handlungssysteme, Ordnungssysteme, Wertsysteme* und *Bedeutungssysteme* soweit dargestellt werden, daß der Leser selbständig Folgerungen für seinen Gestaltungsprozeß ziehen kann.

| | |
|---|---|
| 1 oben – unten | 6 Aura – Grenze |
| 2 rechts – links | 7 Ganzheit – Teile |
| 3 vorn – hinten | 8 Ruhe – Bewegung |
| 4 innen – außen | 9 hell – dunkel |
| 5 ich – du | usw. |

Die aufgezählten Begriffspaare charakterisieren Elementarsituationen, die durch die Schwerkraft, die in den Genen angelegten Baupläne für den menschlichen Körper und seine Entwicklung, die Seele und den Geist des Menschen bedingt sind. Ich gehe davon aus, daß der gesunde, aktive Mensch aufrecht steht und geht. – Er besitzt »Verstand« und »versteht« wie das die deutsche Sprache zum Ausdruck bringt. Es ist »selbstverständlich« ...

### 1.2.1 OBEN – UNTEN

Die Befindlichkeit oben – unten besitzt durch die Schwerkraft eine Dynamik. Alles wird nach unten gezogen und es kostet Energie, sich zu erheben. Darin begründet liegt ein *Handlungssystem*, das der Kraft folgen kann wie fließendes Wasser oder das ihr widerstreben kann wie ein gehender Mensch.
Das *Ordnungsgefüge* kennt eine Richtung, mit der Zonen bestimmt werden: Kopf – Füße, Berg – Tal, Himmel – Erde und unter der Erde. Die Erdoberfläche, die Standebene, bildet die Bezugsebene für eine Ordnung der Höhen.
Von oben nach unten wird ein deutliches *Wertgefälle* ablesbar. Im Kopf liegen empfindliche und lebensnotwendige Organe während die Füße weniger »wertvoll« erscheinen. Wir sagen: jemand ist »obenauf« oder »untendurch«, er ist »nach oben gekommen« oder »heruntergekommen«. Die Chefetage liegt oben. Oben

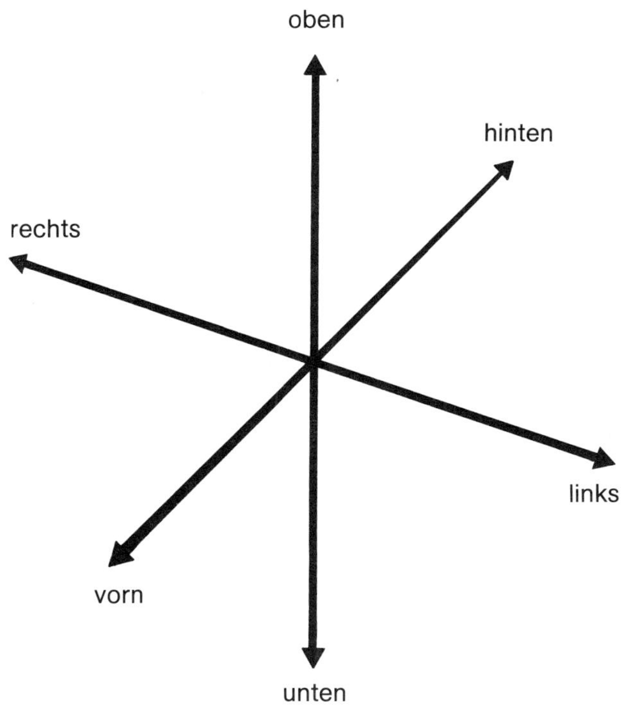


**Abb. 1-11** Schema des Leibraumes

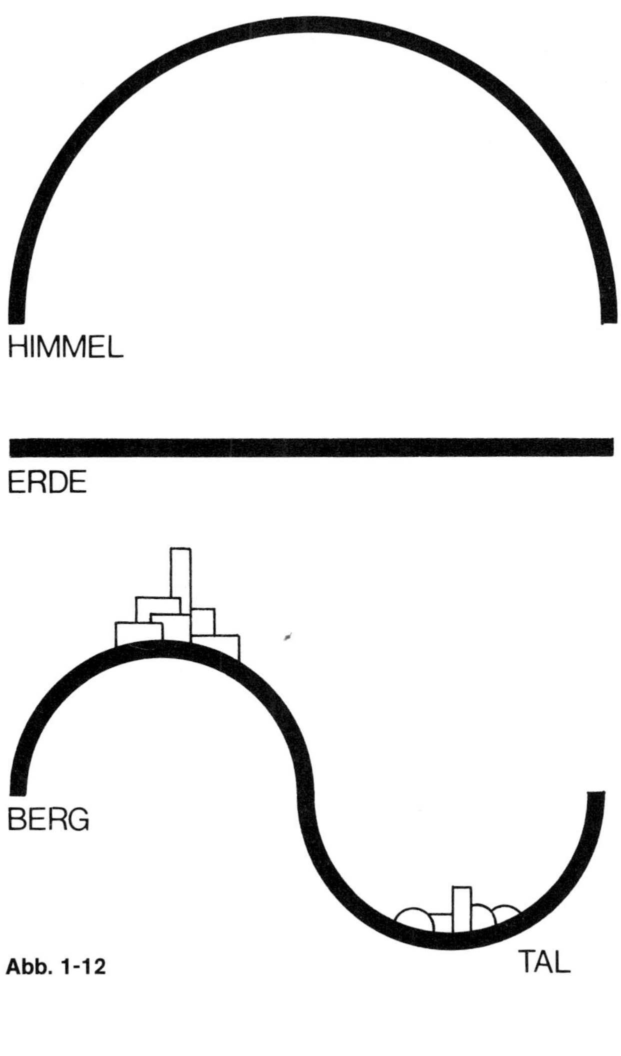


**Abb. 1-12**

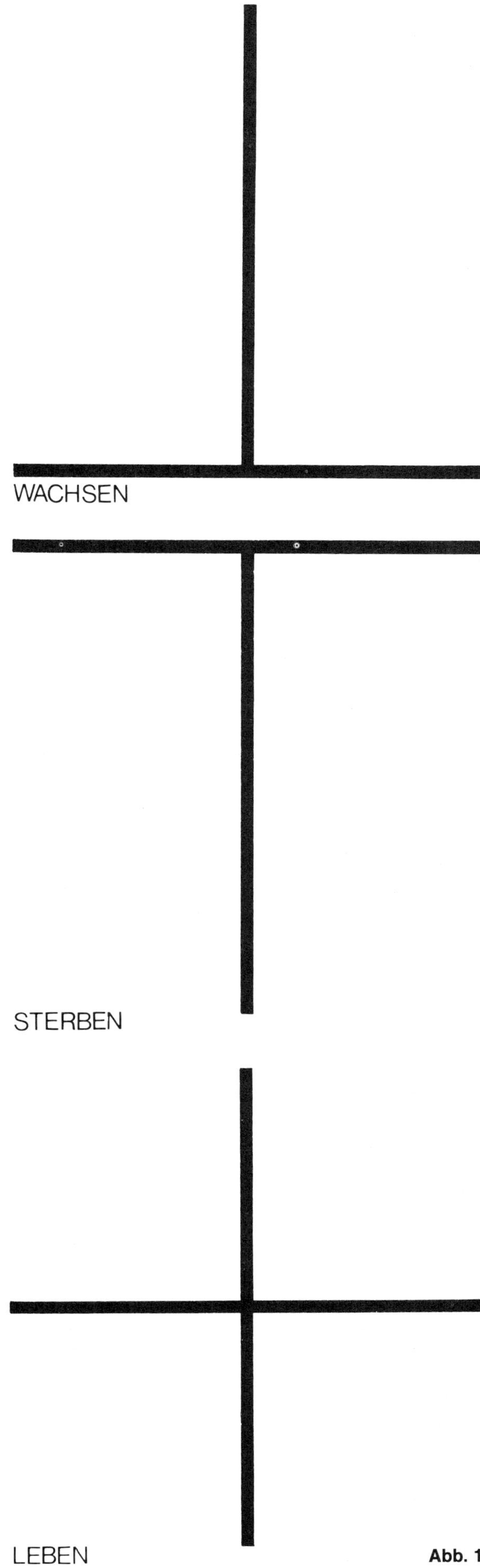


**Abb. 1-13**

hat man den Überblick, man »steht darüber«. Ja es gibt »Überhöhung«. Für den Kopf Hüte, auf Bergen Türme und für den Himmel die Transzendenz, ein Raum der unvorstellbar ist. Von unten nach oben gibt es Stufen eine Erhöhung nach der anderen. Schuhe, Stelzen, Rad und Flugzeug kennzeichnen eine solche Reihe.
Das *Bedeutungssystem* ist schon angedeutet: Über dem Horizontalen, dem Horizont, der Erdoberfläche das Positive, darunter das Negative. Oben – Unten ist geeignet, um als Bedeutungsträger, Symbolträger, für Leben und Tod zu dienen. Im Bild werden sie reduziert und alles Nebensächlichen entkleidet.
Horizontale = Standebene
Vertikale = Verbindung von oben und unten
Diese Zeichen **(Abb. 1-13)** sind Jahrtausende alt und haben nichts von ihrer Eindringlichkeit verloren.

### 1.2.2 RECHTS – LINKS

Der menschliche Körper folgt einer gewissen Spiegelsymmetrie, die einseitig (nach vorn) bewegungsorientiert ist. Die Asymmetrie der Rechts- bzw. Linkshändigkeit – wobei die Linkshändigkeit die Ausnahme darstellt – zeigt die Bevorzugung einer Seite bzw. die Notwendigkeit einer »Eindeutigkeit«, einer *Orientierungsmöglichkeit*, wie sie z. B. bei der Regelung des Straßenverkehrs deutlich wird. Der sog. Rechtsdrall, für den mir bisher keine Versuchsanordnung und genaue Untersuchung bekannt ist, bezeichnet das Phänomen, daß Menschen im allgemeinen, wenn sie blind oder auf einer Ebene ohne Orientierungsmöglichkeit geradeausgehen wollen, nach rechts in einen Kreisbogen einschwenken. Wenn ein Mitteleuropäer eine große leere Halle z. B. eine Empfangshalle betritt, wird er sich spontan nach rechts wenden und dort Information zur weiteren Orientierung suchen!
In dem genannten Phänomen liegt ein *Ordnungsmuster* vor, das deutlich zeigt, daß ein Mensch nicht gleichzeitig rechts **und** links gehen kann, sondern sich entscheiden muß, wenn es zwei Möglichkeiten gibt. Er muß also einer Richtung den Vorzug geben und so ein Ordnungsgefüge bauen. Dieses Ordnungsgefüge wenden wir dann an, wenn es zwei Möglichkeiten gibt: z. B. bei Drehbewegungen, Schraubbewegungen, Uhrzeiger, u. a. m.

**Abb. 1-14**

Die deutsche Sprache deutet auch ein *Wertgefälle* an: rechts, richtig, Recht sind positiv, links, linkisch negativ besetzt. Ein surrealistischer Witz kennzeichnet das Dilemma der Entscheidung: »Kennen Sie den Unterschied zwischen einer Nachtigall!« Antwort: »Es gibt keinen. Sie besitzt zwei gleich lange Beine, besonders das linke!«
Auf der *Bedeutungsebene* wirkt ein kosmisches Bezugssystem mit: Wir erleben in Mitteleuropa den Sonnenlauf als Bewegung der Sonne von links nach rechts. In Riten und Tänzen wird mit der Rechtsdrehung dem Handlungsablauf kosmische Bedeutung zugemessen. Die Drehbewegung, der Vollzug der Rechts- oder Linkswendung dient als Bedeutungsträger. Wir geben die rechte Hand zum Gruß, die Schwurhand, Rechts sitzt der Herrscher, Jesus Christus sitzt zur Rechten Gottes und hat so Vollmacht, rechts geht der, der größere Bedeutung hat.

### 1.2.3 VORN – HINTEN

Die Befindlichkeit vorn – hinten ist dadurch gekennzeichnet, daß unser Gesichtsfeld nach vorn gerichtet ist und unsere Gliedmaßen nach dieser Richtung ihre größte Beweglichkeit entfalten können. Unser *Handlungsraum* ist einseitig nach vorn orientiert. Vorwärts wenden wir uns zu, werden wir aktiv und begegnen Menschen und Dingen.
Hier liegt ein eindeutiges *Ordnungsschema* vor. Wir benutzen es z. B., um den Verlauf der Zeit zu ordnen in Vergangenheit, Gegenwart und Zukunft. Wir blicken nach vorn in die Zukunft und zurück in die Vergangenheit.
Entsprechend verläuft auch das *Wertgefälle,* das in der Sprache sehr gut zu erkennen ist.

| Vorn: sichtbar | Hinten: unsichtbar |
|---|---|
| überschaubar | nicht überschaubar |
| im Blickfeld | hinterrücks |
| vor mir liegend | hinter mir liegend |
| Vorhaben | Rückschlag |
| vorwärts | rückwärts |
| Fortschritt | Rückschritt |
| vorangehen | hinterhergehen |
| Vorsicht | Rücksicht Nachsicht |
| voraus | hinternach |
| Vorteil | Nachteil |

Nach vorne liegen die positiven, erstrebenswerten Inhalte, nach hinten die negativen.
Entsprechend dienen vorn und hinten auch als *Bedeutungsträger:* Vorn ist die zugewandte Seite, die Fassade, nach vorn zeigt man sich, man produziert sich, führt sich vor. Vornsein bedeutet eine Führungsposition einzunehmen, Macht haben, Sicherheit aus dem Voraussein und dem Überblick haben.
Hintensein ist ein Nachteil: man ist im »Hintertreffen«, »hinternach«, die Rückseite ist unbedeutend.

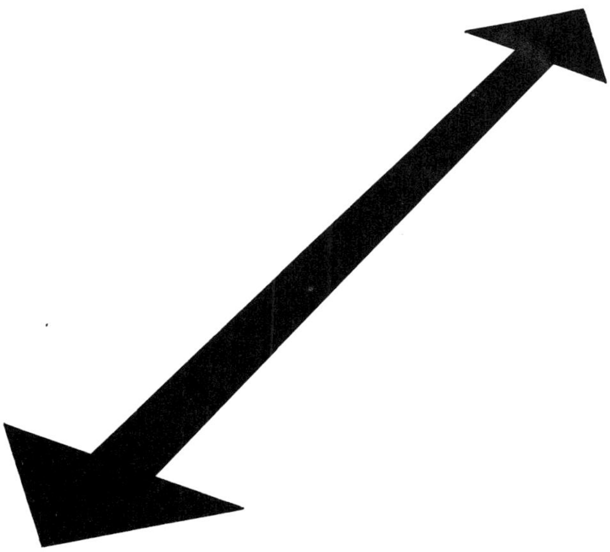


**Abb. 1-15**

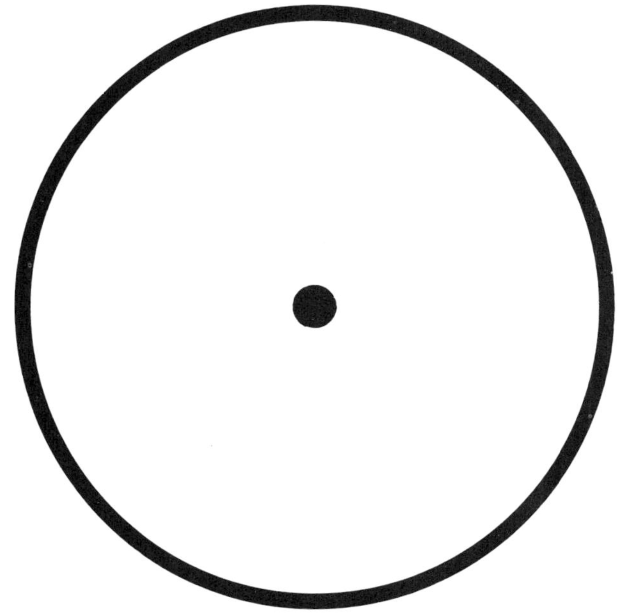

**Abb. 1-16** Innen – Außen

### 1.2.4 INNEN – AUSSEN

Ein Mensch erfährt sich in seinem Körper. Ich bin innen. Der Körper ist Vermittler, Grenzbereich, Grenz-Vorgang zwischen innen und außen, mir und anderen, mir und der Umwelt. Das *Handlungssystem* besteht aus Innen, Außen und der Grenze. Es gibt Beziehungen zwischen Innen und Außen, die Grenze kann geöffnet oder geschlossen werden, sie kann verschiedener Art sein.
Das Sich-Innen-Befinden, Grenzen-Haben und das Außen-Beobachten ist ein *räumliches Ordnungsgefüge.* Zwei unverwechselbare Raumqualitäten werden voneinander geschieden und verbunden. Sie finden ihre Entsprechung im Architekturraum und all seinen Variationen – auch Kleidung ist ein solcher Raum.
Im *Wertgefüge* gibt es zwei Aspekte. Der eine ist gekennzeichnet durch »Innerlichkeit – Äußerlichkeit« »Insider – Outsider«, »Eingeweihter – Außenstehender«.
Hier liegt innen ein höherer Wert als außen. Der andere Aspekt zeigt eine Ambivalenz. Innen kann sein: sicher, geschützt oder aber gefangen, eingeschlossen und Außen kann sein: frei oder aber unsicher, schutzlos und ausgeschlossen. Beide Raumsituationen haben positive und negative Wirkung je nach Beschaffenheit der Grenze.
Für die *Bedeutung* ist ausschlaggebend, daß ich innen bin. In meinem Leib und im Mittelpunkt der Welt. Ich bin der Mittelpunkt der Welt. Jedes Symbol meines Ichs ist auch Mittelpunkt der Welt. In der Traumdeutung entspricht das Haus in der Regel dem Ich, der Person. Innen und Außen, Innenräume und Außenräume dienen als Bedeutungsträger der Selbstdarstellung einzelner Menschen, aber auch von Gruppen, Familien und Völkern. Sie dienen auch der Darstellung des Weltbilds. Wo wurden und werden Häuser, Tempel und Städte bewußt und unbewußt als symbolischer Nachvollzug der Weltschöpfung erbaut und benutzt, z. B. Rom mit Vatikan, dem Weltzentrum der kath. Christenheit.

### 1.2.5 ICH – DU

Neben meinem Ich befinden sich andere »Iche«. Sie haben denselben Anspruch, *Mittelpunkt* der Welt zu sein. Ich kann nicht in einem anderen Ich sein, nicht einmal in einem anderen Körper. In der Begegnung mit dem Du entsteht ein existentieller Konflikt. Die Bewältigung des Konflikts ist der kulturelle Prozeß der Menschheit. Er geschieht in Abgrenzung und Auseinandersetzung, in Anpassung und Hingabe – in den unzähligen Formen von Beziehungen, die in zwei entgegengesetzten Gestalten gipfeln können, dem Machtkampf in Haß oder dem Annehmen in Liebe. Je nachdem wie der Einzelne seine Entscheidung trifft, wird sein Leben aufbauende oder zerstörende Wirkungen haben. Er wird seine Haltung auf Verhältnisse und Dinge übertragen und sie entsprechend gestalten. Das Handlungssystem trägt einen unausweichlichen Entscheidungscharakter in der Richtung vom Ich zum Du. Die allgemeine Beschreibung dieser *Beziehungsstruktur* wird mit der Kommunikationstheorie versucht. Sie zeigt die Strukturen, die Ordnungsprinzipien der Kommunikationsprozesse auf.
*Das Wertgefüge* wird entscheidend durch das Selbstwertgefühl des Ichs geprägt. Es mißt den eigenen Wert oder Unwert anderen Menschen, aber auch Vorgängen und Dingen bei. Selbstverwirklichung stärkt das Ich, macht aber die Auseinandersetzung mit anderen Ichen nicht leichter. Wenn der Mensch sich selbst als Maßstab setzt, wird der Machtkampf für das eigene Ich grenzenlos werden.

Auch nicht ein Überich setzt hier Grenzen, sondern eine personale Instanz außerhalb menschlicher Verfügbarkeit, der sich jeder stellen muß.
Wenn Sie alle Religionen überprüfen, bleibt nur eine solche Instanz: der Gott Israels, der sich selbst geoffenbart hat und in Jesus Christus erfahrbar wird – auch heute noch.
Nicht von ungefähr nennt sich dieser Gott »Ich bin, der ich bin«; sein Sein ist nicht mit menschlichen Kategorien zu fassen. Er setzt Maßstäbe wie z. B. die zehn Gebote (Bibel: 2. Mose 20, 1–17) und das Gebot der Liebe: »Du sollst deinen Nächsten lieben wie dich selbst«. (Bibel: 3. Mose 18, 19 und Matthäus 19, 19 und 22, 39).
Die Gebote betreffen die Kommunikation mit Gott und die Kommunikation mit Menschen. Sie sind geeignet menschliches Zusammenleben friedlich und sinnvoll zu gestalten. Versuchen Sie sich einmal die Folgen für die heutige Wirtschaft vorzustellen, wenn die Gebote »Du sollst nicht die Unwahrheit sagen« und »Du sollst nicht stehlen« eingehalten würden. Wir wüßten erst mal gar nicht wohin mit dem vielen gesparten Geld, und viele Menschen wären arbeitslos ... und viel Ärger und Schwierigkeiten würden nicht entstehen.
Für die Ich-Du-Beziehung gibt es ein *bedeutungsvolles Grundmodell:* Die Ehe.
Sie konstituiert juristisch, politisch und persönlich die ausschließlichste Beziehung zweier »Iche«, auf Lebenszeit. Hier fließen alle Kommunikationsfähigkeiten des Menschen in einem Punkt zusammen. Die Bedeutung dieses Modells zur Lebensbewältigung wird heute weit unterschätzt! Wenn Menschen unfähig oder nicht bereit sind die Ehe zu leben, d. h. zu zweit als Mann und Frau eine juristische, gesellschaftliche und persönliche Einheit zu bilden, bedeutet das ja nicht, daß die Ehe nichts taugt. (Daß viele nicht Auto fahren können bedeutet ja auch nicht, daß Autos schlecht sind). Ehe ist das Modell der Hingabe mit dem Ziel der positiven Lösung des Ich-Du Konflikts. Allerdings muß sie scheitern, wenn die Hingabe nicht geschieht.

### 1.2.6 AURA – GRENZE

Jeder Mensch besitzt eine körperliche, seelische und geistige *Ausstrahlungskraft mit gewisser Reichweite.* Er wirkt durch Dasein, Fühlen, Denken, Wollen und seine geistige Haltung. Er besitzt in verschiedenen Bereichen mehr oder weniger Einfluß. Andere halten gewisse Abstände zu ihm ein. Es gibt um ihn verschiedene Spähren.
Die Handlungsstruktur ist gekennzeichnet durch Aktionsradien verschiedener Reichweite, die eine Grenze besitzen.
Die *Ordnung* solcher Reichweiten dient im sozialen Verhalten als Orientierungshilfe. Freunde rücken nah heran, Fremde bleiben auf Distanz.
Solche Distanzordnungen und ihre Auswirkungen auf Verhaltensweisen und Gestaltungen wurden unter den allgemeinen Begriff Proxemic zusammengefaßt und untersucht. (E. T. *Hall* a.a.O.)
Von ihrer Bedeutung hängt z. B. ab, ob eine Fußgängerpassage »angenommen« wird oder nicht.
Die Distanzen und Sphären enthalten nicht nur eine räumliche Ordnung sondern auch eine *Wertordnung.* Je größer die Distanz wird, desto mehr nimmt der Wert ab und umgekehrt. Wenn die Grenzen nicht eingehalten werden, dann entsteht Gefahr oder die Distanzordnung wird verändert.
Die Wertordnung wird auch *in Bedeutungen* sichtbar. Nähe, kleinere Reichweite, bedeutet engster Lebenskreis, Intimsphäre, ungeschützt sein. Fremdes in der Nähe bedeutet Gefahr. Anfassen bedeutet sich vertraut machen mit etwas, es »begreifen«. Ein »Bereich« ist eine Zone, über die man verfügen kann, man ist »reich«.
In der Ferne erscheinen die Dinge klein und unbedeutend. Etwas Wertvolles, das unerreichbar ist kann aber große Bedeutung gewinnen.

### 1.2.7 GANZHEIT – TEILE

Jeder Mensch erlebt sich als Ganzheit aus Teilen mit verschiedenen Aufgaben am Ganzen. Jeder besitzt einen Leib – nicht einzelne Teile eines Leibes. Er reagiert als Ganzheit leiblich, seelisch und geistig. Die Beziehung der Teile zum Ganzen folgt einer sinnvollen Ordnung. Das Ganze ist ein Organismus.
Diese ganzheitliche Struktur ist ein *Ordnungsprinzip.* Es bedeutet logische Verknüpfung von Teilen in einem Ganzen. Die Wahrnehmungsorgane des Menschen organisieren alles Wahrgenommene nach diesem Prinzip, ein Vorgang, der in der Wahrnehmungslehre als Superierung bezeichnet wird.
Wenn jemand »vor lauter Bäumen den Wald nicht sieht« wird er als unfähig zu dieser Wahrnehmungsleistung charakterisiert.
Das enthaltene *Wertsystem* lautet: die Ganzheit hat Vorrang vor den Teilen. Der Teil steht **nicht** für das Ganze! Das diskursive Denken, die Analyse der Teile, das Zerlegen einer Ganzheit, führt nicht zum Verständnis der Ganzheit, sondern zum Verständnis der Teile! Das anschauende Denken erfaßt die Ganzheit und Logik der Teile. Beides zusammen vertieft das Verständnis, wobei unsere Wahrnehmungsorgane ganzheitlich vorgehen und nicht analytisch. Ganzheit ist ein positiver Wert. Verlust der Ganzheit erscheint als Wertminderung. Z. B.werden Körperbehinderte Menschen spontan auch als geistig behindert angesehen, was sehr häufig ein Trugschluß ist, der aber aufgrund einer vorgegebenen Wahrnehmungsstruktur zwangsläufig entsteht und erst durch andere Erfahrungen abgebaut werden kann.
Auf der *Bedeutungsebene* steht dann ein Teil insofern für das Ganze, als er im Wahrnehmungsorgan das Ganze bedeutet. Ganz sein bedeutet heil sein, gesundsein, funktionstüchtig sein. In einer Welt, in der Tod, Verfall und Zerstörung alltäglich sind, wird Ganzheit immer angegriffen, muß sie immer mit viel Energie

verteidigt werden. Sie wird nie absolut erreicht. Aber Ganzheit ist geeignet als Bedeutungsträger für das Absolute, für den Kosmos und für Gott als Inbegriff des Heilseins, der Vollkommenheit, zu dienen.

### 1.2.8 RUHE – BEWEGUNG

Alle Lebensvorgänge erfahren wir als Wechsel von Ruhe und Bewegung, als *Handlungsablauf*. Wir handeln oder lassen an uns handeln. Unser Leben ist ein Vorgang mit Anfang und Ende. Das ist das vorgegebene Handlungssystem.

In Wachsein und Schlafen, Ein- und Ausatmen, dem Pulsieren des Herzens erleben wir eine Gliederung, ein Ordnungsprinzip.

Wir benutzen dieses *Ordnungsprinzip* zur Zeiteinteilung, allgemein zur Teilung linearer Vorgänge und finden es wieder in den Abläufen unseres Sonnensystems. Das einfachste Zahlensystem der Mathematik besitzt ebenfalls diese Struktur: Impuls und Nichtimpuls, 1 und 0.

Da Leben einer der höchsten Werte ist, liegt auch hier *ein Wertgefälle* vor: Im **Wechsel** von Ruhe und Bewegung finden wir den Wert. Das Mißverständnis, daß Leben = Aktion, Aktivität ist, führt zum ruhelosen Agieren und schließlich zum Leisten-müssen ohne Besinnung. Die Folgen der Besinnungslosigkeit in allen Lebensbereichen müssen wir teuer bezahlen.

Ruhe ist nicht Stillstand. Ruhe bedeutet Wechsel der Bewegungsrichtung, Stillstand bedeutet Tod. Der Wechsel der Bewegung, die Umwandlung ist geeignet als *Bedeutungsträger* für den Lebensprozeß schlechthin. Die Spiele der Verwandlung bei Kindern und auf der Bühne symbolisieren Lebensprozesse! Die Erwartung ewigen Lebens ist verbunden mit der Wiedergeburt nicht nur in den Mythen vieler Völker, sondern auch in der Begegnung mit dem lebendigen Gott in Jesus Christus.

### 1.2.9 HELL – DUNKEL

Hell und dunkel erfahren wir durch Öffnen und Schließen der Augen. Das Sonnenlicht macht uns die Umwelt sichtbar. Im Wechsel von Tag und Nacht finden wir unsere Befindlichkeit außerhalb unseres Körpers wieder. Diese polare *Handlungsstruktur* trägt den Charakter des kontinuierlichen Übergangs von einem Pol zum anderen, von dunkel über unendlich viele Zwischentöne nach hell, wobei die Extreme Nacht und Sonnenlicht die Wahrnehmungsfähigkeit übersteigen. Die Farbe erweitert dieses System und besitzt eigene Gesetzmäßigkeiten.

Die Hell-Dunkel-Skala dient der *Orientierung* im Tiefenraum: hell liegt nah, dunkel entfernt. Sie ist *ein Ordnungssystem*, das mit dem räumlichen Tiefensehen gekoppelt ist.

Als *Wertsystem* besitzt hell – dunkel eindeutige Richtung: Hell, Tag, Licht, sichtbar, sehend bewerten wir positiv, befreiend und wertvoll. Dunkel, Nacht, Finsternis, unsichtbar, blind dagegen ist negativ und beängstigend.

**Abb. 1-17** Hell – Dunkel

So dient die Polarität Licht Finsternis als Symbol für Gut und Böse, für Liebe und Haß, für Gott und den Gegner Gottes.

Nun liegt es nahe, weiterzuschreiten und noch andere Grunderfahrungen zu untersuchen z. B. warm – kalt, öffnen – schließen, sauber – schmutzig und andere. Der Leser, dem das einleuchtet, was gesagt wurde, wird dabei noch einiges entdecken, was in Gestaltungsvorgängen mit enthalten ist.

Alle diese und weitere Grundstrukturen aus der Leiblichkeit des Menschen werden benötigt und eingesetzt zur Auseinandersetzung mit der Umwelt, zur Lebensbewältigung.

Ihre Handlungsanweisungen, Orientierungsmuster, Werte und Bedeutungen prägen alle Lebens- und Gestaltungsvorgänge. Für die Gestaltung von Architektur wird es entscheidend sein, diese Phänomene zu beachten und zu erkennen, welche Entscheidungen im Raum der Architektur menschliche Lebensvorgänge gefährden und behindern oder aber ermöglichen und fördern.

## 1.3 Gestaltgesetze der Wahrnehmung

Die Psychologie unterscheidet bei der Wahrnehmung von phänomenalen Gestalten im Raum verschiedene Gesetze. Sie entsprechen in gewisser Weise Phänomenen, die aus den Strukturen des Leibraums (s. o.) abgeleitet werden können. Ihre Kenntnis ist eine weitere Hilfe zur Strukturierung des Raumes insbesondere des Sehraumes.
Bei der Darstellung der Gestaltgesetze folge ich den Ausführungen von Edwin Rausch (a.a.O.) und Wolfgang Metzger (a.a.O.), die in ihren Arbeiten zur Gestaltpsychologie die Forschungen auf diesem Gebiet zusammengefaßt und dargestellt haben.

### 1.3.1 DER SEHRAUM

Der Sehraum ist an die Kopfmediane gebunden. Das heißt die Lage des Bezugssystems im Raum ist egozentrisch: die Ebene durch die Mitte des Kopfes ist eine natürliche Koordinationsebene. Sie verläuft senkrecht und teilt den Raum in rechts und links. Sie trifft senkrecht auf die frontale Ebene. Die Schnittachse dieser Ebenen ist die *Vertikale* und die dazu orthogonale Richtung ist die *Horizontale.*
Wir sehen z. B. an einer vertikalen Säule eine Mittelachse, auch wenn sie nicht bezeichnet ist.
Der Sehraum ist *statisch,* in Ruhe, obwohl sich in ihm Bewegungsvorgänge abspielen können und trotz Augen- und Leibesbewegungen.
Der Sehraum ist ein *Kontinuum.* In ihm können Gestalten und Bereiche mit Zwischenräumen gegeben sein. Die leeren Bereiche, die Zwischen- und Umräume gehorchen nur dann Gestaltgesetzen, wenn sie als Gestaltphänomene erscheinen. Ein von Bauten umgebener rechteckiger Platz z. B. erscheint als Raumgestalt. Der Zwischenraum zwischen einzeln, in Gärten stehenden, Wohnhäusern dagegen hat keine Raumgestalt.
Im Sehraum herrscht das *Gesetz der identischen Sehrichtung.* Wir sehen mit zwei Augen in eine Richtung. Die dadurch bewirkte Querdisparation ist die physiologische Hauptursache des Tiefensehens.
Die Ordnung des Sehraumes geschieht durch die drei *Prägnanz-Prinzipien* (nach Rausch):

**1 Orthogonalität,** d. h. rechtwinklige Ausrichtung mit Betonung der Vertikalen entsprechend der Struktur des Leibraumes.

**2 Die Tendenz zur geraden Erstreckung** bedeutet, daß wir bevorzugt im Sinne gerader Verläufe wahrnehmen. Allgemeiner gilt das Prinzip auch für die übergeordnete Annahme einer Tendenz zum *glatten Verlauf* und zur *»guten« Kurve.* (s. u.)

**3 Die Tendenz zur gleichmäßigen Ebenbreite** bedeutet, daß wir bevorzugt ebenbreiten Formen Gestaltcharakter beimessen und deshalb Figuren in diesem Sinne sehen.

Diese Prinzipien formen die Gestalten der visuellen Wahrnehmung im Sinne elementarer bevorzugter Figuren. Es gibt eine maßgebende Prägnanzform, eine ideale Gestalt, nach welcher hin die Wahrnehmung tendiert. Ihr entsprechen Rechteck und Würfel als Figuren. Die Prägnanzprinzipien zeigen eindeutig kartesianische Struktur und belegen die *Euklidizität der Wahrnehmung.* Wir sehen z. B. in einer Straßenflucht außer den Senkrechten nur schräge Linien und keine rechten Winkel. Wir nehmen aber rechtwinklige Häuserfronten wahr.

### 1.3.2 PRÄGNANZ

Prägnanz bezeichnet hier ein Qualitätsmerkmal von »Sehdingen« (Metzger) allgemein von Wahrnehmungsobjekten. Das Wort kommt vom lat. »praegnans« = schwanger, trächtig, voll. Es bedeutet im allgemeinen: einprägsam, treffend, knapp, deutlich, präzise. Auf Wahrnehmungsdinge angewendet bezeichnet es die »Güte« von Formen aufgrund von eindeutigen Strukturen des Wahrnehmungsraumes. E. Rausch hat verschiedene Aspekte für Prägnanz aufgestellt, die an den Erkenntnissen der Gestaltpsychologie orientiert sind. Er hat sie als Begriffspaare »prägnant – unprägnant« an visuellen Beispielen dargestellt:

**1 Gesetzmäßigkeit**
gesetzmäßig – ungesetzmäßig, regellos

**Abb. 1-18**

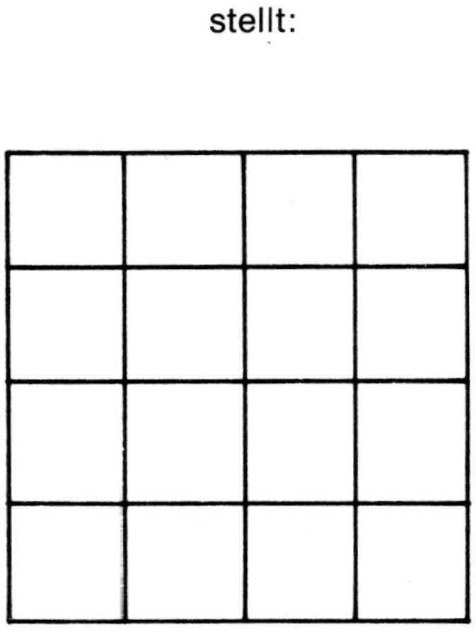

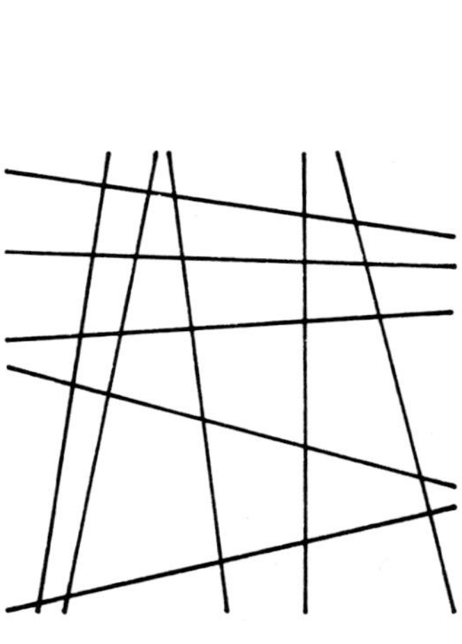

**Abb. 1-18**

**2 Eigenständigkeit**
eigenständig – abgeleitet, verzerrt

**Abb. 1-19**

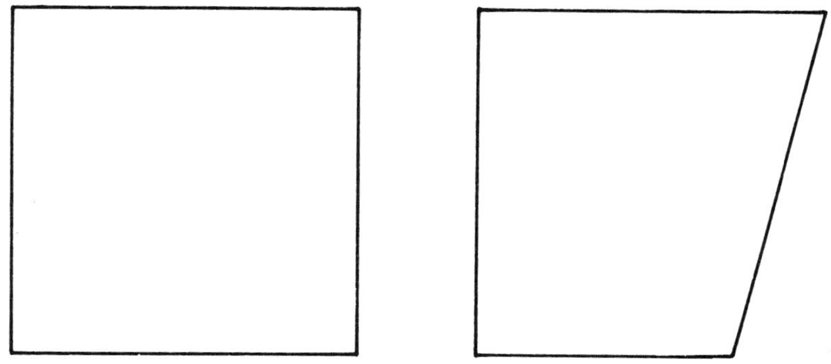

Abb. 1-19

**3 Integrität**
heil, intakt, ganz – versehrt, gestört, zerstört

**Abb. 1-20**

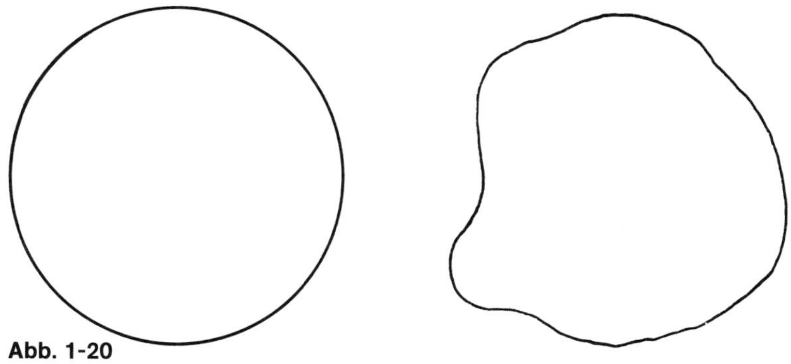

Abb. 1-20

**4 Einfachheit der Strukturierung**
einfach – kompliziert, verwickelt

**Abb. 1-21**

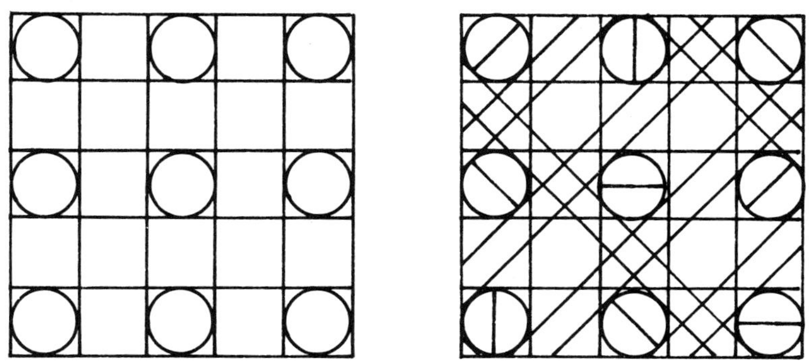

Abb. 1-21

**5 Komplexität**
reichhaltig – karg
Das ist kein Gegensatz zur Einfachheit der Strukturierung! Weglassen ist nicht nur deshalb eine Kunst, weil es schwer fällt etwas wegzulassen, sondern weil man auch zu viel weglassen kann.

**Abb. 1-22**

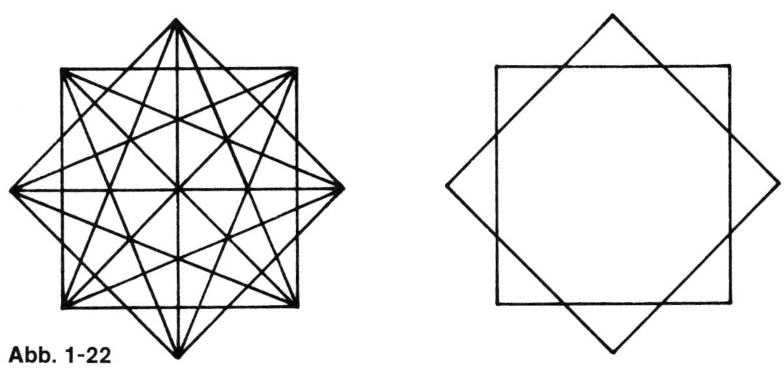

Abb. 1-22

Zwei weitere Prägnanz-Aspekte, die Rausch vorgeschlagen hat, nämlich Ausdrucksfülle und Bedeutungsfülle lasse ich hier weg, weil sie sich nicht mit den formalen Strukturen des Wahrnehmungsraumes, sondern mit Inhalten verschiedener Art beschäftigen.

### 1.3.3 GESTALTGESETZE

Metzger zeigt neben den Prägnanzprinzipien seines Schülers Rausch noch andere Gesetzmäßigkeiten der Wahrnehmung auf, die nicht im Sinne der euklidischen Struktur des Sehraumes wirken:

**1 Das Gesetz der Nähe und Ähnlichkeit.** Es besagt, daß wie im Falle der **Abb. 1-23** die kleinen Zwischenräume zwischen den Linien zu Gestalten werden, die großen aber als Zwischenraum, als leerer Raum gesehen werden.
In **Abb. 1-24** sieht man nicht eine Gruppe von 6 Figuren, sondern zwei Gruppen mit je drei Figuren.

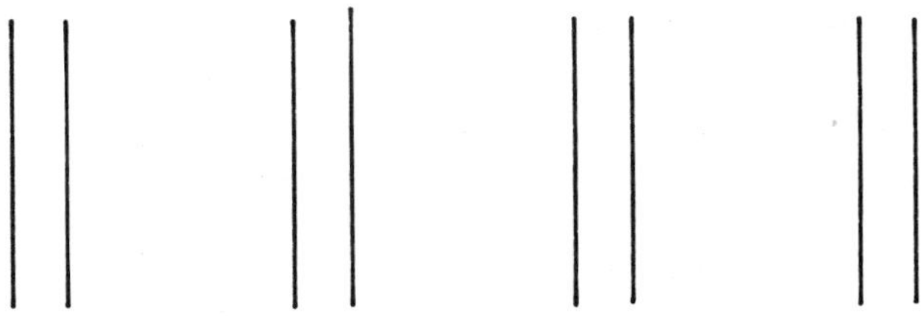

**Abb. 1-23**

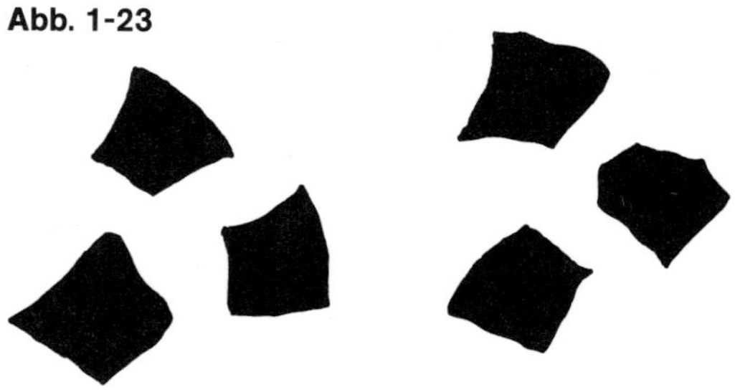

**Abb. 1-24**

**2 Das Gesetz der Geschlossenheit und der guten Gestalt.** Hier wird Innen und Außen klar getrennt. Dabei wird Innen bevorzugt. An **Abb. 1-25** ist zu sehen, daß die geschlossenen Rechteckte Gestaltcharakter haben und daß die Nähe nicht mehr wirkt. In **Abb. 1-26** werden ein Kreuz und ein Sechseck gesehen, die übereinander liegen und nicht zwei oder drei unregelmäßige Formen, in die das Bild zerlegt werden könnte. Ebenso verhält es sich in **Abb. 1-27** bei der sich zwei Kreise oder Ringe überlagern.

**Abb. 1-25**

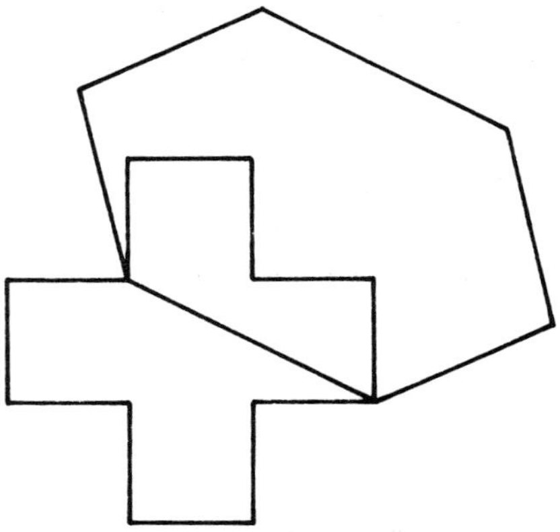

**Abb. 1-26**

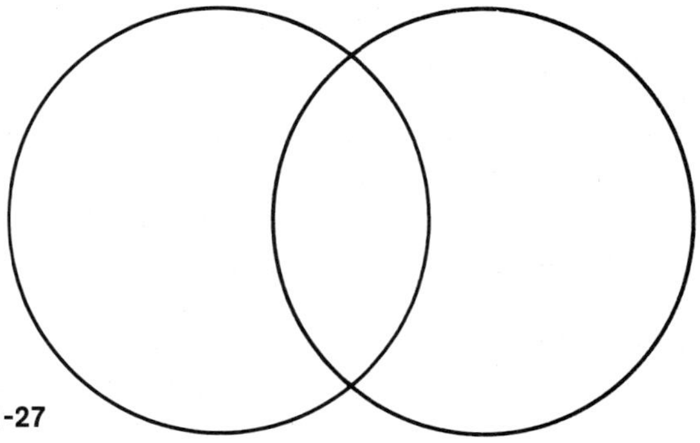

**Abb. 1-27**

**3** Das Gesetz der Innenseite besagt, daß die Innenseite von Winkeln und von gekrümmten Formen als Figur gesehen wird. Der »Innenraum« wird bevorzugt. »Die Oberflächen der Dinge sind, wie die Umrisse der Figuren, nur einseitige Grenzen. Sie begrenzen die Dinge, aber nicht den Außenraum.« (Metzger). **Abb. 1-28**

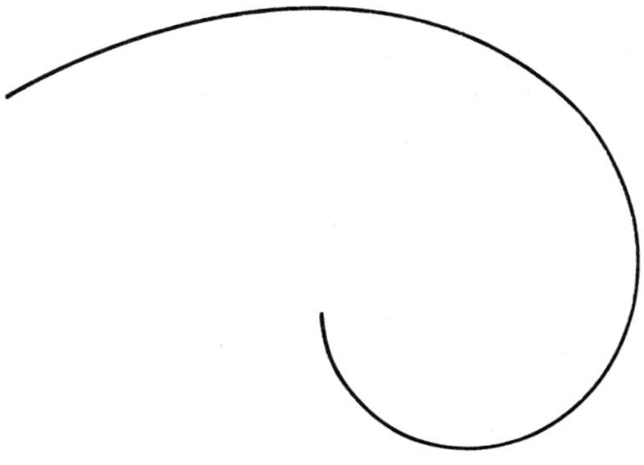

**Abb. 1-28**

**4 Das Gesetz des »gemeinsamen Schicksals«** meint, daß Dinge, Figuren, die gleichartiges Verhalten zeigen, bevorzugt als Gestalt gesehen werden. Es wird auch als Gesetz der Gleichartigkeit bezeichnet und ist verwandt mit dem Gesetz der gleichmäßigen Ebenbreite: zwei parallele Linien zeigen gleichartiges Verhalten. **Abb. 1-29** und **Abb. 1-30.**

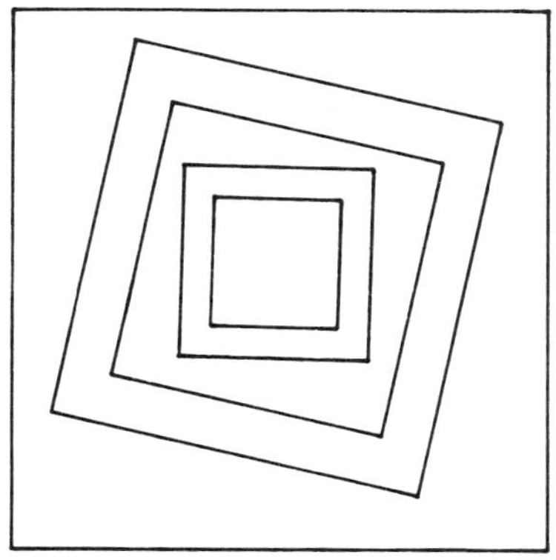

**Abb. 1-29**

**Abb. 1-30**

**5 Das Gesetz der durchgehenden Kurve, des glatten Verlaufs.** In **Abb. 1-31** kann das Gebilde a aus b und c zusammengesetzt werden. Wir nehmen aber eine gerade Linie und eine S-Kurve wahr, die beide in sich logische Formverläufe von einheitlichem Charakter darstellen. In **Abb. 1-32** gliedert sich das Gebilde, wenn man es als Ganzes betrachtet in die zwei regelmäßigsten Unterganzen als gute Gestalten und zugleich im Sinne der durchgehenden Geraden, obgleich, von der Nähe gesehen, weder regelmäßige Unterganze noch durchgehende Linien vorhanden sind.

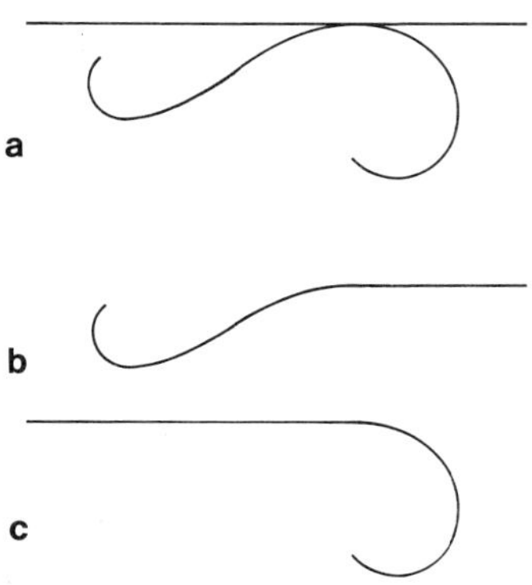


**Abb. 1-31**

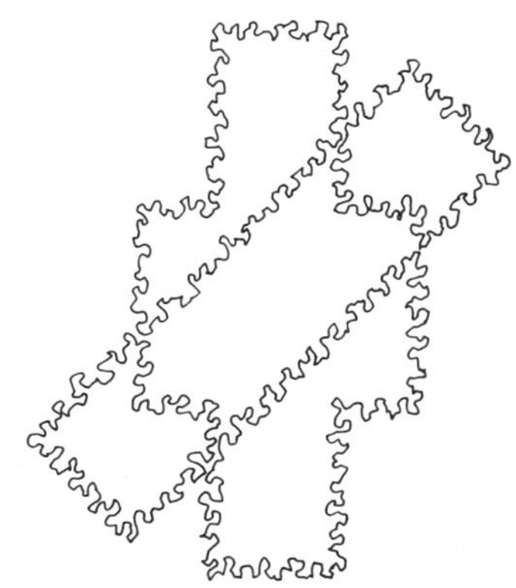

**Abb. 1-32**

**6 Das Gesetz der einfachsten Schichtung** bestimmt das Verhältnis von Figur und Grund, in dem eine Schichtung zum Ausdruck kommt. Dabei wirken noch andere Gesetze mit wie das **Abb. 1-33** zeigt. Am linken Rand des Bildes erscheint ein Muster aus Quadraten (guten Gestalten), die auf einem Grund liegen, in der Mitte des Bildes gibt es ein Raster aus Bändern, die rechtwinklig übereinander gelagert sind und auf dessen Knotenpunkten Quadrate liegen: drei Ebenen nämlich Grund, Raster und Quadrate übereinander. An der rechten unteren Ecke erscheint die Figur aus Spulen zusammengesetzt in einer Ebene über dem Grund. Sie sind schwieriger als Figuren zu sehen als die Quadrate.

**7 Das Konstanzgesetz** besagt, daß Form und Größe, Länge, Breite und Tiefe beim Sehen beständig bleiben. Ein Kind in der Nähe z. B. ist weit größer als ein Erwachsener in der Ferne und doch sehen wir in etwa den tatsächlichen Größenunterschied. Wenn ein Würfel z. B. vor unseren Augen im Raum gedreht wird, ändern sich mit seiner Lage alle Flächenformen, Winkel und Kantenlängen entsprechend dem Drehvorgang. Wir sehen aber immer einen unveränderten Würfel!

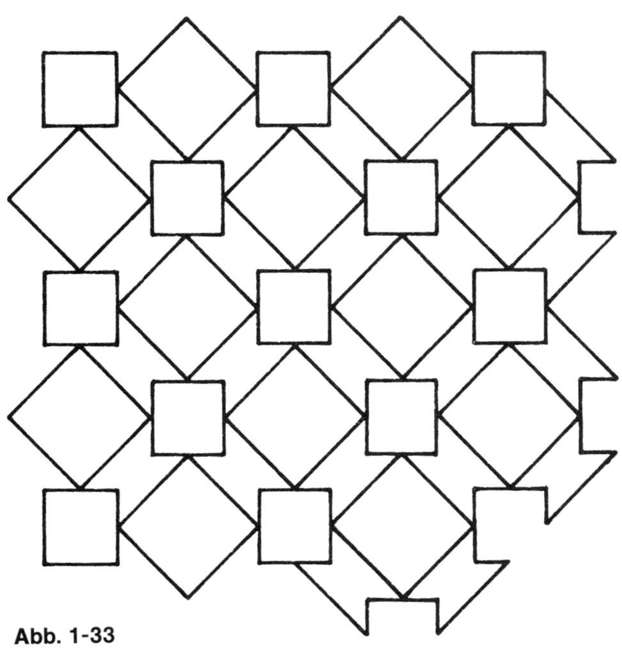

**Abb. 1-33**

## 1.4 Morphologie Denkmodell eines formalen Ordnungssystems

| | 0 | 1 | 2 | 3 | 4 | 5 | 6 |
|---|---|---|---|---|---|---|---|
| 0 | PUNKT / PUNKT | PUNKT / LINIE | PUNKT / FLÄCHE | PUNKT / RAUM | PUNKT / ZEIT | PUNKT / LICHT | PUNKT / SCHALL |
| 1 | LINIE / PUNKT | LINIE / LINIE | LINIE / FLÄCHE | LINIE / RAUM | LINIE / ZEIT | LINIE / LICHT | LINIE / SCHALL |
| 2 | FLÄCHE / PUNKT | FLÄCHE / LINIE | FLÄCHE / FLÄCHE | FLÄCHE / RAUM | FLÄCHE / ZEIT | FLÄCHE / LICHT | FLÄCHE / SCHALL |
| 3 | RAUM / PUNKT | RAUM / LINIE | RAUM / FLÄCHE | RAUM / RAUM | RAUM / ZEIT | RAUM / LICHT | RAUM / SCHALL |
| 4 | ZEIT / PUNKT | ZEIT / LINIE | ZEIT / FLÄCHE | ZEIT / RAUM | ZEIT / ZEIT | ZEIT / LICHT | ZEIT / SCHALL |
| 5 | LICHT / PUNKT | LICHT / LINIE | LICHT / FLÄCHE | LICHT / RAUM | LICHT / ZEIT | LICHT / LICHT | LICHT / SCHALL |
| 6 | SCHALL / PUNKT | SCHALL / LINIE | SCHALL / FLÄCHE | SCHALL / RAUM | SCHALL / ZEIT | SCHALL / LICHT | SCHALL / SCHALL |

Die Begriffe Punkt, Linie, Fläche, Raum, Zeit, Licht und Schall werden hier als Dimension 0, 1, 2, 3, 4, 5 und 6 bezeichnet und so als Denkmodelle für Formvorgänge benutzt. Ihre genaue mathematische Definition soll unberücksichtigt bleiben. Sie dienen als Modelle der Anschauung und ergeben als solche ein übersichtliches Ordnungsschema, in dem alle formalen bildnerischen Mittel unterzubringen sind.

Bezugspunkt ist der Mensch mit einer bestimmten Körpergröße, seiner Konstitution in Raum und Zeit, mit seinen Sinnesorganen, seinem Denken, Fühlen und Wollen. Er unterscheidet damit Formen und legt sie in einer bestimmten Weise fest.

Im Ordnungsschema steht jeder Begriff in einer horizontalen und einer vertikalen Rolle – horizontal oben im Feld, vertikal unten –. In der horizontalen Reihe ist er bestimmend, in der vertikalen untergeordnet. Im Einzelnen können die Felder folgendermaßen beschrieben werden:

### 1.4.1 PUNKT – DIMENSION 0

In der Horizontalen werden Punktgestalten und Punktstrukturen bezeichnet, die aus verschiedenen Mitteln bestehen:

Punkt / Punkt : Punktstrukturen aus Punkten, aus Formen mit Punktcharakter, der Punkt als Punkt.

Punkt / Punkt : Punkt aus Linien, aus Formen mit linearem Charakter, z. B. Strahlenbündel, Wollknäuel.

Punkt / Fläche : Punktstrukturen aus Flächen, z. B. Kreisfläche, Kugel, Kuppel

Punkt / Raum : Punktstrukturen aus Räumen, aus Körpern, z. B. ein örtliches Zentrum

Punkt / Zeit : Punktstrukturen aus Zeit, aus Bewegung, z. B. Zeitpunkt, Zentrum einer Bewegung, »Kairos«

Punkt / Licht : Punktstrukturen aus Licht, aus Helligkeit, aus Farben, z. B. Sterne, Lampen

Punkt / Schall : Punkt aus Schall, Punktform aus Schallereignissen, z. B. Knall, sehr kurzes Schallereignis

Punkt steht oft für Ganzheit, Zentrum, Geschlossenheit. Die Anschauungsbilder des Punktes tragen diesen Charakter. In der vertikalen Reihe hat das Punktmodell einen anderen Charakter. Hier werden Gestalten und Formen beschrieben, die aus Punkten bestehen. Dieser Vorgang wiederholt sich bei den anderen Begriffen entsprechend.

### 1.4.2 LINIE – DIMENSION 1

Hier handelt es sich um Linienstrukturen, die aus verschiedenen formalen Mitteln bestehen:

Linie / Punkt : Linienformen aus Punkten, aus Formen mit Punktcharakter, z. B. punktierte Linie einer Zeichnung, Reihe von leuchtenden Glühbirnen in der Nacht

Linie / Linie : Linienstrukturen aus Linien, aus Formen mit linearem Charakter, z. B. Linienbündel aus Seilen, Überlandleitung

Linie / Fläche : Lineare Strukturen aus Flächen, z. B. Reihung von Flächen, Straßen

Linie / Raum : Lineare Strukturen aus Räumen, aus Körpern, z. B. in einer Achse gereihte Räume, Raum- oder Körperanordnung mit linearem Verlauf

Linie / Zeit : Lineare Strukturen aus Zeit, aus Formen mit Zeitcharakter, aus Bewegung, z. B. chronologische Zeit, lineare Bewegungen, einsinnige Bewegungsabläufe

Linie / Licht : Linienstrukturen aus Licht, aus Helligkeit, z. B. Lichtstrahl, Scheinwerfer, Lichtschlitze

Linie / Schall : Linienstruktur aus Schall, z. B. Dauerton, Folge von geordneten Schallereignissen

Linie trägt den Charakter der einsinnigen Erstreckung, der Reihung, der Folge, der einsinnigen Bewegungsform

### 1.4.3 FLÄCHE – DIMENSION 2

Flächenstrukturen sind anschaulicher, aber gleichzeitig ungeheuer vielgestaltig. So fällt bei dieser Betrachtungsweise zunächst die Frage nach Oberflächen, Texturen usw. weg, was nicht bedeutet, daß sie nicht beachtet werden soll.

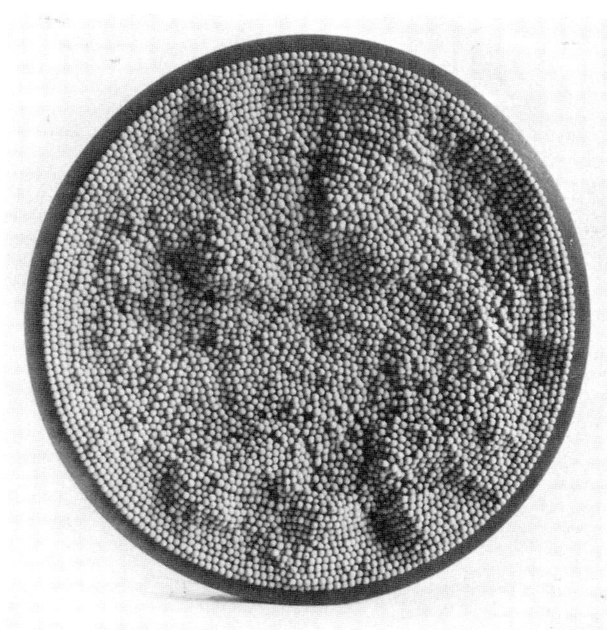

**Abb. 1-34** Vuksan Duschan-Punkt

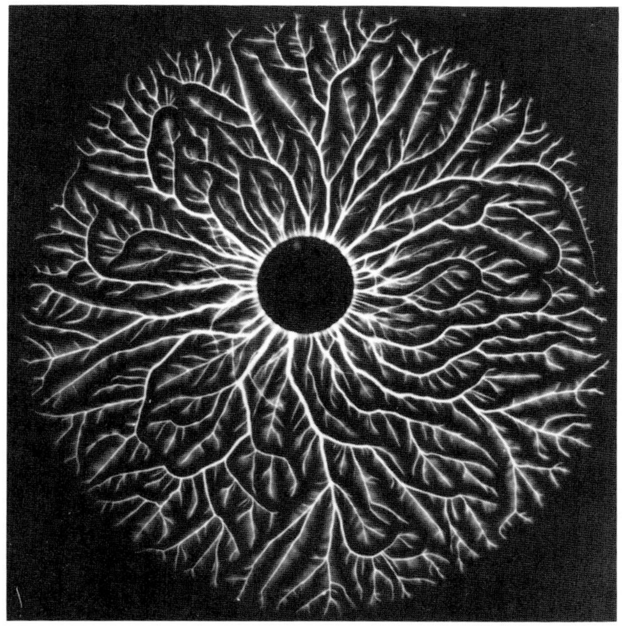

**Abb. 1-35** Entladung – Linie

Fläche / Punkt : Flächenstrukturen aus Punkten, aus Formen mit Punktcharakter, z. B. Aufrasterung von Fotografien für den Druck, Sandpapier

Fläche / Linie : Flächenstrukturen aus Linien, z. B. Spinnennetz, allgemeine Netze, Reihung von Linien

Fläche / Fläche : Flächenstrukturen aus Flächen, z. B. Vielflächner, Hohlkörper

Fläche / Raum : Flächenstrukturen aus Räumen und Körpern, z. B. Geschoßbauten mit vielen Ebenen

Fläche / Zeit : Flächenstrukturen aus Zeit, aus Bewegungsabläufen, z. B. Gleichzeitigkeit, Zeitebenen, Netzpläne

Fläche / Licht : Flächenstrukturen aus Licht, aus Helligkeit, aus Farbe, z. B. in der Malerei, Fenster, Lichtflächen, Oberflächen

Fläche / Schall : Flächenstrukturen aus Schallereignissen, z. B. Klang, Mehrstimmigkeit, Gleichzeitigkeit von Schallereignissen

Die Flächenstrukturen tragen den Charakter der Ausbreitung in Ebenen, Schichten, die zwei Bereiche voneinander trennen.

### 1.4.4 RAUM – DIMENSION 3

Raumstrukturen im Sinne dieses Denkmodells sind formaler Art und in einem Material darstellbar. Eine sog. räumliche Vorstellungsbarriere steht dem rein gedanklichen Durchdringen solcher Strukturen im Wege. Deshalb müssen sie an anschaulichen Modellen studiert werden.

Raum / Punkt : Raumstrukturen aus Punkten, z. B. Markierungen im Raum durch gedachte Punkte eines Raumrasters, Sterne

Raum / Linie : Raumstrukturen aus Linien, aus Formen mit linearem Charakter, z. B. räumliche Stabwerke, Skelettbau

Raum / Fläche : Raumstrukturen aus Flächen, Formen mit Flächencharakter, z. B. Kuppelraum, Zelt, Membrane, Körper

Raum / Raum : Raumstrukturen aus Räumen, aus Körpern, z. B. Würfelstruktur, Kubisches System, Kristallformen, Gebäudekomplexe, Vierdimensionale Körper

Raum / Zeit : Raumstrukturen aus Zeit, aus Bewegungsabläufen, z. B. Raumveränderung, Raumbildung aus Bewegungen, bewegliche Räume, Zeitraum, Erlebniszeit

Raum / Licht : Raumstrukturen aus Licht, aus Helligkeiten, aus Farbe, z. B. Raumbildung durch Helligkeit: Scheinwerferkegel, Feuer, Beleuchtung von Räumen

Raum / Schall : Raumstrukturen aus Schall, z. B. Klangraum, Beziehungen von Klängen, Klangkörper, Formbildung

Die räumlichen Strukturen haben für uns zwei Eigenschaften: der anschaubare Innenraum hat den Charakter der Ganzheit und Geschlossenheit, der über das Anschauliche hinausgehende Außenraum fließt in alle Richtungen und sein Ende ist nicht denkbar und nicht greifbar.

### 1.4.5 ZEIT – DIMENSION 4

Gewohnt, mit Uhren umzugehen, betrachten wir die Zeit als ein linear verlaufendes Geschehen. Verschiedene Zeitstrukturen zu betrachten ist uns ungewohnt. Wir verbinden Zeit mit Bewegungsabläufen, weil wir sie in einem zeitlichen Nacheinander erfahren.

**Abb. 1-36** Schneefeld – Fläche

**Abb. 1-37** Rolf Schimanek – Raum

$\frac{\text{Zeit}}{\text{Punkt}}$ : Zeitstruktur aus Punkten, aus Formen mit Punktcharakter, z. B. der entscheidende Zeitpunkt (griechisch kairos), Moment

$\frac{\text{Zeit}}{\text{Linie}}$ : Zeitstruktur aus Linien, Bewegung aus Formen mit linearem Charakter, z. B. Flugkörper, Ballistik

$\frac{\text{Zeit}}{\text{Fläche}}$ : Zeitstruktur und Bewegung aus Flächenformen, z. B. Segel, Luft- und Wasserschraube, Gleitung

$\frac{\text{Zeit}}{\text{Raum}}$ : Zeitstruktur und Bewegung aus Räumen und Körpern, z. B. vierdimensionale Körper, bewegte Körper

$\frac{\text{Zeit}}{\text{Zeit}}$ : Zeitstruktur aus Zeit: z. B. Zeitlichkeit der Zeit, Relativität der Zeit, Zeitdilatation (Überlagerung von Bewegungen)

$\frac{\text{Zeit}}{\text{Licht}}$ : Zeitstrukturen aus Licht, aus Helligkeit und Farbe: z. B. Bewegung des Lichts, Lichtgeschwindigkeit, Lichtimpulse,-Laserstrahl

$\frac{\text{Zeit}}{\text{Schall}}$ : Zeitstrukturen aus Schall: z. B. Musik

### 1.4.6 LICHT – DIMENSION 5

Licht als Begriff ist hier sehr unanschaulich. Konkreter sind für uns Helligkeit und Farbe. So sollen die Beispiele auch aus diesen Bereichen gewählt werden.

$\frac{\text{Licht}}{\text{Punkt}}$ : Licht, Helligkeit und Farbe aus Punkten: z. B. Intensität von Helligkeiten oder Farbe durch die Dichte der Punkte.

$\frac{\text{Licht}}{\text{Linie}}$ : Licht, Helligkeit und Farbstrukturen aus Linien:

$\frac{\text{Licht}}{\text{Fläche}}$ : Licht, Helligkeit und Farbe aus Flächen, aus Formen mit Flächencharakter: Malerei

$\frac{\text{Licht}}{\text{Raum}}$ : Licht, Helligkeits- und Farbstrukturen aus Räumen und Körpern: z. B. Lichtkorpuskel

$\frac{\text{Licht}}{\text{Zeit}}$ : Licht, Helligkeit und Farbe aus Zeit, aus Bewegung: z. B. Tag- und Nachtwechsel

$\frac{\text{Licht}}{\text{Licht}}$ : Licht aus Licht, Absolutheit des Lichts

$\frac{\text{Licht}}{\text{Schall}}$ : Licht aus Schall, Helligkeit und Farbe aus Schall:

### 1.4.7 SCHALL – DIMENSION 6

Den Schall als 6. Dimension einzuführen ist ebenso hypothetisch wie die Einführung des Lichts als 5. Dimension. Es geschieht nicht logisch. Die einzige Begründung besteht darin, daß Schallereignisse für Gestaltungsprozesse eine unerhört wichtige Rolle spielen, die aber so gut wie unberücksichtigt bleibt. Der Schall erzeugt Schwingungen in Materie und formt sie. Die Wissenschaft der Kymatik hat bis heute eine ganze Reihe der dabei auftretenden Vorgänge und ihre Gesetzmäßigkeiten sichtbar gemacht. (Hans *Jenny*: Kymatik a.a.O.)

$\frac{\text{Schall}}{\text{Punkte}}$ : Schall aus Formen mit Punktcharakter. (Morsezeichen)

$\frac{\text{Schall}}{\text{Linie}}$ : Schall aus Formen mit Liniencharakter: z. B. Saite

$\frac{\text{Schall}}{\text{Fläche}}$ : Schall aus Formen mit Flächencharakter: z. B. Cymbel, Glocken

$\frac{\text{Schall}}{\text{Raum}}$ : Schall aus Formen mit Raumcharakter, aus Körpern: z. B. Röhren, Pfeifen, Metallblöcke, Steine

**Abb. 1-38** Ulrich-Wilhelm Hüls – Bewegung

**Abb. 1-39** Helligkeiten – Licht

$\frac{\text{Schall}}{\text{Zeit}}$ : Schallereignisse aus Formen mit Zeitcharakter, aus Bewegungen: z. B. Rauschen des Windes

$\frac{\text{Schall}}{\text{Licht}}$ : Schallereignisse aus Licht, aus Helligkeit und Farbe

$\frac{\text{Schall}}{\text{Schall}}$ : Schallereignisse aus Schall:

Beim Ausfüllen dieses Denkmodells mit konkreten Formen bleiben immer wieder Lücken offen oder aber es gibt unentschiedene Situationen je nach Standpunkt oder Betrachtungsweise: z. B. ist eine weiße Wand, die das Sonnenlicht reflektiert eine Fläche aus Licht mit bestimmter Helligkeit oder ist sie Licht mit bestimmter Helligkeit aus einer Fläche bestimmter Größe? Der Maßstab der Betrachtungsweise wird immer durch das Verhältnis des Betrachters zum Gegenstand – meist die Entfernung – bestimmt. Ein Punkt aus Kreide an der Tafel zeigt sich unter dem Mikroskop als Kristallgebirge und die Hauptstadt eines Landes erscheint auf einer Weltkarte als Punkt. Die Körpergröße des Menschen, die Reichweite seiner Wahrnehmungsorgane und die Situation im dreidimensionalen Raum in Bewegung leiten die Identifikation bestimmter Objekte und ermöglichen eine relative Klassifizierung.
Im Zusammenhang mit den Übungen werden einzelne Felder genauer untersucht. Schwerpunkte liegen in den Bereichen, die Raum und Körper betreffen. Viele Bereiche werden ganz vernachlässigt wie z. B. Gestaltung der Fläche, der Farbe, der Linie oder die Bereiche der Kinetik und der Musik. Sie sind jeweils eigene Gestaltungsbereiche, die in diesem Band nur am Rande vermerkt werden können.

**Abb. 1-40** Schlierenoptische Aufnahme einer schwingenden Flüssigkeit – Schall

Das vorgeschlagene Denkmodell erhebt keinerlei Anspruch auf Vollständigkeit oder Absolutheit. Auch besteht nicht die Absicht, eine neue Morphologie zu entwickeln. Der Leser soll angeregt werden, Formvorgänge jeder Art in einen übergeordneten Zusammenhang zu stellen, diesen Zusammenhang zu erkennen und insofern anzuwenden, als sich daraus Formen ableiten lassen.

**Abb. 2-1** Seminar »Gesten und Haltungen« (S. 61ff)

# 2 Kreativität

Das Wort »Kreativität« ist hergeleitet aus dem lateinischen creare = (er)schaffen, hervorbringen, erzeugen, gebären, verursachen. Es kommt heute zu uns über das amerikanische creativity, das seit 1950 in der amerikanischen Psychologie immer mehr Bedeutung bekommen hat. Es werden mit ihm Begriffe wie *Originalität, Erfinden, Entdecken, Produktivität, Flexibilität, Spontaneität* in Verbindung gebracht. Brockhaus definiert: *»Kreativität* (lat.) die, – schöpferische Kraft, schöpferischer Einfall. Im Unterschied zum rein analytischen Denken ist die Kreativität besonders durch das Finden neuer Aspekte und Ansätze zu Problemlösungen gekennzeichnet. Sie geht auf keine einheitliche Eigenschaft zurück, sondern wird von zahlreichen kognitiven und psychischen Faktoren bestimmt.«
Eine sehr umfassende Definition hat John E. Drevdahl 1956 folgendermaßen formuliert: »Kreativität ist die Fähigkeit des Menschen, Denkergebnisse beliebiger Art hervorzubringen, die im wesentlichen neu sind und demjenigen, der sie hervorgebracht hat, vorher unbekannt waren. Es kann sich dabei um eine Imagination oder um eine Gedankensynthese, die mehr als eine bloße Zusammenfassung ist, handeln. Kreativität kann die Bildung neuer Systeme involvieren sowie die Übertragung bekannter Beziehungen auf neue Situationen und die Bildung neuer Korrelate. Eine kreative Tätigkeit muß absichtlich und zielgerichtet sein, nicht nutzlos und phantastisch. Sie kann eine künstlerische, literarische oder wissenschaftliche Form annehmen oder durchführungstechnischer oder methodologischer Art sein.«

Im Zusammenhang mit Gestaltungsprozessen, die durch den Umgang mit Material und Bewegung gekennzeichnet sind, muß hinzugefügt werden, daß es nicht nur um *Denkergebnisse* geht, sondern auch um *Ergebnisse aus Handlungen,* die nicht Denken zum Inhalt haben, sondern z. B. Sich-Bewegen, Modellieren, Schauen u. a.
Kreativität wird in diesem Buch als eine allgemeine grundlegende Fähigkeit des Menschen betrachtet unabhängig von besonderen Begabungen oder von besonderer Intelligenz. Ich gehe davon aus, daß jeder Mensch ein kreatives Potential besitzt und daß er lernen kann, es zu organisieren und einzusetzen, um Ziele, letzten Endes sein Lebensziel, zu erreichen. Die dabei entstehenden Ergebnisse sind nur relativ bedeutend.

Über den Ablauf kreativer Prozesse gibt es eine Reihe von Modellvorstellungen aufgrund von Forschungen amerikanischer Psychologen (s. Gisela **Ulmann**: Kreativität, Julius Beltz-Verlag, Weinheim, Berlin Basel, 1968, S. 20ff). Man unterscheidet im allgemeinen vier verschiedene Phasen: *Vorbereitungsphase, Inkubationsphase, Illuminations- und Verifikationsphase.*
Die Vorbereitungsphase umfaßt das Sammeln und Ordnen von Hilfsmitteln subjektiver und objektiver Art. Die Inkubationsphase ist gekennzeichnet durch das Abtasten verschiedener Möglichkeiten, die die Hilfsmittel zulassen. In der Illuminationsphase rücken Einfälle, Erleuchtungen und Lösungsmöglichkeiten ins Blickfeld und in der Verifikationsphase werden diese Möglichkeiten geprüft und realisiert.
Für die in diesem Band dargestellte Arbeit benutze ich ein weit differenzierteres methodisches Modell, das aus der praktischen Arbeit im Bereich der Architektur stammt und dessen Anwendungsbereiche noch längst nicht ausgeschöpft sind: die RSPV – Cycles von Lawrence Halprin.

**Literatur:**

*Halprin,* Lawrence and *Burns*, Jim: TAKING PART, MIT Press, Cambridge, Massachusetts, 1974
*Ulmann,* Gisela: Kreativität, Julius Beltz-Verlag, Weinheim, Berlin, Basel, 1968
*Vopel,* Klaus W.: Handbuch für Gruppenleiter, ISKO Press, Hamburg 1977
The Headlands Press, Hrsg.: THE NEW GAMES BOOK, San Francisco, Ca. 1976, deutsch: die neuen spiele, Ahorn Verlag, München, 1979
*Schober,* Herbert und *Rentschler,* Ingo: Optische Täuschungen in Wissenschaft und Kunst, Heinz Moos Verlag, München, 1972

## 2.1 Der kreative Prozeß

Als Arbeitshilfe für den Einzelnen, besonders aber für Gruppen, stelle ich hier ein Modell des Kreativen Prozesses vor, das von Lawrence Halprin und anderen entwickelt und erprobt wurde. (L. Halprin und J. Burns »Taking Part« MIT Press, Cambridge, Massachusetts 1974). Es eignet sich ausgezeichnet dazu, den kreativen Prozeß überschaubar zu machen und in nachvollziehbare Schritte zu gliedern. Im Original nennt Halprin sein Modell RSVP-Cycle, wobei R = resource, S = score, V = valuaction und P = performance sind. Ich habe diese Begriffe übertragen in Hilfsmittel, Partitur, Beurteilung und Ausführung. Den Begriff Zyklus habe ich belassen, weil er verständlich ist. **(Abb. 2-2)**
Eine solche Formalisierung des schöpferischen Tuns macht es möglich, Einzelne und Gruppen in einen kreativen Prozeß hineinzuführen, diesen Prozeß zu steuern und zu kontrollieren. Das zyklische Vorgehen führt zu einer zielorientierten Arbeit, die nicht auf bestimmte Ergebnisse fixiert ist. Im didaktischen Zusammenhang sieht dieses Modell dann folgendermaßen aus:

1 HILFSMITTEL

Hilfsmittel sind alle Elemente einer gegebenen Situation: z. B.

| objektiv: | subjektiv: |
|---|---|
| Ort der Arbeit | Erwartungen, |
| Landschaft | Motive |
| alle physischen | Ziele, Inhalte |
| Bedingungen | Gefühle |
| geologische, geographi- | Abhängigkeiten |
| sche Voraussetzungen | Verhaltensweisen |
| Fauna, Flora | Lebensstil, Sprache |
| Bevölkerung, Geschichte | Phantasien, Träume |
| Wirtschaft | Können, Energie |
| Arbeit | verborgene Antriebe |
| Bauformen, Räume | Ängste, Befürchtungen |
| Material, Werkzeug | |

Größte Bedeutung haben zunächst die Ziele. Sie begründen die Arbeit, die Teilnahme, die weitere Suche nach Hilfsmitteln. Die subjektiven Grundlagen beeinflussen die Motivation ganz entscheidend. Sie sind meist verborgen und müssen erarbeitet bzw. sich eingestanden werden, um bearbeitet werden zu können. Für den kreativen Prozeß kann ausschlaggebend werden, daß die subjektiven Hilfsmittel und Grundlagen ernst genommen und in die Arbeit einbezogen werden.

2 PARTITUR

Der Begriff ist absichtlich (auch bei Halprin) aus dem Bereich der Musik gewählt. Es geht um die Notation einzelner Arbeitsschritte bzw. vieler verschiedener Aufgaben, die gleichzeitig und in Beziehung zueinander ausgeführt werden. Aufgabenstellungen sind Wege, um einen schöpferischen Prozeß zu beginnen. In ihrer einfachsten Form sind sie Anweisungen für jemanden, eine bestimmte Handlung auszuführen, z. B. »Mache die Türe zu«! In der gleichen Weise erlauben Spielregeln und Anweisungen in einem kreativen Prozeß, jedem Einzelnen zusammen mit anderen zu handeln. Die Partitur ist notwendig, weil sie Anstöße gibt und anleitet, die gesteckten Ziele zu verwirklichen.
Solche Partituren können ›eng‹ oder ›weit‹ sein. Eine ›enge‹ Aufgabenstellung ist eine, die die Handlungen möglichst genau vorschreibt und entsprechend kontrollierbar macht. Z. B. »Rufe in 10 Minuten Herrn X an und sage ihm, daß er in zwei Stunden hier erwartet wird«. ›Weite‹ Formen von Spielregeln und Aufgabenstellungen sind wie Fachwerkkonstruktionen zum Ausbauen. Sie erlauben dem Ausführenden, seine eigenen Gedanken, Vorstellungen und Ziele einzubringen. Die ›enge‹ Aufgabenstellung ist ergebnisorientiert und »diktatorisch«, die ›weite‹ dagegen zielorientiert und »demokratisch«.
›Enge‹ Aufgabenstellungen setzen wenig voraus und sind leichter zu bewältigen, als ›weite‹, bei denen vom Ausführenden viel Eigeninitiative erwartet wird. Z. B. »Gehe vor die Haustür und beobachte die Straße so lange wie du es für interessant hältst. Berichte wichtige Begebenheiten.« Oder ganz ›weit‹: »Baue eine Plastik aus beliebigem Material nach deinen Vorstellungen. Du hast eine Woche Zeit dazu.«
Die Partitur, die Aufgabenstellung, die Notation ist für den kreativen Prozeß wie der Entwurf für die Form, sie ist die Planung der Form. Auch besteht zwischen dem Medium, in dem die Aufgabenstellung formuliert wird und der Wirkung eine wichtige Abhängigkeit. Die Notation kann z. B. mündlich, schriftlich, gezeichnet, getanzt oder in mehreren Medien gleichzeitig vorgegeben werden. Sie wird verschieden ankommen und unterschiedliche Reaktionen auslösen. In diesem Buch z. B. werden Aufgaben nur schriftlich gestellt. Es kann nicht darüber gesprochen werden, was dabei unverständlich geblieben ist.
Entscheidend ist auch die Festlegung der Zeit. Die Planung der gesamten zur Verfügung stehenden Zeit und der Pausen hat Einfluß auf den kreativen Prozeß. Selbstverständlich besteht eine Beziehung zwischen Zielvorstellungen und Aufgabenstellung. Eine Partitur von L. Halprin zum Ausprobieren:

H: Notieren Sie sich die Ziele Ihrer Aktivitäten im Laufe der nächsten zwei Tage!
P: Schreiben Sie zwei Aufgabenstellungen für sich selbst, um diese Ziele verfolgen und erreichen zu können: eine sehr weit für den einen Tag und eine sehr eng für den anderen Tag!
A: Führen Sie jede Aufgabe genau so aus, wie Sie sie erfunden haben!
B: Analysieren Sie hinterher wie gut jede Ihrer Aufgabenstellungen dem Ziel entsprach und auch wie gut Sie die Aufgaben erfüllt haben!

Es ist wichtig, bei der Formulierung der Aufgaben möglichst nicht zu fragen was dabei herauskommen soll oder wie alles im Einzelnen gemacht werden soll. Das ergäbe Vorschriften, die jedem die Lust am Machen nehmen. Wichtig ist die Beschreibung des Zieles. So kann der Einzelne auch eigene Aufgabenstellungen finden oder Änderungen vornehmen, die ihn dem Ziele näher bringen.

### 3 AUSFÜHRUNG

Die Ausführung ist der Weg, auf dem die Ziele verwirklicht werden. Sie enthält den Stil, die Art und die Methode der Handlungen. (Verhaltensweisen sind z. B. im psychologischen Sinne Ausführungen von Aufgaben). Die Ausführung wird sehr durch die Aufgabenstellung bestimmt und jede Ausführung wird dann wieder weiteres Hilfsmittel, ist Anlaß für neue Entdeckungen. Viele Dinge kann man nur durch das Machen finden und nicht vorher denken z. B. räumlich-plastische Formen.
Der Vorgang des Machens enthält die Auseinandersetzung mit Material, mit verschiedensten Dingen stofflicher Art, die verschiedene Eigenschaften besitzen, mit Kräften und Vorgängen, deren Gesetzmäßigkeiten die Arbeit beeinflussen. Z. B. wird deshalb ein Turm von 100 cm Höhe, der drei kg tragen soll und mit möglichst wenig Materialaufwand gemacht sein soll, aus Holz, Ton, Gips, Stein oder Papier je nach Material unterschiedliche Arbeitsweise erfordern und unterschiedliche Gestalt aufweisen.

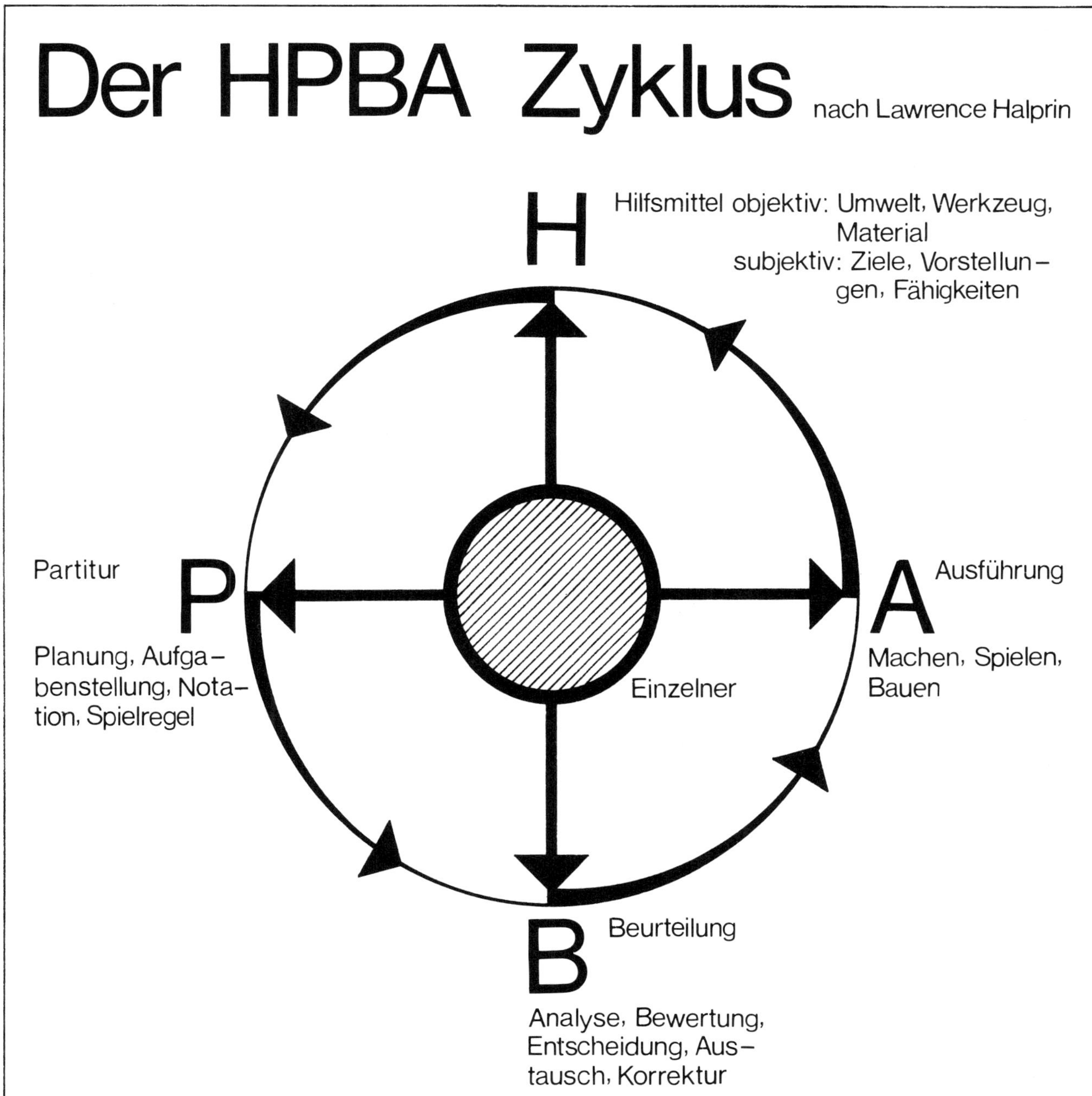


**Abb. 2-2**

Bei der Arbeit in Gruppen wird sehr deutlich, daß gemeinsame Arbeit auch eine Sprache, ein Kommunikationsprozeß ist. Haltungen, die Art anzupacken, Hilfsbereitschaft oder Eigenbrödelei und spontanes zusammen Machen sind Ausdrucksformen dieser Sprache, die wir häufig zu wenig beachten. Hierin liegt u. a. auch ein Grund weshalb Gruppenarbeit unter Studenten oft sehr belastet ist und negativ und nicht effizient erlebt wird.

## 4 BEURTEILUNG

Die Beurteilung enthält Analyse, Wertung, Kritik, Korrektur, Entscheidung und Austausch der Erfahrungen im Gespräch. Hier wird über die Hilfsmittel, die Aufgabenstellungen und die Ergebnisse der Arbeit entschieden. Hier findet die Diskussion über die Weiterarbeit statt.

Während der Ausführung wird nicht beurteilt, gewertet oder kritisiert. Das hindert den Arbeitsprozeß und blokkiert die Kreativität der Teilnehmer. Meinungen und Beurteilungen zu allen Handlungen haben einen eigenen Platz im kreativen Prozeß. Wertung und Entscheidung erfolgen durch die ganze Gruppe. Der einzelne ohne Gruppe sollte zur Korrektur einen erfahrenen Lehrer suchen. Besinnung und Stellungnahme und damit Abstand zur eigenen Arbeit sind Voraussetzungen für die jeweils folgende Arbeitsphase.

Die Beurteilung erfolgt aufgrund vorgegebener Wertsysteme, die meist unbewußt sind. Sich ihrer bewußt zu werden und sie korrigieren zu können gehört unbedingt zum schöpferischen Arbeiten. Problematisch wird es dann, wenn ein Lehrer oder ein Gruppenleiter seine Meinung und seine Vorstellungen unreflektiert anderen aufzwingt.

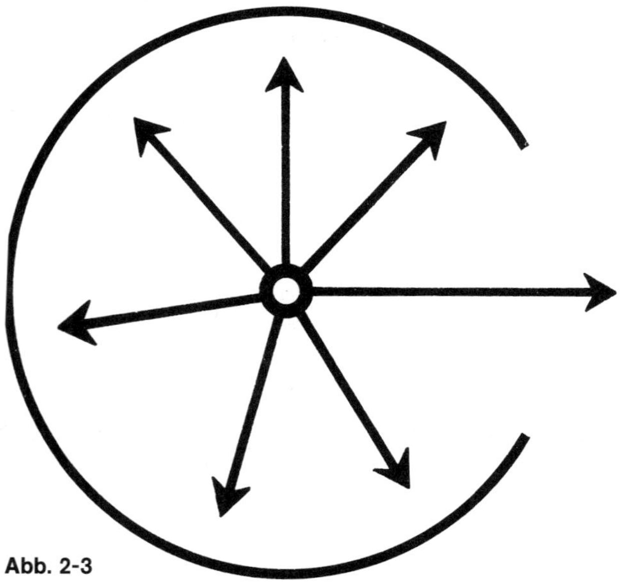

**Abb. 2-3**

*nur eine Vorstellung ist akzeptabel, alle anderen werden abgeblockt*

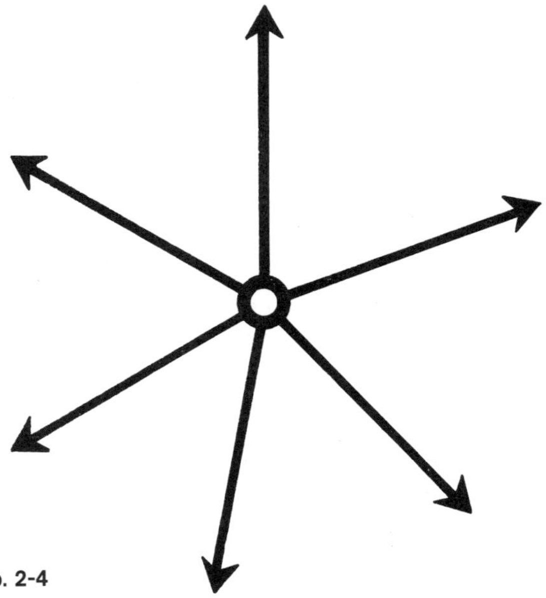

**Abb. 2-4**

*alle Ideen dürfen einfließen in das Wertsystem, freier Fluß der Ideen*

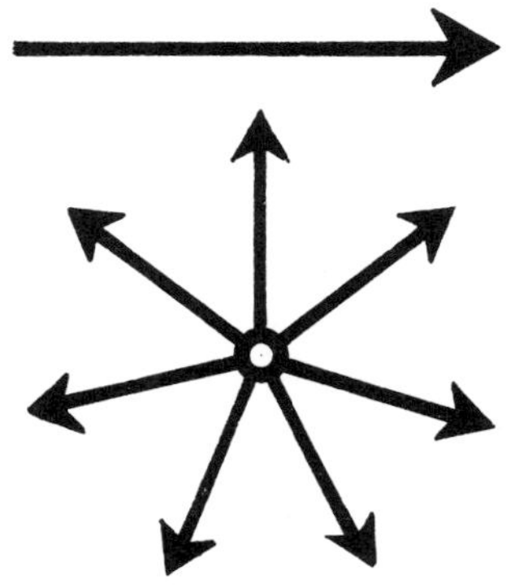

**Abb. 2-5 a**

*Auseinandersetzung mit vorgegebenen Wertsystemen*

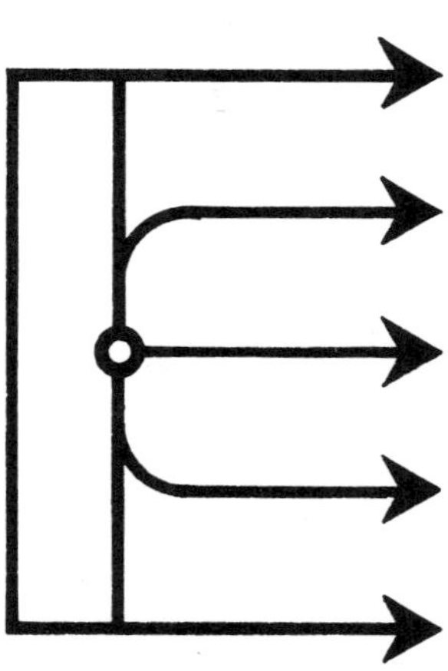

**Abb. 2-5 b**

*Finden von Maßstäben und Entscheiden*

## 5 ZYKLUS

Das Modell des kreativen Prozesses wird deshalb Zyklus genannt, weil die einzelnen Bereiche nicht nur jeweils einmal berührt werden, sondern während des Prozesses ein stetiger Fluß, eine Art Zirkulation stattfindet. Dabei ist die Reihenfolge der einzelnen Teile im Prozeß nicht festgelegt. Z. B. können die Ziele erst einmal einem Bewertungsprozeß unterzogen werden, bevor man anfängt, Aufgaben zu formulieren. Auch eine Aufgabenstellung kann analysiert und kritisiert werden bevor sie ausgeführt wird.

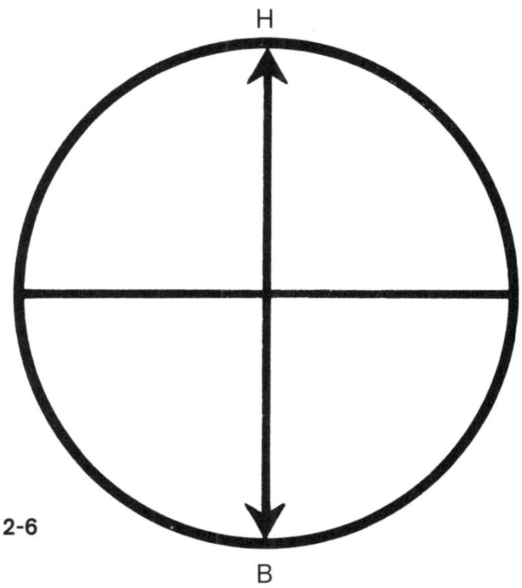


**Abb. 2-6**

**H – B – Folge** ergibt sich, wenn Ziele für ein Seminar entwickelt, untersucht und beurteilt werden während der Planung eines Seminars und vor der Entwicklung von Partituren für die Arbeit.

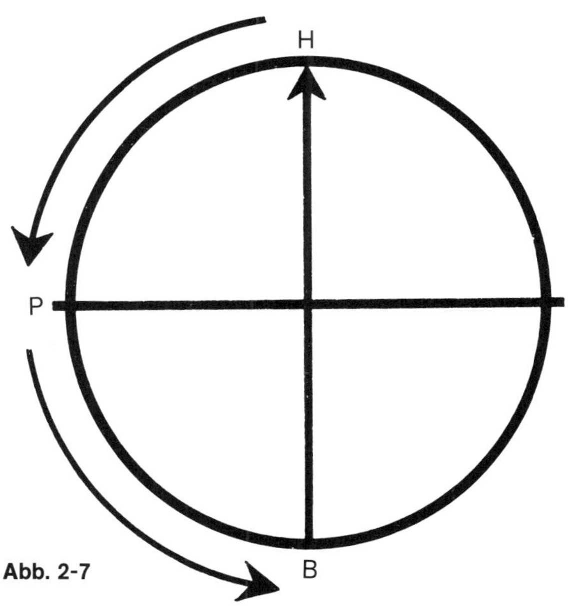


**Abb. 2-7**

**H – P – B – H - Folge:** Hier werden Aufgabenstellungen entwickelt, um die Ziele eines Seminars zu erreichen. Die Leiter entscheiden darüber, ob die Aufgaben geeignet sind, bevor sie sie stellen. Wenn sie mit den Zielen übereinstimmen, werden sie Hilfen für das Seminar.

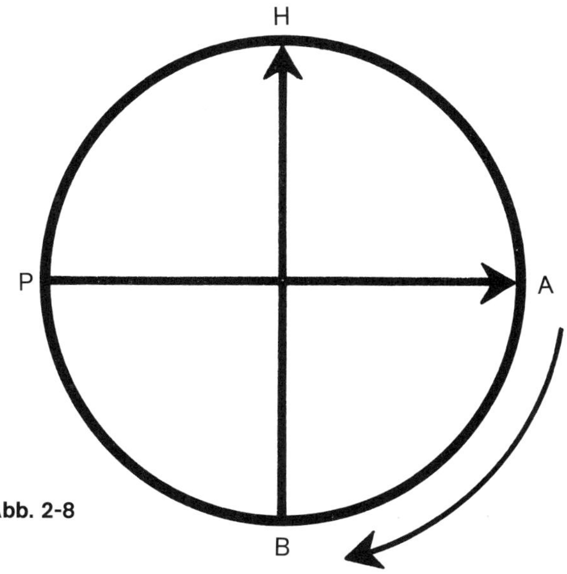


**Abb. 2-8**

**P – A – B – H – Folge:** Aufgaben sind ausgeführt. Nach der Ausführung wird das Ergebnis geprüft und wird ein Baustein im weiteren Prozeß der Arbeit.

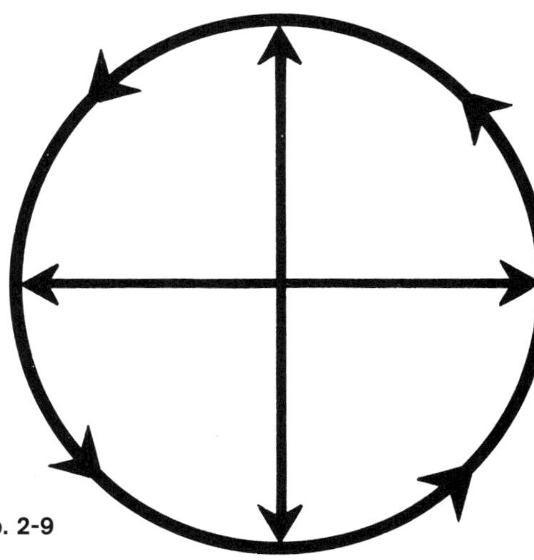

**Abb. 2-9**

**H – P – B – A – Folge** ohne Unterbrechung bedeutet, daß der kreative Prozeß läuft.

**Abb. 2-10**

*Moral- oder Werturteile behindern Ideen – der freie Fluß der Gedanken stagniert.*

Beispiel: Wenn jemand in einer Gruppe das Gespräch über persönliche Empfindungen oder Beziehungen als wertlos für den Arbeitsprozeß erachtet und es verhindert, kann das dazu führen, daß eine Gruppe an persönlichen Konflikten auseinanderbricht und arbeitsunfähig wird.

Die vier Elemente des Prozesses müssen unbedingt getrennt gesehen werden, weil nur so ein Ablauf möglich ist, bei dem sie sich nicht gegenseitig behindern. Dem Einzelnen bietet das Vorgehen nach diesem Modell die Selbstkontrolle im schöpferischen Prozeß. Er kann immer konstruktiv arbeiten und sitzt nicht hoffnungslos, weil ihm der geniale Einfall nicht kommt, wie das beim herkömmlichen Modell des kreativen Prozesses der Fall ist.
Für eine Gruppe ist der HPBA-Zyklus ein ausgezeichnetes, wenn nicht unerläßliches Arbeitsmodell, weil es aus der Sackgasse der Spezialisierung und des Konkurrenzkampfes herausführt in einen gemeinsamen Schaffensprozeß.

## 6 DIE ALTERNATIVE ZUR HERKÖMMLICHEN VORSTELLUNG UND PRAXIS KREATIVER ARBEIT

Die überlieferte Vorstellung vom Künstler als einem »begnadeten« Menschen, der aus Eingebung schafft, hat dazu geführt, daß Kreativität und schöpferische Leistung nur beim Einzelnen gesehen wurden. Die künstlerische Persönlichkeit wurde so einseitig betont, daß sie schließlich in elitäres Gehabe ausartete. »Künstler« sind die Narren der Gesellschaft, Außenseiter, sie dürfen nicht »normal« sein.
Vor allem besteht allgemein die Vorstellung, daß große kulturelle und künstlerische, ja auch wissenschaftliche Leistungen immer nur von Einzelpersönlichkeiten hervorgebracht werden können. So leben wir heute unter einer Vielzahl von Spezialisten, die nur ihren Bereich kennen und nicht fähig sind, miteinander zu sprechen oder gar Arbeitsergebnisse auszutauschen von Disziplin zu Disziplin. Konkurrenzdenken, Machtstreben und Isolation kennzeichnen die Situation – auch unter Architekten und Planern.
Im Gegensatz dazu liegt ein wesentliches Ziel der schöpferischen Arbeit im Austausch mit anderen, im Kontakt, in gegenseitiger Anregung und Kritik. Die Leistung des Einzelnen hat erst Sinn in der Begegnung mit anderen. Seine Einseitigkeit kann relativiert werden. In gemeinsamer Arbeit können sich verschiedenartige Begabungen gegenseitig befruchten und Lösungen herbeiführen, die der Einzelne nicht hätte finden können.
Gruppenkreativität kann, sofern geeignete Arbeitsweisen benutzt werden, Kräfte und Möglichkeiten freilegen, die sonst ungenutzt brachliegen. Sie hindert dabei nicht die Kreativität des Einzelnen, sondern fördert und erweitert sie noch. Allerdings können Gruppen nur unter bestimmten Voraussetzungen arbeiten. Sie müssen geleitet werden, es muß eine allen Teilnehmern gemeinsame Sprache geben und ein Orientierungssystem, das den Teilnehmern entspricht und den gemeinsamen Zielen angemessen ist.

## 7 VORAUSSETZUNGEN

### Gemeinsame Sprache

Häufig können Gruppen nicht arbeiten, weil sie keine gemeinsame Sprache haben. Teilnehmer sagen dasselbe und meinen verschiedenes.
Erfahrungsgemäß kann eine gemeinsame Sprache sehr schnell durch Wahrnehmungsübungen entwickelt werden: Alle Teilnehmer betrachten einen Vorgang oder eine bestimmte Sache und sprechen über ihre Beobachtungen und Empfindungen. Das gemeinsame Erlebnis und das Gespräch darüber führen zu einer gemeinsamen Sprache (Beispiele s. Wahrnehmungsübungen S. 43ff.).

### Widerstand und Konflikt als positive Kräfte

Kreativitätsseminare sind keine gruppendynamischen oder gruppentherapeutischen Experimente. Sie haben nicht die Lösung von Konflikten Einzelner durch Auseinandersetzung in der Gruppe oder das Studium dynamischer Vorgänge in der Gruppe zum Ziel. Deshalb werden Situationen vermieden, bei denen nutzlose Diskussion über Meinungsverschiedenheiten die Gruppe arbeitsunfähig machen. Das heißt aber nicht, daß solche Situationen nicht auftreten. Es bedeutet, daß versucht wird, diese Konflikte so anzugehen, daß der Arbeitsprozeß befruchtet wird.
Durch gemeinsame Übungen, gemeinsame Sprache, durch Bestätigung des eigenständigen Wertes dessen, was jeder einbringt und durch den offenen Gebrauch der HPBA-Zyklen und ihrer Methoden, um vorgefaßte Meinungen, Abhängigkeiten und verborgene Motive zu bearbeiten, waren Kreativitätsseminare in der Lage, in den meisten Situationen einstimmige Entscheidungen zu finden und gemeinsame Kreativität aufzubauen. Entscheidend ist dabei, daß jeder seine Meinung äußern darf und daß Konfliktsituationen nicht übergangen werden (s. Gruppenarbeit S. 57ff).
Eine Hauptquelle von Konflikten ist, daß Teilnehmer empfinden, daß ihre Meinung nicht gehört oder übergangen wird. Oft beginnen sie schon das Seminar mit der Vorstellung, daß andere mehr zu sagen haben, als sie selbst. Sie bringen diese Erfahrung mit und haben ein schwaches Selbstwertgefühl. Diese Einstellung blockiert sie selbst und andere: der schöpferische Prozeß wird behindert.

### Aktives Zuhören

Eine entscheidende Hilfe zur Lösung von Konflikten ist, genau hinzuhören auf das, was jemand sagt und so zurückzufragen, daß der andere sicher ist, verstanden worden zu sein. Diese Art des Zuhörens wurde von Verhaltenstherapeuten »Aktives Zuhören« genannt (Thomas Gordon: »Familienkonferenz« Hoffmann +

Campe Verlag, Hamburg 1972, S. 37ff.). Gemeint ist eine Sprache der Annahme. Der Zuhörer hört nicht schweigend – passiv – zu und läßt sich erzählen, sondern er ist aktiv indem er immer wieder kundtut, was er verstanden hat. So wird vermieden, daß Mißverständnisse entstehen.

**Verhaltensweisen und verborgene Motive**

Es gibt auch noch andere Ursachen für Konflikte und Abwehr. Das sind Vorurteile und festgelegte Verhaltensweisen oder Ansichten. Sie können persönlich begründet sein, sind aber meist durch Lebensweise, kulturelle Einflüsse, regionale Unterschiede und grundsätzliche Einstellungen bedingt. Auch Sprache oder Dialekte haben Einfluß auf diese Art von Konflikt. All diese Dinge sind Teile von uns selbst, die durch Umstände oder andere Menschen an uns herangebracht wurden und nun zu uns gehören.
Hier, wie in allen ähnlichen Situationen, ist für eine positive Lösung entscheidend, daß die Konflikte sichtbar gemacht werden und man offen darüber sprechen kann.
Das gilt auch für eine weitere Ursache von Schwierigkeiten, nämlich die Vorstellung mancher Menschen, sie hätten mehr Bedeutung für die Gesellschaft oder die Gruppe, als andere. Oft ist das unbewußt und hängt mit den Rollen zusammen, die jemand in verschiedenen Situationen spielt. Solche Menschen merken gar nicht, daß sie auf andere den Eindruck machen, sie seien etwas besonderes!

**Körpersprache**

Für die Leiter eines Kreativitätsseminars ist es von großer Bedeutung, daß sie die Körpersprache verstehen können. Es befähigt sie, zu verstehen, was vorgeht, gleichgültig was gesprochen wird. Z. B. habe ich immer wieder beobachtet, daß bei dem Thema Mann – Frau (Beziehungen, Sexualität), das z. B. in ein Gespräch über Kleidung verpackt sein kann, Männer und Frauen nicht gemischt sondern in zwei geschlossenen Gruppen sich gegenübersitzen. In ähnlicher Weise sagen alle Gesten und Bewegungen in einem kreativen Gruppengeschehen etwas aus.

**Benutzung von Räumen**

Auch die Art wie ein Raum genutzt wird, spielt eine Rolle. Es können Konfrontationen aufgebaut werden oder Gemeinschaftsformen oder es wird jemand isoliert, je nach Möblierung.
Bei Seminaren mit Studenten habe ich immer wieder erlebt, daß in den Phasen des Arbeitsprozesses, in denen die Gruppe schwierige, oft persönliche Gespräche führen mußte, als Treffpunkt nicht die Hochschule, sondern eine Privatwohnung gewählt wurde.

**Disziplin und Ordnung**

Kreativitätsseminare sind keine Happenings! Der gemeinsame schöpferische Prozeß erfordert Disziplin und Ordnung. Nur so kann gemeinsam nach Absprachen und mit Verteilung verschiedener Aufgaben gearbeitet werden. Die Ordnung besteht allerdings nicht darin, daß alles vorgeschrieben würde, sondern die Konzentration auf den zyklischen Prozeß führt zu bestimmten Verabredungen und Regeln.

**Leitung**

Für den Einzelnen besteht die Leitung bei seinem kreativen Prozeß gewöhnlich in einem Lehrer, bei dem er Anleitung und Korrektur erfährt. Bei den Übungen in diesem Buch muß diese Korrektur wegfallen – es sei denn der Leser geht zu einem Lehrer – und notdürftig durch das geschriebene Wort ersetzt werden. Gruppen können im allgemeinen nur mit einem Leiter – besser mit zwei Leitern – arbeiten. Das ist in vielen Seminaren erprobt und praktisch nachgewiesen.
Für die Leitung von Kreativitätsseminaren ist entscheidend, daß der Leiter im Prozeß beteiligt ist und nicht außen steht. Ein Lehrer kann nicht als Zuschauer lehren, er muß mittun. Seine Leitungsaufgabe besteht darin, die Hilfsmittel erkennen und sammeln zu helfen, Aufgabenstellungen zu finden, den Prozeß in Gang zu bringen, ihn zu steuern und Entscheidungen herbeizuführen. Seine Aufgabe ist auch, Hilfestellung bei der Lösung verschiedener Aufgaben zu geben und dafür zu sorgen, daß jeder Teilnehmer zu Wort kommt und seine Ideen gehört werden. Diese letzte Aufgabe ist so wichtig, daß ich folgende Übung dazu benutze: In fünf bis zehn Minuten schreibt jeder Teilnehmer auf, was ihm zu einem bestimmten Problem einfällt. Dann wird reihum vorgelesen; ohne Zwischenbemerkungen. Anschließend wird darüber gesprochen und entschieden.
Manchmal wehrt sich eine Gruppe dagegen und will frei diskutieren. Wenn dann eine Stunde ohne greifbares Ergebnis verstrichen ist, wird die Gruppe bereit sein, die kürzere und weit effizientere Methode auszuprobieren.
Die Leiter können – sie müssen nicht – ein Seminar vorplanen. Das setzt voraus, daß die Ziele klar sind und allen Teilnehmern gut erläutert werden. Die Leiter dürfen aber nicht so weit gehen, bestimmte Ergebnisse zu erwarten; denn damit blockieren sie den eigentlichen schöpferischen Prozeß, den sie in Gang bringen wollen.
Gruppenleiter müssen selbst Erfahrung in der Leitung von Gruppen gemacht haben. Sie sollten in der Lage sein, die Dynamik in einem Prozeß zu erkennen, zu verfolgen und zu steuern. Sie sollten in themenzentrierter Interaktion **(TZI)** geschult sein und einige psychologische Grundlagen beherrschen, um Vorgänge in der Gruppe deuten und mit der Gruppe besprechen zu können. (Literatur zu TZI s. Klaus W. *Vopel* a.a.O.)
Zwei Leiter können sich in vielem ergänzen. Die Schwerpunkte der Leitung, nämlich nach vorwärts zu streben, Aktivität zu entwickeln und andererseits dafür zu sorgen, daß keiner zurückbleibt, daß alle sich einbringen, die Kontinuität gewährt bleibt, können besser von zwei Leitern übernommen werden.

## 8 ZIELE

1 Jeden Teilnehmer in Möglichkeiten schöpferischen Tuns einzubeziehen
2 Jeden Einzelnen als Person in seiner Eigenart anzunehmen und zu erweitern (Horizonterweiterung)
3 Die Kreativität jedes Einzelnen zu entfalten und so weit wie möglich einzusetzen
4 Jeder Person volle Teilnahme an den Handlungen der Gruppe zu erlauben
5 Eine enge Beziehung jeder Person an die Ergebnisse der Tätigkeit der Gruppe zu entwickeln
6 Eine Gemeinschaft zu schmieden, die organisch ist und eigene Energie entwickelt, die mehr ist, als die Summe der Energie der einzelnen Teilnehmer.
7 Positive Einstellungen und Lösungen für die Ziele des Prozesses zu entwickeln
8 Die Fähigkeit zu entwickeln, mit anderen zusammen arbeiten zu können.
9 Zu lernen, Spannungen und Mißerfolge zu ertragen und warten zu können
10 Regeln zu finden für das gemeinsame Arbeiten und für das Verhalten und sie auch einzuhalten.

Ziele werden nicht immer in einem Anlauf erreicht. Manchmal sind Umwege ergiebiger, als der gerade Weg auf das Ziel zu. Entscheidend ist, daß kreative Prozesse nicht festgelegt werden durch die Extremvorstellungen:

- Man muß spinnen, sich verrückt gebärden und Chaos schaffen, um Neues zu finden.
- Man muß ein bestimmtes Ergebnis bekommen und dazu alle schöpferischen Kräfte einsetzen.

Beide Wege behindern die schöpferischen Kräfte und die Möglichkeiten, die in der Zusammenarbeit von mehreren oder auch vielen Menschen stecken.

**Abb. 2-11** Gruppengewand für acht Personen

## 2.2 Kreativitätstraining

ÜBUNGEN ZUR WAHRNEHMUNG

Bei diesen Übungen sollen Wahrnehmungsvorgänge auf verschiedenen Ebenen entdeckt, geübt und eingesetzt werden. Wahrnehmung als schöpferischer Vorgang soll bewußt werden.

a) Was leisten die Sinnesorgane physisch?
   Bewußtes Kennenlernen der verschiedenen Sinnesorgane und ihrer Arbeitsweise.
b) Wie wird das Aufgenommene verarbeitet?
   Schulung der Sensibilität, Bewußtmachen der Motivation, der Einstellung, Bewußtmachen von Vorurteilen, Denkweisen, Sehweisen, Hörgewohnheiten usw. und die Möglichkeiten der Änderung.
c) Welches sind die Wirkungen?
   Unterscheiden von Bedeutungen verschiedener Art, Bewußtmachen der Assoziationen, der Zeichen und Symbole, der Urbilder und archetypischen Formen.

## Übungsreihen

### 2.2.1 THEMA: HÖREN

*Arbeitsinhalte:*

1) Geräusche der Umwelt wahrnehmen
2) Auf den anderen hören
3) In mich hineinhören, Regungen, Impulse in mir wahrnehmen

*Hilfsmittel (subjektiv):* Bereitschaft und Interesse, Hörübungen zu machen; Offenheit für andere.
*Hilfsmittel (objektiv):* geeigneter Raum, Sitzgelegenheiten im Kreis, Material, um Geräusche zu machen; Cassettenrecorder, Musikcassetten, Schallplatten und Plattenspieler, Schreibzeug u. a.

PARTITUREN ZU 1)

**1 a) Zehn Minuten nur auf Umweltgeräusche hören**

Alle Teilnehmer sind still. Jeder notiert, was er akustisch wahrnehmen kann. Nach 10 Minuten liest jeder vor, was er geschrieben hat. Niemand darf unterbrochen werden. Anschließend wird über den Vorgang und das Vorgelesene gesprochen, das Gehörte analysiert und bewertet. Die Subjektivität des Hörvorgangs soll bewußt werden.

**1 b) Auf ein besonderes Geräusch hören**

Der Gruppenleiter macht mit einem Gegenstand ein Geräusch z. B. Papierrascheln, Blättern, etwas rollen lassen etc. Wichtig ist, daß die Teilnehmer den Vorgang nicht sehen können, weil sonst das Assoziieren unmöglich wird. Sie schließen deshalb die Augen. Das Geräusch kann mehrmals wiederholt werden. Jeder notiert anschließend, was er gehört bzw. hörend erlebt hat. Das Geschriebene wird von allen vorgelesen. Danach wird darüber gesprochen, analysiert und bewertet.

**1 c) Auf Musik hören**

Der Gruppenleiter singt oder spielt selbst eine allen Teilnehmern unbekannte Melodie, die eine bestimmte Situation kennzeichnet. Er kann auch ein kurzes Musikstück vom Band spielen. Es soll wiederholbar sein, kurz und einfach. Es muß allen unbekannt sein. Jeder notiert, was er beim Hören empfunden hat, welche Assoziationen zu Situationen oder Erlebnissen bei ihm spontan entstanden sind. Vorlesen und Gespräch wie bei den vorhergehenden Übungen. Der Gruppenleiter berichtet zur Kontrolle die Situation aus der die Musik stammt.
**1d)** Erfinden Sie Partituren dieser Art und probieren Sie aus, was Sie damit erreichen können.

PARTITUREN ZU 2)

**2 a) Kontrollierter Dialog**

**Hilfsmittel:** Aufteilung der Teilnehmer in Dreiergruppen (Personen A, B, C); je zwei dieser drei Teilnehmer (A und B) wählen sich ein Thema und versuchen, darüber ein Gespräch zu führen, und zwar mit folgenden Spielregeln:

**Partitur:** A beginnt mit einem Satz. B muß vorerst den Satz von A genau sinngemäß wiederholen. Daß der Sinn des Satzes durch B nicht entstellt worden ist, muß von A daraufhin mit »stimmt« oder »richtig« bestätigt werden. Erst dann darf B auf den Satz von A antworten.
Wird ein Satz z. B. von B (oder A) nicht ganz sinngemäß wiederholt, wird er nicht von A (oder B) mit »stimmt« oder »richtig« bestätigt, sondern verneint mit »falsch« oder »nein«, so muß er von B (oder A) wiederholt werden. Ist er dann immer noch falsch, muß ihn A (oder B) nochmals sagen und B wiederholt ihn usw.

**Ausführung:** C fungiert als Beobachter und schaltet sich verbal ein, wenn die Spielregeln nicht eingehalten werden. Die Zeit wird auch von ihm gestoppt.
Dieses Gespräch dauert jeweils 10 Minuten (insgesamt dreimal); nach 10 Minuten werden die Rollen gewechselt, so daß jeder Teilnehmer einmal auch Beobachter war.

**Beurteilung:** Dann folgen 20 Minuten Auswertung und anschließend noch 50 Minuten Treffen zur gemeinsamen Diskussion mit anderen Dreiergruppen.
Auswertung: Welche Arten von Problemen machen es für zwei Menschen schwierig, sich in einer Unterhaltung ausreichend zu verstehen?

1 Häufige Fehler auf der Seite des Sprechenden:
- organisiert seine Gedanken nicht, bevor er spricht
- drückt sich ungenau aus
- versucht, zu viel in einer Aussage unterzubringen, so daß sie verwirrend wirkt
- bringt zu viele Ideen in seine Äußerung ein, oft untereinander nicht verbunden, so daß eine Zusammenfassung für den Partner schwierig ist
- redet aus Unsicherheit immer weiter, ohne die Auffassungskapazität seines Partners abzuschätzen
- überhört bestimmte Punkte der Antwort des vorangegangenen Sprechers und antwortet daher nicht aktuell: das Gespräch kommt nicht vorwärts
- fährt dem Partner über den Mund

2 Häufige Fehler auf der Seite des Zuhörers:
- hat keine ungeteilte Aufmerksamkeit
- denkt schon an seine Antwort, legt sie sich zurecht, während der Partner noch spricht: er kann nicht vollständig wiederholen
- neigt dazu, auf Details zu hören und sich darüber aufzuregen, anstatt den ganzen Sinn zu erfassen
- denkt den Gedanken des Sprechenden schon weiter und wiederholt mehr, als der Partner gesagt hat
- versucht, Unbekanntes in sein eigenes Denken einzuordnen, anstatt eine Erklärung zu erbitten
- stellt sich dumm
- fühlt sich getroffen und reagiert aggressiv: hört nicht weiter zu

Die reale Erfahrung, daß Verstehen und Verstandenwerden keineswegs so selbstverständlich sind, wie oft angenommen wird, macht sensibler gegenüber den Möglichkeiten des Mißverstehens, Mißhörens und Mißverstandenwerdens in einer Gruppe.

PARTITUREN ZU 3)

**3a) Einen Lebensbereich ansprechen, der alle betrifft**

Ein Teilnehmer sagt einen Satz über sich selbst, der im Moment für ihn gültig ist. (Z. B. ich bin..., ich fühle mich..., ich habe das Problem...). Die übrigen Teilnehmer und der Gruppenleiter schreiben auf, was sie dem Satz entnehmen, was sie aufgrund des Gehörten in sich wahrnehmen. Vorlesen und Gespräch über die Aussagen wie bei den vorangegangenen Übungen.

3b) Erfinden Sie ähnliche Partituren zum Thema »Hören auf das Leben«.

AUSFÜHRUNG ZU 1) BIS 3)

Die vorgeschlagene Arbeit ist nur in einer Gruppe sinnvoll zu machen, weil hier eine große Breite der Wahrnehmung zur Korrektur des Einzelnen und zum Gespräch über die verschiedenen Vorgänge führt. Der Einzelne kann das nicht annähernd erreichen. Er bleibt in sich gefangen. Die Gruppengröße sollte so sein, daß jeder noch wagt, sich zu äußern, also zwischen 8 und 20. Zwei Gruppenleiter sind besser, als einer.
Zunächst muß die Einigkeit über die Arbeitsziele und die Hilfsmittel im Gespräch erarbeitet werden. Jede einzelne Übung ist in der Reihenfolge der Vorgänge genau einzuhalten. Impulse aus der Gruppe zu ähnlichen Übungen können sofort aufgegriffen und in die Tat umgesetzt werden. Die Zielrichtung sollte bleiben. Die Hörübungen 1), 2) und 3) besitzen verschiedene Ziele, die aufeinander aufbauen. In dieser Reihenfolge wird der Hörvorgang in immer tieferen und bedeutenderen Schichten bewußt gemacht und die Sensibilität gesteigert.

BEWERTUNG

Der gemeinsame Austausch der schriftlichen Ergebnisse und das wertende Gespräch darüber sind für die Ziele der Hörübungen entscheidend. Erst hier werden die Hörfähigkeiten auf verschiedenen Ebenen bewußt. Und durch die Bereitschaft, anderen zuzuhören, sie in ihrer Art anzunehmen, entsteht eine Erweiterung der Wahrnehmung und die Sensibilität für die Vielschichtigkeit des Hörens.

## 2.2.2 THEMA: SEHEN

*Hilfsmittel (subjektiv):*
Bereitschaft, Sehübungen zu machen; Interesse; Offenheit für andere, Bereitschaft, vorgefaßte Meinungen und Prägungen aufzugeben.
Arbeitsinhalte:
1) Die Subjektivität des Sehvorgangs erkennen, optische Täuschungen.
2) Den Sehvorgang durch Naturbetrachtung vertiefen
3) Auseinandersetzung mit graphischen Symbolen
4) Betrachtung von Gruppenmitgliedern
5) Bilder betrachten
6) Wortbilder meditieren

*Hilfsmittel (objektiv):*
Gruppenraum, Sitzgelegenheiten, Projektionswand, große weiße Wand im Raum, Diaprojektor, Diapositive, Bilder von optischen Täuschungen, Gegenstände, Pflanzen, Symbolzeichen, Bild, Wortbild, Vorstellungsbild, Schreibzeug.

PARTITUREN ZU 1)

**1a) Betrachten optischer Täuschungen**

**Abb. 2-12a** wird an die Wand geheftet (vergrößert auf eine Breite von ca. 60 cm) und betrachtet. Der Gruppenleiter stellt Fragen danach **was** gesehen wird. Spontaner Austausch und Gespräch über das Wahrgenommene. Aufhellung der Täuschungsursachen. Danach werden weitere Bilder, die die Relativität des Sehens deutlich machen einzeln gezeigt und besprochen. **Abb. 2-12b** bis **2-16**

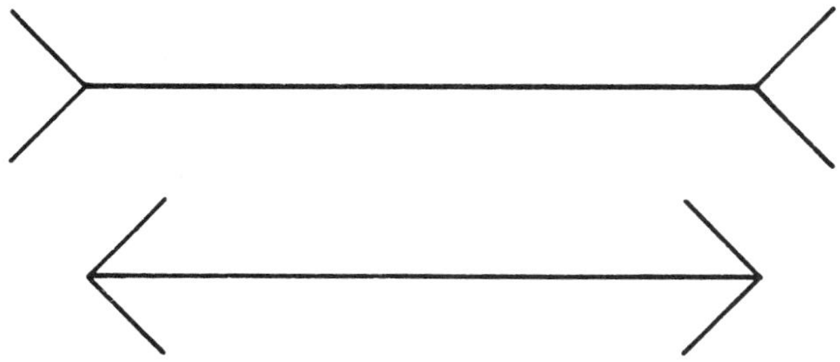

**Abb. 2-12 a**

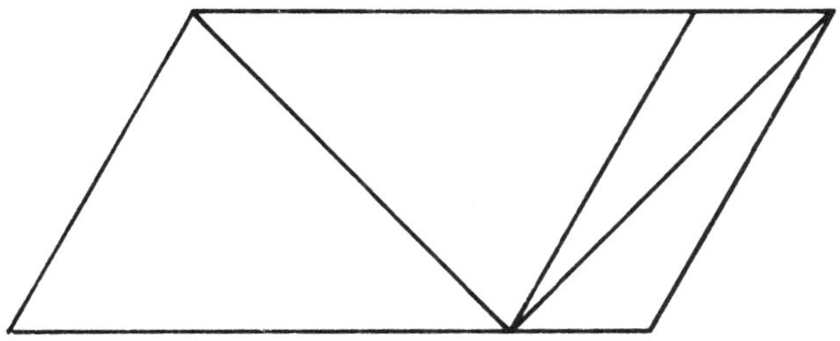

**Abb. 2-12 b**

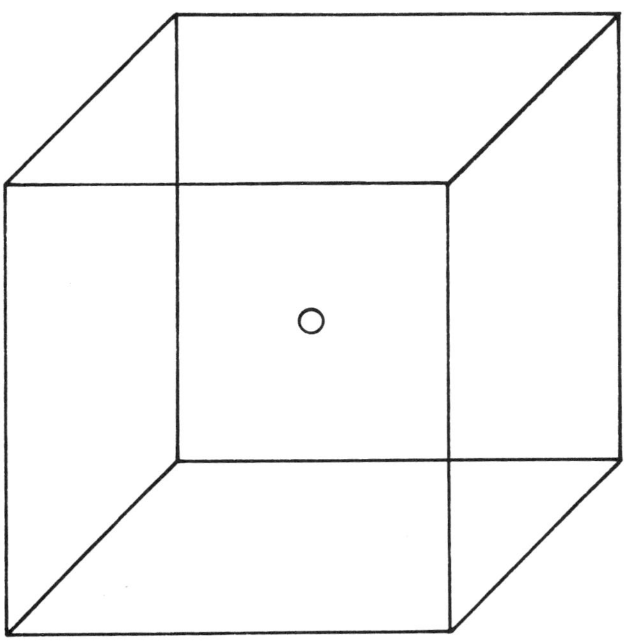

**Abb. 2-13**

**Abb. 2-14**

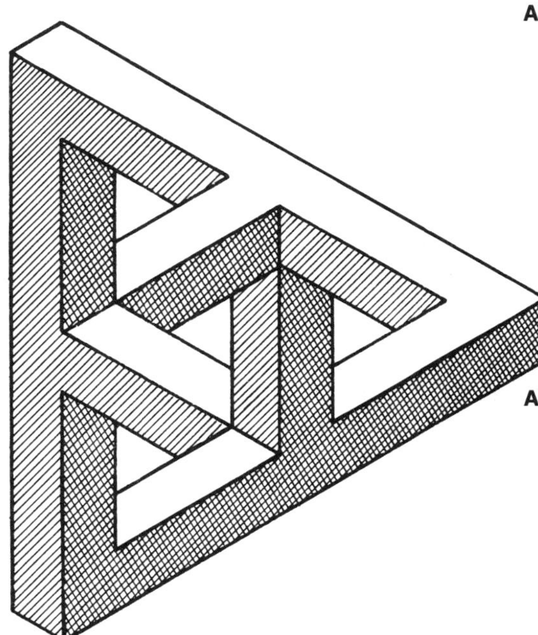

**Abb. 2-15**

**Abb. 2-16**

1 b) Wählen Sie andere optische Täuschungen – auch mit Farben und Räumen – und machen Sie entsprechende Übungen.

PARTITUREN ZU 2)

**2 a) Eine Blume oder einen Baum betrachten**

Wählen Sie im Freien einen Baum und betrachten Sie ihn gemeinsam mit allen Teilnehmern. Schreiben Sie ihre Beobachtungen und Eindrücke auf. Setzen Sie sich alle zusammen und lesen das Geschriebene vor. Sprechen Sie über ihre Beobachtungen, arbeiten Sie Gemeinsames und Unterschiedliches heraus. Beobachten Sie Ihre Betrachtungsweise.

Abb. 2-17

Abb. 2-18

Abb. 2-19

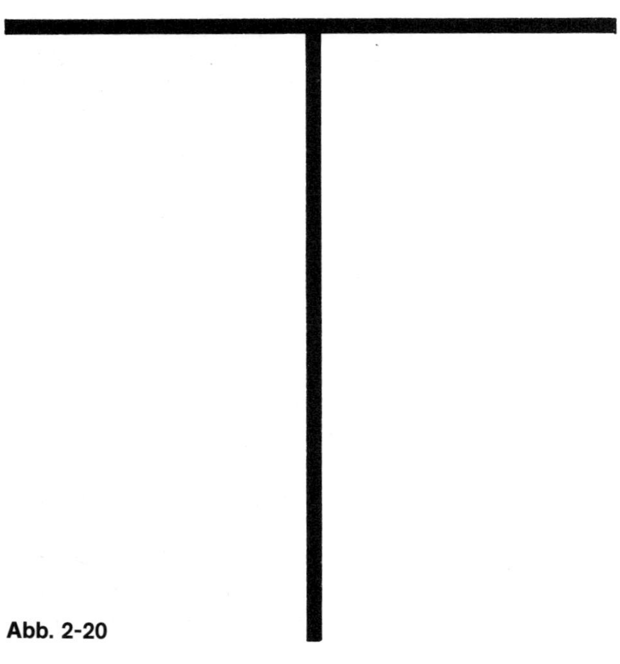

Abb. 2-20

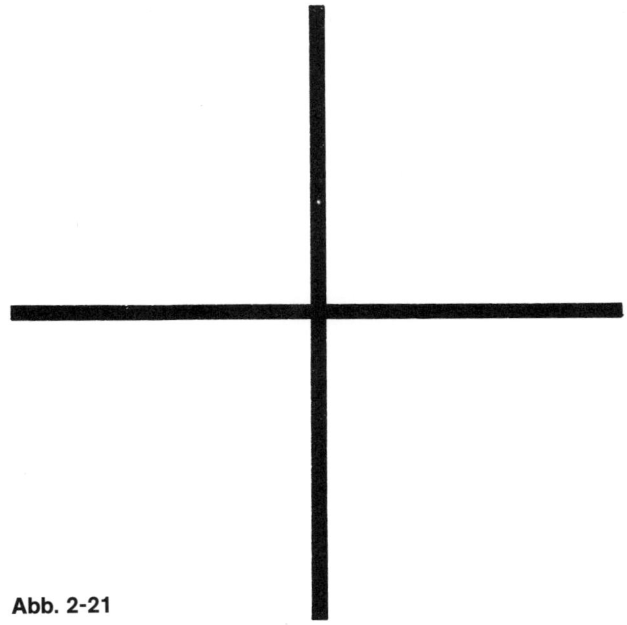

Abb. 2-21

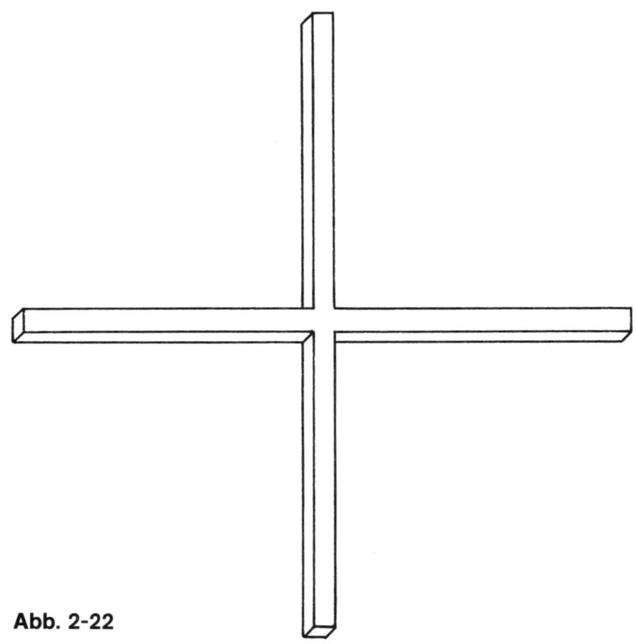

Abb. 2-22

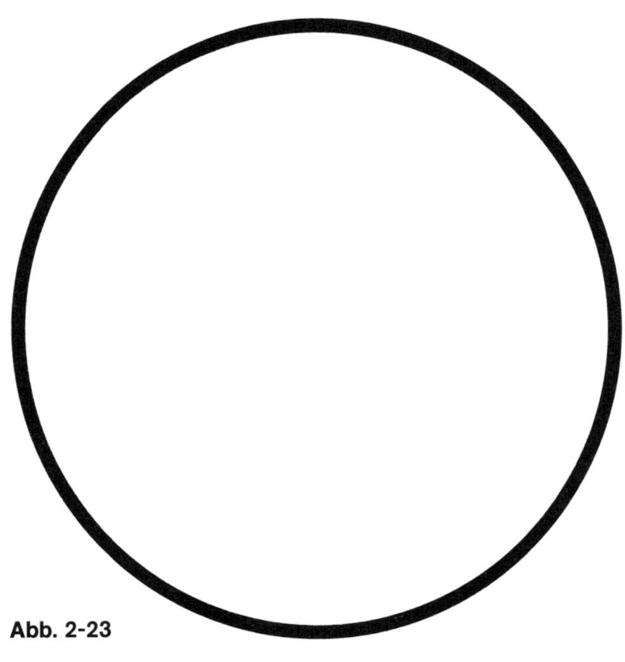

Abb. 2-23

Abb. 2-24

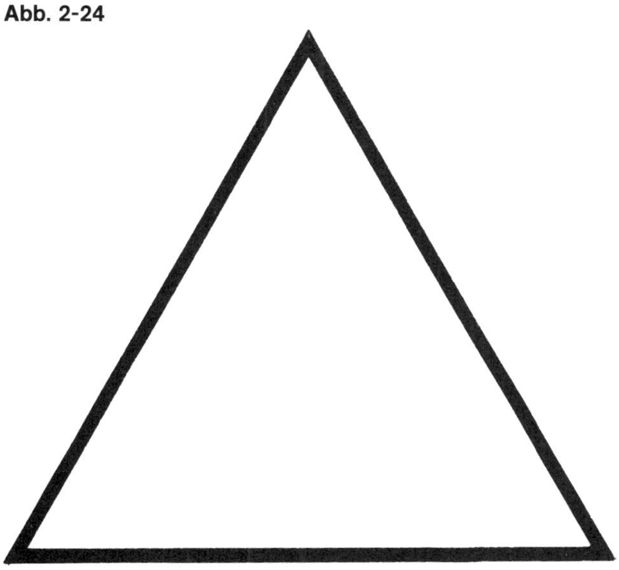

Abb. 2-25

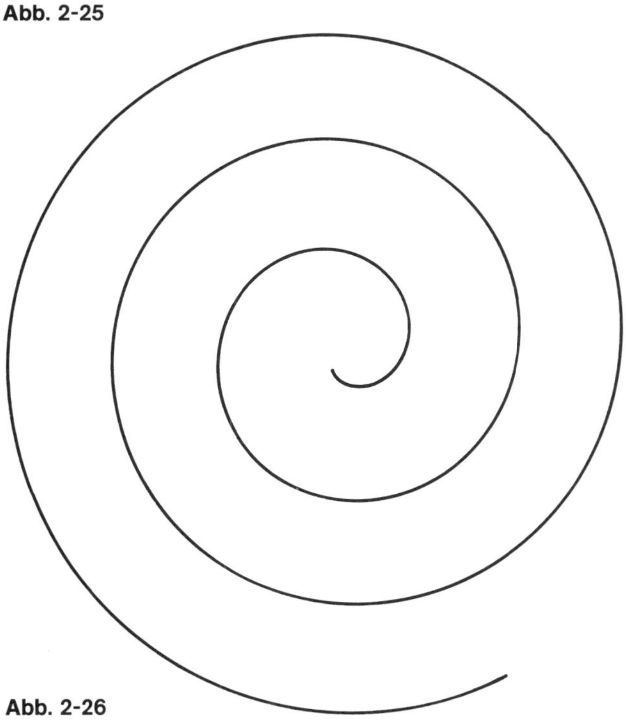

Abb. 2-26

### 2b) Gegenstände betrachten

Wählen Sie im Raum einige Gegenstände und bauen Sie damit ein »Stilleben« auf. Setzen Sie sich mit allen Teilnehmern darum herum und schreiben Sie ihre Beobachtungen und Eindrücke auf. Austausch und Gespräch wie bei 2a).

2c) In gleicher Weise können Möbel, Räume, Straßen, Gebäude und andere Dinge gemeinsam betrachtet werden. Dabei kann die Qualität der Dinge und ihre Wirkung sehr präzise festgestellt werden.

## PARTITUREN ZU 3)

### 3a) Betrachtung eines Punktes

Alle Teilnehmer sitzen in einigen Metern Entfernung vor einer Wand des Arbeitsraumes, die ganz weiß sein sollte. Etwa in 150 cm Höhe wird auf der Wand eine kleine Kartonscheibe von 4 cm Durchmesser befestigt. Jeder Teilnehmer hat Schreibzeug und Papier. In 10 bis 15 Minuten notiert er optische und visuelle Eindrücke, Assoziationen, Bildvorstellungen, alles, was durch das *Sehen,* das *Anschauen* des Punktes in seinem Bewußtsein erscheint. Wesentlich ist dabei, zu unterscheiden, was der Betrachter *sieht* und was er *denkt.* Es geht nicht darum, über das Zeichen nachzudenken, sondern darum, es anzuschauen. Nicht ein diskursives Urteil soll gebildet werden, sondern das anschauende Urteilen soll geschult werden.

Das Geschriebene wird vorgelesen, anschließend wird darüber gesprochen. Im wertenden Gespräch sollten zunächst alle Aussagen nach Inhalten geordnet werden. Im Allgemeinen gibt es folgende Gruppierungen:

1) optische Erscheinungen, Formveränderungen, Bewegungen, Nachbilder usw.
2) Assoziationen zu Gegenständen, Bildern oder Situationen.
3) Symbolische Bedeutungen (kulturell verschieden)
4) Archetypische Bildbedeutungen (allgemeingültig).

Menschen, die im Anschauen nicht geübt sind, wird es zunächst schwer fallen, die symbolischen und die archetypischen Bedeutungen zu entdecken, die sich, bedingt durch kulturelle Entwicklungen, widersprechen können. Auch wird es schwierig sein, alle vier Ebenen zusammenzubringen. Der Gesprächsleiter sollte auf diese Schwierigkeiten hinweisen.

3b) Betrachten der Horizontalen. (ca. 100 cm lang)

3c) Betrachten der Senkrechten. (ca. 100 cm lang)

3d) Betrachten des gleichschenkligen Kreuzes aus Horizontaler und Vertikaler.

3e) Betrachten eines Balkenkreuzes.
Auseinandersetzung mit der Perspektive durch die Anschauung.

3f) Betrachten eines Quadrates. (ca. 60 × 60 cm)

3g) Betrachten eines Kreises. (ca. 60 cm Durchmesser)

3h) Betrachten eines gleichseitigen Dreiecks, das eine Spitze oben hat.

3i) Weitere wichtige Zeichen wie gleichschenkliges Dreieck, Spirale, T-Kreuz, X-Kreuz, Rechtecke usw. können je nach Bedarf betrachtet werden.

Für alle Betrachtungen gilt die Partitur 3a) entsprechend. Die Übungen sind sehr anstrengend. Deshalb sollten nicht mehr als drei nacheinander gemacht werden, da die Konzentrationsfähigkeit dann stark nachläßt.

PARTITUREN ZU 4)

**4a) Betrachten von Personen**

Ein Gruppenmitglied stellt sich zur Verfügung und setzt sich so, daß es von allen anderen gut gesehen werden kann. Alle anderen schreiben ihre Beobachtung auf. Nach etwa 10 Minuten lesen alle vor, was sie beobachtet haben. Der Beobachtete berichtet sein Erlebnis und nimmt Stellung zu den Beobachtungen. Gespräch über die Beobachtungen. *Es sollte deutlich werden, daß und wie jeder sich in den Beobachteten hineinprojiziert.* Für eine länger dauernde Gruppenarbeit kann die Betrachtung jedes Teilnehmers eine gute Hilfe sein, Vertrauen aufzubauen.

4b) Erfinden Sie ähnliche Aufgaben z. B. Gesichter betrachten oder Gehen betrachten usw., die mit der Beobachtung von Menschen zu tun haben und führen Sie sie entsprechend aus.

PARTITUREN ZU 5)

**5a) Bilder betrachten**

Wählen Sie ein ungegenständliches Bild – möglichst keine Reproduktion –; es kann eines der Resultate der »Äußerungsübung Malen« sein. Hängen Sie es an die Wand und betrachten Sie es mit der ganzen Gruppe. Schreiben Sie Ihre Beobachtungen und Empfindungen auf. Lesen Sie das Geschriebene einander vor und sprechen Sie darüber wie bei den anderen Übungen. Im Gespräch sollten Sie herausarbeiten welche Bildteile eindeutig und welche mehrdeutig sind. Finden Sie Interpretationsmöglichkeiten.

5b) Verwenden Sie für die Übung 5a) gegenständliche Bilder oder Fotografien und führen Sie die Übung entsprechend 5a) durch.

PARTITUREN ZU 6)

**6a) Wortbilder meditieren**

Wählen Sie ein anschauliches Wortbild z. B. Weg, Brot, Baum, Wasser, König, Knecht, Helfer, Dieb, Kind usw. und versuchen Sie eine geistige Betrachtung. Vergegenwärtigen Sie sich das Bild und vollziehen Sie die Identifikation mit dem Bild ganz bewußt. Schreiben Sie ihre Gedanken auf. Tauschen Sie das Geschriebene in der Gruppe aus und sprechen Sie darüber.

6b) Wie Wortbilder können Personen oder Begebenheiten oder Situationen betrachtet werden. Formulieren Sie entsprechende Aufgabenstellungen und führen Sie sie aus.

AUSFÜHRUNG ZU 1) BIS 6)

Wie beim Hören sollten alle Übungen in der Gruppe gemacht werden. Es gilt dafür das oben gesagte. Da das Sehen unter den Wahrnehmungsvorgängen den größten Raum einnimmt, gibt es bei den Übungen eine entsprechende inhaltliche Breite. Die vorgeschlagene Reihenfolge nimmt darauf Rücksicht und sollte in etwa auch eingehalten werden. Im Einzelnen kann je nach Situation eine andere Reihenfolge sinnvoller sein. Zu beachten sind eine gute Beleuchtung, möglichst keine akustischen Störungen, ein optisch ruhiger Raum, mindestens eine leere Wand. Wenn sie nicht weiß ist, kann sie mit Stoff oder Papier überspannt werden. Bei allen Übungen, besonders aber bei 5) und 6) ist darauf zu achten, daß jeder gut sitzen kann und durch nichts gestört wird, auch nicht durch unbequeme Kleidung o. ä. Das Aufschreiben ist unbedingt beizubehalten, wenn es auch oft unnötig oder umständlich erscheint. Es garantiert eine Zeit der Stille für die Konzentration und erlaubt jedem, in Ruhe seine Gedanken zu ordnen.

BEWERTUNG

Wie beim Hören wird auch beim Sehen im gemeinsamen Gespräch erst der entscheidende Schritt zur Bewußtwerdung und zur Sensibilisierung der verschiedenen Wahrnehmungsebenen des Sehens getan. Es ist darauf zu achten, daß wirklich jeder zu Wort kommt. Keinesfalls sollte während der Ausführung kritisiert oder bewertet werden. Damit würde der Wahrnehmungsprozeß blockiert.

2.2.3 THEMA: TASTEN

*Hilfsmittel (subjektiv):*
Bereitschaft, Tastübungen zu machen; Interesse; Offenheit anderen gegenüber; Bereitschaft, vorgefaßte Meinungen anzutasten, Vorurteile aufzugeben.
Arbeitsinhalte:
1) Tastsinn entdecken
2) Formen tasten
3) Den eigenen Körper ertasten
4) Beziehungen durch Tasten wahrnehmen
5) Raum durch Tasten wahrnehmen

*Hilfsmittel (objektiv):*
Raum mit wenig Möbeln, gut geheizt, Materialien zum Betasten (z. B. Stein, Holz, Papier, Stoffe, Fell, Federn, Sand usw.; trocken, naß, warm, kalt); Sportbekleidung, Bodenmatten oder Decken, Schreibzeug.

PARTITUREN ZU 1)

**1a) Oberflächen betasten**

Jeder einzelne Teilnehmer ertastet mit geschlossenen Augen Oberflächen verschiedener Materialien. Aufschreiben und Austauschen der gemachten Erfahrungen wie bei den vorangegangenen Übungen zu 1).

**Abb. 2-27** Ertasten von Material

**Abb. 2-28** Gruppenspiel

**1b) Umgebung wahrnehmen**

Setzen Sie sich auf eine Wiese und ertasten Sie mit geschlossenen Augen die mit Händen, Füßen und dem ganzen Körper erreichbare Umgebung. Aufschreiben und Austauschen der gemachten Entdeckungen und Erfahrungen wie bei der vorangegangenen Übung.

1c) Erfinden Sie ähnliche Aufgabenstellungen und führen Sie sie in derselben Weise aus.

PARTITUREN ZU 2)

**2a) Formen ertasten**

Jeder Teilnehmer bekommt, nachdem ihm die Augen verbunden sind, einen Gegenstand in die Hände. Nach dem Abtasten gibt er ihn wieder ab. Dann werden die Binden von den Augen abgenommen und jeder Teilnehmer zeichnet seinen Gegenstand von verschiedenen Seiten auf ein Papier. Wenn die Zeichnungen fertig sind, wird jedem sein Gegenstand zum Vergleich mit den Zeichnungen zurückgegeben. Danach folgen Austausch und Gespräch über die Ergebnisse und die Vorgänge bei der Arbeit.

2b) Erfinden Sie selbst Aufgabenstellungen zum Thema »Formen ertasten«.

PARTITUREN ZU 3)

**3a) Eigenen Körper ertasten**

Tasten Sie mit Händen und Fingern Ihren Kopf ab. Notieren Sie, was Ihnen dabei an Formen und Oberflächen und deren Zusammenhang auffällt. Tauschen Sie Ihre Feststellungen mit anderen in der Gruppe aus und sprechen Sie darüber.

**3b) Einen Arm und die Hand abtasten;** ein Bein und den Fuß abtasten; usw. Erfinden Sie selbst entsprechende Aufgabenstellungen und führen Sie sie aus. Wichtig ist dabei, daß Sie die Augen geschlossen halten, weil dann alle Konzentration dem Tastsinn zugeführt werden kann. Wenn Sie den ganzen Körper abtasten, sollten Sie sich soweit entkleiden, wie es Ihr Schamgefühl mit Rücksicht auf andere zuläßt.

PARTITUREN ZU 4)

**4a) Beziehungen durch Tasten wahrnehmen**

Je zwei Teilnehmer sitzen sich gegenüber – auf Stühlen oder am Boden – und berühren sich an den Handflächen. Mit geschlossenen Augen bewegen sie nun Arme und Hände und versuchen, ihre Bewegungen aufeinander abzustimmen. Jeder schreibt danach auf, was er empfunden hat. Anschließend gemeinsamer Austausch in der Gruppe und Gespräch.

4b) Die Übungen 3a) und 3b) an einem Partner durchführen und in der Gruppe darüber sprechen.

**4c) Gruppenspiele**

In Gruppenspielen wird die Beziehung zur Gruppe im Spiel dargestellt. Es gibt sehr viele solche Spiele. Einige sollen angedeutet werden.
Die Gruppe bildet stehend einen engen Kreis. Ein Mitglied ist draußen und versucht hineinzukommen oder es ist drinnen und versucht, herauszukommen. Verschiedene Fang-Spiele. In einem engen Kreis aus etwa 8 Personen steht ein Gruppenmitglied und läßt sich dann ganz steif in den Kreis fallen, wo es aufgefangen und weitergegeben wird. Die Gruppenspiele sind im wesentlichen Bewegungsspiele und werden deshalb unter diesem Thema noch einmal erwähnt werden.

PARTITUREN ZU 5)

**5a) Raum durch Tasten wahrnehmen**

Alle Teilnehmer gehen 5 bis 10 Minuten mit geschlossenen Augen durch den Raum. Zusammenstöße sollen vermieden werden. Aufschreiben der Erfahrungen und Empfindungen, Austausch und Gespräch in der Gruppe wie bei den vorangegangenen Übungen.

5b) Erfinden Sie Aufgabenstellungen zur tastenden Wahrnehmung eines Raumes und führen Sie sie in einer Gruppe aus.

AUSFÜHRUNG ZU 1) BIS 5)

Wie beim Hören und Sehen ist auch beim Tasten das Arbeiten in der Gruppe am besten. Auch hier muß zunächst das Arbeitsziel geklärt werden. Jeder sollte seine Erwartungen und Wünsche äußern. Aufschreiben und Vorlesen ist die einfachste Hilfe dazu, daß der Austausch schnell und ohne, daß jemand übergangen wird, geschehen kann. Da in der Gruppe nicht die Gruppendynamik im Vordergrund steht, beteiligt sich der Gruppenleiter an allen Übungen so wie jeder andere Teilnehmer. Die Reihenfolge der Übungen führt zu immer größerer Intensität der Empfindungen und zur Steigerung der Sensibilität.

BEWERTUNG

Für den gemeinsamen Austausch gilt das für Hören und Sehen Gesagte entsprechend. Falsche Schamgefühle und ein gestörtes Verhältnis zur Sexualität sind allerdings in Deutschland die Regel, so daß vielen die Tastübungen selbst – und das Gespräch darüber noch mehr – äußerst schwer fallen. Der Gruppenleiter braucht viel Einfühlungsvermögen, um hier die nötige Rücksicht und gleichzeitig die weiterführende Herausforderung zu einem kreativen Prozeß zu verschmelzen. Kritik oder Lächerlich-Machen während der Übungen hindert den Prozeß gerade bei diesen Übungen sehr.

An dieser Stelle möchte ich mit Wahrnehmungsübungen abbrechen. Andere Themen wären z. B. noch Schmecken und Riechen. Sie können mit den erwähnten Methoden erarbeitet werden. Auch hier können die Sinne aktiviert und geschult werden, um die Sensibilität zu steigern und neue Erfahrungshorizonte zu eröffnen.

## 2.3 Kreativitätstraining

ÜBUNGEN ZUR ÄUSSERUNG

Bei diesen Übungen sollen Äußerungsmöglichkeiten auf verschiedenen Ebenen entdeckt, geübt und eingesetzt werden. Grundstrukturen Schöpferischer Arbeit sollen bewußt werden und angewendet werden können.

a) Welche Äußerungsmöglichkeiten stehen zur Verfügung?
   Bewußtes Kennenlernen der eigenen Fähigkeiten und Grenzen.
b) Wie kann ich Äußerungsmöglichkeiten einsetzen?
   Entfaltung der Sensibilität, Training von Arbeitsmethoden.
c) Welches sind die Wirkungen, Aussagequalitäten und Bedeutungen?

## Übungsreihen

2.3.1 THEMA: MODELLIEREN MIT TON

*Hilfsmittel (subjektiv):* Bereitschaft, mit Ton zu arbeiten; Loslassen der Vorstellungen und Erinnerungen an bekannte Formen aus Ton; Unvoreingenommenheit; Freude am Spiel. Ziel ist es, im unmittelbaren Umgang mit dem Material unvoreingenommen Neues zu schaffen.

Arbeitsinhalte:
1) Formen finden durch die Arbeit der Hände und der Finger
2) Einfache, gegliederte Gestalten aufbauen

*Hilfsmittel (objektiv):* Raum, Tische mit abwaschbarer Oberfläche, Modellierton, Wasser und Wasserbehälter, Schürze, Lappen, Draht zum Schneiden des Tons.

PARTITUR ZU 1)

Formen Sie mit dem Ton ein plastisches Objekt, das durch die Bewegung der Hände und Finger entsteht. Es soll kein Abbild und keine Nachbildung von etwas Bekanntem entstehen.
Erproben Sie die Eigenschaften des Tons: wie dünn, wie dick hält er noch? welche Formen lassen sich entwickeln? Werden Sie sich über die typischen Materialeigenschaften klar und beachten Sie, daß Ton beim Trocknen schwindet.
Beachten Sie die Abfolge von Formvorgängen: Eindrücke, Löcher, Risse, Grate, Wölbungen, runde und eckige Kanten und die Übergänge dieser Formen ineinander. Formen Sie jedes Detail genau durch.

**Abb. 2-29** Spontanes Arbeiten mit Ton

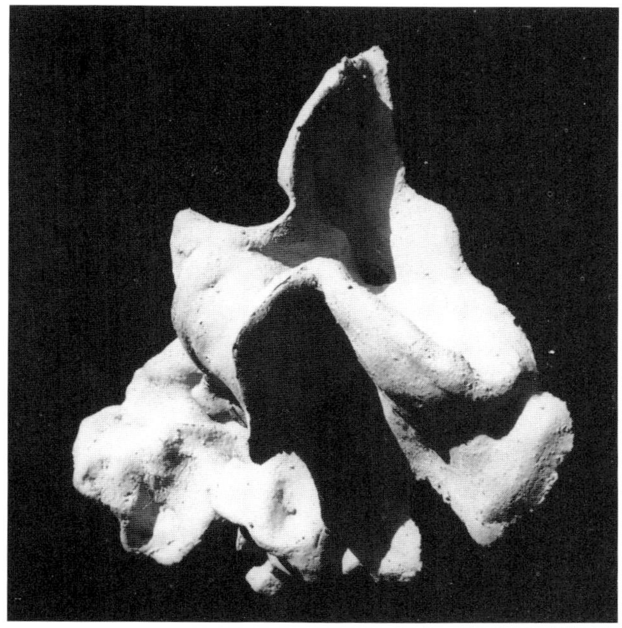
**Abb. 2-30** NN

**Abb. 2-31** Heinrich Müssgens

**Abb. 2-32** Brigitte Philippen

**Abb. 2-33** NN

**Abb. 2-34** NN

**Abb. 2-35** Günther Stolz

**Abb. 2-36** Barbara Wedemeyer

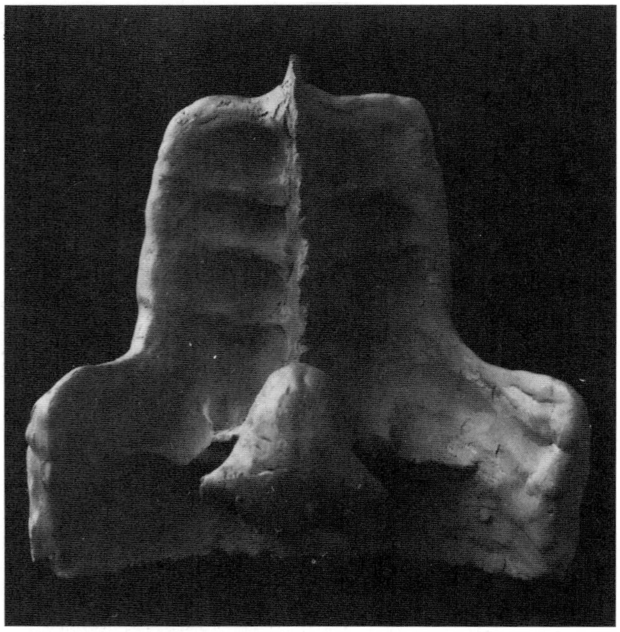

**Abb. 2-37** Minoru Nakanishi

PARTITUR ZU 2)

Mit dem Ton ist nun eine Gestalt zu entwickeln, die spiegelsymmetrisch gegliedert ist. Die Kriterien zur Formfindung und die Arbeitsweise sind dieselben wie bei Übung 1).

AUSFÜHRUNG ZU 1) UND 2)

Die vorgeschlagenen Übungen sind am sinnvollsten in einer Gruppe zu machen. Die gegenseitige Beobachtung und der schnelle Austausch von Erfahrungen beschleunigen und vertiefen den Lernprozeß, weil jeder von jedem lernt. Gruppengröße 8 bis 20 Personen. Die Reihenfolge der Übungen entspricht dem Vorgang des Machens.

BEWERTUNG ZU 1) UND 2)

Nach dem Abschluß der Ausführung werden die Arbeiten verglichen und danach überprüft wie weit sie 1) keine Nachahmung oder Nachbildung sind, 2) der Bewegung von Händen und Fingern entsprechen, 3) klare Formvorgänge aufweisen, 4) differenzierte Oberflächen besitzen und 5) eine gestalthafte Ganzheit darstellen. Wichtig ist das Gespräch über die Schwierigkeit, vorgefaßte Meinungen und Vorstellungen abzulegen und dem Machen der Hände zu vertrauen.

2.3.2 THEMA: MALEN

*Hilfsmittel (subjektiv):* Bereitschaft, zu malen, sich zu öffnen, Empfindungen zu äußern. Ziel ist die Entfaltung der Sensibilität für das Ausdrucksmittel Farbe und das Erkennen des Zusammenhangs von Farbe und Form.

Arbeitsinhalte:

1 Spuren von Bewegungen mit einem Wachsstift zeichnen. Erfahrung von Rhythmus und Entkrampfung.
2 Begriffe malerisch interpretieren.
3 Freie Einfälle malerisch artikulieren.

*Hilfsmittel (objektiv):* Raum, Tische (möglichst abwaschbar), Tesakrepp-Klebeband, Zeitungspapier, Malpapier (z. B. Computerpapier, das sich auch bei dickem Farbauftrag nicht verzieht), Wachsstifte, Dispersionsfarben, kleine Gläser mit Verschluß für angemischte Farben, Pinsel (etwa fingerdick) es sind mehr Pinsel als Farbgläser erforderlich, weil man die Pinsel in den Farben lassen sollte. Wasserbehälter, Lappen und entsprechende Kleidung.

PARTITUREN ZU 1)

1 a) Befestigen Sie einen Bogen Papier so auf dem Tisch, daß er nicht verrutschen kann. Beginnen Sie, mit Wachskreide ein großes Oval auf das Blatt zu

zeichnen und wiederholen Sie die kreisende Armbewegung immer wieder ohne die Kreide abzusetzen. Bilden Sie Teilungen und Schleifen und bewegen Sie den ganzen Körper mit dem Arm mit. Fahren Sie die entstehenden Bahnen entlang bis sie ganz tief farbig und eindeutig sind. Wiederholen Sie den Vorgang mit einem neuen Blatt.

1b) Beginnen Sie wie bei 1a). Wechseln Sie die Hand und machen Sie dieselbe Übung. Nehmen Sie beide Hände gleichzeitig und arbeiten Sie parallel. Spüren Sie wie der ganze Körper mitgehen muß. Arbeiten Sie mit beiden Händen spiegelbildlich gleichläufig oder gegenläufig. Ziel ist eine völlige Lockerung der Muskulatur in einem ausgewogenen Rhythmus. Die Formen entstehen aus der Bewegung. Benutzen Sie bei jedem Arbeitsvorgang ein neues Blatt.

**Abb. 2-38** Spuren rhythmischer Bewegung zeichnen

## PARTITUREN ZU 2)

2a) Stellen Sie ein Begriffspaar wie z. B. offen – geschlossen, einsam – gemeinsam oder freundlich – unfreundlich malerisch dar. Setzen Sie auf dem Papier Farbe gegen Farbe und mischen Sie die Farbe nicht auf Ihrem Bild sondern vorher auf einem Schmierblatt oder in einem kleinen Glas. Ziel ist es, mit Farbe und Form die Empfindung auszudrücken, die für Sie dem Begriffspaar entspricht.

2b) Interpretieren Sie, ähnlich wie bei 2a), malerisch abstrakte Begriffe wie Freiheit, Gerechtigkeit, Leben, Trauer, Krieg, Freude, Frieden.

## PARTITUREN ZU 3)

3a) Wählen Sie ein Problem, das Sie selbst oder die Gruppe, in der Sie arbeiten, beschäftigt und malen Sie es.

3b) Lesen Sie einen Text, der Sie interessiert und interpretieren Sie ihn mit Farben und Formen.

## AUSFÜHRUNG

Auch beim Malen ist es sinnvoll und ratsam, zu mehreren vorzugehen. Um einen großen Tisch können bis zu 12 Personen stehen und malen. Die Farbgläser und zwei Wassertöpfe sollten in der Mitte des Tisches stehen, damit jeder direkt zugreifen kann. Rot und gelb sollten doppelt vertreten sein – sie werden häufiger verwendet. Weiß nicht vergessen – es ist auch eine Farbe und wird zum Mischen gebraucht. Die Pinsel sollten in der Farbtöpfen bleiben und nicht dauernd ausgewaschen werden. Das erfordert eine bestimmte Disziplin beim Malen! Es sollte leise oder gar nicht gesprochen werden, damit sich jeder gut konzentrieren kann. Während des Malens ist das Gespräch über das Malen zu vermeiden. Man kann aber gut gemeinsam singen oder Musik hören.

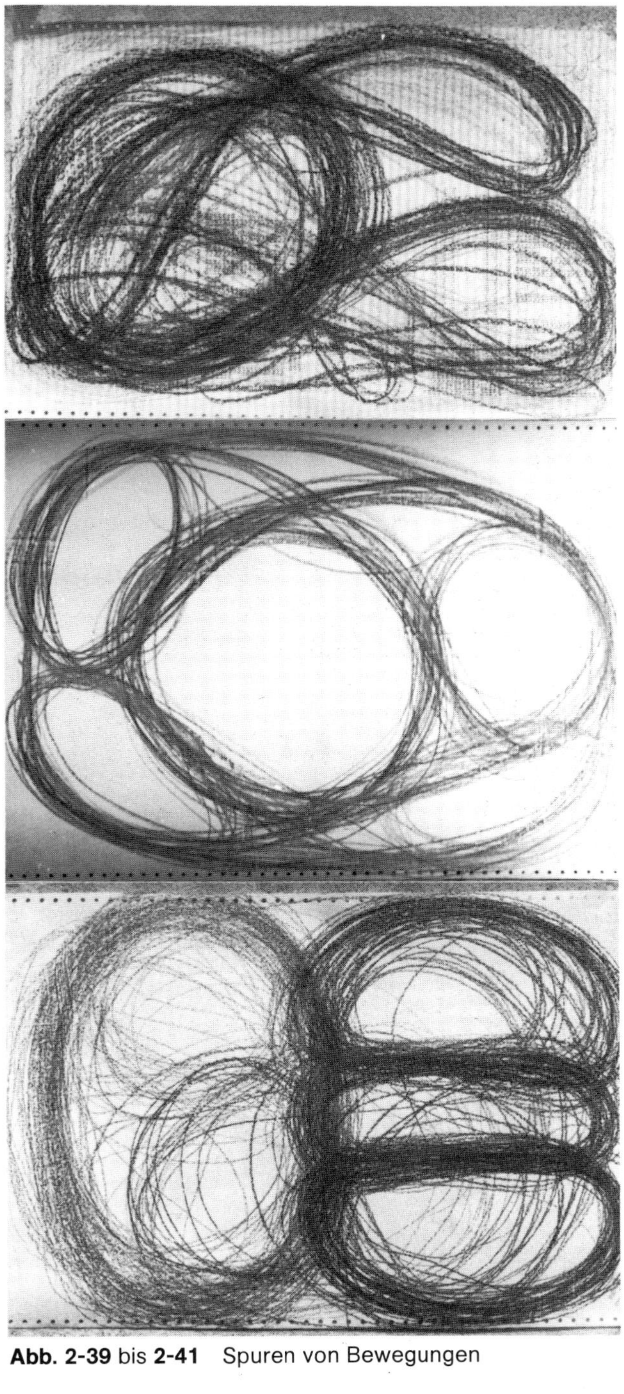

**Abb. 2-39** bis **2-41** Spuren von Bewegungen

**Abb. 2-42** Spontanes Malen

BEURTEILUNG ZU 1) BIS 3)

Nach jeder einzelnen Übung, die selbst mehrmals wiederholt werden kann, ist ein Gespräch über den Vorgang, die Empfindungen und Erlebnisse beim Malen sowie über die Ergebnisse und ihre Aussagequalität nötig. Die Betrachtung der Bilder kann durch eine Sehübung (s. oben S. 48) vertieft werden, um die Inhalte genauer zu erforschen. Im Gespräch werden die Beziehungen zwischen Formen, Farben und Inhalten erst richtig deutlich.
Vorsicht! – Es geht dabei nicht um die Deutung der Bilder im Bezug auf den, der gemalt hat! Eine solche Deutung behindert die schöpferische Arbeit und schadet dem Einzelnen. Sie ist so gut wie immer falsch! Jeder kann sein Bild selbst deuten, wenn er will. Er braucht darüber nicht zu sprechen.

**Abb. 2-43** bis **Abb. 2-48** Spontan gemalte Bilder

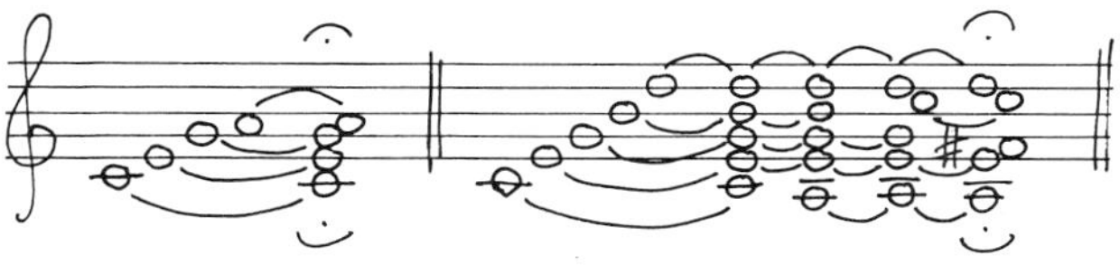

**Abb. 2-49** Klangaufbau mit Summen

## 2.3.3 THEMA: SINGEN

Arbeitsinhalte:

1 Summen, Töne bilden, Klänge bilden. Hören lernen, Intervalle und Dauer hören, Beziehungen erkennen.
2 Empfindungen in Klängen äußern.
3 Melodien, Tongruppen, Ordnungsmuster aufbauen.
4 Rhythmen, Taktordnungen und musikalische Formen bilden.
5 Notation entwickeln.
6 Einfache Kompositionen und ihre Ausführung.

*Hilfsmittel (subjektiv):* Fähigkeit und Bereitschaft, sich musikalisch zu äußern, Empfindungen mitzuteilen.
Ziele: Entdecken und Anwenden musikalischer Gestaltgesetze, Entwickeln und Entfalten der Sensibilität, seelische Empfindungen musikalisch zu äußern.
*Hilfsmittel (objektiv):* Geeignete Räume, deren Nachhallzeit bei rein vokalen Ausführungen relativ lang sein sollte (z. B. Kirchenräume). Bei der Arbeit mit Geräuschen muß die Nachhallzeit kürzer sein. Weiter sind nötig: Papier, Notenpapier, Schreibzeug, Tonbandgerät, Mikrofon und Lautsprecher.

### PARTITUREN ZU 1)

1 a) Der Gruppenleiter summt einen Ton und die Teilnehmer summen mit. Der Gruppenleiter gibt die Dynamik (laut – leise) an und die Gruppe folgt ihm.
1 b) Beginnend wie bei 1a) wird ein Ton gesummt; dann wird der Mund geöffnet zu einem Vokal z. B. »a«.

**Abb. 2-50** Beispiele für spontan erfundene Melodien. A = Dietmar Filter, B = Anne Oster-Fuchs, C = Gregory Wolf

Der Klangcharakter wird durch Änderung des Vokals erprobt in der Folge z. B. a – ä – e – i – ü – ö – o – u – a. Versuche mit verschiedenen Folgen können sich anschließen.
1 c) Singend wird ein Klang aufgebaut. Es wird mit einem Ton und einem Vokal begonnen, dann sucht sich jeder einen Ton, den er beibehält und den er als Wohlklang empfindet. Bei einem weiteren Versuch kann z. B. ein Mißklang angestrebt werden **(Abb. 2-49)**.
1 d) Der Leiter singt Töne vor, die die einzelnen Teilnehmer aufgreifen und beibehalten. Entwicklung verschiedener Klangstrukturen und Übergänge zu anderen Klängen indem z. B. ein Ton geändert wird. Bildung von Klastern.

**Abb. 2-51** Ein Männlein steht im Walde . . .

| | | | | | | | | | | | | | | | | | | | |
|---|---|---|---|---|---|---|---|---|---|---|---|---|---|---|---|---|---|---|---|
| A | A | A | A | A | A | A | A | B | B | B | B | B | B | B | B | A | A | A | A |
| A | | A | | A | | A | | B | | B | | B | | B | | A | | A | |
| A | | | | A | | | | B | | | | B | | | | A | | | |

**Abb. 2-52** Schema zum Kanon » Ein Männlein steht im Walde . . .«

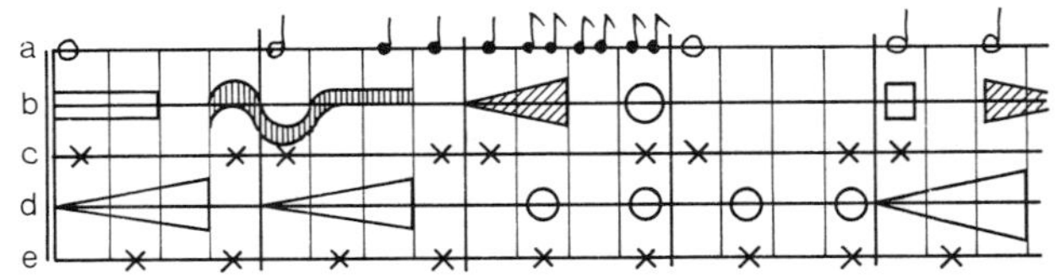


**Abb. 2-53** Komposition für fünf Stimmen a bis e

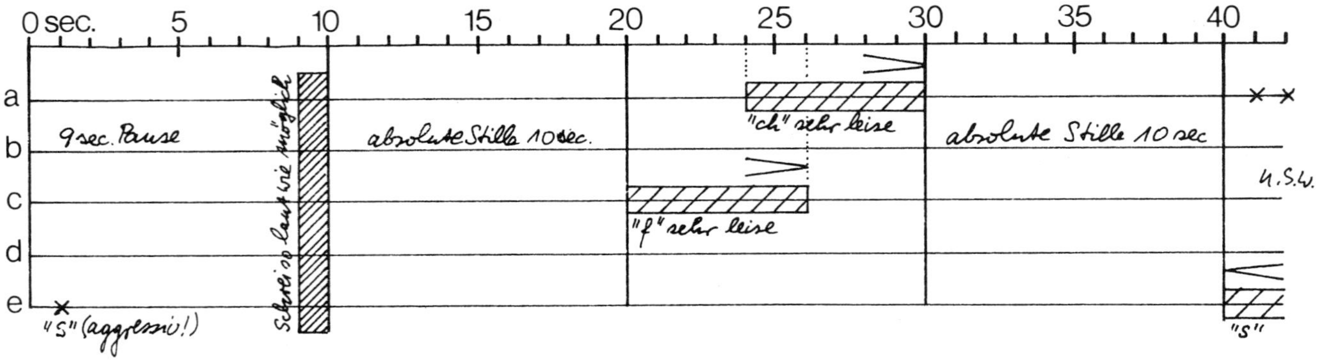


**Abb. 2-54** Komposition für fünf Einzelstimmen a bis e

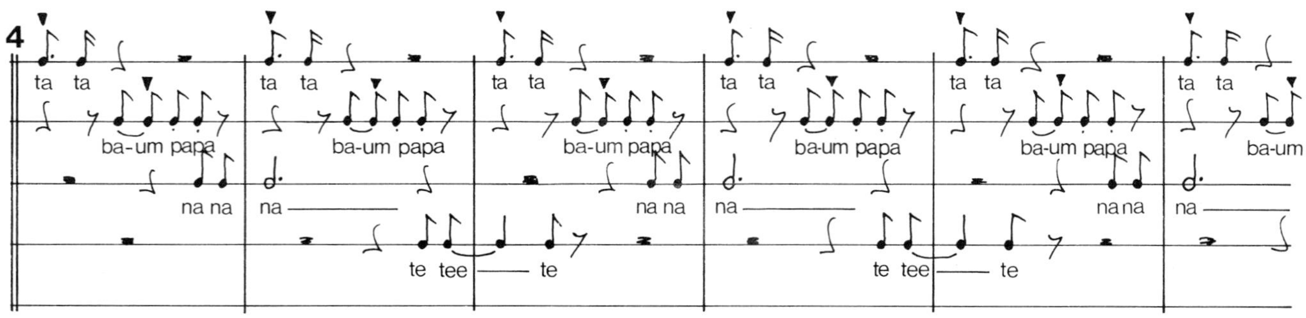


**Abb. 2-55** Komposition für fünf Stimmen von Anastasios Zirziris

PARTITUREN ZU 2)

2a) Von einem Ton ausgehend wird ein Klang gebildet indem jeder seinen Ton sucht. Es soll gemeinsam eine Empfindung ausgedrückt werden, z. B. »Freude« oder »Trauer«. In mehreren Versuchen sollten verschiedene Inhalte musikalisch interpretiert werden.

2b) Ein weiterer Schritt besteht darin, ein gemeinsames Erlebnis oder eine allen bekannte Gelegenheit musikalisch in Klängen und Klangfolgen auszudrücken.

PARTITUREN ZU 3)

3a) Jeder Teilnehmer improvisiert alleine eine Melodie. Eine kurze Phrase. Als Hilfe kann ein beliebiger Anlaß dienen: Autofahren, Baden in der Badewanne, ein Gemälde usw. Es kostet Überwindung, einfach drauflos zu singen ohne vorher zu wissen was. Die Übung entspricht der ersten Übung beim Arbeiten mit Ton. **(Abb. 2-50)**
(Die Beispiele werden in üblicher Notation wiedergegeben, obwohl diese Schreibweise in einem solchen Seminar nicht verwendet werden muß und auch nicht verwendet wurde).

3b) Variationen mit einer bekannten Melodie entwikkeln. Z. B. »Ein Männlein steht im Walde...« als Kanon in der Vergrößerung. Ohne Noten oder sonstige schriftliche Fixierung. Hören auf die Mehrstimmigkeit. Klärung des Aufbaus AABBA. (**Abb. 2-51** und **2-52**)
3c) Gemeinsames Singen erfundener Melodien. Entscheidend ist dabei, daß jeder auf den anderen hört, Klangbildungen beachtet und sensibel für Dynamik und Tempo wird. Texte können frei erfunden werden oder es genügen Vokale. Nach einer freien Improvisation ist es auch möglich, sich wie bei 2a) und 2b) auf Inhalte zu einigen, die auf diese Weise einen musikalischen Ausdruck finden können.

PARTITUREN ZU 4)

4a) Entwickeln von Rhythmen durch Klatschen, Klopfen, Stampfen und durch Laute mit dem Mund. Sammeln und Notieren von solchen Vorgängen. Klärung der Charakteristik verschiedener Ordnungsprinzipien. Z. B. Die Halbierungsreihe für Tondauern $1/1$; $1/2$; $1/4$; $1/8$; $1/16$; $1/32$...
4b) Entwickeln musikalischer Formen. Prinzipien der Reihung und der Wiederholung entdecken. Abhören der Tonbandaufnahmen von Übung 3a) und Analyse der Beispiele.

PARTITUR ZU 5)

Entwicklung gemeinsamer Absprachen und Notation ohne das übliche Notensystem. Festlegen von Zeiteinheiten, Tonhöhen, Lautstärken und Geräuschen.

PARTITUREN ZU 6)

6a) Anwenden der Erfahrungen aus den bisherigen Übungen, um eine Idee festzuhalten, zu notieren und mit anderen einzustudieren. Erarbeitung einer Komposition. Beispiele **Abb. 2-55** bis **2-57**

6b) Einstudieren und Ausführen einer geplanten musikalischen Form.

AUSFÜHRUNG ZU 1) BIS 6)

Die Arbeit sollte in einer Gruppe von 8 bis 20 Teilnehmern getan werden. Für die Bereitschaft, zu singen, ist eine gute Atmosphäre in der Gruppe und im Raum nötig. Schulräume sind im allgemeinen dazu nicht geeignet. Die akustischen Eigenschaften von Räumen müssen erprobt werden. Sie haben großen Einfluß auf die Form und die Art der spontan erfundenen Musik. Aufnahmen auf Tonband oder auf Cassetten ermöglichen es, musikalisches Material ohne Notation wieder verwendbar zu machen und damit zu arbeiten.
Der Gruppenleiter muß musikalische Vorbildung besitzen und die notwendigen musiktheoretischen und kompositorischen Grundlagen beherrschen. Für die Übungen 3) bis 6) muß er theoretisches Material zur Verfügung stellen.
Wichtig ist, daß keine Instrumente benutzt werden und keine besonderen Voraussetzungen nötig sind, um teilzunehmen.
Die Körperhaltung der Einzelnen bei der Ausführung hat weitgehende Bedeutung. Es sollte möglich sein, beim Singen zu gehen, zu stehen, zu sitzen, zu liegen – jede Art von Haltung einzunehmen und seine Position in der Gruppe zu ändern.
Als Zeit sollte für eine solche Übungsreihe ein Studienjahr angesetzt werden. Im Einzelnen ist der zeitliche Ablauf von der Gruppe und ihren Fähigkeiten abhängig.

BEURTEILUNG 1) BIS 6)

Das Gespräch über die einzelnen Übungen und die dabei erfahrenen Phänomene und Empfindungen muß so geführt werden, daß das Vertrauen und die Freude am Machen, am Experimentieren, wächst. Die Scheu, sich musikalisch zu äußern, ist im allgemeinen sehr groß. Vor der Übung 3) wird erfahrungsgemäß eine hohe Schwelle sein und die Gruppe eine Krise erleben. Wenn sie überwunden ist, läuft es leicht weiter! Es ist gut, Empfindungen und Erfahrungen aufzuschreiben und dann erst darüber zu sprechen. Im Gespräch können neue Partituren entwickelt werden. Die Inhalte einiger Übungen können nur im gemeinsamen Gespräch gefunden werden.

ZUSAMMENFASSUNG

Bei der Arbeit an Gestaltungsmitteln der Musik durch eigene schöpferische Äußerungen entsteht eine Gruppensituation, die in gewisser Weise verbindlicher ist, als bei den vorher beschriebenen Übungen. Das rührt daher, daß die Äußerungen der Empfindungen direkter und intimer sind. Deshalb haben sie ein gegenseitiges Vertrauen zur Voraussetzung wie es in zufällig zusammenkommenden Studentengruppen nicht anzutreffen ist. An zwei weiteren Beispielen schöpferischer Arbeit in Gruppen, bei denen ohne Verbindlichkeit nicht gearbeitet werden kann, soll das noch deutlicher gezeigt werden. Es handelt sich um Seminararbeiten am Fachbereich Architektur der Fachhochschule Düsseldorf zu den Themen »Kleidung« und »Gesten«.

## 2.4 Gruppenarbeit

### 2.4.1 THEMA: KLEIDUNG

Den äußeren Rahmen für diese Arbeit bildet das Wahlfach »Plastisches Gestalten« für Architekten. Es umfaßt vier Unterrichtsstunden wöchentlich. Das Seminar wurde mit dem Thema »Kleidung« angeboten. Es meldeten sich 10 Teilnehmer, von denen drei Innenarchitekten waren.

**1 Hilfsmittel**

Um das Thema gemeinsam bearbeiten zu können, waren folgende Schwerpunkte gleichzeitig und nacheinander zu bewältigen:

Gruppenbildung und Gruppenprozeß.
Konkretisierung des Themas, der Arbeitsinhalte und der Ziele.
Erarbeitung der Hilfsmittel subjektiver und objektiver Art.
Formulierung von Partituren, Arbeitsanweisungen und Planung der Arbeit.
Ausführung der Partituren und Planungen, Wahl der Orte.
Bewertung der Arbeit, Besprechung von Ergebnissen und Partituren, Treffen gemeinsamer Entscheidungen.
Führen von Protokollen, um die eigene Arbeit beobachten zu können.
Benutzen der Formalisierung des kreativen Prozesses als Arbeitsmethode.

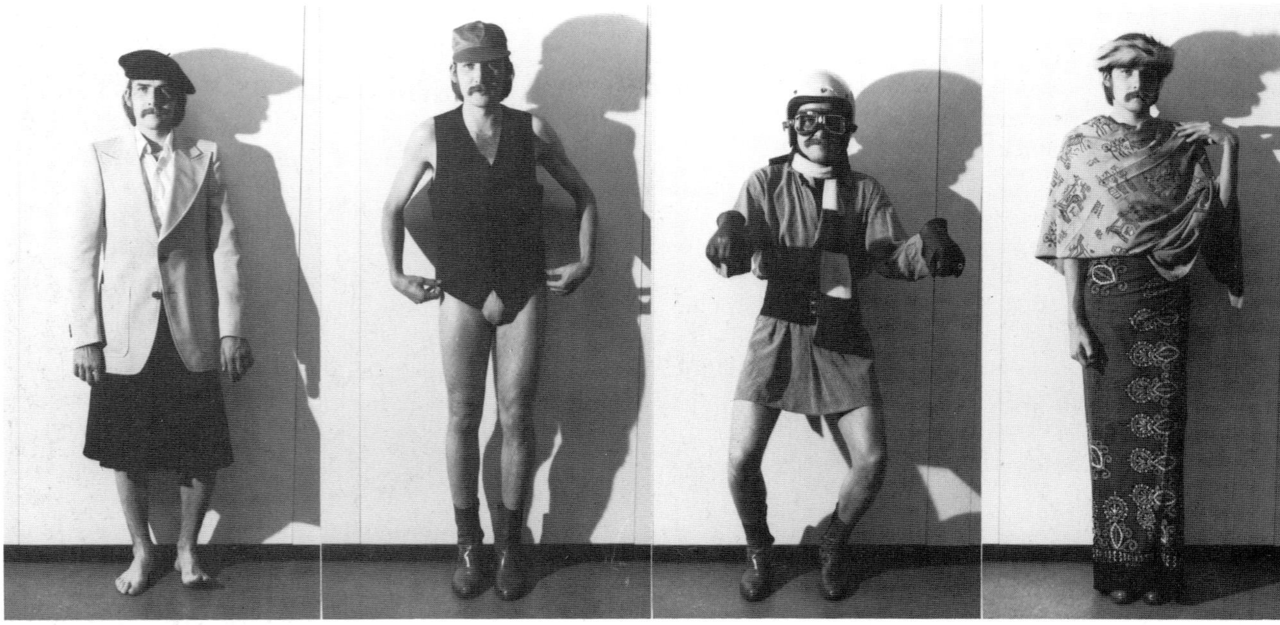

**Abb. 2-56** Verkleidungsspiel

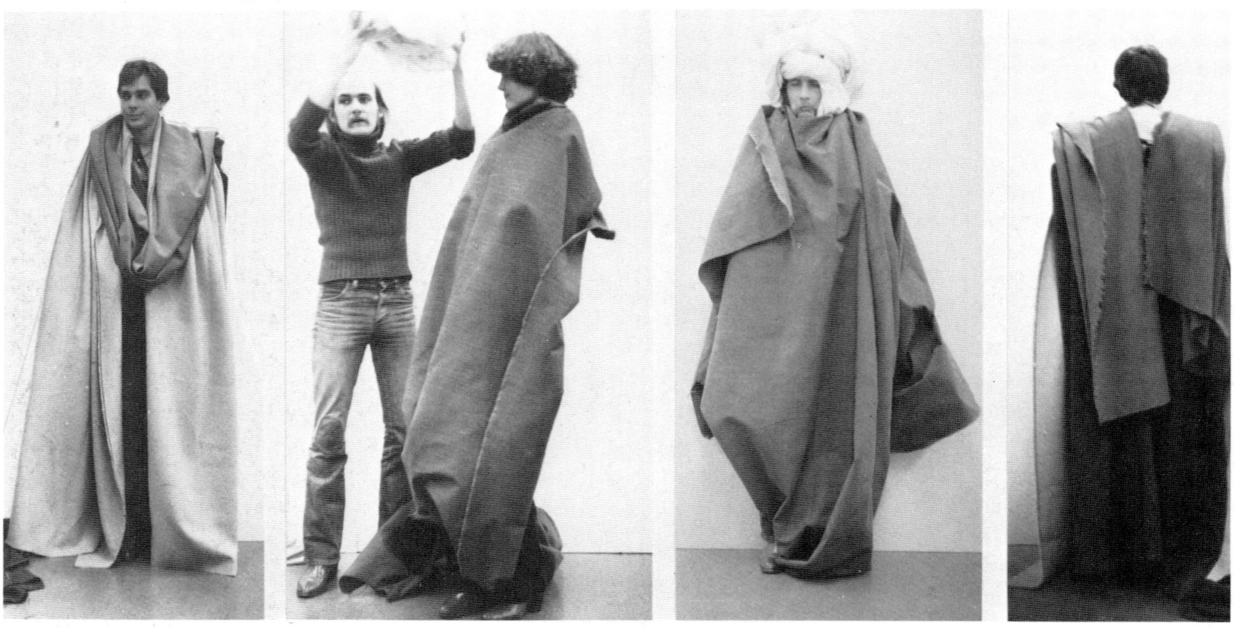

**Abb. 2-57** Individuelle Gestaltung mit Tüchern

Fotografie zur Dokumentation und Ergänzung des Protokolls.
Allgemeine Mittel für die Arbeit.

### 2 Ausführung

*17. Oktober 77*
Gespräch über die Thematik und das Ziel der Arbeit. »Erkenntnis über sich bekommen durch die Beschäftigung mit der Kleidung, mit dem, wie ich mich darstellen will. Die Grenzen zwischen Notwendigkeit und Bedeutung von Kleidung finden.« Nächstes Mal: Kleider mitbringen und sich gegenseitig verkleiden.

*24. und 31. Oktober 77*
Gegenseitiges Verkleiden und Beobachten. Alle Aussagen werden schriftlich festgehalten. Themen: Frauen tragen Männerkleidung, Männer tragen Frauenkleider. Was suche ich mir selbst aus? Allgemeine Unterschiede beim Tragen von Kleidung.
»Gleiche Kleidungsstücke bewirken bei verschiedenen Personen nicht die gleichen Erscheinungsmerkmale.«
»Es ist interessanter, Männer in verschiedenen Kleidern zu sehen. Frauen können alles tragen! Männer nicht!« Kleider machen tatsächlich Leute.
Es werden kostenlos über eine Lehrbeauftragte des Faches Innenarchitektur Möbelbezugstoffe verschiedener Farbe und Qualität beschafft.

*7. November 77*
Erläuterung der Arbeitsmethode »Kreatives Arbeiten in der Gruppe« (nach L. Halprin). Aufgabe: Welche Farbe, welches Material und welche Form paßt zu jedem Einzelnen der Gruppe? Aktion: Jeder wird mit jedem der vorhandenen Stoffe eingekleidet. Die Wirkung wird beurteilt und schriftlich festgehalten.

**Abb. 2-58** Anonymes Einzelgewand

**Abb. 2-59** Gruppengewand für zehn Personen

*14. und 21. November 77*
Die Hälfte der Gruppe fehlt beide Male. Spiele mit Kleidung, mit Papier. Beschluß, Werbefotos zu sammeln und den Zusammenhang von dargestellten Menschentypen und Kleidung zu studieren.

*28. November 77*
Sortieren und Beurteilen der Werbefotos. Daraus folgt der Beschluß, das nächste Mal damit zu beginnen, die einzelnen Gruppenmitglieder zu betrachten und zu notieren wie sie wirken, erscheinen usw.

*5. und 12. Dezember 77*
Jeder Teilnehmer sitzt einzeln in der Mitte und wird von der Gruppe betrachtet. Alle sind anwesend. Es ist sehr spannend. Beschluß: ab nächstem Mal spricht jeder über sich selbst, darüber wie er sich selber sieht.

*19. Dezember und 9., 16. und 23. Januar 78*
Berichte der Einzelnen über sich selbst. Beschluß, ein Wochenende gemeinsam zu verbringen und Kleider zu machen. Themen: Individualität und Gruppenzugehörigkeit. Anonymes Gewand – jeder soll ein Gewand bekommen, das nichts über ihn aussagt. Wir beschließen weißen Molltonstoff zu kaufen und daraus am Wochenende jedem ein Gewand zu nähen. Nähmaschinen, Faden, Scheren usw. werden mitgebracht.

*27., 28. und 29. Januar 78*
Wochenende in Krefeld-Traar (zwei aus der Gruppe fehlen)

*Freitag, 27. Januar 78*
17.00 Treffen in der Schule, Abfahrt nach Krefeld
18.00 Ankunft in Christcamp in Krefeld-Traar
19.00 Abendessen

**Abb. 2-60** Gruppengewand für acht Personen

**Abb. 2-61**

**Abb. 2-62**

20.00 Beginn der Arbeit: Gespräch, Schneiden und Nähen der weißen Gewänder, Gespräch bis Mitternacht in den weißen Gewändern. Themen: Mann – Frau, Partnerschaft, Ehe, männliche und weibliche Eigenschaften.

*Samstag, 28. Januar 78*
8.30 Frühstück
10.00 Ausflug in die Wiesen mit den wehenden weißen Gewändern. Fotografieren verschiedener Situationen. Gespräch über die Gewänder
13.00 Mittagessen, Mittagspause und Spaziergänge
16.00 Kaffee und Kuchen
16.30 Gespräch über die Gewänder. Die Gewänder sind unangenehm, weil sie uns für Außenstehende zu einer Einheit machen, die wir nicht sind. Basketballspiel: hier können alle angestauten Energien abreagiert werden. Das Spiel ist sehr gut für alle.
19.00 Abendessen, Schreiben von Protokollen.
20.00 Gespräch über Vertrauen in der Gruppe, Christen und Nichtchristen. Keiner wagt es, über sich zu reden.
22.30 Nachtwanderung in den weißen Gewändern bei Vollmond zur Mühle. Gespräche.
24.00 Abschluß

*Sonntag 29. Januar 78*
9.00 Frühstück
10.00 Zusammennähen der Gewänder zu einem großen Gewand. Spiel mit dem Gewand auf den Wiesen,

im Wald, auf der Straße und im Hof. Fotografieren verschiedener Situationen.
13.00 Mittagessen und Mittagspause, Gespräche. Schreiben von Protokollen.
15.00 Kaffee und Kuchen
16.00 Abreise

*30. Januar 78*
Treffen in der Wohnung einer Teilnehmerin. Gespräch über das Wochenende. Alle fühlen sich müde und angegriffen. Beschluß: die Arbeit soll im nächsten Semester fortgesetzt werden.

SEMESTERFERIEN

*13. und 20. März 78*
Betrachten der Fotografien vom Wochenende in Krefeld-Traar. Planung von Gruppengewändern verschiedener Art. Sammeln von Material und Ideen. Gruppengewänder machen Gruppensituationen sichtbar.

*3. April bis 8. Mai 78*
Nähen von Gewändern: Gewand für 8 Personen, Hemden, an die man sich an- oder abknüpfen kann für 12 Personen, Doppelgewand für 2 Personen.
Zwischenspiele sind: Spiel mit Fantasiegewändern und gegenseitiges Schminken der Gesichter, das im folgenden Seminar zur Entwicklung von Masken führte. Phantasien über die Verwendung der Gewänder z. B. Einkauf auf dem Markt mit dem 8-Personen-Gewand.

*22. Mai 78*
Praktische Versuche mit den fertigen Gewändern außerhalb des Hauses. Deutung der Gewänder. Verbesserung verschiedener Details.

*29. Mai 78*
Beschluß, die Gewänder zu filmen und in diesem Sommer das Seminar abzuschließen. Sammeln von Ideen für Einzelgewänder. Thema: Festgewänder.

*5. Juni 78*
Filmen von Aktionen mit den Gewändern für 10 und 8 Personen. Eine Gruppe von Kindern spielt spontan mit.

*12., 19. und 26. Juni 78*
Entwürfe und Schnitte zu Einzelgewändern, Gespräche. Die Arbeit kann wegen Zeitmangel nicht weitergeführt werden. Mit Semesterende ist das Seminar abgeschlossen. Wir sehen noch den am 5. Juni gedrehten Film über die Gewänder. Gedanken über eine Ausstellung der Gewänder führen nicht zu einem konkreten Ergebnis.

**Zusammenfassung**

Der Schilderung des Arbeitsablaufs ist zu entnehmen wie Gruppenbildung mit Wahrnehmungsübungen, Formulierung und Veränderung des Themas, Gespräch und Treffen von Entscheidungen, Festhalten von Vorgängen, gemeinsames handwerkliches Arbeiten an Ergebnissen und viele Einzeldinge in einem solchen Arbeitsprozeß zusammenwirkten.
Schließlich entstanden Ergebnisse, die nicht vorher abzusehen waren und die gerade für Gruppenvorgänge typisch waren, insofern sie mögliche Gruppensituationen handgreiflich vor Augen führten. Im Spiel konnten diese Situationen erprobt und analysiert werden, z. B. wo und wie man Führungsrollen übernehmen kann.
Die Reaktion Außenstehender war ambivalent: jeder wollte auch gern in dem Gewand, in der Gemeinschaft sein, aber viele hatten auch Angst, darin gefangen und unfrei zu werden.

## 2.4.2 THEMA: GESTEN UND HALTUNGEN

Dieses Seminar entstand durch Fragen zum Ausdruck von Gesten und Haltungen, die in einem vorangegangenen Seminar mit dem Thema »Masken« aufgebrochen, aber unbeantwortet geblieben waren. Den äußeren Rahmen bildete das Wahlfach »Plastisches Gestalten« für Architekten. Es umfaßt vier Unterrichtsstunden wöchentlich. Aus der bestehenden Gruppe blieben zwei Teilnehmer weg, dafür kamen vier neue hinzu.

**1 Hilfsmittel**

Zunächst mußte die Gruppe eine gemeinsame Ebene für die Arbeit und eine gemeinsame Sprache finden. Wie bei der geschilderten Gruppenarbeit mußten auch hier eine Reihe von Aufgaben gleichzeitig und nacheinander gelöst werden:
- Gruppenbildung und Gruppenprozeß, der auch beobachtet werden sollte.
- Konkretisierung des Themas, der Arbeitsinhalte und der Ziele.
- Erarbeitung der Hilfsmittel subjektiver und objektiver Art.
- Formulierung von Partituren, Planung der Arbeit Organisation.
- Ausführung der Partituren, Schaffen eines geeigneten Arbeitsraumes.
- Bewertung der Arbeit, Besprechung, Treffen gemeinsamer Entscheidungen.
- Führen von Protokollen um die eigene Arbeit beobachten zu können.
- Benutzen der Formalisierung des kreativen Prozesses als Arbeitsmethode.
- Fotografie zur Dokumentation und Ergänzung der Protokolle.
- Gemeinsame Kasse und allgemeine Mittel für die Arbeit

**2 Partitur**

Die Partituren sind nicht im einzelnen festgehalten. Sie können aus dem Arbeitsablauf entnommen werden.

## 3 Ausführung

1. Ablauf

*8. Oktober 79*

Gespräch über das vorangegangene Seminar im SS 79. Versuch, ein Thema zu finden ausgehend von vorhandenen Materialien wie Masken, Musik, Gewändern und den mit Bewegungen gemachten Erfahrungen. »Beobachten von Bewegung, Bewußtmachen von Bewegungen, Wirkung von Bewegung.«

*15. Oktober 79*

Beobachtung von Bewegungen und gleichzeitiges Festhalten der Eindrücke: Die Bewegungen einer Pfütze bei verschiedenen Einflüssen und das Herabrollen einer Garnrolle vom Tisch werden plötzlich zu ungewöhnlichen Erlebnissen.

*22. Oktober 79*

Beobachten von Gangarten verschiedener Charaktere beim Gehen. Wir sammeln Vorschläge für Gangarten und Handlungen. Die besten Situationen sollen in Gips im Maßstab 1:1 festgehalten werden.

*29. Oktober bis 19. November 79*

Bewegungsstudien, Gruppenbewegungen, Analyse von verschiedenen Gangarten. Erneut der Vorschlag, Situationen in Gips festzuhalten.

*26. November 79*

Nach Betrachten eines Buches über die Arbeit von Edward Kienholz beschließt die Gruppe spontan, anzufangen zu gipsen. Mit Mullbinden und Gips, der im Raum gefunden wird, entsteht die erste Figur »Student 2000«. Mit dem folgenden Beschluß, Körperteile und

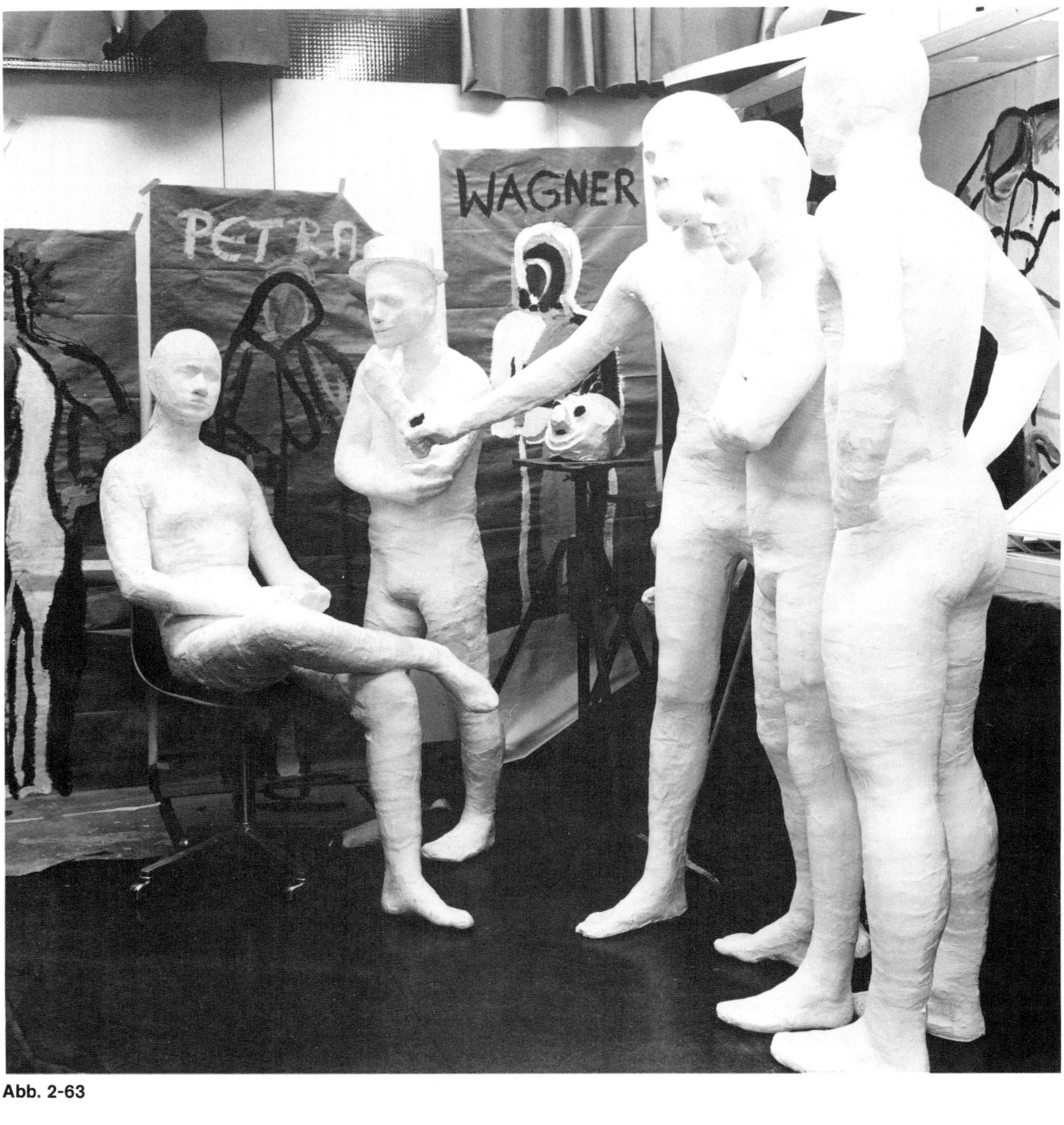


**Abb. 2-63**

ganze Körper in Gips abzubilden, ist der Thematisierungsprozeß abgeschlossen.

*3. Dezember 79*
Ein Teilnehmer hat kostenlos Gipsbinden besorgt und es wird begonnen, die Gangart-Beobachtungen in Gipsfüße umzusetzen.

*10. und 17. Dezember 79*
Die handwerklichen Fähigkeiten in der Gruppe werden besser. Es gelingt, komplizierte Körperteile einzugipsen. Köpfe in Gips zu hüllen ist für alle zuerst ein Wagnis, dann ein faszinierendes Erlebnis. Es werden ganze Figuren in Gips gebildet. Danach wird versucht, mit fertigen Figuren Gruppensituationen darzustellen. Erste Planungen von Positionen der Figuren.

*7. und 14. Januar 80*
Gespräche über die Arbeit vor Weihnachten und über die weitere Arbeit. Was können wir mit den in Gips abgebildeten Körperteilen und Figuren machen? Der Termin für ein gemeinsames Wochenende wird auf 28. bis 30. März 1980 festgelegt, um einmal drei Tage intensiv zusammen zu leben und zu arbeiten.

*21. und 28. Januar und 4. Februar 80*
Intensives Arbeiten an den begonnenen Gipsfiguren für das geplante Wochenende. Der Ort des Treffens wird ein alter Gutshof in Appeldoorn bei Kalkar sein.

*11. Februar 80*
Der mißlungene Abguß eines Unterleibes wird im Yachthafen den Rhein hinab geschickt. Aufbau einer Gruppensituation mit den fertigen Figuren. Abends gemeinsames Essen in der Wohnung zweier Teilnehmer. Gespräche über die Arbeit. Jeder erzählt auch von sich.

SEMESTERFERIEN

*10., 17. und 24. März 80*
Planung und Vorbereitung des bevorstehenden Wochenendes in Appeldoorn. Ausarbeitung einer Partitur, eines Arbeitsprogrammes.

Appeldoorn
*Freitag, 28. März 80*
16.30 Treffen an der Schule in Düsseldorf. Einpacken der Arbeitsmittel. 17.00 gemeinsame Abfahrt. 18.30 Ankunft. 19.00 Selbstgekochtes Abendessen. 20.30 Montage der Fototafeln im Eßraum, Aufstellung der Malfarben, Beginn des Malens (s. Kreativitätstraining »Malen«). 21.30 Gemeinsames Gespräch über jeden einzelnen wie verabredet und schriftlich vorbereitet. Ende gegen 1.30 morgens.

*Samstag, 29. März 80*
9.00 Frühstück. 10.00 Spaziergang der ganzen Gruppe und Fangspiele im Regen. 11.00 Gruppenspiele im Haus: Bewegungen zu Geräuschen und Musik, Knoten

**Abb. 2-64** Hände

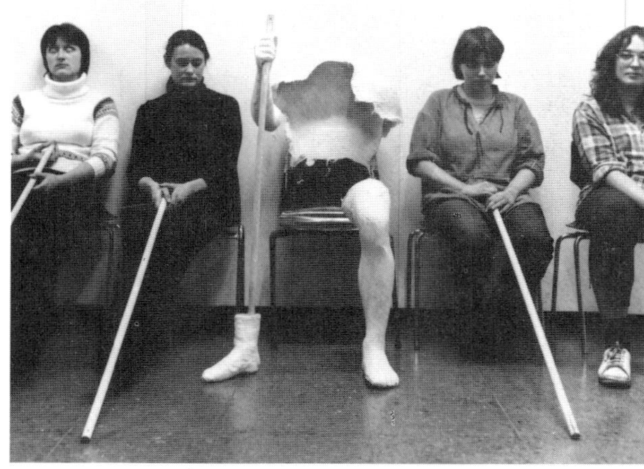
**Abb. 2-65** Erster Versuch: »Student 2000«

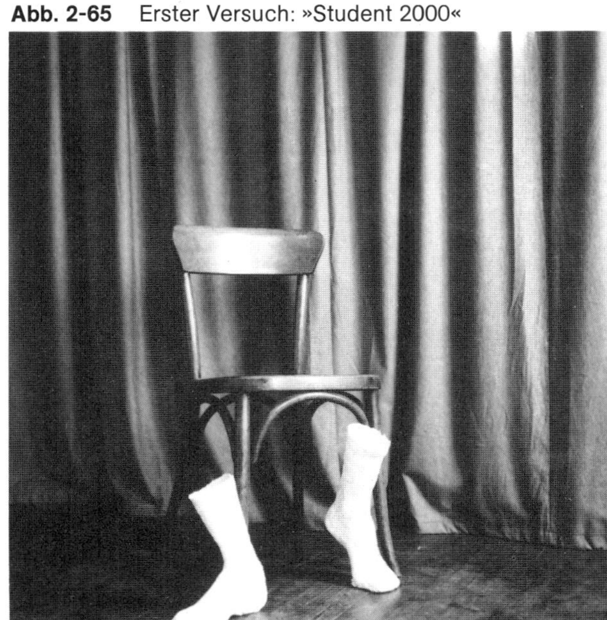
**Abb. 2-66**

entwirren usw. Aufhängen des Vorhangs im Arbeitsraum. 14.00 Mittagessen. 15.00 Malen. 16.00 Versuche mit Füßen vor dem Vorhang, Fotografieren. 17.00 Kaffee und Kuchen, Gespräche über unsere Arbeitsziele. 17.30 Malen und Zeichnen der Gipsfüße. 19.00 Abendessen. 19.30 Spaziergang. 20.00 Bilder zusammenkleben und aufhängen im Arbeitsraum. Zeichnung der ganzen Figur eines Teilnehmers im Maßstab 1:1. 21.00 Gehen mit nackten Füßen hinter einem Vorhang. Fußspiele und Phantasien über ein Fußtheater. Ende gegen 1.00. Die Fußspiele waren faszinierend.

*Sonntag, 30. März 80*
9.00 Frühstück. 10.00 Spaziergang. 11.00 Einige malen. Festlegen der Positionen für das Eingipsen von fünf Teilnehmern und Aufzeichnen im Maßstab 1:1. 14.00 Mittagessen. 15.00 Aufräumen und Zusammenpacken, Putzen. 16.00 Kaffee und Kuchen. 17.00 Abreise.

*31. März 80 in Düsseldorf*
Entgegen dem Beschluß in Appeldoorn, nach diesem Wochenende die gezeichneten Figuren und Positionen in Gips zu übertragen, kam es beim Kaffee in einem Gespräch über den Aufenthalt in Appeldoorn. Jeder sammelte seine Gedanken schriftlich und las sie vor. Anschließend Diskussion.

*7. bis 28. April 80*
Umsetzen der in Appeldoorn festgelegten Positionen in Gipsfiguren. Eine Teilnehmerin ist zum ersten Mal dabei.

*5. Mai 80*
Ein Teilnehmer hat sich abgemeldet. Gespräch über die Gründe und Folgen. Betrachtung einiger in Appelldoorn gemalter Bilder. Gedanken und Empfindungen zum Inhalt werden schriftlich festgehalten und in der Gruppe vorgelesen. Anschließend Gespräch.

*12. und 19. Mai und 2. Juni 80*
Rein handwerkliches Arbeiten an Gipsfiguren. Jedes Mal nach der Arbeit setzt sich die Gruppe zusammen und redet über die Arbeit.

*9. Juni 80*
Zum ersten Mal wird ein Oberkörper ohne Folie eingegipst. Die Gipsbinden werden direkt auf die mit Vaseline eingeriebene Haut aufgebracht. Der Erfolg ist verblüffend. Sofort wird diese Methode an einigen Köpfen ausprobiert. Es entstehen absolut getreue Abbilder. Im anschließenden Gespräch beschließen wir, unsere Arbeit in einer Ausstellung zu zeigen.

*16. Juni 80*
Intensives Arbeiten an der Fertigstellung der Gipsfiguren mit Hinblick auf die Ausstellung.

*23. Juni 80*
Letztes Treffen im SS 80. Wir reden über das Seminar und tauschen Erfahrungen und Eindrücke beim Anfas-

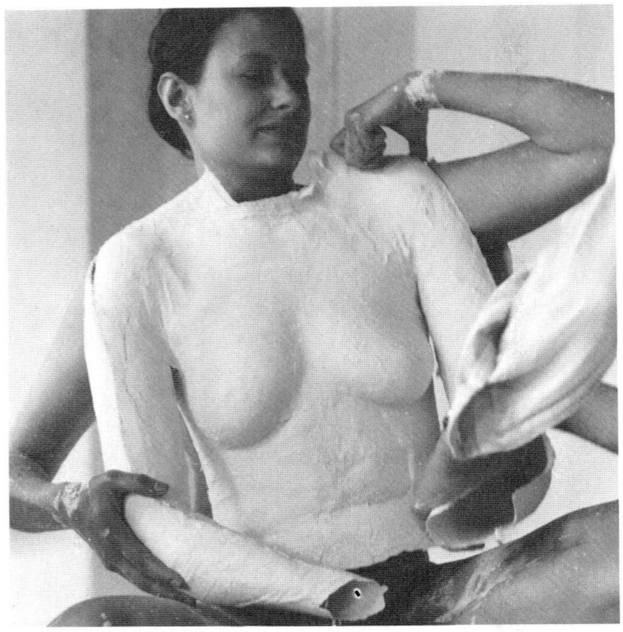

**Abb. 2-67** »Entpuppen«

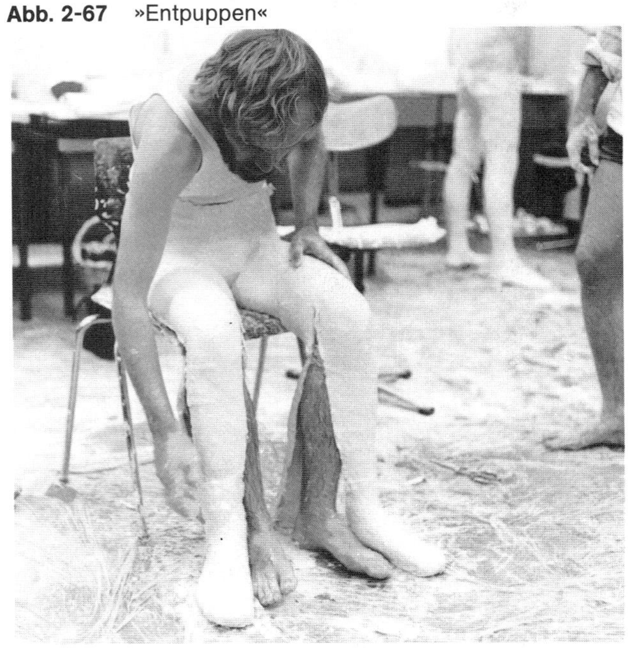

**Abb. 2-68** Herausschälen

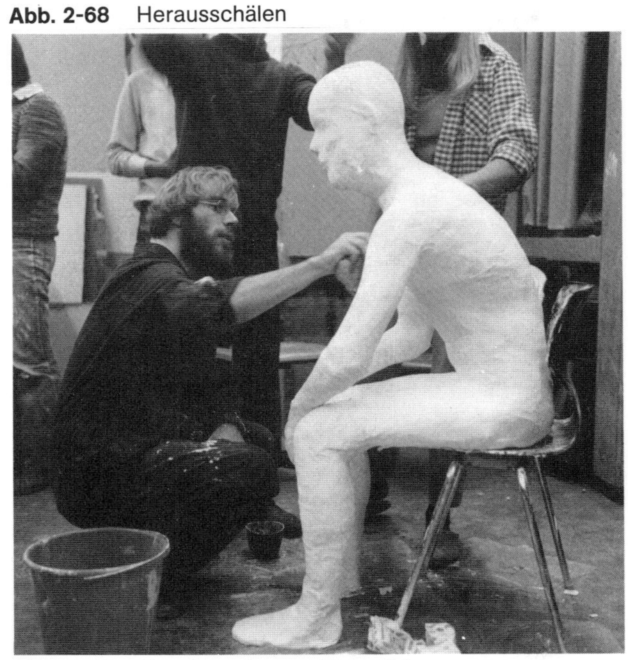

**Abb. 2-69** Vor dem eigenen Ebenbild

sen und Gipsen aus. Ideen für die Ausstellung werden gesammelt und festgehalten. Anschließend stellen wir die letzten Gipsfiguren fertig.

SEMESTERFERIEN

*29. September und 6. Oktober 80*
Ein Teil der Gruppe befindet sich noch auf einer Exkursion. Zwei Teilnehmer haben sich abgemeldet. Gespräch über die Arbeit und über die Vorbereitung der Ausstellung. Wir entwickeln einen Grundriß und verschiedene Figurengruppen, die probeweise aufgestellt werden. Eingipsen eines Teilnehmers als stehende Figur in einem quaderförmigen Block.

*13. bis 27. Oktober 80*
Vorbereitung der Ausstellung. Weiterentwicklung des Grundrisses. Organisation der Ausführung, Verteilung der Aufgaben. Beschluß, einen Katalog und ein Plakat zu machen. Gespräch über den Inhalt des Kataloges und Verteilung der Themen. Schreiben der Texte bis zum 3. November.

*3. und 10. November 80*
Entwurf zum Layout des Katalogs und Sammlung der Texte. Montage des Plakates. Aufbau der Ausstellungswände und Aufstellen der Figurengruppen.

2. Praktische Ausführung
Material: Gipsbinden, Vaseline, Frischhaltefolien, Klebeband, Pappe, Papier, Filme, Farbe, Zeitungspapier, Packpapier, Wasser u. a.
Werkzeuge: Eimer, Scheren (Haushaltsschere) Stichsäge, Fuchsschwanz, Plastikplane, Zeichenstifte, Fotoapparate, Tische, Stühle, Putzlappen, Messer usw.
Arbeitsvorgang: Ausbreiten von Plastikfolie zum Schutz des Fußbodens. Umziehen. Füllen mehrerer Eimer mit warmem Wasser. Einreiben der einzugipsenden Körperteile mit Vaseline bzw. verpacken mit hauchdünner Folie, die festgeklegt wird. Die Haare auf dem Kopf werden auch mit Folie überdeckt, lange Haare ganz eingebunden. Stark behaarte Körperteile sollten ebenfalls in Folie gehüllt werden. Am Kopf wird die Atmung durch Röhrchen in den Nasenlöchern erleichtert. Die Folie darf die Ohren nicht so überdekken, daß ihre Form verschwindet.
Die zurechtgeschnittenen Gipslappen werden dann in das Wasser getaucht und aufgetragen. Kleine Teile auf kleinteilige Formen wie Nase, Augen, Ohren, Finger und Zehen, damit keine Falten entstehen. Drei Lagen Gipsbinden genügen. Die Abbindezeit beträgt etwa 15 Minuten.
Nach dem Abbinden wird der noch feuchte Gips mit Scheren und Sägen aufgetrennt. Dabei werden die Nähte so geführt, daß der Körper möglichst leicht aus der Form befreit werden kann. Am Kopf z. B. wird vorsichtig von hinten am Hals aus über den Kopf weg nach vorn geschnitten bis die Form sich genügend weit auseinanderbiegen läßt. Danach wird die Naht sofort wieder mit Gipsbinden geschlossen. Beim Ober-

**Abb. 2-70** Ausstellung in der FH Düsseldorf

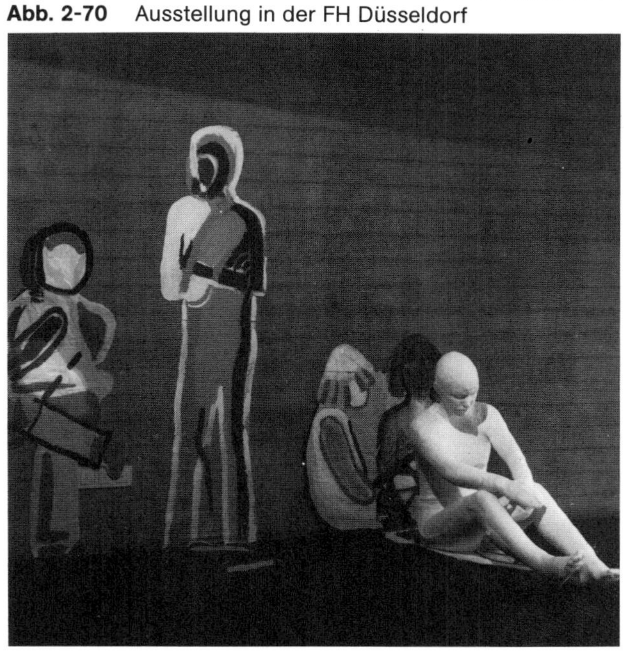
**Abb. 2-71** Ausstellung in der Musikhochschule Köln

**Abb. 2-72** Ausstellung in der Musikhochschule Köln

körper wird an den Körperseiten geschnitten. Bei den Armen genügt meist ein Schnitt, während an den Beinen zwei Schnitte nötig sind. Finger sind je nach Handhaltung komplizierter zu befreien. Auch das nachträgliche Zusammensetzen der Hand ist oft schwierig.
Die sofort nach dem Abnehmen vervollständigten Einzelteile liegen jeweils eine Woche und trocknen völlig aus. Dann werden sie an den Nahtstellen angefeuchtet und durch Gipsbinden-Bandagen miteinander verbunden. Während der Abbindens sind sie abzustützen. Zur besseren Standfestigkeit werden manche Füße und Beine mit Gips ausgegossen.

### 4 Beurteilung

Die Beurteilung der Arbeit, Reflektion, Entscheidungen, Gespräche über die Gruppe u.a.m. begleiteten den Arbeitsprozeß von Anfang an bis zum Ende. Die Vorgänge wurden in Protokollen festgehalten. Ein Niederschlag dieser Tätigkeit ist der Entschluß, eine Ausstellung zu machen mit dem Ziel, auch mit anderen über die Arbeit ins Gespräch zu kommen. Die Durchführung der Ausstellung war noch ein weiterer Schritt der eigenen Auseinandersetzung mit den Ergebnissen.

Die Ausstellung zeigt, daß man in einer Gruppe arbeiten kann, wenn man das nötige Engagement mitbringt, Arbeitsmethoden erarbeitet und Disziplin anerkennt. Über längere Zeit kann das – unterbrochen von Semesterferien – auch nur dann zustandekommen, wenn Gespräche geführt werden, die den Einzelnen persönlich betreffen und die den Arbeitsprozeß und die Zwischenergebnisse bewußt machen und so ermöglichen, das Arbeitsziel immer neu anzugehen. Die Arbeit ist nicht auf Ergebnisse ausgerichtet, sondern verfolgt ein Ziel. Die Ergebnisse sind deshalb zwar wertvoll und nötig, aber nicht das Wichtigste. Sie zeigen die Annä-

**Abb. 2-73** Ausstellung in der Musikhochschule Köln

herung an das Ziel oder die Abweichung davon.
Die Ausstellung zeigt außerdem WIE gearbeitet wurde. Das ist auf Fotografien gezeigt und in dem Katalog dokumentiert, den die Gruppe herausgegeben und finanziert hat. Darin sind auch die Arbeitsmethoden und praktischen Ausführungen in den Grundzügen dargestellt.
»Die Arbeitsergebnisse sind nicht geplant, aber auch nicht zufällig. Sie haben einen Sinn und haben Bedeutung. Sie sind Hüllen von Menschen, die sich entpuppt haben. Menschen, die einander verpuppt, eingewikkelt, fast mumifiziert und wieder zur Bewegung, zum Leben befreit haben. Sie sind sichtbare Beweise gegenseitigen Vertrauens, Sich-Anvertrauens, Hand-in-Hand-Arbeitens. Einer hat für einen anderen Verantwortung übernommen, einer für mehrere.
Die Objekte sind plastische Spiegelbilder – umgehbar, tastbar – nicht wie ein Foto in die Tasche zu stecken. Sie nehmen Raum ein. Der Abgebildete ist überzeugt, daß die Figur nicht seine wahre Körpergröße zeigt, sondern daß er größer ist. Er hat Bedeutung, nicht sein Abbild. Er stößt sich an seinem Abbild. Es nimmt ihm Raum weg. Es bedeutet eine Herausforderung für ihn.
Ob die Objekte für Betrachter eine Bedeutung gewinnen, hängt davon ab, wie weit die Betrachter sich auf eine Begegnung einlassen, wie nah sie die Objekte, die Vorgänge des Machens, die Haltungen und die Gesten an sich heran kommen lassen.
Das Weiß der Figuren ist ebenso bedeutsam wie ihre Nacktheit: Hüllen zu bekleiden, war die Gruppe durch Beispiele von Edward Kienholz und George Segal beinahe verleitet – konnte sich aber noch rechtzeitig besinnen. Es wurden ja nicht Menschen nachgebildet, sondern es wurden mit menschlichen Hüllen Möglichkeiten und Grenzen von Gesten erspürt. So konnte eine Hand fehlen, wo sie gestört hätte; oder es blieben Füße übrig, wo die ganze Figur überflüssig war.
Die Arbeit zielte damit auf ein sensibles Ertasten und Erspüren der Qualitäten von Gesten mit Hilfe von Hüllen, die einmal die lebendige menschliche Gestalt umhüllt haben. Und das verbunden mit dem Erlebnis, daß ein Mensch vertrauen kann, Freund sein kann, lieben kann und so einer dem anderen leben hilft.
Und das Weiß wahrt den Abstand. Es macht fremd und ermöglicht den Zugang. Bunt bemalt und bekleidet wären die Objekte Spielzeug. Ungeeignet dazu, sich wieder zu finden, sich näher zu treten, sich auf eine Begegnung einzulassen. Zugleich macht das Weiß dem Licht Platz. Feinste Tönungen des Grau modellieren die Oberfläche und spiegeln in den groben Hüllen die menschliche Gestalt.«
(Entnommen aus dem Katalog zur Ausstellung »Gesten und Haltungen«, Hrsg. Gruppe »Plastisches Gestalten« Fachbereich Architektur der Fachhochschule Düsseldorf. Düsseldorf 1980)

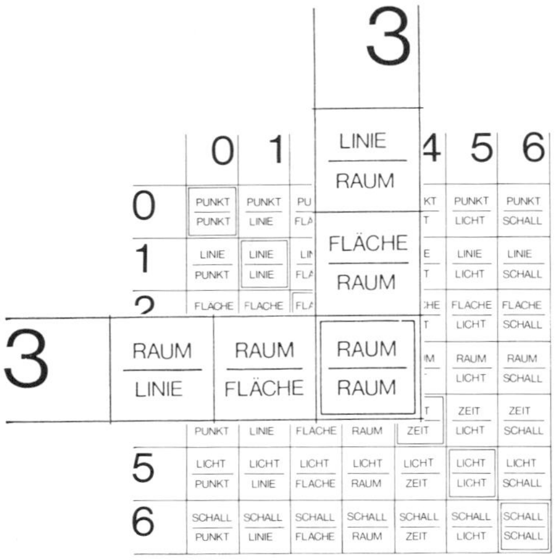

**Abb. 3-1** Erich Mertzbach – Heustadel

# 3 Spiel im Vorraum der Gestaltung

Es folgen eine Reihe von Partituren, bei denen ohne besondere Voraussetzungen gearbeitet werden kann und soll. Sie setzen ein allgemeines Interesse an Gestaltung, Architektur und Kreativität voraus und appellieren an die Bereitschaft, zu spielen, ernsthaft zu spielen, mit Spaß am Erfinden und Ausprobieren. Die Aufgabenstellungen wenden sich an Einzelne und sollen durch ihre Komplexität eine gewisse Herausforderung sein.

## 3.1 Partituren

### 3.1.1 THEMA: EIGENER HUT

*Aufgabe:* Bauen Sie einen Hut für sich selbst. Er soll originell sein und herkömmliche Hutmodelle NICHT nachahmen. Dabei soll er aber die charakteristischen Merkmale eines Hutes aufweisen.
*Hinweis:* Der Hut muß Ihnen stehen und für Sie selbst gemacht sein.
*Material und Farbe:* Beliebig. Der Hut muß haltbar sein.
*Arbeitszeit:* Drei Arbeitstage innerhalb von drei Wochen.

**Ausführung**

Teil a) Sammeln Sie Hilfsmittel: charakteristische Merkmale für Hüte, Anlässe, Hüte zu tragen, formale Ideen. Was steht Ihnen an Formen und Farben? Was bedeutet Ihnen selbst ein Hut? Entwickeln Sie eine Motivation, ein Ziel.
Teil b) Sammeln Sie Materialien und machen Sie Konstruktionsversuche.
Teil c) Bauen Sie kleine Modelle aus Papier, Stoff, Ton, Plastillin oder anderen Materialien.
Teil d) Entschließen Sie sich für ein Modell und bauen Sie es in der richtigen Größe.

**Beurteilung**

Führen Sie Ihren Hut vor und sprechen Sie mit anderen darüber wie er Ihnen steht und warum er so geworden ist wie er ist. Kriterien sind: Ist er haltbar und gut ausgeführt? Paßt er zu Ihnen – und inwiefern? Ist er originell? Ist er ein charakteristischer Hut?
**Beispiele Abb. 3-2** bis **Abb. 3-7**

### 3.1.2 THEMA: HEUSTADEL

*Aufgabe:* Bauen Sie aus Rundstäben von 8 bis 10 mm Dicke das Modell eines Gebäudes zur Aufbewahrung von Heu. Es darf NICHT aussehen wie ein übliches Haus oder wie bisher Bauten für diesen Zweck ausgesehen haben. Folgende Funktionen sollen erfüllt sein:
Zugang, Lagerung und Lüftung, Schutz gegen Wasser von oben und von unten (kann auch andeutungsweise geschehen), Stabilität.
*Hinweis:* Die Verbindung der Rundstäbe muß mit Bindfaden ausgeführt werden. An einem Modell soll nur eine Art der Verbindung benutzt werden.
*Größe:* Nehmen Sie den Maßstab 1:20 an; d. h. 1 cm Ihres Modells entspricht 20 cm der Wirklichkeit.
*Farbe:* Naturfarben der Materialien.
*Zeit:* Vier Arbeitstage innerhalb von vier Wochen.

**Ausführung**

Teil a) Sammeln Sie Ideen und Materialien.
Teil b) Machen Sie Versuche zur Verbindung der Rundstäbe mit Bindfaden.
Teil c) Studieren Sie am Material die Möglichkeiten der Formerzeugung durch Rundstäbe und entwikkeln Sie daraus die Form Ihres Modells.
Teil d) Überprüfen Sie noch einmal die gefundene Form auf logische Entwicklung und die Erfüllung der angegebenen Funktionen. Verbessern Sie Fehler.
Teil e) Bauen Sie das endgültige Modell.

**Abb. 3-2** Peter Posch

**Abb. 3-3** Hans Jakobs

**Abb. 3-4** Dorothee Geuting

**Abb. 3-5** Heinz Georgi

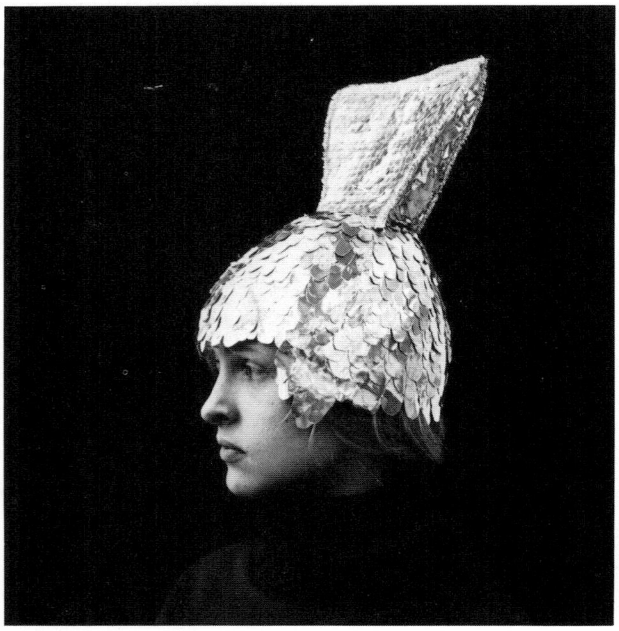

**Abb. 3-6** . . . Deppe

**Abb. 3-7** Bodo Wiegel

**Abb. 3-8** Erich Mertzbach

**Abb. 3-9** Birgit Hansen

**Abb. 3-10** Udo Lemm

**Abb. 3-11** Herbert Wüster

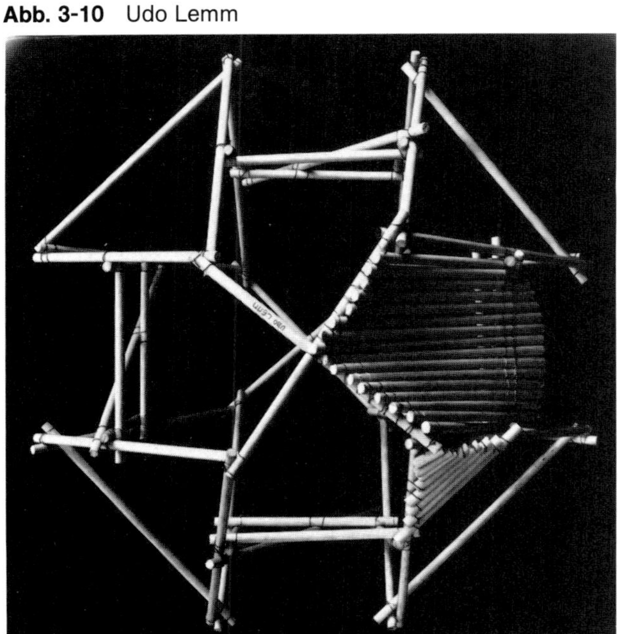

**Abb. 3-12** Udo Lemm

**Abb. 3-13** Detail aus **Abb. 3-11**

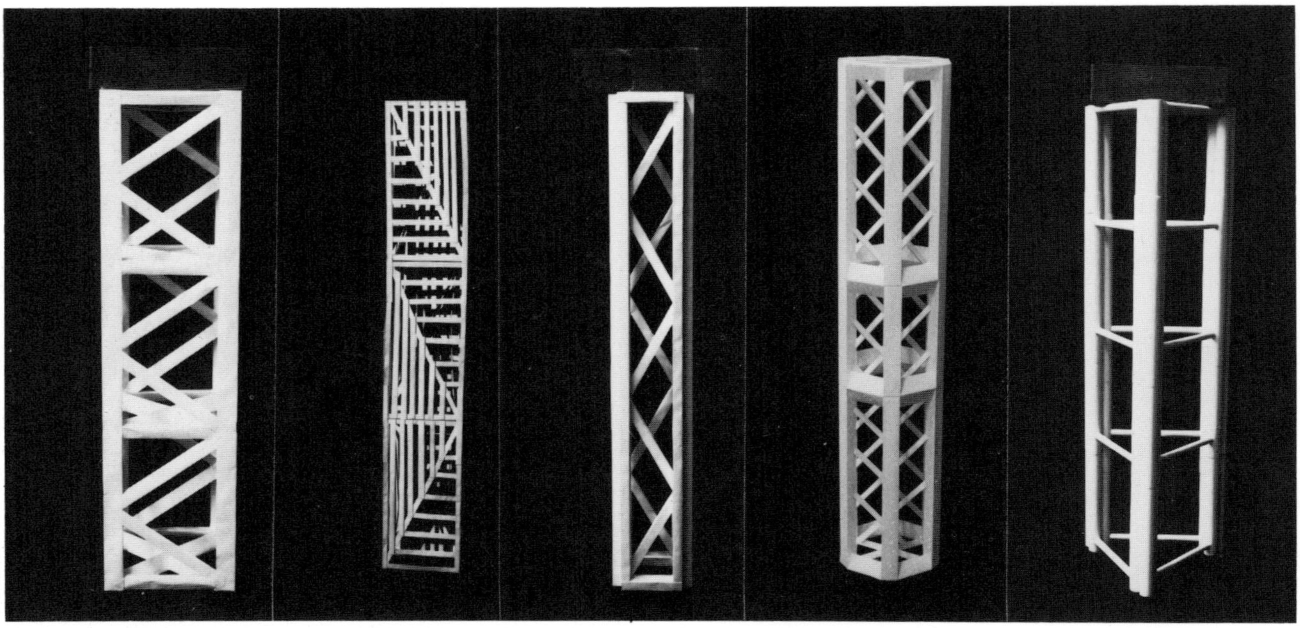
**Abb. 3-14** a Gudrun Muehlen b Lucia Bott c Waltraud Baar d Bernhard Neuss e Michael Imhof

**Abb. 3-15** Barbara Engel

**Abb. 3-16** Michael Dziurzik

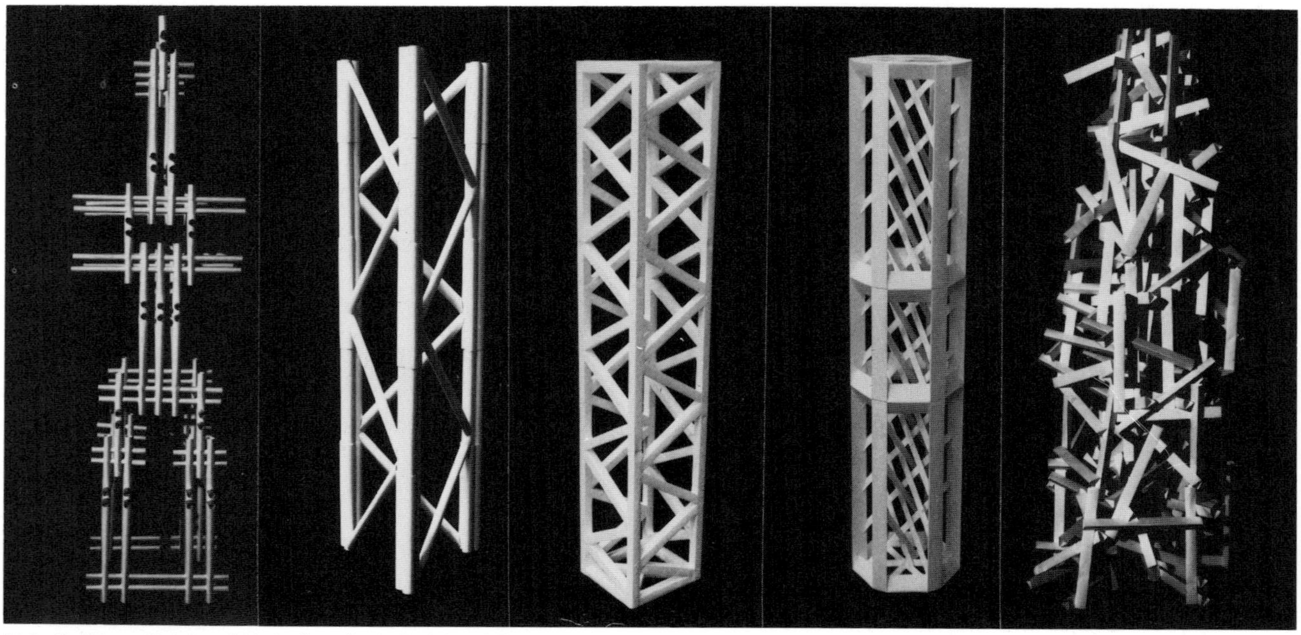
**Abb. 3-17** a Reinhard Netzeband b Reinhard Braun c Andreas Trapp d Bernhard Neuss e Michael Dziurzik

**Beurteilung**

Vergleichen Sie – wenn möglich – mit anderen Ergebnissen derselben Aufgabe. Erörtern Sie die Variationsbreite der Formbildung durch Rundstäbe und finden Sie Grundprinzipien. Überprüfen Sie die formale Logik von Gesamtaufbau und Stabverbindung.
**Beispiele Abb. 3-8** bis **3-13** und **Abb. 3-1**

### 3.1.3 THEMA: PAPIERTURM

*Aufgabe:* Bauen Sie aus Schreibmaschinenpapier einen Turm von 75 bis 100 cm Höhe. Er soll nach Fertigstellung einen vollen Ziegelstein (ca. 3 kg) tragen.
*Hinweise:* Beachten Sie für die Stabilität die Laufrichtung des Papiers. Als Konstruktionsglieder sollen Röhren aus Papier gefaltet oder gebogen werden. Versuchen Sie, eine ökonomische Lösung zu finden.
*Material:* Schreibmaschinenpapier und Kleber, der nicht wasserlöslich sein darf.
*Zeit:* Drei Arbeitstage innerhalb von drei Wochen.

**Ausführung**

Teil a) Beschaffen Sie Material und Werkzeug.
Teil b) Entwickeln Sie aus Schreibmaschinenpapier stabförmige Elemente, die sich durch Kleben miteinander verbinden lassen.
Teil c) Erfinden Sie eine haltbare Verbindungsart der Elemente, die der Form der Elemente entspricht.
Teil d) Entwickeln Sie ein Konzept für die Turmform und die Tragkonstruktion und bauen Sie den Turm auf.

**Beurteilung**

Machen Sie die Belastungsprobe mit einem Ziegelstein. Beobachten Sie das Verhalten der Turmkonstruktion.
Überprüfen Sie die Stabverbindungen im Bezug auf das Tragverhalten und auf die Gesamtform.
**Beispiele: Abb. 3-14** bis **3-17**

### 3.1.4 THEMA: PHANTASTISCHE ARCHITEKTUR

*Aufgabe:* Bauen Sie ein Gebilde der Phantasie, das Architektur-Charakter besitzt. Es soll NICHT den bekannten Formen der Architektur gleichen. Mehrere Gebilde können zu einem Komplex zusammengesetzt werden.
*Hinweise:* Das Gebilde muß haltbar und standfest sein. Es muß durch mindestens ein Merkmal als Architektur lesbar sein.
*Material und Farbe:* Nach eigener Wahl.
*Größe:* Der Rauminhalt soll etwa 1/12 Kubikmeter sein (z. B. 50 × 50 × 33 cm) und der Maßstab etwa 1:100. Dabei ist ein Mensch etwa 18 mm hoch.
*Zeit:* Vier Arbeitstage innerhalb von vier Wochen.

**Abb. 3-18** Horst Brandstätter – Kommunales Zentrum

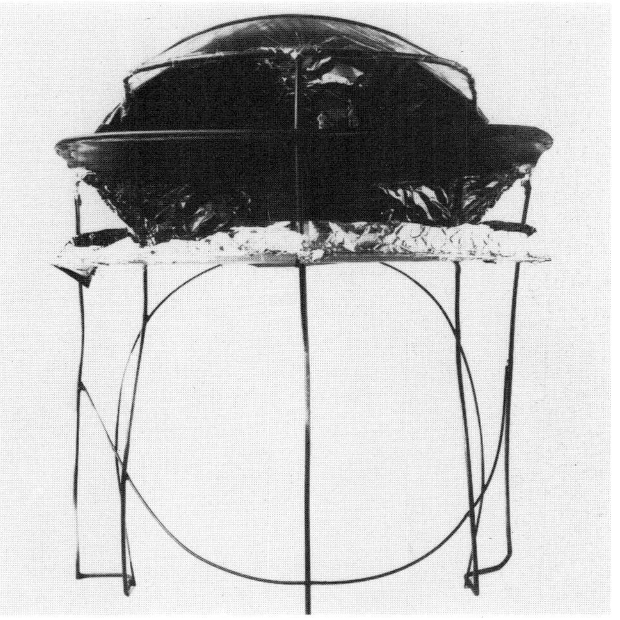

**Abb. 3-19** Helmut Prell – Versammlungsraum

**Abb. 3-20** Susann Büchel – Wohnhaus

**Abb. 3-21** Bernd Regh (Karton + Gips + Glas) – Wohnhaus

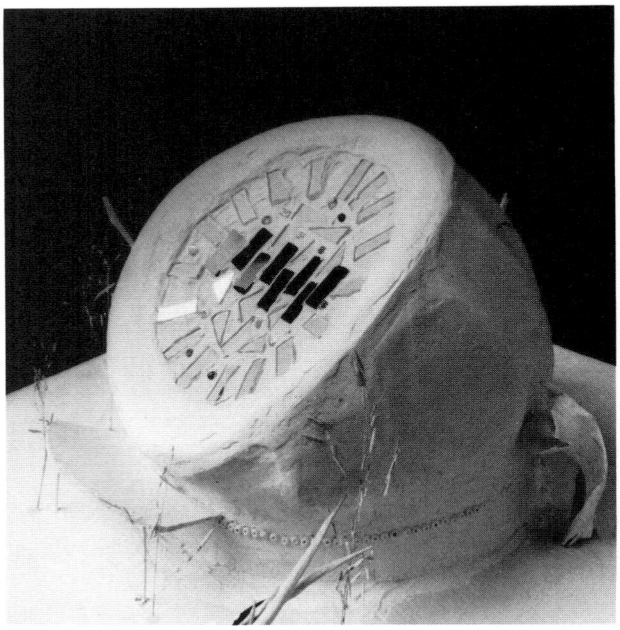

**Abb. 3-22** Christa Derksen (Gips + Glas) – Wohnhaus

**Abb. 3-23** Udo Bonzel-Scheuer – Kommunales Zentrum

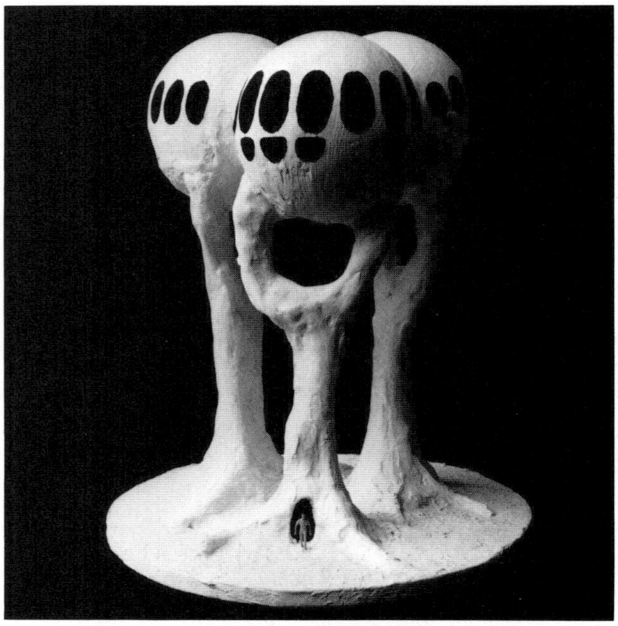

**Abb. 3-24** Udo Hasenbein – Wohnhäuser

**Abb. 3-25** Roland Oligmüller – Röhrenstadt

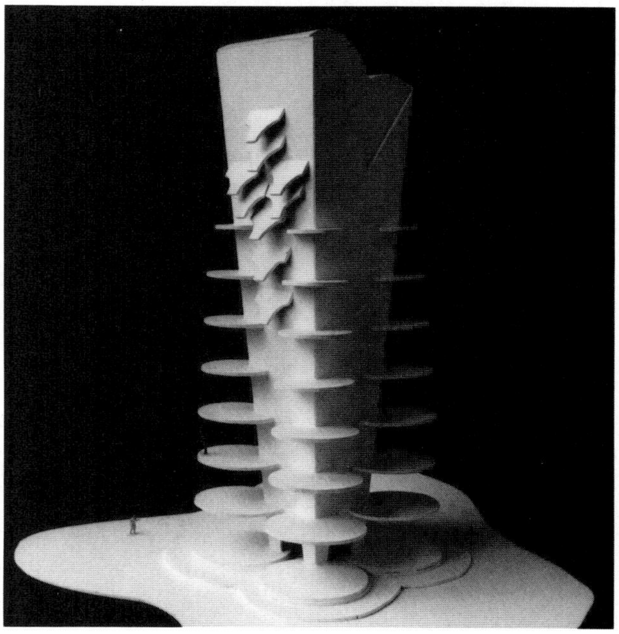

**Abb. 3-26** Ralf Schoofs – Turmhaus

**Ausführung**

Teil a) Sammeln Sie Hilfsmittel: Klarheit über charakteristische Merkmale von Architektur, inhaltliche Vorstellungen, formale Ideen und entsprechende Materialien, handwerkliche Möglichkeiten und Grenzen.

Teil b) Machen Sie Formversuche an kleinen Modellen aus Plastillin, Ton, Papier, Streichhölzern u. ä. Materialien.

Teil c) Entscheiden Sie sich für ein Konzept und das entsprechende Material. Bauen Sie das Modell.

**Beurteilung**

Sprechen Sie mit anderen über Ihr Modell. Versuchen Sie, aus der vorhandenen Gestalt auf Zweckfunktionen zu schließen und finden Sie heraus warum Sie und andere einzelne formale Merkmale mit bestimmten Bedeutungen belegen.

**Beispiele: Abb. 3-18** bis **3-27**

Die Arbeitsergebnisse dieser Aufgabenstellung zeigen deutlich archetypische Architekturformen (s. S. 61 ff) als Einzelgestalt oder in Überlagerungen. Turm, Berg, Treppe, Kreis, Kugel, Zweiteilung, Vierteilung, Grube, Höhle und Wegeformen wie z. B. Röhren begegnen uns in mannigfachen Verknüpfungen. Dabei handelt es sich nicht um ein bewußtes Gestalten, sondern um spielerische Versuche, Architektur zu erfinden. Gerade in der bewußten Abkehr von bekannten Architekturformen, in der Freiheit, phantastische Erfindungen machen zu dürfen, werden ursprüngliche Architekturgestalten entdeckt.

Das Modell **Abb. 3-27** von Hermann Josef Kuschel ist geradezu ein klassisches Beispiel dafür wie Kreis, Mulde, Berg, Treppe, Turm und axiale Symmetrie mit Vierteilung zu einem geschlossenen Ganzen von großer Ausdruckskraft vereinigt werden können. Die Monumentalität läßt sich auf die formale Einfachheit und die axiale Symmetrie zurückführen, wie das auch auf **Abb. 3-18** zu sehen ist.

**Abb. 3-27** Hermann Josef Kuschel (Holz + Moltofill)

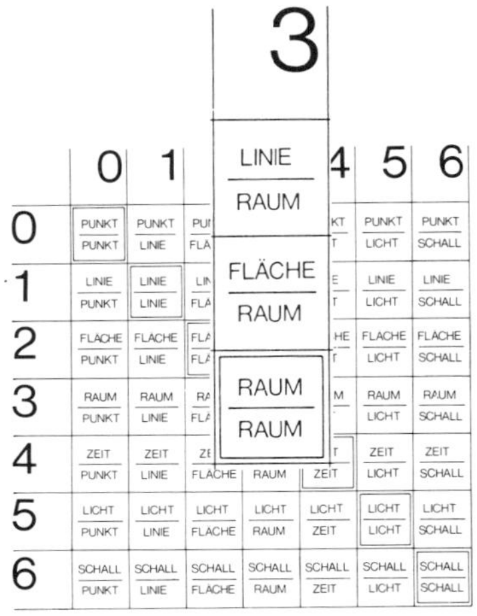

**Abb. 4-1** Beate Laschet (Gasbeton) – Stehende Figur

# 4 Plastik

Im nun folgenden Kapitel vertiefen wir das Thema Plastik, das im Kreativitätstraining beim Formen mit Ton, bei Kleidung und bei der Beschäftigung mit Gestik und Haltung bearbeitet wurde. Das weit gesteckte Ziel ist Architekturgestalt. Daraus folgt eine wichtige Voraussetzung für die Gestaltung von Plastik: die Beschäftigung mit Grundmustern der Architektur wie sie aus den Strukturen des Leibraumes und den ihnen entsprechenden Handlungen folgen. Außerdem gehört zu den Voraussetzungen ein gewisses Verständnis für die Logik der Form und einiges Wissen über Material und Farbe.

HILFSMITTEL

**Hilfsmittel (subjektiv)**

Interesse am plastischen Arbeiten. Begabung zum plastisch-räumlichen Denken und Formen. Überprüfen der Motivation.
Ziele: Kennenlernen und Darstellen plastischer Grundgestalten in Material. Entdecken und Anwenden der Prinzipien plastisch-formaler Logik.

**Hilfsmittel (objektiv)**

Informationen zu Urakten und Urbildern in der Architektur, zur Logik der Form, zu Material und zu Farbe. Selbstverständlich gehören dazu geeignete Räume, Menschen, mit denen man zusammen arbeiten kann, Werkzeuge, Materialien usw.

**Literatur:**


*Arnheim,* Rudolf: Die Dynamik der architektonischen Form, DumMont Buchverlag, Köln, 1980

*Bloomer,* Kent C., und *Moore,* Charles W.: Architektur für den »Einprägsamen Ort« hrsg. Gerald R. Blomeyer und Barbara Tietze, Deutsche Verlagsanstalt, Stuttgart 1980

*Feuerstein,* Günther: Archetypen des Bauens, Diss. Wien, 1966 und in TRANSPARENT hrsg. Günther Feuerstein, Wien, 1974, 1975 und 1976


## 4.1 Ur-Akte und Ur-Bilder in der Architektur

Den im Kapitel »Leibraum« (S. 20ff.) dargestellten Grunderfahrungen entsprechen eine Reihe von Handlungen und daraus folgenden architektonischen Gestaltungen. Sie besitzen eine solch grundlegende und zwingende Einfachheit, daß sie parallel zu den seelischen Urbildern, wie sie C. G. *Jung* als Archetypen beschrieben hat (Der Mensch und seine Symbole, Walter-Verlag AG, Olten 1968), betrachtet werden müssen. Die Studie von G. *Feuerstein* »Archetypen des Bauens« (auszugsweise dargestellt in »Transparent« Hefte: 1974/11–12, 1975/6–7 und 1976/11–12), in der diese Thematik zum ersten Mal angegangen wurde, zeigt die Urbilder Aufrichtung, Aufhäufung, Zirkel und Vierheit in ihren architektonischen Ausprägungen von den bekannten Anfängen des Bauens bis zur Gegenwart. Ich beziehe mich bei meinen Ausführungen auf die Arbeit von Feuerstein und gehe nicht weiter auf Begründungen ein. Den genannten Urakten füge ich noch weitere hinzu, die Feuerstein meines Erachtens in unzulässiger Weise den von ihm erforschten Archetypen eingegliedert bzw. unterordnet und so nur in einer verkürzten Form darstellen kann. Ganz fehlt bei ihm der Ur-Akt des Gehens und das Bild des Weges.

| Ur-Akt | Zeichen | | Architekturgestalt | | Wirkung |
|---|---|---|---|---|---|
| »Ich-Sein« | ● | Punkt | 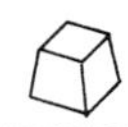 | Ort, Zentrum, Altar, Festlegung, Steinsetzung | Konzentration |
| Stehen | \| | Vertikale |  | Malstein Aufrichtung, Pfahl, Turm Säule | Achtung Machtanspruch |
| Liegen | — | Horizontale | 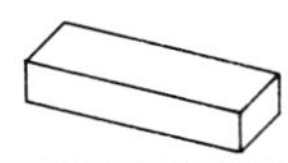 | Lagerung, Wohnung Deckung | Ruhe, Frieden Sicherheit |
| Orientieren | + | Vierteilung, Kreuz | 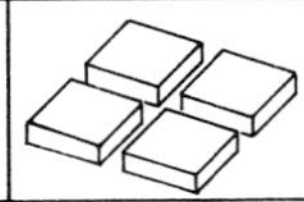 | rechter Winkel, Ordnung, Vierteilung | Ordnung, rationale Erfassung |
| Gehen | I I I I I I I I I | Reihe, Linie | 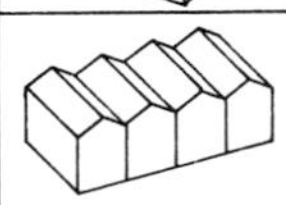 | Weg, Reihung | Verbindung, Folge |
| Abgrenzen | 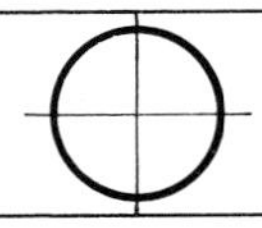 | Spähre, Kreis, Quadrat | 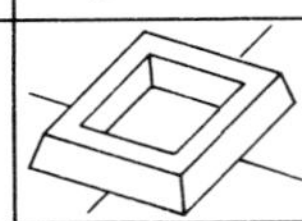 | Einfriedung, Mauer Wall und Graben | Abgrenzung Sicherheit |
| Ausgraben |  | Grube | 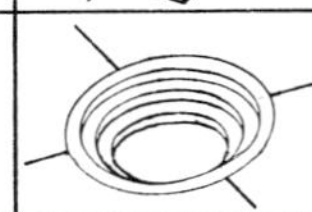 | Arena, Grab | Innenraum Versammeln |
| Aufhäufen | 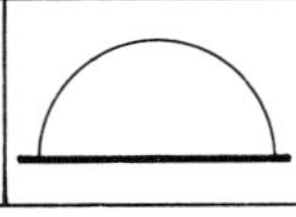 | Berg | 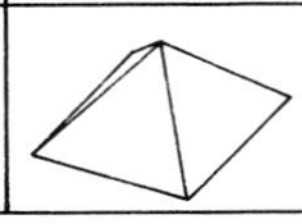 | Pyramide, Treppe | Außenraum Aufsteigen |

**Abb. 4-2**

## 4.1.1 »ICH«

**Vorgang**

Der bildhaft-räumlichen Darstellung des Ich entspricht die Beanspruchung eines Ortes, der mit einem symbolischen Zeichen markiert und damit festgelegt wird. Das eigene Sein an einem konkreten Ort wird bildhaft nachvollzogen. Das kann ein einzelner, eine Gruppe oder ein ganzes Volk tun.

**Darstellung**

In der Grundsteinlegung eines Hauses vollziehen wir noch heute einen uralten Ritus, der das zum Ausdruck bringt. Solche Riten können wir historisch weit zurückverfolgen. Die Herdstelle war der heilige Ort im Haus, der Altar war und ist es im Tempelbezirk. Der Omphalos, ein Steinsymbol für den Nabel der Welt in Delphi, war für die Griechen in klassischer Zeit Mittelpunkt ihrer Welt, ja des Kosmos. Die Stadt Jerusalem ist seit etwa 3000 Jahren Mittelpunkt der Welt für alle Juden. Die Hauptstädte der Länder, die Regierungssitze, repräsentieren die Völker nach innen und außen.

**Beispiel**

Die ursprüngliche Stadtanlage von Karlsruhe – ein Beispiel aus vielen anderen – mit ihren 32 radial geführten Straßen und Wegen vom Schloßzentrum aus nach allen Seiten zeigt einen ans Absurde grenzenden Anspruch, wie er noch im 18. Jahrhundert von Landesfürsten in Europa zur Schau getragen wurde.

**Bedeutung**

Die symbolische Selbstdarstellung an einem Ort, sei es durch Steinmal, Feuerstelle, Haus, Schloß oder Stadt erscheint notwendig zur Identifikation bzw. ist die Identifikation mit einem Ort. Durch sie wird Heimat gebildet, ein Ort, an dem man sich sicher und geborgen fühlt, an dem man zuhause ist.

## 4.1.2 STEHEN

**Vorgang**

Eng verknüpft mit der Darstellung des Ich ist das Aufrecht-Stehen. Es drückt Aktivität, Selbstbehauptung, Machtanspruch ja Aggression aus. Diese Haltung ist typisch für den gesunden Menschen schlechthin.

**Darstellung**

In der Aufrichtung von Steinen, Pfählen, in der Errichtung von Türmen, Hochhäusern oder im Abschuß von Raketen, verbunden mit der Festlegung eines Ortes, geschieht weithin sichtbar ein Akt der Selbstdarstellung mit Machtanspruch bzw. Machtdemonstration politischer oder religiöser Art.

**Beispiel**

Die Beispiele sind zahllos. Die Menhire der Jungsteinzeit in Europa, die Obelisken der Ägypter, die Totempfähle der Indianer gehören dazu wie die Türme christlicher Kirchen, die Minarette, die Geschlechtertürme der Renaissance in Italien und die verschiedenen Türme des technischen Zeitalters. An den Geschlechtertürmen in Bologna wird die Selbstbehauptung und Selbstdarstellung besonders deutlich sichtbar.

**Bedeutung**

Die wesentliche Bedeutung all dieser Formen – gleich, welcher Funktion sie dienen – liegt in der Selbstdarstellung eines Menschen oder einer Gruppe von Menschen mit Machtanspruch. Dem gegenüber tritt die Bedeutung der Aufrichtung als sexuelles Symbol weit zurück. Sie ist möglich und auch wirksam, wenn Männlichkeit und Machtanspruch bzw. Selbstbehauptung zusammenkommen.

**Abb. 4-3** Terrassenkulturen auf Siphnos (Kykladen)

## 4.1.3 LIEGEN

**Vorgang**

Liegen ist die Haltung der Ruhe und des Schlafes. Der Vorgang geschieht in der Horizontalen durch Entspannen.

**Darstellung**

Die bildhaft-räumliche Darstellung ist die gebaute Horizontale, die Ebene, auf der sich geordnetes menschliches Leben abspielen kann. Terrasse, Platz, Wohn- und Arbeitsbereich etc. werden als horizontale Ebene angelegt und wohnlich gemacht. Oft mit einfachsten Mitteln.
Aber auch das kultivierte Land wird oft in die Horizontale gezwungen und so gestaltet, daß es Frucht bringt und geschützt werden kann.

**Beispiel**

Am Beispiel einer einfachen Kneipe am Strand wird das Grundprinzip sichtbar: Fläche zum Sitzen mit Sonnenschutz. Die Stühle ermöglichen freie Gruppierungen des Sitzens unter einer Pergola. **Abb. 4-3** Terrassenmauern auf Siphnos. Das Erdreich wird an den Hängen mit Mauern festgehalten, so daß der Regen es nicht wegspülen kann. Reisfelder und Reisterrassen in Ostasien besitzen noch strengere horizontale Gebundenheit.

**Bedeutung**

In der Horizontalen kommen die Bewegungen des Auf und Ab zur Ruhe. Sie bedeutet Aktionsebene des Menschen. Das Lagern des Hauses entspricht dem Wohnen. Die Bedeutung horizontal liegender Baukörper ist Ruhe und sogar Frieden.

## 4.1.4 ORIENTIEREN

**Vorgang**

Das biologisch im Menschen angelegte Richtungsgefüge vorn – hinten, rechts – links in der Horizontalen und oben – unten in der Vertikalen dient als Orientierungsgrundlage schlechthin. Der Vorgang der Orientierung geschieht durch Übertragung des Ordnungsprinzips auf die Umwelt bzw. durch die Veränderung der Umwelt im Sinne dieses Ordnungssystems.

**Darstellung**

Als gebaute Form erscheint das Prinzip als rechtwinkliges System. Seine einfachste Form ist die Vierteilung, das gleichschenklige Kreuz, wie sie im Orientierungsmittel-Kompaß mit zusätzlicher Feineinteilung in Grad angewandt wird.
Die Vierteilung in Gebäuden und Plätzen macht diese eindeutig lesbar. Wo solche Eindeutigkeit aufgehoben wird z. B. durch gleichförmige Wiederholung des Prinzips oder durch andere Teilungen z. B. Drei-, Fünf- oder Sechsteilung, müssen andere Hilfsmittel der Orientierung eingeführt werden wie Straßennamen, Zahlen oder andere Zeichen.

**Beispiele**

Die Beispiele zu diesem Formenbereich sind sehr zahlreich. Es werden Innen- und Außenräume vierteilig gegliedert. Vor allem Wegesysteme und Großanlagen wie Städte werden danach aufgebaut. Die Gliederung ist typisch für ein bewußtes, geplantes Ordnen von Räumen.

**Abb. 4-4** Feldweg auf Siphnos (Kykladen)

**Bedeutung**

Die einfache Form, die Vierteilung, ist ein Grundmuster, das in seiner Eindeutigkeit nicht übertroffen werden kann. Sie muß nicht genau rechtwinklig sein, um zu wirken. Durch die Euklidizität des Sehvorgangs sehen wir rechte Winkel an Formen, die diese Rechtwinkligkeit nur andeutungsweise besitzen. Wir projizieren unser Orientierungssystem auf die Umwelt. Es ermöglicht ein Verstehen von Formen. Die Rechtwinkligkeit bedeutet Vorrang des Rationalen, des Bewußten.

### 4.1.5 GEHEN

**Vorgang**

Beim Gehen bewegen wir uns in einer Richtung vorwärts oder rückwärts oder seitwärts, nie nach mehreren Richtungen gleichzeitig. Wir machen Schritte, die den Weg in Abschnitte gliedern. Wir gehen von einem Ort zu einem anderen Ort und machen bei längeren Wegen Pausen.

**Darstellung**

Der Handlung des Gehens entspricht als gebaute Form der Weg, die Verbindung von Orten. Seinem linearen Charakter entspricht ein Ordnungssystem der Teilung bzw. der Reihung von Elementen bestimmter Größe. Die Reihung macht den Weg lesbar nicht nur als Verlauf, sondern auch als Folge von Abschnitten.

**Beispiele** – Feldweg **Abb. 4-4**

Wir kennen Wege als Pfad, Feldweg, Straße, Schienenstrang oder Luftweg; in der Architektur als Flur, Gang, Treppe, Raumfolge oder Straße. Es handelt sich um bandartige oder röhrenartige Bauwerke. Die Wegenetze der Landkarte zeigen die Wegestruktur.

**Bedeutung**

Wege zeigen Richtungen, Bewegungsrichtungen. Sie sind Gestalten von Bewegungen und besitzen Entscheidungscharakter insofern als man nur in die eine oder die entgegengesetze Richtung gehen kann. Wege und Wege enthaltende Bauwerke bedeuten Verbindung und Verknüpfung von Orten.

### 4.1.6 ABGRENZEN

Der **Vorgang** des Abgrenzens geschieht durch die Trennung von Innen und Außen. Die Grenzziehung macht ein Inneres überschaubar und beherrschbar und sichert es nach außen. Der Austausch zwischen Innen und Außen findet an bestimmten Stellen statt und wird kontrolliert.

**Darstellung**

Das Festlegen der Sphäre, der beherrschbaren Umgebung, durch Abgrenzen wird bildhaft und räumlich durch eine Form der Trennung vorgenommen und hat die Gestalt des Kreises. Vom Zentrum aus wird die Sphäre bestimmt. Die Mittel sind Mauern, Zäune, Wall und Graben und andere. Ein inneres Feld, der Lebensraum, wird von einem grenzenlosen Umgebenden getrennt, ausgespart und abgesichert. Die innere Gliederung folgt im allgemeinen der Vierteilung. Aus ihr ist auch die zweite Grundgestalt der Sphäre abzuleiten: das Quadrat.

**Beispiel**

Zu den Beispielen zählen u. a. Einfriedungen von Gehöften, die frei in der Landschaft stehen, Platzanlagen und Mauern oder Pflanzungen um Felder, die zum Schutz oder als Weidezäune erbaut sind.

**Bedeutung**

Die Bedeutung der Abgrenzung liegt in der klaren Trennung von Innen und Außen und in der Formulierung der Übergänge, bzw. der Öffnungen. Der Rand, die gebaute Grenze hält ein Inneres zusammen, gibt Stabilität, hält Spannung aus, gibt Schutz gegen Kräfte von draußen und zeigt das Ende der Ganzheit an.

### 4.1.7 AUSGRABEN

**Vorgang**

Wer Kinder beobachtet, die im Sand spielen, findet sie beim Ausgraben und Aufhäufen, Gruben graben und Sandberge schütten. Nach dem Ebnen der Horizontalen graben Menschen Massen aus und häufen oder schichten sie wieder auf.

### Darstellung

Die architektonische Gestalt des Ausgrabens ist die künstliche Grube, die Arena. Ein großes unbedecktes Rund oder Oval für Versammlungen, in dem alles auf das Mittelfeld konzentriert ist. Hier erfährt eine große Zahl von Menschen Einheit durch die umschließende Geste der Form.
Die Höhle ist ein weiterer Schritt. Sie ist ein Schutzraum, der nur aus Innenform besteht. Außen ist sie nicht sichtbar.

### Beispiele

Das Sportfeld ist Ort einer Handlung, die einbezieht, ja vereinnahmt. In einer Arena herrscht eine Atmosphäre, der sich niemand entziehen kann, der sich darin aufhält.
Bild: Theater in Epidauros **Abb. 4-5.**
Im griechischen Theater wird der Kreis nicht geschlossen. Die Bühne bricht bzw. öffnet und schließt den Kreis, bildet ein Gegenüber – sie ist Ort einer Handlung, die nicht nur einbezieht, sondern auch herausfordert. Das Bewußte bleibt noch im Spiel.

### Bedeutung

In der Grube begibt man sich unter die Oberfläche – selbst, wenn sie wie beim Kolosseum in Rom oder bei modernen Stadien über der Erdoberfläche aufgebaut ist –. Das Unbewußte bekommt eine Chance, die Traumwelt, die Phantasie darf wirksam werden. Das rituelle Spiel z. B. der Stierkampf reißt die Zuschauer in seinen Bann. In solchen Architekturen beschäftigen wir uns mit unserer Tiefe. Grube und Grab haben eine Beziehung.

## 4.1.8 AUFHÄUFEN

### Vorgang

Ausgegrabenes Material wird aufgehäuft oder aufgeschichtet. Dem einfachsten Vorgang mit Sand entspricht ein kegelförmiger Hügel.

### Darstellung

Die Architekturgestalt der Aufhäufung ist der künstliche Berg oder Terrassenhügel. Er wird vierteilig gegliedert und erscheint in seiner reinsten Form als Grabhügel.

### Beispiele

Der kreisrunde halbkugelförmige Hügel der Stupas in Indien ist vierteilig gegliedert und von einer ebenfalls vierteiligen Einfriedung mit vier Toren umgeben. Sie sind urtümliche Bauformen, die auf Grabhügel zurückgehen.
Die kunstvoll geglätteten ägyptischen Pyramiden in der endlosen Horizontalen der Wüste sind die ein-

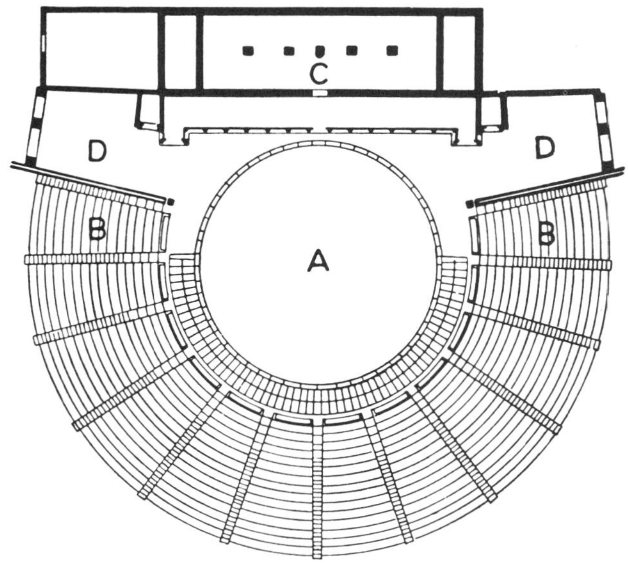


**Abb. 4-5** Theater in Epidauros

drucksvollsten Baugestalten der Aufhängung. Der Innenraum, das Grab, ist verschwindend klein, gemessen an der Masse des Bauwerks, und er ist nicht sichtbar. Die äußere Form ist wirksam.
Die Stufenpyramiden z. B. der Mayas in Mittelamerika gehören auch zu diesem Typus und in Terrassensiedlungen und Wohnhügeln wird diese Baugestalt direkt aufgegriffen.

### Bedeutung

Die Pyramide, der nachgebaute Berg, steht und liegt als Gestalt. Sie wirkt fest und ruhig, unverrückbar wie ein Berg. Berge haben religiöse Bedeutung – Gotteserfahrungen werden auf Bergen gemacht. Die Spitze der schattenlosen Cheopspyramide war vergoldet – Symbol des strahlenden Sonnengottes.
Die Treppe hat ebenfalls religiöse Symbolik. Hinaufsteigen des Menschen, Herabsteigen Gottes. Wandlung des Menschen in Stufen.

## 4.1.9 GESTEN

Neben den Ur-Akten, denen der Vorgang des Durchgehens, der Geburt bzw. des Todes noch hinzugefügt werden könnte, mit allen Formen der Öffnungen wie Türen, Tore und Fenster, gibt es einige grundlegende Gesten, die ebenfalls in Architektur-Gestalten ihren Ausdruck finden.
Die Geste des Schützens finden wir in allen Dachformen. Zelt, Satteldach, Gewölbe und Schale sind gebaute Schutzgestalten. Die Kuppel zeigt in besonderer Weise das Bergende des Innenraums und seine Ausweitung nach oben bis zum äußersten. Im Barock, als der so geweitete Innenraum seine höchste Steigerung erfuhr, wurde er durch die Bemalung der Decken in die Weite des Himmelblau gedehnt.
Die Geste des Stützens wird in vielen verschiedenen Formen von Stützen aus verschiedenen Materialien gebaut. Säulen und Pfeiler und die vielen Stütz-Gestal-

ten sind nicht nur Aufrichtungen, sondern im wesentlichen tragende Elemente.
Gesten wie Halten, Ziehen, Drücken, Drehen und andere finden wir in vielen Gestaltvorgängen wieder. Ihnen nachzugehen und die Empfindungen zu studieren, die sie erwecken, wird einen Teil der praktischen Übungen ausmachen.

**Zusammenfassung**

Die beschriebenen Akte und ihre bildhaft-räumliche Gestaltung in Architekturformen zeigen wenige grundlegende Phänomene. Sie sind einfach und ursprünglich und durch die ganze Architekturgeschichte hindurch zu beobachten.
Die thesenartige Darstellung soll zum eigenen vertiefenden Studium herausfordern. In der gebauten Umwelt lassen sich eine Unzahl von Formen aus Überlagerungen der genannten Ur-Gestalten finden, und die Kenntnis der Urbilder hilft, die Komplexitität der Gestaltfindung bei der Entwicklung von Architektur zu überschauen und zu beherrschen.
Die folgenden Beispiele von Übungsaufgaben und deren Lösungen führen in Gestaltungsvorgänge ein, die den Umgang mit archetypischen Formen zum Ziel haben.

## 4.2 Logik der Form

Aus den Grunderfahrungen im Leibraum, aus den Urakten und den daraus folgenden architektonischen Urbildern lassen sich einige Grundmuster der Wahrnehmung und der Beurteilung von Objekten erklären. Sie machen deutlich, daß wir Formen auf eine sinnfällige Logik hin betrachten und spontan beurteilen. Wir erkennen die Ordnungen der Verknüpfungen von Formen in einem Ganzen und leiten daraus eine Logik der Form ab. Wenn das nicht möglich ist, nehmen wir Ungeformtes, Unförmiges wahr.

### 4.2.1 SCHWERKRAFT

Eine ganz allgemeine Grundlage für diesen Vorgang bildet die Erfahrung der Schwerkraft: wir wissen und erfahren immer neu, daß jede Masse, jedes Material, durch die Erdanziehungskraft ein bestimmtes Gewicht besitzt und sich dieser Kraft entsprechend bewegt oder fest gehalten wird. Die Gesetzmäßigkeiten dieser Vorgänge werden in der Mechanik behandelt und erforscht.
Bei der Anschauung von Formen folgern wir daraus z. B., daß große Volumen schwer und kleine leicht sind, wenn wir das Material nicht kennen. Umgekehrt denken wir spontan, 1 kg Federn müßte leichter sein, als 1 kg Blei, weil Federn anschaulich leichter sind, als Blei. Wir folgern aus der Schwerkraft auch Anhaltspunkte für die Standfestigkeit und sehen schief stehende Figuren in einer Fallbewegung auch, wenn sie fest stehen. Wir wissen auch, daß eine Kugel nicht auf einer schiefen Ebene ruhig liegen kann. Sie rollt, wenn kein Hindernis sie aufhält, bis zum tiefsten Punkt.
Entsprechend sehen wir den Würfel – die typische Figur unseres Leibraum-Systems – auf einer Fläche feststehend bzw. liegend auf dem Grund. Wird er auf eine Kante gestellt, braucht er Unterstützung bzw. hat er seine Schwimmlage und auf einer Ecke stehend erleben wir ihn im Schwebezustand. (Diesen Zustand kann er nur durch Rotationsbewegung beibehalten.)
Die Beobachtung von Vorgängen, die durch die Schwerkraft bewirkt werden, prägt in vielen Bereichen unser Urteilsvermögen. Das sind z. B. Arten des Fließens, des Rollens, des Fliegens, des Quetschens, des Stauchens usw., außerdem Wellenbewegungen, Pendelbewegungen, Schwankungen und vieles mehr. Daraus abgeleitet versuchen wir anschaulich Formen dadurch zu verstehen, daß wir sie als Ergebnis von Handlungen sehen. Wir gehen unbewußt sogar so weit, daß wir Formen immer als von Menschen gemacht beurteilen. Auch, wenn wir wissen, daß sie nicht von Menschen gemacht sind!

### 4.2.2 LEIBRAUM

Die Schwerkraft ist auch eine Leiberfahrung: die Bewegungen unseres Körpers und der Gliedmaßen geschehen in Beziehung zur Schwerkraft und zumeist gegen sie. Das bedeutet immer Anstrengung, Aktivität, Anspannung: auch im Schlaf folgt der Körper nicht völlig der Schwerkraft.
Die Urakte enthalten eine Logik der Form, die aus den Handlungsmustern abgeleitet wird:
Stehen ist eine gespannte Ruhelage, ausgedrückt durch die Senkrechte. Wird diese Lage verlassen, entsteht ein Zuwachs an Spannung, weil wir nachempfinden, daß ein Fallvorgang abläuft, und wir daraus ableiten, welche Energie nötig ist, die Schräglage zu halten. Die formale Dynamik folgt einer sinnfälligen Logik. (Ein anschaulicher Versuch gelingt mit einem Stab im Sand.) **Abb. 4-8.**
Liegen ist Anpassung an die Horizontale der Erdoberfläche. Die Lagerung zeigt Ruhe, Schwere, Erdverbundenheit, Sicherheit. Horizontallage bei Bewegung bedeutet Gleiten, Rollen oder Schweben. Ein anderer Aspekt des Liegens ist das Gefallensein, das Nicht-wieder-sich-aufrichten-Können.
Beim Aufhäufen entstehen Bergformen, die je nach Beschaffenheit des Materials verschiedene Böschungswinkel besitzen. Ein anschaulicher Versuch gelingt, wenn man trockenen Sand immer auf dieselbe

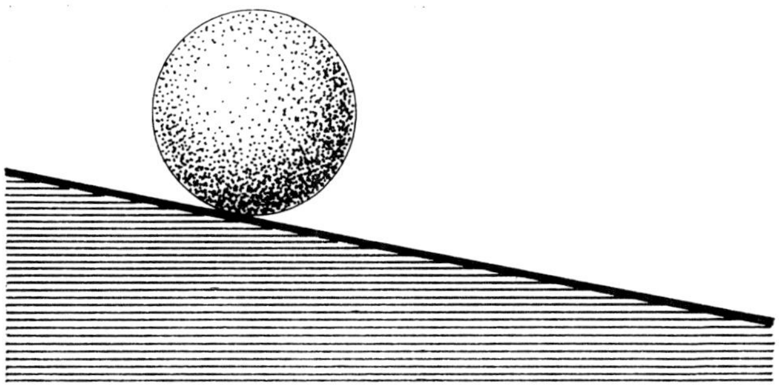

**Abb. 4-6** Rollende Kugel

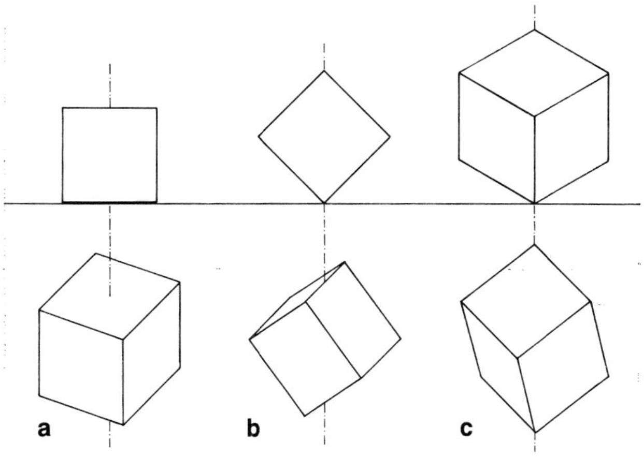


**Abb. 4-7** Der Würfel in Ruhelage a, Schwimmlage b und Schwebelage c

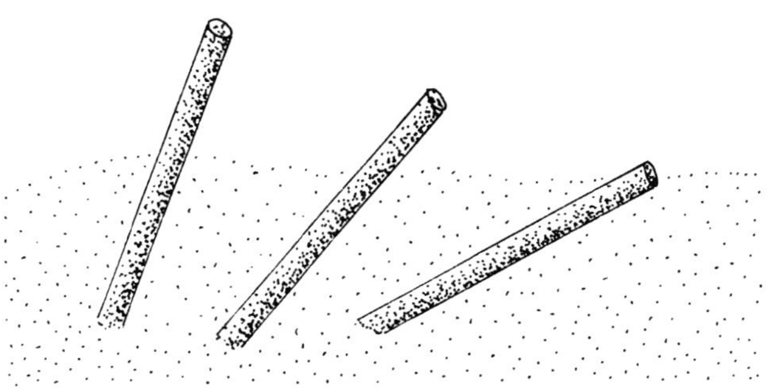

**Abb. 4-8** Stäbe im Sand

**Abb. 4-9** Türverriegelungen an einem Stallgebäude in Reuti/Schweiz

**Abb. 4-10** Südoststecke des Erechtheions, Athen

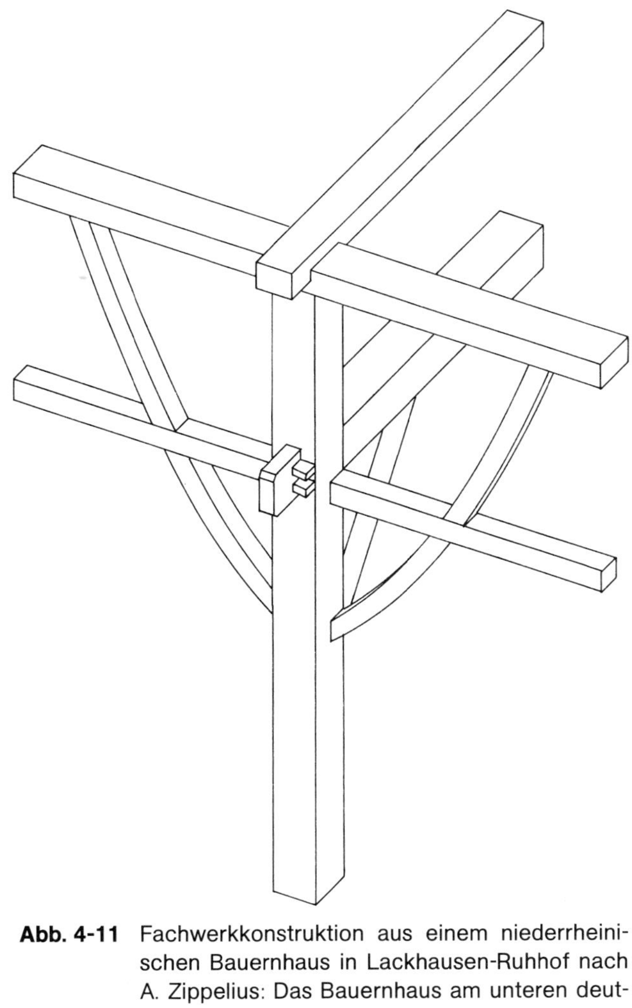

**Abb. 4-11** Fachwerkkonstruktion aus einem niederrheinischen Bauernhaus in Lackhausen-Ruhhof nach A. Zippelius: Das Bauernhaus am unteren deutschen Niederrhein, Fig. 13, b

Stelle rieseln läßt und dabei einen Kegel erzeugt. Die entstehende Form besitzt eine ungebrochene konvexe Oberfläche. Ihre Logik entsteht durch das Rollen der Sandkörnchen von einem Zentrum nach außen bis zum Ausgleich zwischen Erdanziehung und Haftung an den benachbarten Sandkörnchen.

Höhlen und Vertiefungen erkennen wir als Ergebnisse von Grabvorgängen. Material wird abgeleitet oder ausgegraben. So entsteht etwas hohles. Wir arbeiten uns in ein Material hinein und zerstören es in gewisser Weise. Wir schaffen ein Bild unserer Sphären, zuerst der Körper-Sphäre. Dem entsprechen als logische Form das Rund, die Hohlkugel und die Kuppel oder die Arena als Idealformen.

Vierteilungen, ja überhaupt Teilungen von einem Zentrum aus, die eine gewisse Regelmäßigkeit besitzen und noch überschaubar sind, bilden ein logisches Prinzip schlechthin, weil sie Ordnung erzeugen. Sie werden spontan als solches erkannt und benutzt.

In ähnlicher Weise zeigen auch Gesten eine formale Logik wie z. B. Stützen, Abgrenzen, Enden, Schützen, Schieben, Drehen, Halten, Hängen und viele andere.

Das Beispiel der beiden Türverriegelungen **(Abb. 4-9)** macht deutlich wie diese Art formaler Logik Gestalt werden kann. Der Türriegel, der zu schieben geht, ist rechteckig und damit statisch geformt, der Riegel, der zu drehen geht, zeigt auch in seiner Form den Drehvorgang.

An der Außenwand des Erechteion der Akropolis in Athen bildet eine Verdickung um nur etwa 15 mm das Ende der Wand **(Abb. 4-10).**

Die Streben in einem Fachwerk verlaufen nicht nur in Richtung der Kraftübertragung, sondern machen auch die Geste des Haltens anschaulich **(Abb. 4-11).**

### 4.2.3 IDEALGESTALTEN

Aufgrund der Urbilder und Urakte mit ihrer für uns innewohnenden Logik der Form bilden wir in der Anschauung und im Denken *Idealgestalten.* Diese anschaulichen Gestalten sind körperhafte Gebilde, die unserer Anschauung als vollkommen erscheinen. Es sind dies Kugel, Kegel und Zylinder.

In Verbindung mit der Horizontalen und der Vierteilung werden daraus in der Anschauung noch Halbkugel, vierseitige Pyramide und Würfel abgeleitet **(Abb. 4-12).**

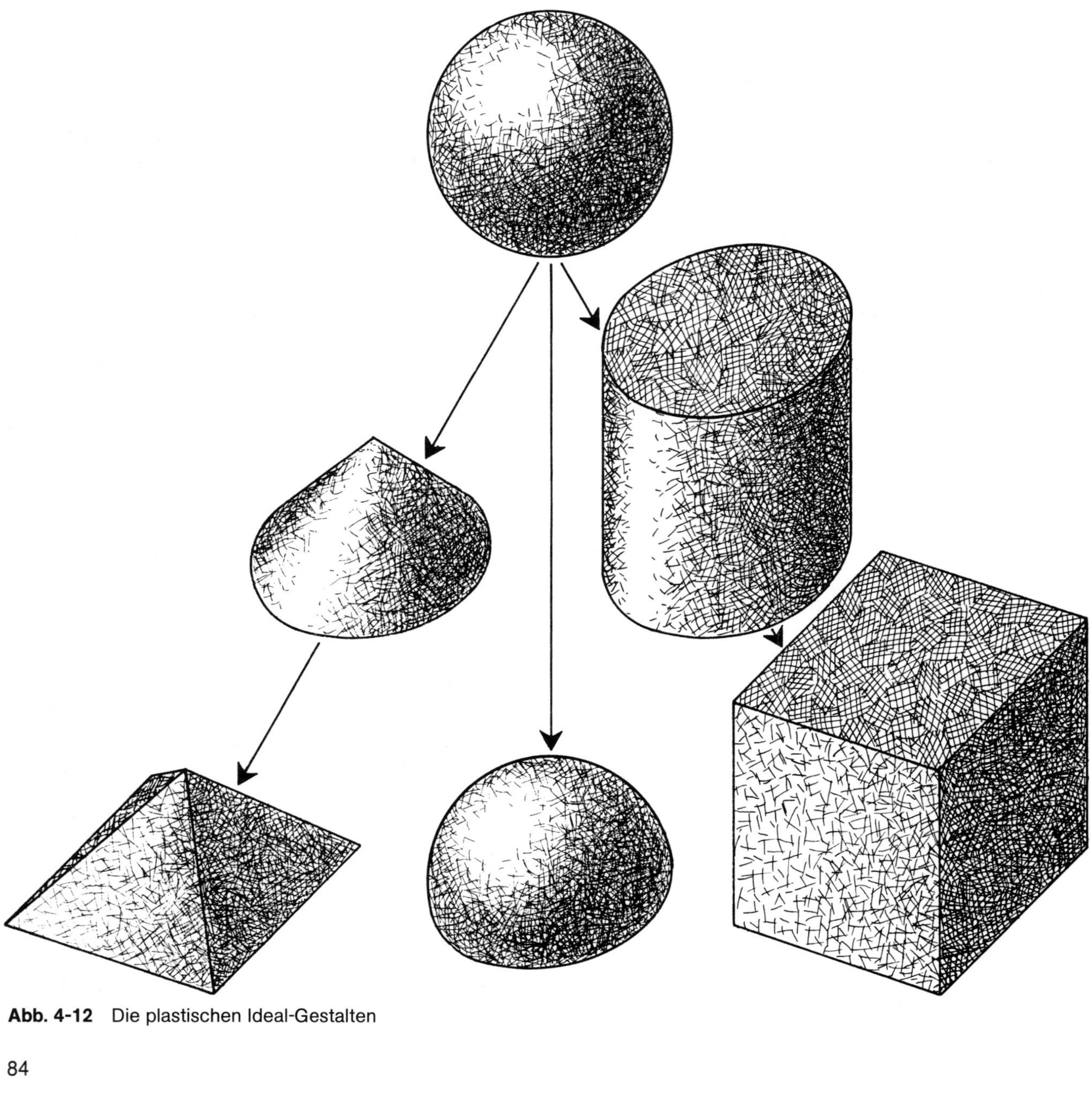

**Abb. 4-12** Die plastischen Ideal-Gestalten

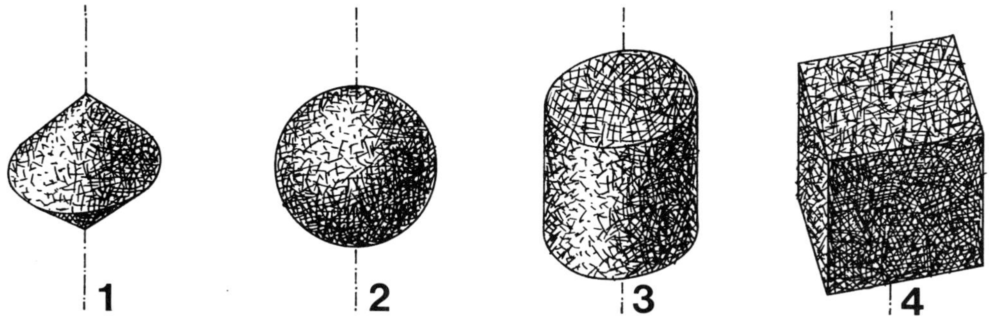


**Abb. 4-13** Beziehungen der Rauminhalte der Ideal-Körper

Diese Idealgestalten sind Massen und besitzen konvexe Oberflächen. Sie sind für die Anschauung »etwas«, sie sind greifbar. Umgekehrt sind Hohlräume und Zwischenräume, die konkav sind und deren Masse aus durchsichtiger Luft besteht, für die Anschauung »nichts«. Sie haben keine greifbare Gestalt.
Den Idealgestalten haften einfachste Ordnungsprinzipien an. Somit leiten wir ideale Ordnungsprinzipien ab. Eine räumliche Beziehung, die mit der Anschauung nicht faßbar ist, hat schon Archimedes nachgewiesen indem er zeigte, daß die Rauminhalte dieser Körper eine einfache Beziehung haben: Doppelkegel = 1, Kugel = 2, Zylinder = 3 und Würfel = 4 bei gleichem Radius des Inkreises und gleicher Höhe = 2r **(Abb. 4-13).**
Die Idealgestalten enthalten gleichsam die Summe aller formalen Logik und sind somit ausgezeichnet geeignet als Symbolträger höchster Werte zu dienen, was an vielen Bauwerken durch die Architekturgeschichte hindurch nachvollziehbar ist.

Eine zweite Art von *Idealgestalten* sind die *Denkmodelle der euklidischen Geometrie,* die der leib-räumlichen Erfahrung und damit auch der Wahrnehmung entsprechen. Sie bilden ein logisches System und sind in Definitionen von Punkt, Linie, Fläche und Raum formuliert zusammen mit ihren Beziehungen und Abhängigkeiten. So sind sie die Grundlage für alle gesetzmäßigen Ordnungen von Gestalten und werden in allen Lebensbereichen angewendet.

### 4.2.4 FORMVORGÄNGE

Eine weitere Art formaler Logik entspricht den Beziehungen zwischen mehreren Formen. Wir betrachten gewöhnlich Formzusammenhänge analog zu Beziehungen, die wir selbst herstellen können und benennen sie entsprechend: Verbindung, Verknüpfung, Übergang, Begegnung, Trennung, Abgrenzung und Randbildung, Verlauf von Formen, Offenheit, Geschlossenheit, Nähe, Ferne, Enge, Weite, Störung, Bruch, Verletzung, Statik, Dynamik u. a. Diese Formvorgänge entsprechen den Urakten und sind die Bausteine topologischer Ordnungssysteme. Ihre Darstellung ist Inhalt der praktischen Gestaltungsaufgaben.

### 4.2.5 ERSATZFORMEN

Der formalen Logik im Bereich der Gestaltung steht eine formale Unlogik gegenüber, die ihre deutlichste Ausprägung in Ersatzformen und Ersatzgestalten findet. Das ganzheitliche, anschauliche Denken enthält in seiner Logik auch die Frage nach echt und unecht, nach dem Original und dem Ersatz. Wir werden empfindlich gestört, wenn wir entdecken, daß uns etwas vorgetäuscht wird an einer Stelle, wo wir es nicht erwarten konnten.
Hier ist nicht die Welt des Theaters, des Spiels, der Verwandlungskunst gemeint, denn dort besteht ja gerade der Zauber darin, daß wir uns in eine andere Sphäre versetzen lassen, um neue Perspektiven unserer eigenen Situation zu entdecken. Theaterarchitektur, Kulissen und Scheinwelten stehen in einem Zusammenhang, der ebenfalls eine innere Logik besitzt, die überprüfbar ist und nicht täuscht.
Eine Hauswand allerdings, die aus Lattengerüst und Pappe besteht und mit einer Tapete beklebt ist, die mit einer naturgetreuen Abbildung von Natursteinmauerwerk bedruckt ist, täuscht uns Natursteinmauerwerk mit allen seinen Qualitäten vor und enttäuscht uns nachhaltig, wenn wir den wahren Sachverhalt entdekken. Unser Vertrauen in die Wand, die anschaulich und für die Empfindung massig, stabil und sicher, auch kalt und rauh erscheint, wird völlig schwinden. Im Zusammenhang mit einem Wohnhaus in der freien Natur werden wir sie lächerlich finden.
Wir bringen Form, Material und Herstellungsvorgang in einen Zusammenhang. Kann er nachvollzogen werden, sind wir sicher und vertrauen dem erkannten Sachverhalt. Kann er nicht nachvollzogen werden, auch wenn er logisch stimmt, so werden wir unsicher und können dem Unbekannten nicht vertrauen.

## 4.3 Material

Die Gestaltungsprozesse, die bei den einzelnen Aufgaben gezeigt werden, sind immer geprägt vom Umgang mit Materialien verschiedener Art. Ihre Eigenschaften legen die formalen Möglichkeiten in einer bestimmten Weise fest. Aus Karton lassen sich andere Formcharaktere entwickeln, als aus Holz, und wieder andere aus Gips, Blech oder Gummi.
Bei der Einführung in die Grundlagen geht es u. a. darum, wie eine Idee in ein bestimmtes Material umgesetzt und plastisch verwirklicht wird. Dabei steht die handwerkliche Auseinandersetzung mit Materialien und ihren Eigenschaften im Vordergrund. Keine Beachtung findet dagegen die Anwendung von bestimmten Materialien als Gestaltungsmittel in der Architektur, die dadurch geprägt ist, daß u. a. Beständigkeit, Sicherheit, Anmutungsqualität und Bedeutung von Materialien und ihren Farben die Auswahl und den Einsatz der Mittel bestimmen. Eine Wand aus Natursteinmauerwerk, aus Holz oder aus Glas ist zwar jeweils dieselbe Form, nämlich Wand, hat aber sehr verschiedene Wirkung auf Menschen, die daraus Empfindungen und Bedeutungen ableiten. Die Grundlagen der Gestaltung befassen sich nicht mit Architektur und deshalb auch nicht mit ihren Materialien. Grundlagen im Umgang mit Materialien sind Vorgänge, die zum Ziel haben, daß methodisch mit Material umgegangen und daß es seinen Eigenschaften entsprechend eingesetzt werden kann.

### 4.3.1 EIGENSCHAFTEN VON MATERIALIEN

**Papier und Karton**

Papiere und Kartons sind dünne, flächige Materialien, die sich falten, biegen und – im Gegensatz zu Stahlblech, das ähnliche Eigenschaften besitzt – auch etwas verwinden lassen. Sie sind mit Schere und Messer zu schneiden. Ihr Herstellungsverfahren bringt mit sich, daß sie eine »Laufrichtung« haben: sie lassen sich in Richtung der Laufrichtung leichter und quer zur Laufrichtung weniger leicht biegen. Um die Laufrichtung festzustellen, schneidet man z. B. an einem Blatt Schreibmaschinenpapier zwei gleich lange Streifen ab: einen an der Längsseite und einen an der Querseite und kennzeichnet sie. Dann spannt man sie nebeneinander an der Schmalseite ein. Der Streifen, der sich weniger nach unten biegt, läuft mit der Laufrichtung des Papiers. Papiere und Kartons sind also in Laufrichtung stärker beanspruchbar. Außerdem ist die Laufrichtung beim Kaschieren von Holz oder Pappe zu beachten: damit keine windschiefen Platten entstehen, muß die Laufrichtung der aufkaschierten Papiere auf beiden Seiten der Pappe dieselbe Richtung aufweisen.

**Ton**

Modellier-Ton ist ein ausgezeichnetes Arbeitsmaterial, um freie plastische Formen zu entwickeln. Als amorphe Masse nimmt er alle Formen an, in die er gedrückt wird, und bewegt sich durch sein Gewicht deutlich entsprechend der Schwerkraft. Er kann nicht zu dünn und nicht zu dick geformt werden, weil er beim Trocknen schwindet (ca. 6%) und dann reißt. Er kann gebrannt und glasiert werden und schwindet dabei um weitere ca. 5%. Das Aneinandersetzen von Tonstücken gelingt nur, wenn die Verbindungsstellen sehr feucht sind und durch Andrücken und Verschmieren gut verbunden werden. Lederharte Tonstücke lassen sich mit Tonschlicker verbinden. Große Formen sind hohl aufzubauen.
Ton ist meist abgepackt als Paket zu 10 kg erhältlich. Er muß in wasserdichten Behältern unter Verschluß aufbewahrt werden. Trockener Ton kann in Wasser eingesumpft und dann durchgeknetet wieder verwendet werden.

**Plastillin**

Plastillin ist eine weiche, knetbare Masse, die ölhaltig ist. Es wird nur sehr langsam hart und kann, wenn es luftdicht verpackt aufbewahrt wird, immer wieder verwendet werden. Es eignet sich sehr gut für kleine Probemodelle von plastischen Formen, weil es leicht veränderbar ist und nicht so schnell austrocknet wie Ton.

**Holz**

Holz ist ein faseriges Material, das entsprechend dem Faserverlauf verschiedene Eigenschaften besitzt, die bei weichen Hölzern mehr, bei harten weniger deutlich zu erkennen sind. Stäbe, Bretter und Balken sind parallel zur Faser geschnitten. Sie sind elastisch und lassen sich biegen. Holz kann mit Säge, Beil, Messer, Stemmeisen, Feile, Sandpapier u. ä. bearbeitet werden und ist verhältnismäßig frei formbar. Massive Blöcke werden aus einzelnen Brettstücken verleimt, damit sie nicht reißen, wenn das Holz arbeitet.
Die wichtigsten Plattenformen aus Holz sind Sperrholzplatten, Tischlerplatten und Spanplatten. Sperrholzplatten bestehen aus kreuzweise verleimten Fournierschichten, mit denen dünne (bis 1 mm) Platten mit hoher Festigkeit erreicht werden.
Tischlerplatten besitzen einen aus Holzstäben verleimten Kern und sind auf beiden Außenseiten furniert.
Spanplatten bestehen aus zusammengepreßten Holzspänen, die durch ein Bindemittel aneinander haften. Sie sind spröde und brechen an Kanten und Ecken leicht aus. Nägel halten darin nicht, weil das Material nicht elastisch ist.
Oberflächen von Holz können unbehandelt bleiben. Sie werden durch Licht und Feuchtigkeit dunkler oder grau. Sie können aber auch geölt, gewachst, lasiert oder lackiert werden.

**Gips (Alabastergips, Stuckgips)**

Gips ist ein Material, das sich flüssig in Formen gießen läßt, darin erhärtet und aus der Form genommen die positive Form aufweist. Er ist in Pulverform erhältlich und wird in Wasser angerührt. Dabei dürfen keine Klumpen entstehen und beim Umrühren sollte möglichst keine Luft untergerührt werden. Beim Gießen von größeren Formen ist es ratsam, Armierungen aus Draht und Stoffstreifen einzubringen. Wenn der Gips abgebunden hat, kann er sich nicht mit neu aufgebrachtem Gips verbinden. Nach dem Erhärten kann Gips mit Säge, Feile, Messer o. ä. bearbeitet werden. Seine Oberfläche kann eine große Vielfalt von Strukturen erhalten. Da er leicht bricht, sind spitze Ecken und Kanten gefährdet.
Durch Beimischen von Leim oder Wasserglas kann die Abbindezeit von Gips verändert und seine Festigkeit erhöht werden.

**Moltofill**

Moltofill ist dem Gips sehr ähnlich. Es wird wie Gips angerührt. Im Unterschied zu diesem ist es weniger gut geeignet, um Formen auszugießen, als aufgetragen zu werden auf bestehende Rohformen. Es haftet auf Holz, Karton, Hartschaum und anderen Materialien und läßt sich in mehreren Schichten immer wieder neu auftragen. Es wird sehr hart und läßt sich schleifen und polieren.
Beim Modellbau kann es in Verbindung mit Wellpappe sehr gut für große Formen angewendet werden, die schnell zu bauen sind und ein verhältnismäßig geringes Gewicht haben. Man baut die Form aus Wellpappeschichten auf und spachtelt Moltofill in mehreren Lagen darüber. Danach kann die Oberfläche weiter bearbeitet werden.

**Blech**

Verschiedene Bleche wie Weißblech, verzinktes Blech, Messingblech oder Kupferblech sind dünne, flach gewalzte Metalle von hoher Festigkeit. Sie können gefaltet, gebogen, getrieben und zusammengelötet werden und besitzen eine hohe Formbeständigkeit. Wenn keine Maschinen für die Verarbeitung zur Verfügung stehen, sollte man dünne Bleche (bis 0,5 mm Dicke) verwenden. Sie lassen sich noch von Hand mit der Blechschere schneiden. Als Oberflächenschutz dient Zaponlack.

**Kunststein**

Für den Bau von massiven plastischen Modellen sind Gasbetonsteine gut geeignet. Sie lassen sich mit Säge, Stemmeisen, Messer, Raspel und Schleifpapier bearbeiten. Das Material bricht leicht. Zur Bearbeitung kann es angefeuchtet werden, damit die Staubentwicklung in Grenzen bleibt.
Wenn die Poren der Oberfläche geschlossen werden sollen, kann der Stein mit Moltofill oder Binderfarbe mehrmals gestrichen und nachträglich geschliffen werden.

**Schaumstoffe**

Styropor, Polyurethan und andere Schaumstoffe sind als Kerne von vollplastischen Modellen geeignet. Ihre Oberfläche strahlt beim Anfassen die eigene Körperwärme zurück, was viele Menschen als sehr unangenehm empfinden. Durch Überziehen mit Moltofill kann diese Wirkung vermieden werden. Außerdem wird damit auch die Schaumstruktur überdeckt. Die Oberfläche bleibt druckempfindlich, weil das Material nicht genügend Festigkeit besitzt.
Meist dient Styropor o. ä. als Ersatz für ein schwieriger zu beschaffendes oder zu bearbeitendes Material; denn es kann leicht mit dem Messer oder mit einem heißen Draht (im Handel gibt es Styroporschneider) geschnitten werden.

**Zusammenfassung**

Die erwähnten Materialien werden im allgemeinen bei der Bearbeitung von konkreten Aufgaben in diesem Buch empfohlen. Es lassen sich an ihnen einige wichtige Eigenschaften von Material grundlegend studieren, so daß es möglich ist, auch mit anderen Materialien sinnvoll umzugehen, wenn man die gewonnenen Erkenntnisse benutzt. Es wurde absichtlich nicht bis ins einzelne beschrieben wie man mit diesen Materialien umgehen kann und welche Möglichkeiten sie in sich bergen, weil das im eigenen Umgang mit dem Material entdeckt und erfahren werden soll.

## 4.4 Farbe

Die Bereiche Helligkeit und Farbe werden in diesem Buch nicht behandelt, weil sie ein selbständiger Gestaltungsbereich sind, der sehr differenziert untersucht und in einer Reihe von Büchern dargestellt ist.
In den praktischen Übungen geht es um plastisch-räumliche Gestaltungsprozesse. Die plastischen Ergebnisse sollen möglichst gut lesbar und prüfbar sein. Daraus ergibt sich die Bevorzugung von Weiß oder von sehr hellen Materialfarben. Weiß macht sehr feine Helligkeitsabstufungen in unendlich vielen Grautönen sichtbar. Es ist deshalb geradezu ideal.
Im Gegensatz dazu bewirkt die Anwendung von Kunstfarben eine Veränderung der Form: Teile treten vor oder zurück, Formen werden gestört oder verstärkt je nach Farbkomposition (Lit. Franzsepp *Würtenberger*: »Architektur und Farbe«, Schriftenreihe des Instituts für Gebäudeplanung Universität Karlsruhe, 1974).
Wenn die Farbe eines Materials, seine Struktur und die

darauf möglichen Reflexe belassen werden, sind diese Eigenschaften Teile der Gestalt. Sie rücken die plastische Form näher, während Weiß sie mehr auf Distanz hält und abstrakt wirkt. Andererseits ermöglicht Weiß einen objektiveren Zugang, weil es nichts verbirgt und viele Interpretationen offen läßt.
Es wird hier also der Einfluß von Farbe auf Formen einseitig behandelt und nicht weiter bearbeitet. Es bleibt aber dem Leser unbenommen, Farbstudien an plastischen Objekten vorzunehmen und dabei Erfahrungen zu sammeln.

**Literatur:**

*Albers,* Josef: Interaction of Colour, Verlag Du Mont Schauberg, Köln 1970

*Bouma,* P. J.: Farbe und Farbwahrnehmung, Hamburg 1951

*Hickethier,* Alfred: Einmaleins der Farbe, Otto Maier Verlag Ravensburg, 1963

*Pawlik,* Johannes: Theorie der Farbe, Verlag Du Mont Schauberg, Köln 1969, 4. erw. Auflage 1976

*Küppers,* Harald: Farbe, Callwey Verlag München, 1972

## 4.5 Partituren · Ausführung · Beurteilung

Die vorgeschlagenen Partituren sind ausgewählte Beispiele. Sie können und sollen nur teilweise die unter dem Thema »Urakte und Urbilder in der Architektur« angedeuteten Bereiche umfassen. Im Sinne der Zielrichtung Plastik lassen sich viele weitere Aufgaben entwickeln.
Die Reihenfolge der Aufgabenstellungen rührt weniger von deren Schwierigkeitsgrad als vielmehr von Überlegungen zur Anschaulichkeit her. Zunächst geht es um ganze Figuren, dann um Details wie Ende der Form oder Übergang von Formen und danach folgen Weiterführungen wie Hohlkörper oder Körperstrukturen aus Linien (ohne Beispiele).
Die Arbeitszeit ist in Tagen angegeben. Dabei wurde nicht berücksichtigt, daß zwischen diesen Tagen Pausen von mehreren Tagen liegen sollten, die zum Nachdenken notwendig sind.
Da die Entwurfstätigkeit des Architekten notwendig in der Erarbeitung von Skizzen, Zeichnungen und Modellen besteht, liegt ein großes Gewicht auf der zeichnerischen Bearbeitung der Themen, wenn das auch hier nicht so deutlich mit Bildmaterial gezeigt werden kann. Die zeichnerische Arbeit steht nicht so im Vordergrund, daß sie als isolierter Aufgabenbereich dargestellt werden muß. Sie ist als Hilfe zur Sammlung von Phänomenen, die dem jeweiligen Themenbereich verwandt sind, und zur Darstellung des gebauten Objektes in die Aufgabenstellungen eingegliedert.

### 4.5.1 THEMA: STEHENDE FIGUR

*Aufgabe:* Bauen Sie eine freie Plastik auf, die folgende formale Bedingungen erfüllt:
a) sie soll zweiteilig gegliedert sein (nicht unbedingt spiegelsymmetrisch).
b) sie soll massiv sein und nicht hohl.
c) die Vertikale soll mehr betont sein, als die Horizontale. Die ganze Figur soll die Charakteristik »Stehen« zum Ausdruck bringen.
d) sie soll keine Nachbildung von etwas sein.
e) die Höhe soll etwa 40 cm betragen.
f) sie soll einfarbig weiß sein.

*Hinweis:* Auf die Durcharbeitung der Form des oberen Abschlusses der Figur und auf die Ausbildung des Übergangs in die Standebene ist besonderer Wert zu legen.

*Teil 1:* Sammeln Sie in Skizzen Beispiele stehender Figuren aus Natur und Technik.

*Teil 2:* Entwickeln Sie in Skizzen und kleinen Plastillin- oder Tonmodellen eine stehende Figur, die keine Nachbildung vorgegebener Formen sein soll.

*Teil 3:* Bauen Sie die Plastik auf.

*Teil 4:* Stellen Sie die gebaute plastische Figur zeichnerisch dar.

*Material:* Gasbetonstein, Holz, Gips, Ton, Plastillin, Zeichenkarton, Skizzenbuch.

*Werkzeug:* Zeichenzeug, Messer, Arbeitsplatte und je nach Material verschiedene Werkzeuge zur Bearbeitung.

*Bearbeitungszeit:* Teil 1: ein Tag, Teil 2: ein Tag, Teil 3: zwei Tage, Teil 4: ein Tag

**Ausführung**

Teil 1: Benutzen Sie einen Skizzenblock oder noch besser ein Skizzenbuch, das fest gebunden ist, und vermeiden Sie lose Blätter, die verloren gehen können. Der Sinn eines Skizzenbuches besteht darin, daß man seine eigene Arbeit beobachten und überprüfen kann. Das Format sollte so sein, daß das Buch unübersehbar ist z. B. DIN A 4 oder DIN A 3. Im Handel gibt es Geschäftsbücher mit ca. 200 Seiten weißen, unbedruckten Papiers. Man kann sich ein solches Buch auch selbst machen, was billiger ist! Zunächst geht es darum, zu beobachten welche Arten aufrecht stehender Formen im erreichbaren Umkreis existieren und sie in Skizzen festzuhalten.
Teil 2: Der Entwurfsprozeß sollte möglichst sofort mit plastisch formbarem Material angegangen werden. Arbeiten Sie nicht lange an einer Form, sondern bilden Sie viele Varianten und prüfen Sie dann erst welche davon in welchem Material ausgeführt werden kann. Überprüfen Sie die Details in Skizzen und am Modell und entwickeln Sie klare logische Formfolgen.

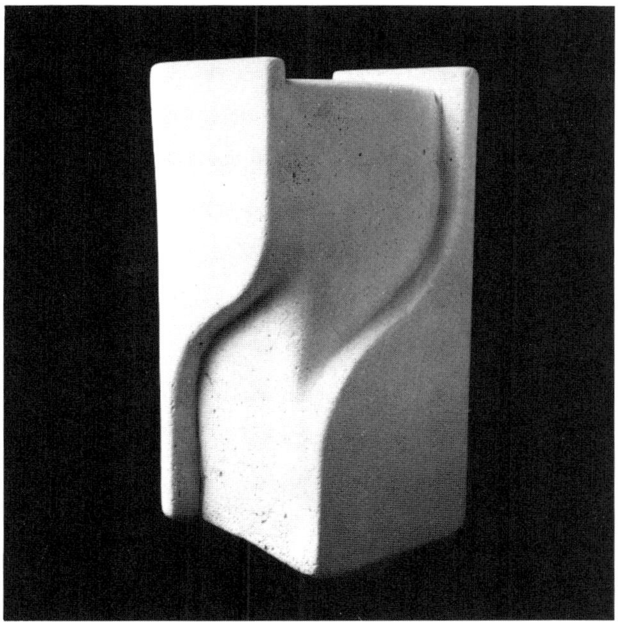

**Abb. 4-14** Bernd Regh (Gasbeton)

**Abb. 4-15** NN (Gasbeton)

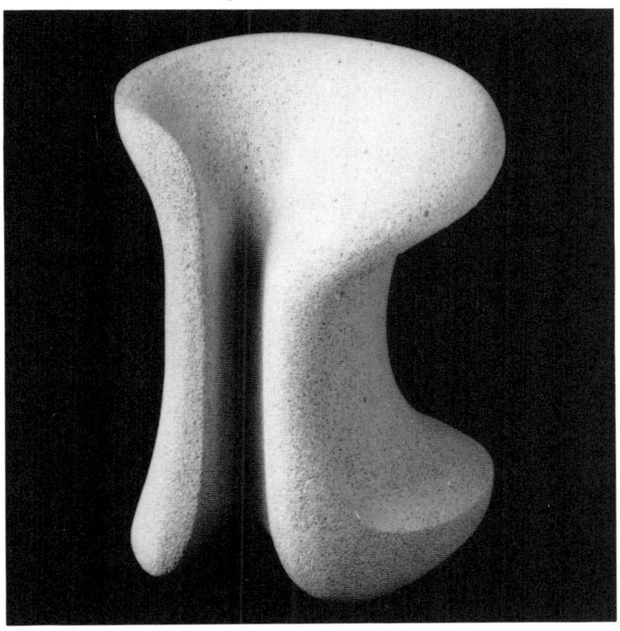

**Abb. 4-16** Caroline Wiertz

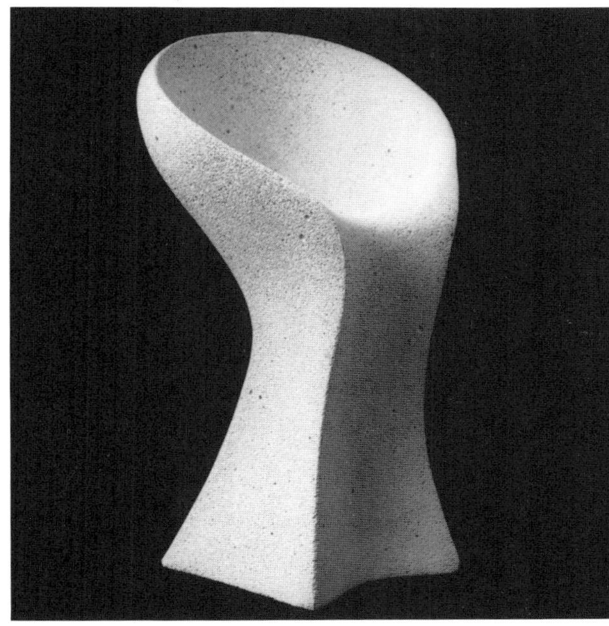

**Abb. 4-17** Johannes Engelhardt (Gasbeton)

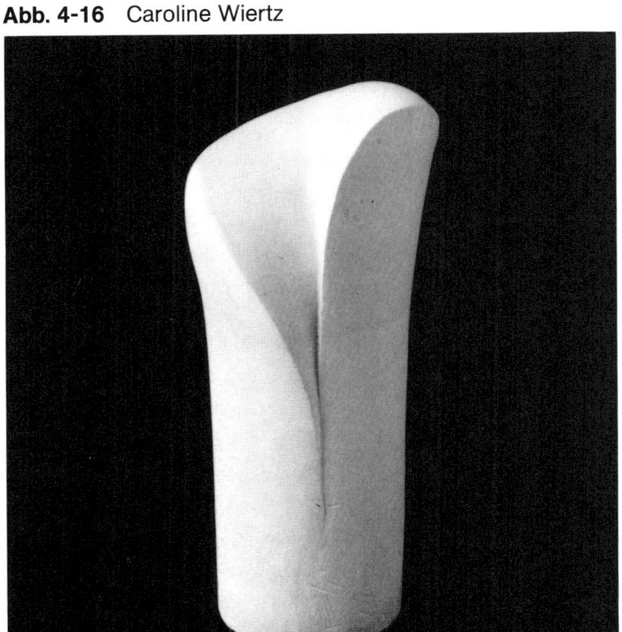

**Abb. 4-18** Andreas Pütz-Sieberath (Gips)

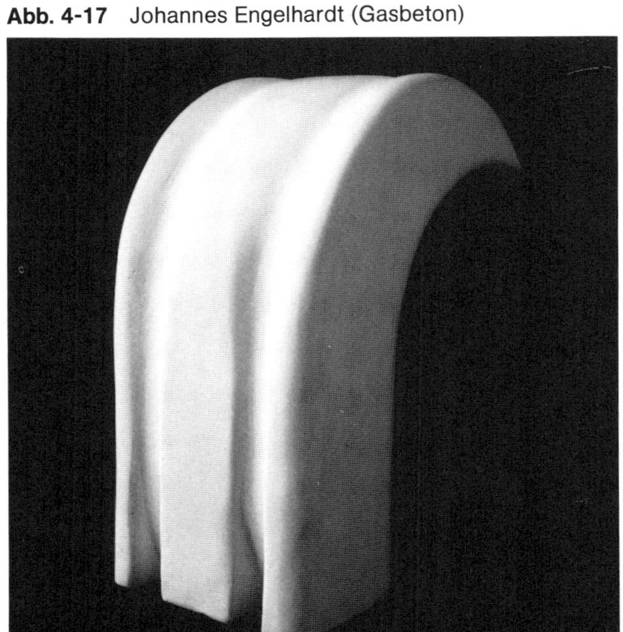

**Abb. 4-19** Horst Brandstätter (Gasbeton)

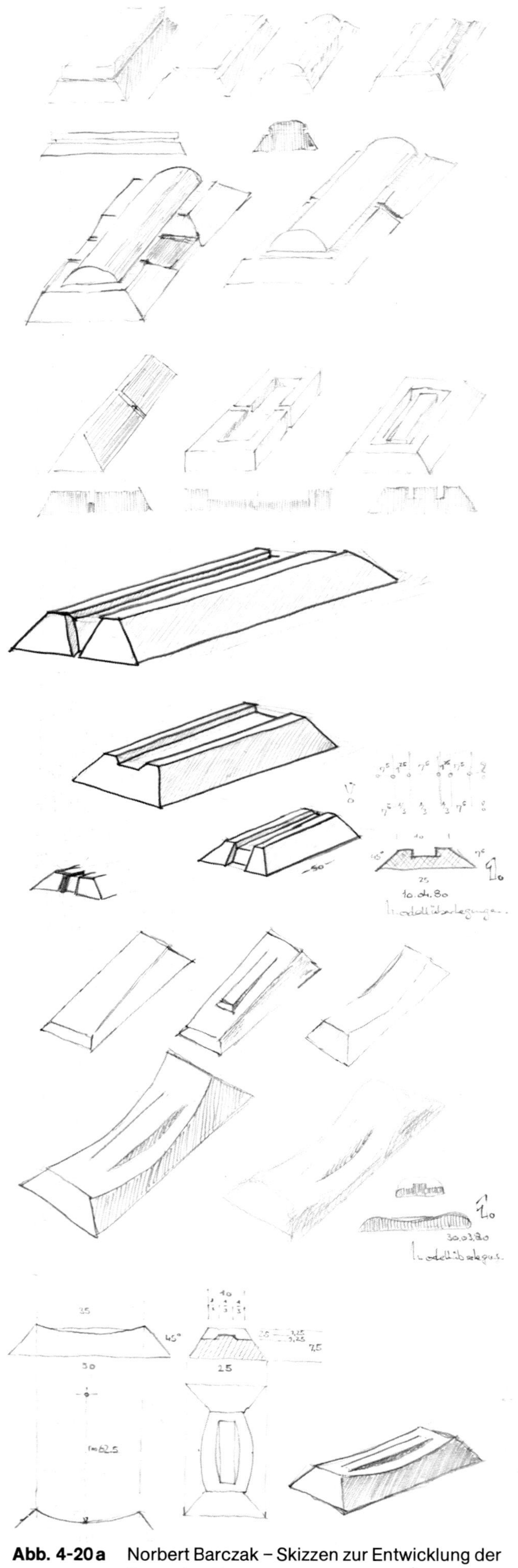

**Abb. 4-20 a** Norbert Barczak – Skizzen zur Entwicklung der liegenden Form

Teil 3: Entscheiden Sie sich für eine Form und ein Material und beginnen Sie die Auseinandersetzung mit der Materie. Vermeiden Sie zunächst Gußtechniken. Versuchen Sie, die geplante Form aus dem vollen Material herauszuarbeiten. Z. B. aus Gasbeton oder Holz evtl. aus einem vorher grob gegossenen Gipsblock.
Die Oberflächenbearbeitung ist von der Form abhängig: weiche Übergänge gewölbter Flächen werden erst sichtbar und wirksam, wenn die Oberfläche sehr fein strukturiert oder glatt ist. Sie sollte aber nicht glänzen, weil die dabei entstehenden Reflexe die plastische Wirkung stören. Bei hellem Material kann die Figur auch die Farbe des Materials aufweisen. Vorsicht bei Holz: die Maserung kann formale Feinheiten zerstören.
Teil 4: Bei der Darstellung des fertigen Objektes geht es darum, die plastische Form auf der Fläche zur Wirkung zu bringen. Die Darstellung von Licht und Schatten und deren Übergänge steht im Vordergrund.

**Beurteilung**

Für die Beurteilung sind zunächst die Kriterien a) bis f) der Aufgabenstellung maßgebend. Dann ist die Logik der Form zu prüfen: Verläuft eine Fläche oder Kante im Zusammenhang mit den übrigen Flächen und Kanten zwingend so wie sie dargestellt ist? könnte sie anders verlaufen? wenn ja, was würde das für die ganze Figur bedeuten? Wie verlaufen Formen? Stimmt das topologische Gefüge der Figur in sich? Ist der ganzheitliche Charakter erhalten? Wird er durch die Gliederung gestört oder unterstützt? Wie ist der obere Abschluß der Form bewältigt? Wie der Untere? Sprechen Sie mit anderen darüber. Am fruchtbarsten ist das Gespräch über mehrere Arbeitsergebnisse zum gleichen Thema.
**Beispiele Abb. 4-1** und **4-14** bis **4-19**

4.5.2 THEMA: LIEGENDE FIGUR

*Aufgabe:* Bauen Sie eine freie Plastik, die folgende formalen Bedingungen erfüllt.

a) sie soll zweiteilig gegliedert sein (nicht unbedingt spiegelsymmetrisch).
b) sie soll massiv sein und nicht hohl.
c) die Horizontale soll mehr betont sein, als die Vertikale, die Charakteristik »Liegen« soll zum Ausdruck kommen.
d) sie soll keine Nachbildung von irgendetwas sein.
e) die Länge soll etwa 40 cm betragen.
f) sie soll einfarbig weiß sein.

*Hinweis:* Beachten Sie die formale Ausbildung der Enden der Figur und den Formübergang zum Untergrund.

*Teil 1:* Sammeln Sie in Skizzen Beispiele liegender Figuren aus Natur und Technik.

*Teil 2:* Entwickeln Sie in Skizzen und kleinen Plastillin- oder Tonmodellen eine liegende Figur.

*Teil 3:* Bauen Sie die Figur.

*Teil 4:* Stellen Sie die gebaute Figur zeichnerisch dar.

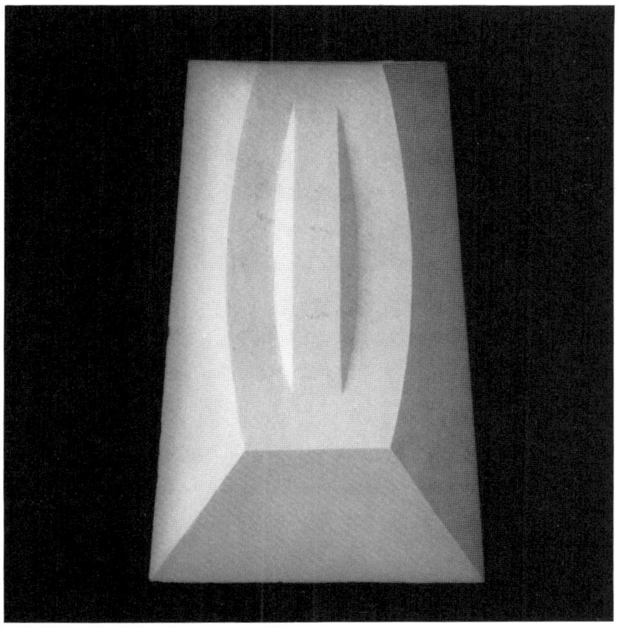
**Abb. 4-20b** Norbert Barczak (Gips)

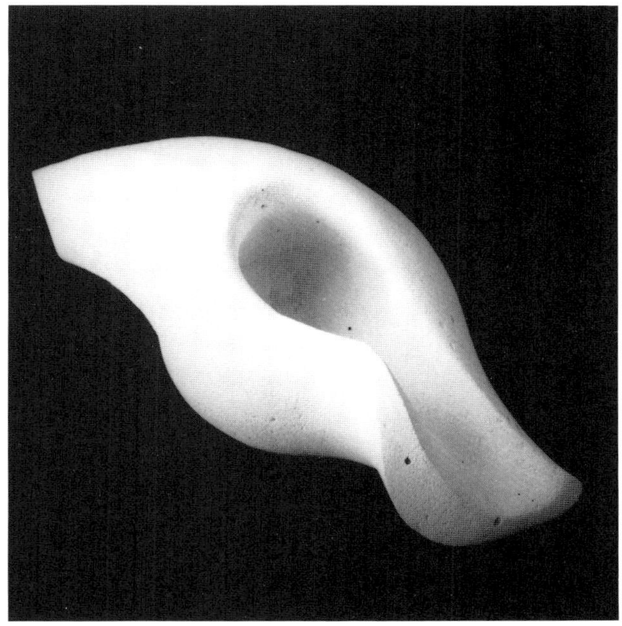
**Abb. 4-21** Monika Timmermanns (Gasbeton)

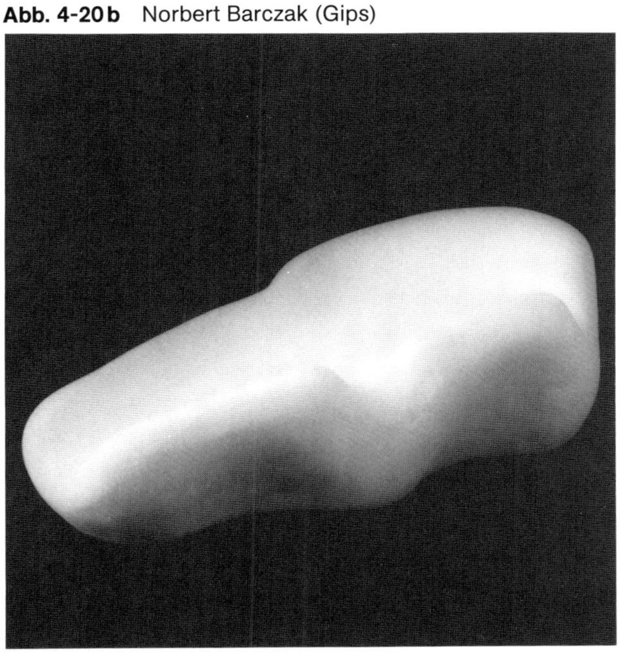
**Abb. 4-22** Burkhard Wülbeck (Gasbeton + Moltofill)

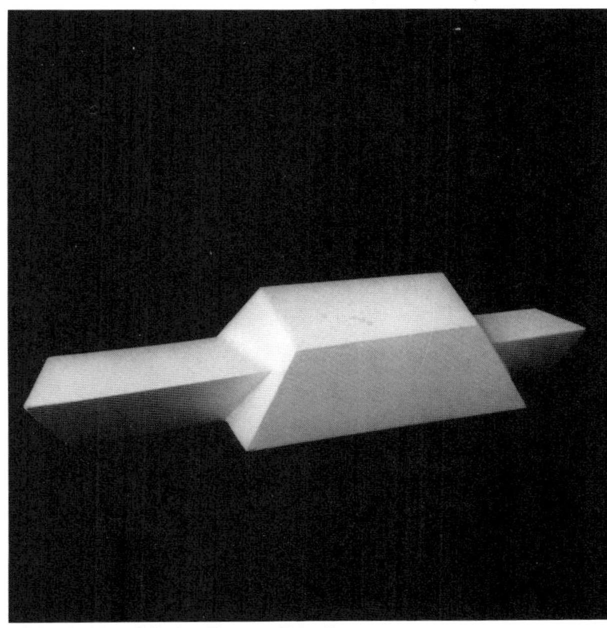
**Abb. 4-23** Günter Baum (Gips)

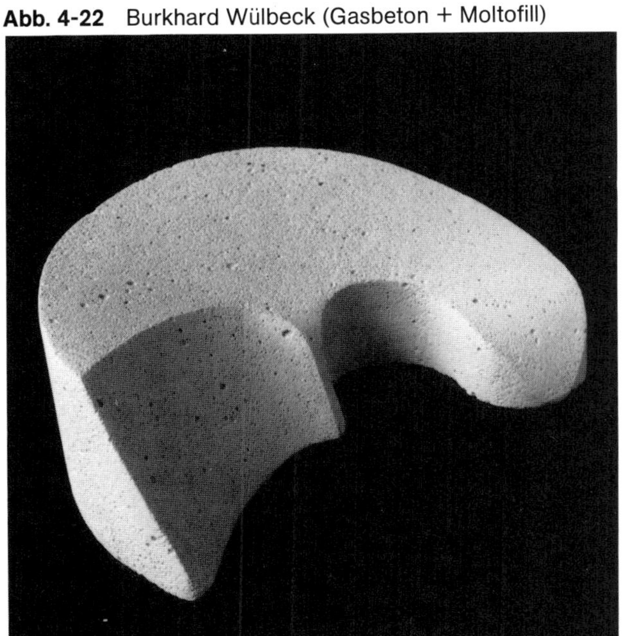
**Abb. 4-24** Jürgen Reschke (Gasbeton)

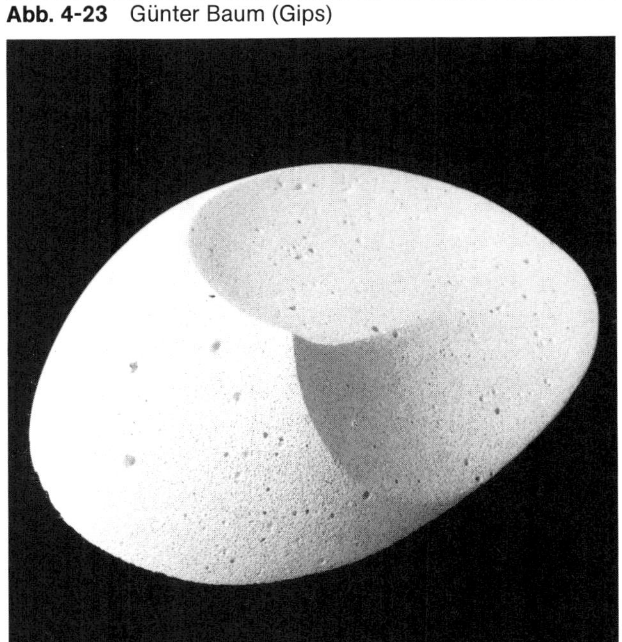
**Abb. 4-25** Frank Lange (Gasbeton)

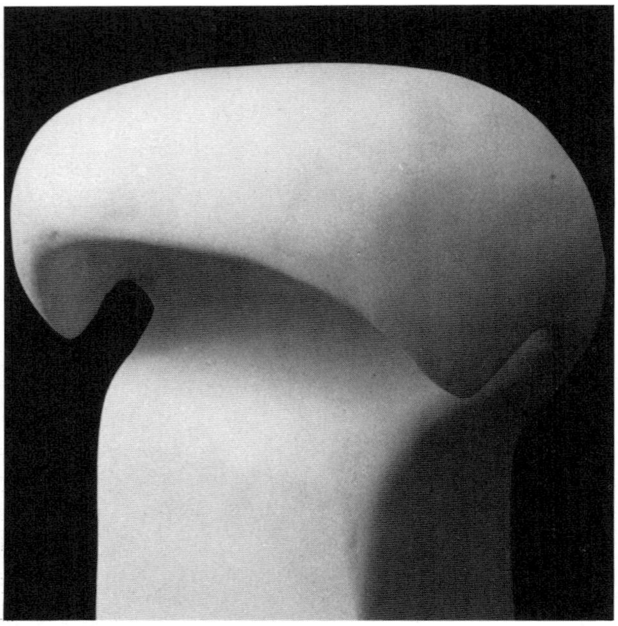
**Abb. 4-26** Ilse Fischer (Gips)

**Abb. 4-27** Roland Seidel (Hartschaum + Moltofill)

**Abb. 4-28** Jürgen David (Gips)

**Abb. 4-29** Clemens Küpper (Gips)

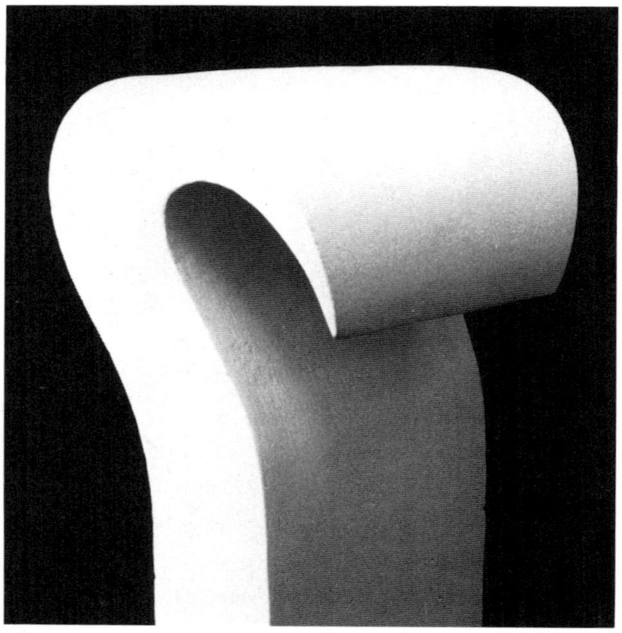
**Abb. 4-30** Friedrich Rohde (Gasbeton)

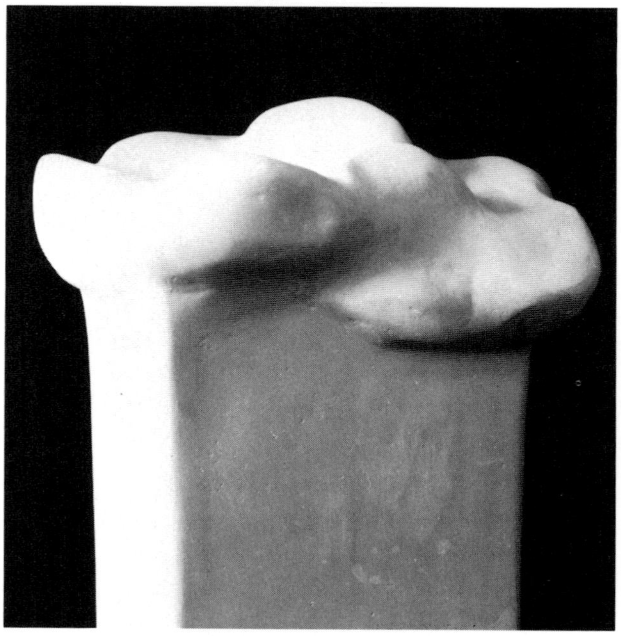
**Abb. 4-31** Gabriele Schriewer (Gips)

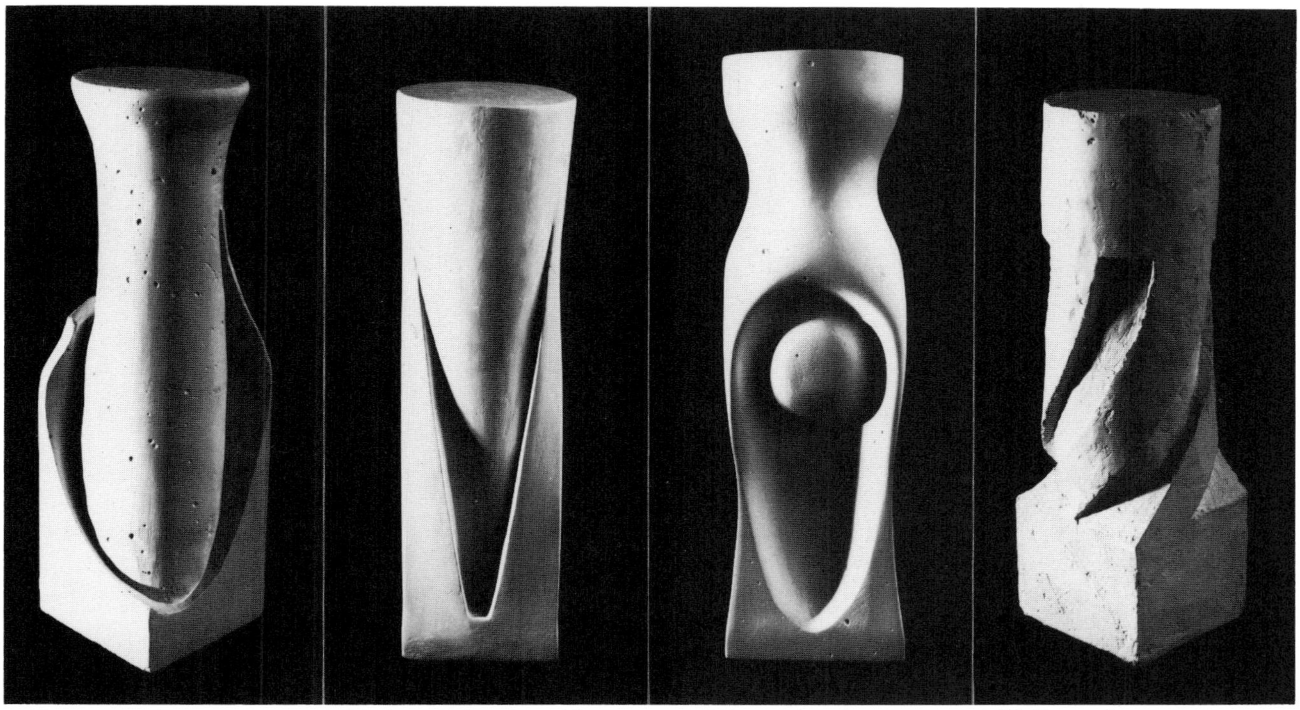

**a** Clemens Kudla **b** Marlene Lukaschewski **c** Willi Wertenbroch **d** Wolfgang Junge

**Abb. 4-32 a–d** Alle Arbeiten sind aus Gips

*Material:* Gasbeton, Gips, Holz, Ton, Plastillin, Skizzenbuch Zeichenkarton.
*Werkzeug:* Zeichenzeug, Arbeitsplatte, Messer und je nach Materialwahl verschiedene Werkzeuge zur Bearbeitung des Materials.
*Bearbeitungszeit:* Teil 1: ein Tag, Teil 2: ein Tag, Teil 3: zwei Tage, Teil 4: ein Tag.

**Ausführung und Beurteilung**

Für Ausführung und Beurteilung dieser Aufgabenstellung gelten die Angaben zum Thema »Stehende Figur« entsprechend.
**Beispiele: Abb. 4-20** bis **4-25**

### 4.5.3 THEMA: ENDE/ABSCHLUSS

*Aufgabe:* Entwickeln Sie eine Form für das Ende eines Stabes mit dem rechteckigen Querschnitt 10 mal 20 cm. Die Form kann völlig frei gewählt werden. Sie hat zum Kriterium die Gestaltung eines Endes, das nicht fortsetzbar ist.
*Hinweis:* Beachten Sie die Übergänge der Grundform in die Endform. Wie enden z. B. Kanten eindeutig?
*Teil 1:* Entwickeln Sie die Form an kleinen Modellen aus Ton, Plastillin oder Papier und ähnlichem, leicht formbarem Material.
*Teil 2* Bauen Sie die Form auf. Sie soll massiv sein und nicht höher als 30 cm werden.
*Material:* Gasbeton, Holz, Ton, Gips. Mischtechniken.
*Farbe:* weiß
*Bearbeitungszeit:* Teil 1: ein Tag, Teil 2: zwei Tage.

**Ausführung und Beurteilung**

Für Ausführung und Beurteilung gelten die Angaben zum Thema »Stehende Figur« entsprechend. Hier sind die zeichnerischen Übungen weggelassen.
**Beispiele: Abb. 4-26** bis **4-31**

### 4.5.4 THEMA: FORMÜBERGANG

*Aufgabe:* Bauen Sie einen massiven Körper von 30 cm Länge der am einen Ende in einem quadratischen Querschnitt von 9 mal 9 cm, am anderen Ende in einem Kreisquerschnitt mit dem Durchmesser 9 cm endet. Die Enden sollen nicht nur den Querschnitt zeigen, sondern quader- bzw. zylinderförmig ausgebildet sein. Der Übergangsbereich soll plastisch so geformt werden, daß alle Flächen und Kanten klar definiert sind. Er ist in der Form ganz ihrer Phantasie überlassen. (Der Querschnitt darf hier z. B. größer oder kleiner werden.)
*Hinweis:* Der Körper darf stehen oder liegen. Er darf gekrümmt sein und muß nicht geradlinig geformt werden.
*Teil 1:* Bauen Sie kleine Arbeitsmodelle aus Plastillin und studieren Sie daran die Möglichkeit der Formübergänge.
*Teil 2:* Bauen Sie die plastische Figur in den angegebenen Maßen.
*Material:* Gips (Alabastergips, Stuckgips)
*Farbe:* weiß
*Bearbeitungszeit:* Teil 1: ein Tag, Teil 2: zwei Tage.
**Beispiele: Abb. 4-32 a** bis **d**

**Abb. 4-33** Christel Rüter (Karton, Plexiglas)

**Abb. 4-34** Mechthild Heisterkamp

**Abb. 4-35** Herbert Nickel (Holz + Plexiglas)

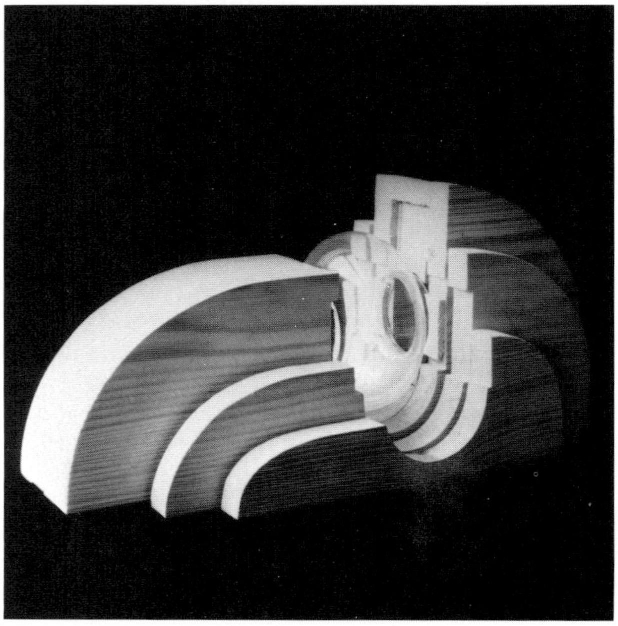

**Abb. 4-36** Klaus Heidefeld (Holz + Glas)

**Abb. 4-37** Bettina Steffan (Gasbeton + Moltofill + Fliegendraht)

**Abb. 4-38** Gerd Küspert (Gasbeton + Wolle)

**Abb. 4-39** Dorothea Bialucka (Karton und Plexiglas)

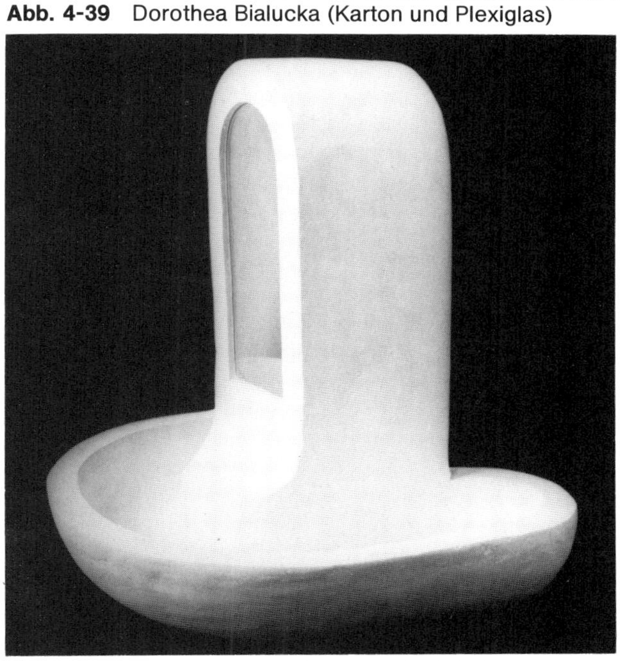

**Abb. 4-40** Annette Wanke (Gips und Plexiglas)

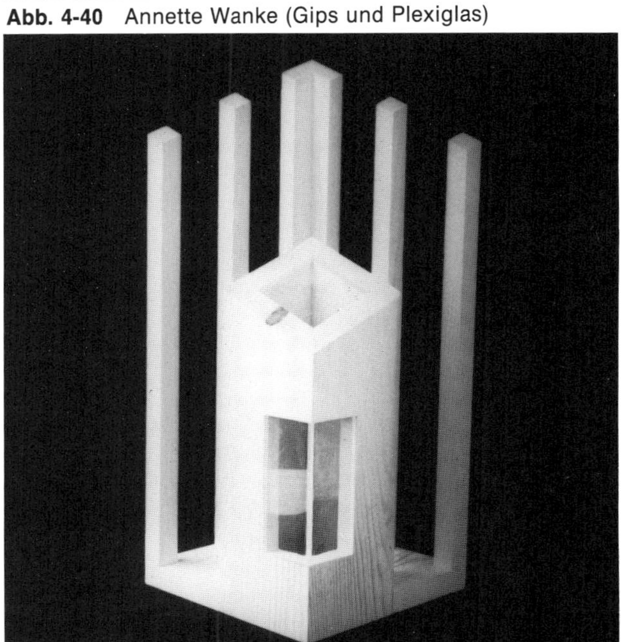

**Abb. 4-41** Karl-Heinz Biedermann (Holz und Glas)

## 4.5.5 THEMA: HOHLKÖRPER UND UMRAUM

*Aufgabe:*

*Teil 1:* Bauen Sie einen Hohlkörper, der eine geschlossene Oberfläche besitzt. Diese soll an einer oder an mehreren Stellen so durchsichtig sein, daß der Hohlraum sichtbar wird. Die Außenform soll gegliedert sein. Sie soll aufrecht stehen, d. h. höher als lang und breit sein. Besonderer Wert ist auf die Gestaltung des oberen Abschlusses der Form zu legen.

*Teil 2:* Stellen Sie den Hohlkörper in einen ihm entsprechenden Umraum. Dieser Raum soll durch plastische Mittel eindeutig definiert sein. Er muß eine Randform eine Grenze aus plastischen Formen besitzen.

*Hinweis:* Hohlkörper und Umraum sind als formale Einheit aufzufassen und darzustellen. Sie können aus zwei Teilen bestehen.

*Material:* Holz, Metall, Gips, Gasbeton, Folien, Glas, Drahtgitter u. a.

*Farbe:* weiß oder helle Materialfarbe

*Bearbeitungszeit:* Teil 1: drei Tage, Teil 2: drei Tage

**Beispiele: Abb. 4-33** bis **4-41**

**Ausführung:**

Für die Ausführung gilt das zum ersten Thema Gesagte entsprechend. Da alle Materialien, die sich eignen verwendet werden dürfen, besteht die Schwierigkeit der richtigen Materialwahl. Eine handwerkliche und gestalterische Schwierigkeit entsteht beim Zusammenstoß von zwei verschiedenen Materialien am Übergang von durchsichtigen zu undurchsichtigen Oberflächenteilen.

**Beurteilung:**

Kriterien für die Beurteilung sind: Gestalt und formale Logik des Hohlkörpers. 2. Formale Bewältigung der Materialwechsel und Übergänge. 3. Eindeutigkeit des Hohlkörpers. 4. Übergang vom Hohlkörper zum Umraum. 5. Eindeutige plastische Grenzbildung im Umraum und prägnante Gliederung. 6. Handwerkliche Ausführung.

Sprechen Sie mit anderen über Ihre Arbeit und versuchen Sie, mit anderen Arbeiten zu vergleichen.

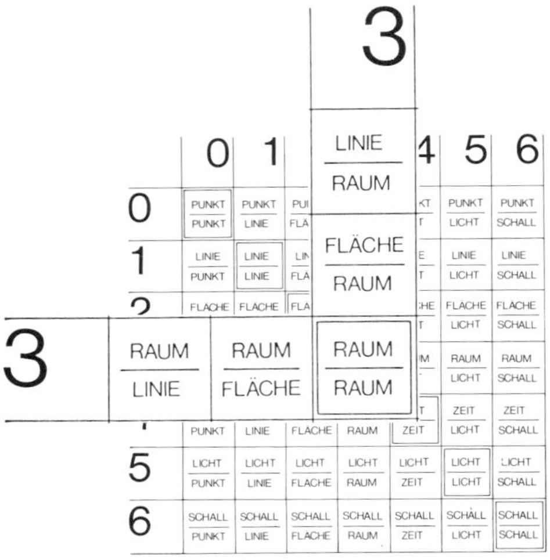

**Abb. 5-1** Frank Lange (Stoff, Watte, Holz und Bindfaden) – Platz und Plastik

# 5 Raum

Raum ist in der Architektur ein Grundbegriff. Als solcher ist er aber sehr allgemein und muß, wenn er untersucht werden soll, genauer festgelegt werden.
Im morphologischen Überblick wurden Körper und Raum als dreidimensionale Phänomene eingeordnet. Im Kapitel Leibraum war dann von Raum die Rede, von Ordnungen und Beziehungen, ausgehend von der leiblichen Raumerfahrung des Menschen.
Die Urakte und Urbilder in der Architektur waren ein erster Schritt zur Konkretisierung leib-räumlicher Strukturen im Bereich der Architektur. Nun soll in einem zweiten Schritt die weitere Eingrenzung auf Raumphänomene im Bereich der Architektur vorgenommen werden indem Außenraum, Innenraum und Zwischenraum an typischen Partituren und Arbeitsergebnissen verdeutlicht werden und zur eigenen Arbeit anregen sollen.

## HILFSMITTEL

**Hilfsmittel (subjektiv)**

Interesse am Studium räumlicher Phänomene im Bereich der Architektur.

Inhalte: Kennenlernen und Darstellen architektonischer Raumgestalten. Entdecken und Anwenden der typischen Gestaltungsprinzipien
Ziele: Aufbau von Raumgestalten im Modell und Fähigkeit zur Beurteilung architektonischer Raumkonzepte und ihrer Ausführung.

**Hilfsmittel (objektiv)**

Informationen zu Raumgestalten in der Architektur, Partituren, Material, Werkzeuge, Arbeitsmethode, Räume etc.

**Literatur:**


*Meisenheimer,* Wolfgang: Der Raum in der Architektur, Diss. Aachen 1964

*Schumacher,* Fritz: Der Geist der Baukunst, Tübingen 1956

*Schwarz,* Rudolf: Von der Bebauung der Erde, Heidelberg, 1949

**Abb. 5-2** Caracallathermen in Rom

## 5.1 Raumgestalt in der Architektur

Die gebaute Architektur in allen Teilen der Erde stellt eine Reihe verschiedener Raumvorstellungen und Raumformen konkret dar. Sie verkörpert eine Fülle räumlicher Werte und Bedeutungen. Die dabei in Erscheinung tretenden Raumphänomene haben einen anderen Charakter, als die Raumstrukturen des euklidisch geordneten dreidimensionalen Raumes (s. Seite 161 ff.). Sie sind geprägt von der grundlegenden Polarität **Innen-Außen** und von komplizierten Überlagerungen von Material, Konstruktion, Form, Funktion und Bedeutung. Ihre Ordnungen haben überwiegend topologischen Charakter. Die Verhältnisse von innen und außen, weit und eng, groß und klein, Masse und Hohlraum u. a. m. bestimmen den Raum und legen mögliche Empfindungen und Bedeutungen fest.

In **Abb. 5-3** sind diese Raumtypen an einigen Beispielen dargestellt und in einer gewissen Reihenfolge geordnet. Die lineare Reihung habe ich vermieden, weil sie nahelegen könnte, daß hier eine Entwicklung von Formen gemeint sei. Es handelt sich dabei bei den Grundtypen keineswegs um eine Entwicklung, sondern um Raumkonzepte, die zu allen Zeiten vorhanden waren und im einzelnen zu verschiedenen Zeiten weiterentwickelt worden sind. Innenraum, Zwischenraum und Außenraum wurden immer neu geprägt und in ihren Gestalten ausdifferenziert, wobei im Laufe der Geschichte Schwerpunkte gebildet wurden, die wiederum durch Weltanschauung, Formempfinden, Material und technisches Können bestimmt wurden. Wie sehr dabei der geistige Hintergrund eine Rolle spielt, mag daran deutlich werden, daß im klassischen Griechenland für alle bedeutenden Bauwerke keineTonnengewölbe-Konstruktionen verwendet wurden, sondern Lasten und Tragen durch horizontales Gebälk und vertikale Mauer oder Säule dargestellt wurden, obwohl die Griechen damals das Tonnengewölbe ausgezeichnet beherrschten, wie das zwei Gewölbe in Ephesus beweisen. Die Griechen bauten Plastiken und Außenräume mit bedeutsamen Zwischenräumen. Die Römische Baukunst dagegen zeigt Innenräume und Raumverschmelzungen aus Tonnengewölben und Kuppeln wie z. B. in den Caracalla-Thermen **(Abb. 5-2).**

Jede Raumgestalt zeigt die Polarität Innen-Außen in anderer Weise: Im Zentrum der **Abb. 5-3** ist das Abbild des Menschen dargestellt: die Aufrichtung. Dieser Gestalt sind ideelle Räume zuzuordnen. In einem inneren Ring folgen Grundtypen von Architektur-Räumen, denen in einem weiteren Ring je zwei Ausprägungen zugeordnet sind. In weiteren Ringen können weitergehende Differenzierungen und Überlagerungen angeordnet werden.

Die Ausprägungen des Archteypus »Aufrichtung« sind: aufgestellter Stein, Menhir, Obelisk, Siegessäule, Denkmal, Mast, Turm. Allgemein ist er zunächst eine Steinsetzung zur Bezeichnung eines Ortes ohne Innenraum oder Hohlraum. Sein »Inneres« ist geistiger Art. Der Stein steht für einen Menschen oder für eine Gruppe von Menschen. Er repräsentiert sie an einem bestimmten Ort und beherrscht einen Umraum, der völlig offen bleibt, unbegrenzt und so auch ein äußeres geistiger Art mitbezeichnet. Er ist Mal-Stein und beschwört eine Situation oder eine Handlung. Der Turm als Raumkonzept ist zunächst eine Röhre. Häufig ist er Treppenturm. Im gewendelten Innenraum, der räumlichen Spirale, wird seine Raumwirkung großartig gesteigert.

**1** Die *Höhle* ist der Archetypus des Innenraums. Von Menschen vorgefunden oder in Fels gehauen und als Raum genutzt, ist sie eine Architekturgestalt. Ihr typisches Merkmal ist, daß innen und außen getrennte Bereiche sind insofern als die innere Raumgestalt keiner äußeren Baugestalt entspricht.

Das Außen ist Natur und Landschaft, bedeutsam als Lebensraum, der Nahrung usw. gibt und bedrohlich werden kann, wenn man ihm schutzlos ausgeliefert ist. Im Inneren dagegen ist man geborgen, man taucht unter die Erdoberfläche in geheimnisvolle Dunkelheit, die künstlich belichtet werden muß. Die Beziehung zum vorgeburtlichen Leben im Mutterleib ist ganz eindeutig. Die Höhle behält immer etwas urtümliches, sie ist ein Ort der Versenkung, der Meditation im Dunkel, ganz im Gegensatz zum Berg der Erleuchtung und Verklärung.

**2** Eine andere, sehr ursprüngliche Raumgestalt ist der sakrale Grabbau, die *Mastaba,* die den Archetypus »Berg« als Stufenbau darstellt. Sie ist am prägnantesten in den ägyptischen Pyramiden dargestellt, bei denen in einer riesigen Steinmasse die streng wie ein Kristall geformt ist und den Umraum geometrisch ordnet, einige Gänge und Grabkammern liegen, die winzig sind im Verhältnis zur Baumasse. Diese Innenräume werden nur bei der Bestattung benutzt. Dann liegt der Tote in Särgen verpuppt wie ein Insekt und wartet auf ein neues Leben. Die majestätische Außenform erhebt sich als künstlicher Berg in der Wüste und symbolisiert die Verbindung mit der Götterwelt im transzendenten Raum. Bewohnte »Bergbauten«, die denen der Innenraum in etwa der Außenform des Baukörpers entspricht, die Masse des Materials aber so groß oder größer ist wie der Innenraum, sind meist Kragkuppelbauten wie die Nuraghen auf Sardinien oder die Trulli in Süditalien.

**3** Eine nächste Gruppe von Raumformen entsteht durch den Bau von *Mauern.* Material wird zu Scheiben geschichtet oder gegossen, die senkrecht auf dem Erdboden stehen. Die Grundrisse sind meist rechteckig, seltener vieleckig, rund oder oval. Öffnungen werden klein gehalten. Die Decken sind im allgemeinen horizontal angeordnet.

Die so entstehende Form des Quaders wurde im Prinzip bis heute beibehalten und in vielfältigen Varianten benutzt. Sie entspricht den euklidischen Sehgewohnheiten und der Vierteilung als Ordnungsprinzip.

Typisch für die Raumform ist ein hohes Maß an Ordnung und gute »Lesbarkeit«. Ihr Charakter ist verhältnismäßig neutral. Sie wird für einfache und für hohe Ansprüche benutzt.

**4** Ein anderer Typus von Raum entsteht durch die *Wölbung:* der Tonnen- oder Kuppelgedeckte Raum. Hier wird der Rechteckraum nach oben ausgestülpt. Er wird nach oben hin unfaßbarer, weil die Wölbung Wände und Decke verschmilzt. Die Wölbung wird dann benutzt, um mehrere Räume miteinander zu verschmelzen. Im Inneren überzogen mit Farbe z. B. in den mittelalterlichen Kirchen von Ravenna und später in den Barockkirchen und -Schlössern werden die Raumverschmelzung und die Unfaßbarkeit der Raumdimensionen zu einem Höchstmaß gesteigert.

Die Wölbung erlaubt es, weniger Material zu verwenden und die Wände zu öffnen. In der Gotik wird der Innenraum durch Überhöhe und durch Reihung von Gewölbehallen ungeheuer weit. Das geht parallel mit der Auflösung der Wand in Pfeiler, deren Zwischenräume als bunte Glasteppiche leuchten und im Inneren ein geheimnisvolles Halbdunkel schaffen. Durch die Reihung von Säulen und Pfeilern im Inneren solcher Bauten entstehen Zwischenräume im Innenraum.

**5** Nicht so sehr vom Innenraum als vielmehr vom Zwischenraum sind Räume geprägt, die durch *Stabwerke* verschiedener Art gebildet werden. Hier ist der Raum nicht völlig umschlossen sondern als Zwischenraum zwischen Objekten – stabförmigen Baugliedern, festgelegt.

**Abb. 5-3** Schema der Raumgestalt in der Architektur

Das Skelett zeigt den Verlauf der tragenden Struktur als Gitter im Gegensatz zur geschlossenen Haut der Schale. Allerdings läßt sich auch die Schale zur Gitterschale auflösen.
Fachwerkbauten und Raumgitter sind typische Beispiele dieser Raumbildung. Die erzeugten Räume sind gut lesbar, wenn das Fachwerk geschlossen wird und dann als gegliederte Fläche erscheint. Räumliche Gitter sind sehr verwirrend trotz ihres hohen Ordnungsgrades. Sie sind aber auch gerade dadurch von hohem Reiz.

**6** Unter den Typen des Innenraums fehlt nun noch die *Halle,* bei der ein Maximum an Raum mit einem Minimum an Masse erreicht wird. Tragsystem und Außenhaut, also raumbildende Begrenzung, sind identisch: Eine »Haut« umschließt den Innenraum. Solche Raumformen wurden als Schalen, Flächentragwerke, Faltwerke und luftgetragene Membrane gebaut. Der Innenraum entspricht dabei genau der äußeren Form und diese ist wiederum so geformt wie die Kräfteverläufe in ihr es dem Material entsprechend erfordern. Unverfälscht ist sie immer eine Ganzheit und in sich abgeschlossen mit Symmetrieachse oder Zentrum.

**7** Der Zwischenraum tritt noch deutlicher in Erscheinung bei Baugestalten, die durch *Spannen von Seilen und Häuten* erzeugt werden. Hier wird die raumumschließende Fläche bzw. das Material noch weiter reduziert. Zelte und Seilnetzkonstruktionen, aber auch Hängewerke verschiedener Art zeigen diesen Typus der Raumgestalt.
Bei den zeltartigen Bauten wird ein Stück Gelände überspannt. Die Erdoberfläche wird vom Spannsystem nur an einigen Punkten berührt, aber nicht verändert. Der Blick kann in großen Bereichen ungehindert in die Weite, den Außenraum, gehen. Der Zwischenraum zwischen Dach und Boden bestimmt den Charakter des Raumes. Typisch für so beschaffene Räume ist auch die Weite im Bauwerk selbst, die durch große Spannweiten erzielt wird.

**8** Bei Raumgestalten, die zum Typus *Platz oder Spielfeld* gehören, wird der Zwischenraum durch plastische Formen wie Wand, Wall, Graben, Pfahl, Säule u. ä. definiert und von der Umgebung abgegrenzt. Ein Dach fehlt ganz. Architekturplätze wie z. B. der Markusplatz in Venedig lassen den Zwischenraumcharakter bei großer Geschlossenheit der Gesamtform sehr deutlich erkennen. In der Sport-Arena wird die Geschlossenheit durch Kreis- oder Oval-Form noch stärker betont.

Sehr viel offener sind die Zwischenräume bei Straßen, die eng wie in der Stadt oder weit wie die Autobahn in freier Landschaft sein können.
Ganz offen wird der Raum bei Feldern wie z. B. Spielplätzen oder Rollfeldern. Sie sind ganz dem Außenraum verhaftet.
Die Kultivierung und Gestaltung des Außenraumes in der Gartenarchitektur z. B. des Barock, hat zu Parkanlagen geführt, die eine Fülle von Raumerlebnissen anbieten. Hier werden topologische und euklidische Raumkonzepte geschickt miteinander verbunden wie das z. B. in Herrenhausen noch zu sehen ist. Zur Orientierung erscheinen im Außenraum plastische Figuren verschiedener Art wie sie oben beschrieben sind.

Zusammenfassend können drei grundlegende räumliche Phänomene festgehalten werden, die zu verschiedenen Typen von Raumgestalten in der Architektur führen:

der **Außenraum**
der **Innenraum** und
der **Zwischenraum.**

In den gebauten Formen bestehen immer relative Beziehungen zwischen diesen Phänomenen; denn alle drei haben an einem Bauwerk gleichzeitig Anteil, und nur in den Extremfällen wie z. B. der Höhle oder dem freien Feld wird eines der Phänomene nicht mehr spürbar.
Die ableitbaren Gestaltungsprinzipien haben folgende Grundstrukturen:
Das Außenraumprinzip betrifft die Ausgangsposition des Menschen. Es bedeutet Isolierung einer Figur in der Weite. Die Orientierung der Figur ordnet diesen Außenraum. Hilfsmittel zur Orientierung ist z. B. der Kompaß und seine Einteilung und die Gliederung der Erdoberfläche in Längen- und Breitengrade.
Das Innenraumprinzip erzeugt geschlossene Hüllen. Je dicker und massiger die Hüllen werden, desto innerlicher und urtümlicher wird der Innenraum. Wenn die Hüllen aufgelöst werden, wird der Raum gegliedert, er wird offener und leichter erfaßbar.
Das Zwischenraumprinzip erzeugt isolierte Bauteile mit Ding-Charakter. Der Raum wird geordnet durch plastische Einzelformen. Sein Charakter wird bestimmt durch die Masse der Bauteile und ihre Abstände. Für die konkreten Gestaltungsvorgänge im Bereich der Architektur spielen die menschliche Körpergröße, die Reichweite der Sinnesorgane, die Grundstrukturen des Verhaltens und die Eigenschaften von Materialien und Konstruktionen eine entscheidende Rolle.

## 5.2 Partituren

In den folgenden Partituren und Beispielen wird versucht, anhand von plastischen und räumlichen Modellen Raumphänomene zu studieren. Es handelt sich dabei nicht um Architektur-Modelle, sondern um formalästhetische Untersuchungen zu den Phänomenen »Feld und Figur«, »Zwischenraum«, »Innenraum als Sehraum« und »Innenraum als Tastraum«. Solche Untersuchungen ersetzen niemals die Anschauung und das Erlebnis eines tatsächlich begehbaren Innenraumes! Die typischen Phänomene und Merkmale von

**Abb. 5-4** Petra Zeimet (Wellpappe + Moltofill)

**Abb. 5-5** Petra Zeimet (Wellpappe + Moltofill)

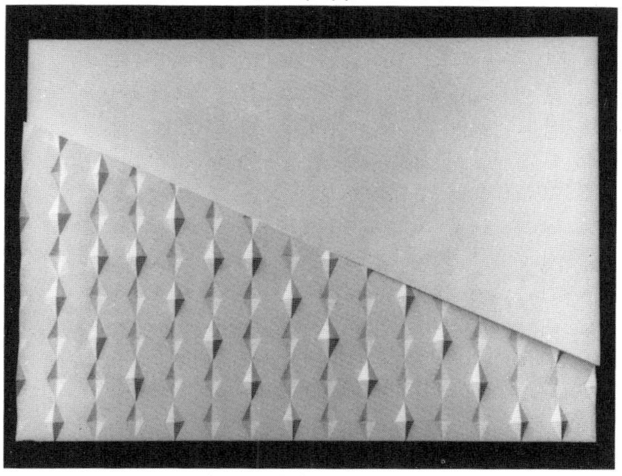
**Abb. 5-6** Uwe Großpietsch (Gips)

**Abb. 5-7** Uwe Großpietsch (Gips)

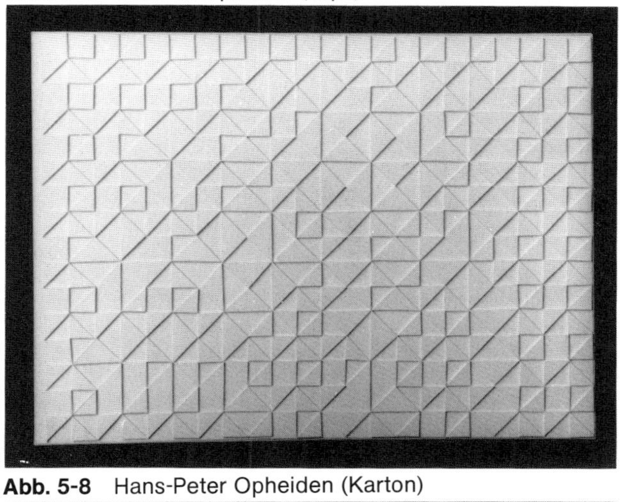
**Abb. 5-8** Hans-Peter Opheiden (Karton)

**Abb. 5-9** Hans-Peter Opheiden (Karton)

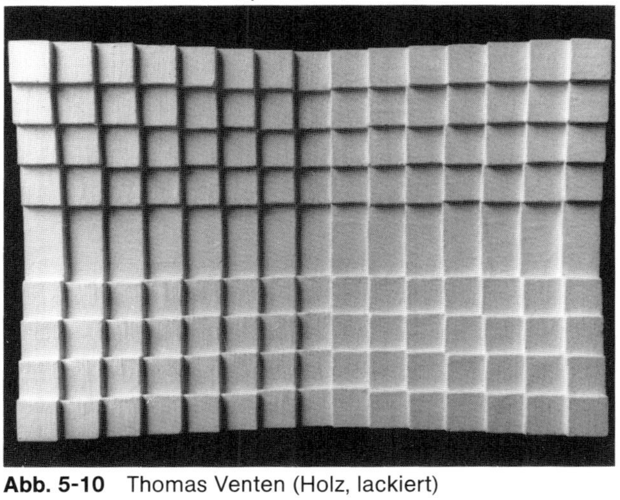
**Abb. 5-10** Thomas Venten (Holz, lackiert)

**Abb. 5-11** Thomas Venten (Holz, lackiert)

topologischen Raumsituationen werden aber sehr wohl anschaulich.

## 5.2.1 THEMA: RELIEF – PLASTIK

*Aufgabe:* Teil 1
Bauen Sie ein Relief aufgrund einer einfachen Teilung der Fläche in gleiche oder ähnliche Teile.
*Größe:* 42 × 59,4 cm (DIN A 2)
*Farbe:* weiß
Teil 2
Zeichnen Sie mit Bleistift das fertige Relief in derselben Größe indem Sie für jede Höhe einen bestimmten Grauton einsetzen.
Teil 3
Fügen Sie in das Relief eine Plastik ein, die entweder mit derselben Struktur aus dem Relief herauswächst oder aber durch ihre plastische Ausbildung einen Gegensatz zu dem Relief darstellt.
*Material:* Karton, Gips, Pappe und Moltofill, Holz
*Farbe:* weiß
*Hinweis:* Beachten Sie daß die Plastik ein eigenständiger Körper ist und formal einen oberen Abschluß braucht. Gegenstände und Formen, die an Gegenstände erinnern sind als Plastik zu vermeiden.
*Bearbeitungszeit:* Teil 1: drei Tage, Teil 2: ein Tag, Teil 3: zwei Tage

**Ausführung:**

Kenntnisse über Material und Arbeitstechniken werden aus den vorangegangenen Übungen vorausgesetzt. Für Teil 1 können Sie eine beliebige Aufteilung der Fläche wählen. Sie sollte eine logische Ordnung aufweisen. Beachten Sie beim Relief die Übergänge von einer Ebene zur anderen. Wenn die Höhenunterschiede gering sind (2–3 mm), gibt es keine Schwierigkeiten. Bei größeren Höhenunterschieden sollte die Höhendifferenz plastisch geformt werden und nicht einfach senkrecht verlaufen wie eine Stufe. Bedenken Sie die Abhängigkeit zwischen Form und Material, wenn Sie sich für die Ausführung entscheiden müssen.

**Beurteilung:**

Kriterien für die Beurteilung sind: 1. Struktur und Form des Reliefs, 2. Bei der Darstellung des Reliefs die Differenzierung der Graustufen, 3. Formale Einheit von Plastik und Relief, 4. handwerkliche Ausführung. Erklären Sie Ihre Arbeit nach den genannten Kriterien und den einzelnen Punkten der Aufgabenstellung.
**Beispiele: Abb. 5-4** bis **5-11**

## 5.2.2 THEMA: PLATZ UND PLASTIK

*Aufgabe:* Teil 1
Bauen Sie einen Platz bzw. ein Spielfeld. Es soll durch plastische Mittel (Einteilung in Felder, Höhenunterschiede) gegliedert sein und eine plastisch ausgebildete Begrenzung, einen Rand besitzen.

**Abb. 5-12** Hansjörg Köhler (Wellpappe + Moltofill)

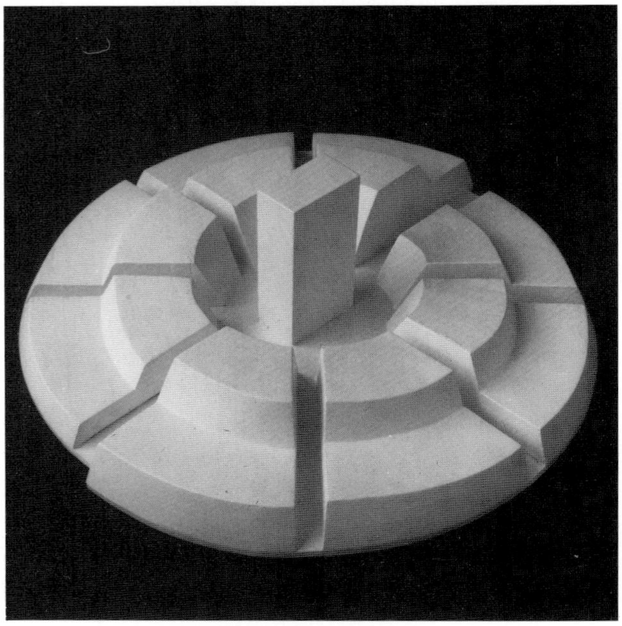

**Abb. 5-13** Jürgen Reske (Holz, lackiert)

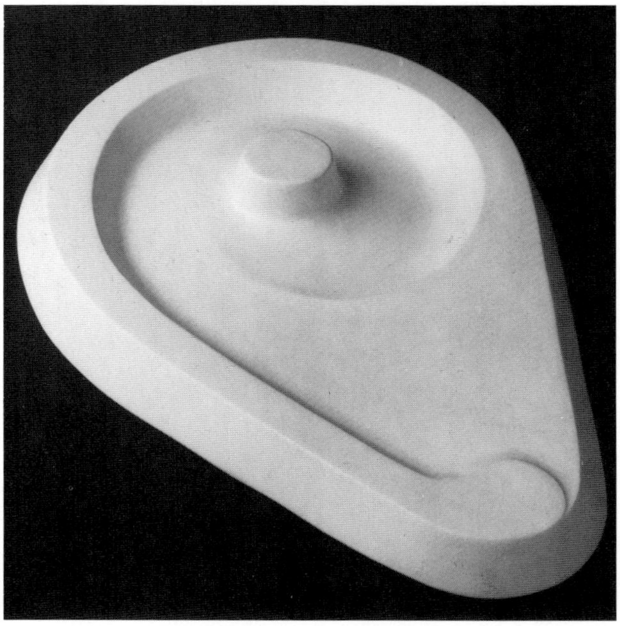

**Abb. 5-14** Johannes Klomp (Holz, lackiert)

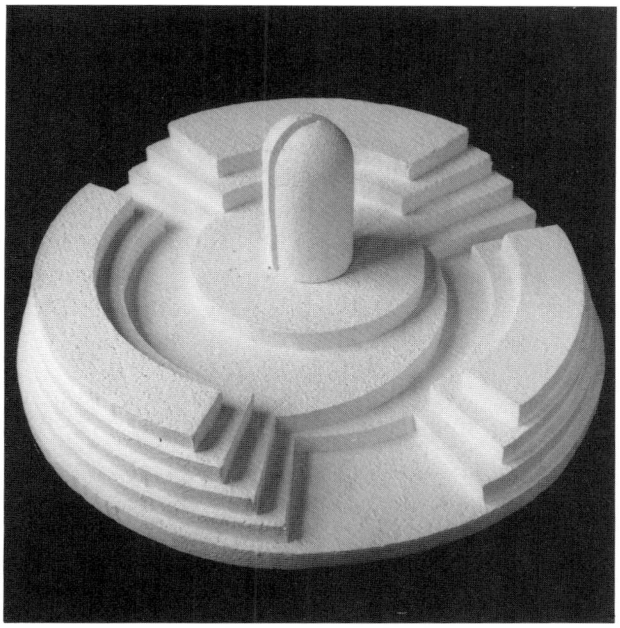

**Abb. 5-15** Susanne Schwingen (Styropor)

**Abb. 5-16** Ursula Hufen (Karton)

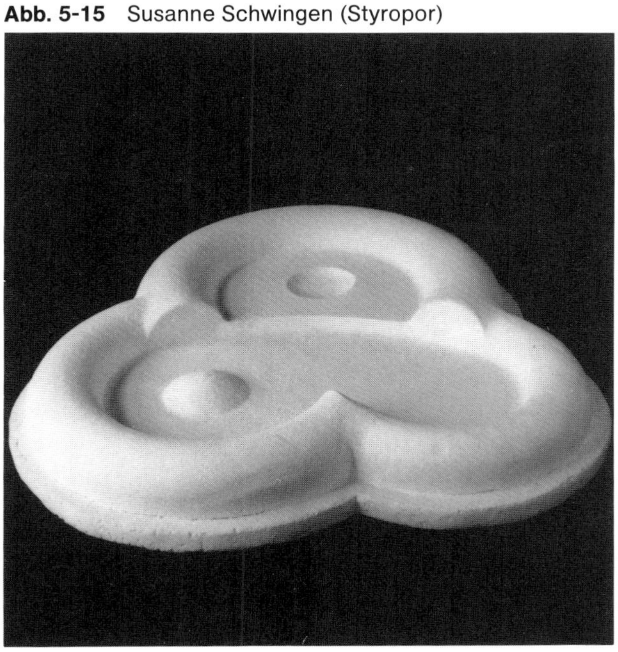

**Abb. 5-17** Petra Schumacher (Gips)

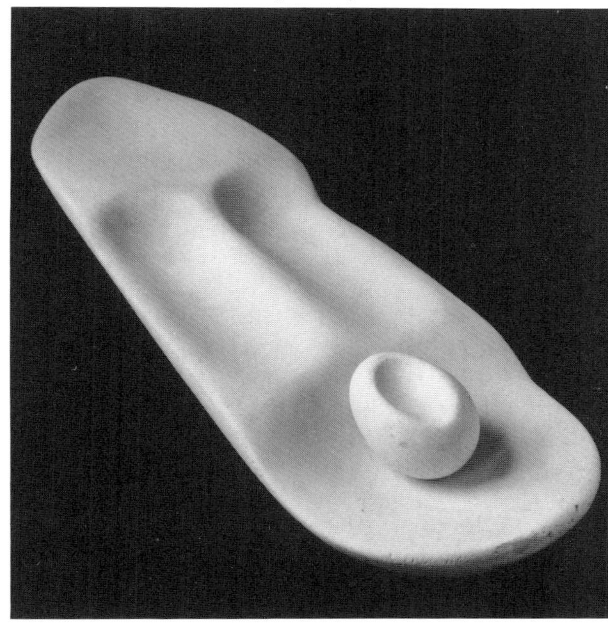

**Abb. 5-18** Michael Hüsgen (Gasbeton + Moltofill)

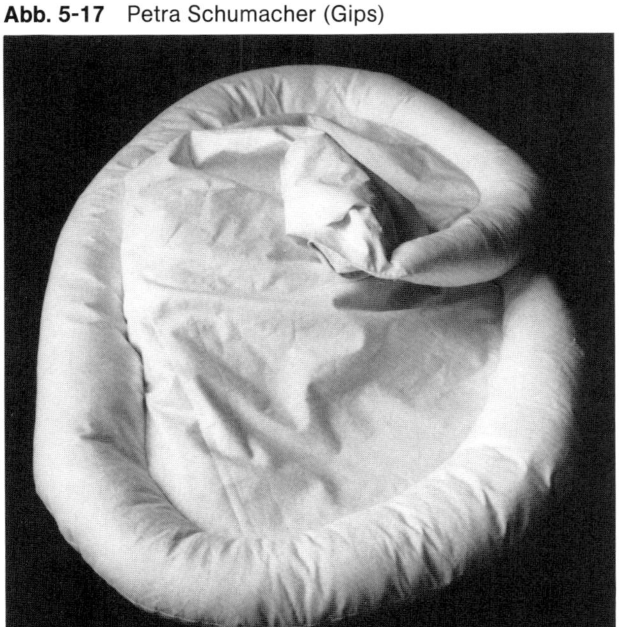

**Abb. 5-19** Gertrud Vüllings (Stoff)

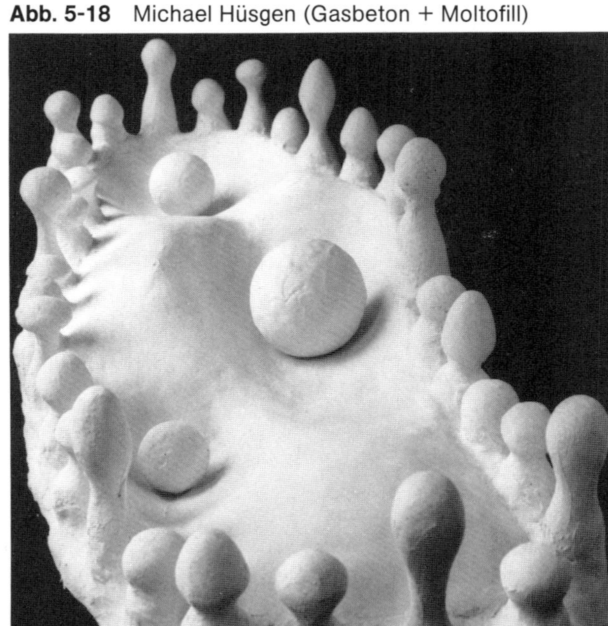

**Abb. 5-20** Helmut Wesser (Wellpappe + Moltofill)

*Größe:* ein viertel Quadratmeter in beliebiger Form
*Material:* Holz, Karton, Moltofill, Gips
*Farbe:* weiß

Teil 2

Bauen Sie auf diesem Platz eine bis drei plastische Formen auf. Sie sollen

*Merkmale:*

1. den Charakter des Platzes unterstützen bzw. bestimmen.
2. geschlossene Oberfläche besitzen
3. in der Größe dem Platz entsprechen
4. wenn mehrere plastische Formen gewählt werden, gleich oder ähnlich aus einer Grundform entwickelt sein.
5. eindeutige Formenentwicklung am oberen und unteren Abschluß aufweisen.
6. massive Körper aus beliebigem Material sein
7. wie der Platz weiß sein.

*Hinweis:* Die Plastiken können lose oder mit dem Grund verbunden aufgestellt werden.

*Bearbeitungszeit:* Teil 1: vier Tage, Teil 2: zwei bis drei Tage

**Ausführung:**

Entwickeln Sie zunächst in Arbeitsmodellen aus Ton verschiedene Varianten für Platzformen und deren Gliederung. Versuchen Sie, im Arbeitsmodell plastische Formen aufzubauen, die die Platzform steigern. Beachten Sie, daß das Auge am Arbeitsmodell kleine Formfehler korrigiert, die, wenn sie direkt in das große Modell übertragen werden, deutlich stören. Nehmen Sie sich viel Zeit zum Studium von Randzonen und plastischen Ausbildungen von Grenzen.

**Beurteilung:**

Kriterien für die Beurteilung sind die Bedingungen in der Aufgabenstellung. Es gelten auch die Kriterien der Beurteilung der vorangegangenen Aufgabe.
**Beispiele Abb. 5-1** und **Abb. 5-12** bis **5-20**

5.2.3 THEMA: PLASTIK – ZWISCHENRAUM

*Aufgabe:* Bauen Sie drei plastische Formen, die Variationen einer Grundform darstellen. Wählen Sie eine rechteckige oder kreisrunde Plattform und stellen Sie die Plastiken einander so gegenüber, daß Zwischenräume größter Spannung entstehen.

*Hinweis:* Der Grund, auf dem die Plastiken stehen, soll von Ihnen als »Bühne des Geschehens« so gebaut sein, daß durch Höhenunterschiede und Übergänge die Spannung unterstützt wird.

*Material* beliebig. Die Oberfläche der Körper sollen geschlossen sein, sie können massiv sein.

*Farbe:* weiß oder Farbe des Materials.

*Größe* Plattform: ein viertel Quadratmeter

*Bearbeitungszeit:* vier Tage

**Abb. 5-21** Klaus Kette

**Abb. 5-22** Ursula Striebel

**Abb. 5-23** Walter Voss (Weißblech, gelötet)

**Abb. 5-24** Bernd Behrens (Karton)

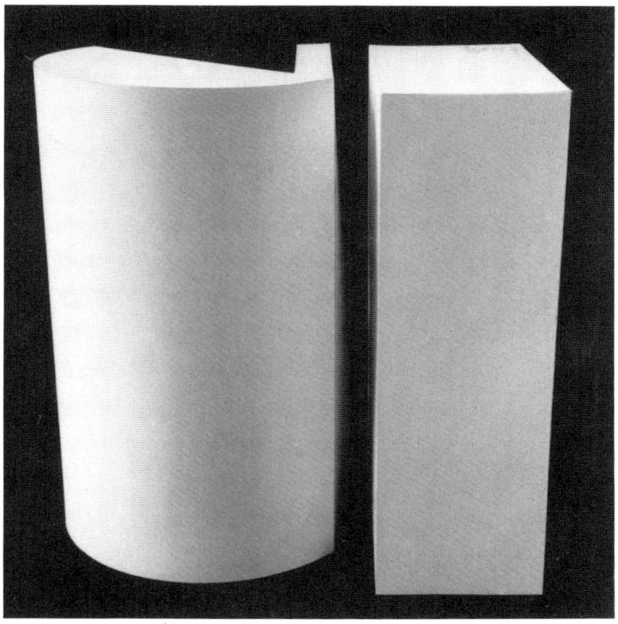

**Abb. 5-25** Bernd Behrens (Karton)

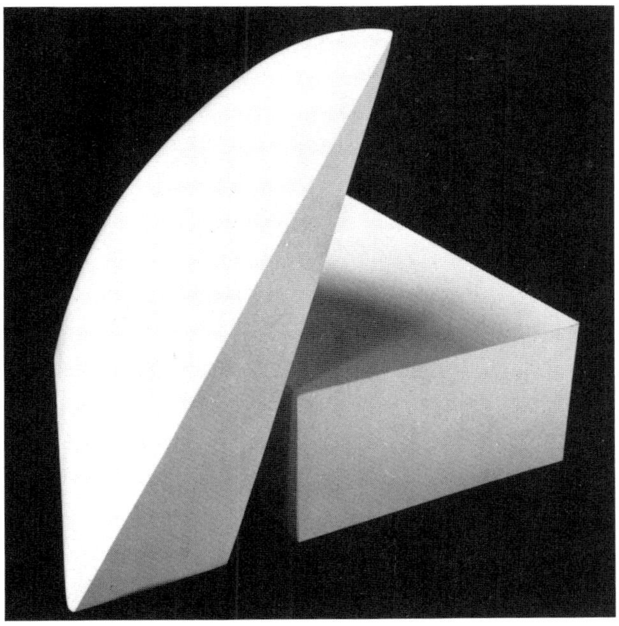

**Abb. 5-26** Ulrike Dürr (Wellpappe + Moltofill)

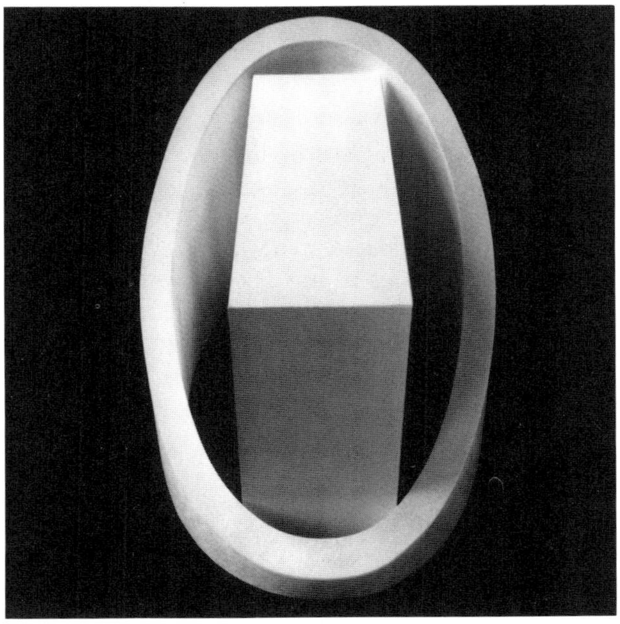

**Abb. 5-27** Peter Posch (Karton)

**Abb. 5-28** Thomas Dreist (Holz + Messingscharniere)

**Abb. 5-29** Barbara Jüntgen (Karton)

**Ausführung:**

Entwickeln Sie – im Gegensatz zur vorangegangenen Aufgabe – zuerst die plastischen Formen. Studieren Sie an Arbeitsmodellen aus Ton oder Papier Formen und Zwischenräume bzw. Spannungen zwischen Körpern. Machen Sie Versuche mit Gegensätzen: konvex – konkav, kantig – rund usw. Beachten Sie, daß Sie keine inhaltlichen Spannungen aufbauen, sondern im formalen Bereich bleiben. Inhaltliche Spannungen treten dann auf, wenn Sie z. B. Gegenstände in Beziehung bringen.

**Beurteilung:**

Kriterien der Beurteilung sind: 1. Form der Plastiken, ihre Eigenständigkeit und Qualität der Variantenbildung, 2. die Spannung zwischen den Plastiken, 3. die Einheit von Grund und Figuren, 4. die handwerkliche Ausführung. Sprechen Sie über Ihre Arbeit und erklären Sie, was Sie gemacht haben.
**Beispiele Abb. 5-21** bis **5-23**

### 5.2.4 THEMA: ZWISCHENRAUM – POLARITÄT

*Aufgabe:* Bauen Sie eine plastische Form, die zu einem vorgegebenen Quader von 14 × 28 × 42 cm (1:2:3) einen polaren Gegensatz bildet. Stellen Sie die Plastik dem Quader so gegenüber, daß ein Maximum an Spannung erzeugt wird. Die Lage des Quaders können Sie frei wählen.
*Material:* Holz, Gips, Karton, Gasbeton
*Farbe:* weiß
*Hinweis:* Die Oberfläche der Plastik soll geschlossen sein. Die Grundfläche ist horizontal anzunehmen.
*Bearbeitungszeit:* fünf Tage

**Ausführung:**

Entwickeln Sie Lösungen am Arbeitsmodell aus Ton oder Plastillin. Beachten Sie, daß der vorgegebene Quader bestimmte Ordnungsmerkmale besitzt. Versuchen Sie, verschiedenartige Polaritäten plastisch darzustellen.

**Beurteilung:**

Kriterien der Beurteilung sind: 1. die plastische Form der polaren Plastik, 2. die Gesamtgestalt, 3. die Spannung zwischen den Plastiken, 4. die Form des Zwischenraumes, 5. die handwerkliche Ausführung. Vergleichen Sie Ihre Arbeit mit anderen Lösungen. Sprechen Sie über Ihre Arbeit und den Arbeitsprozeß.
**Beispiele: Abb. 5-24** bis **5-29**

### 5.2.5 THEMA: RAUM UND LICHT

*Aufgabe:* Bauen Sie das Modell eines Raumes (etwa im Maßstab 1:10) der durch Öffnungen mit Tageslicht belichtet wird.

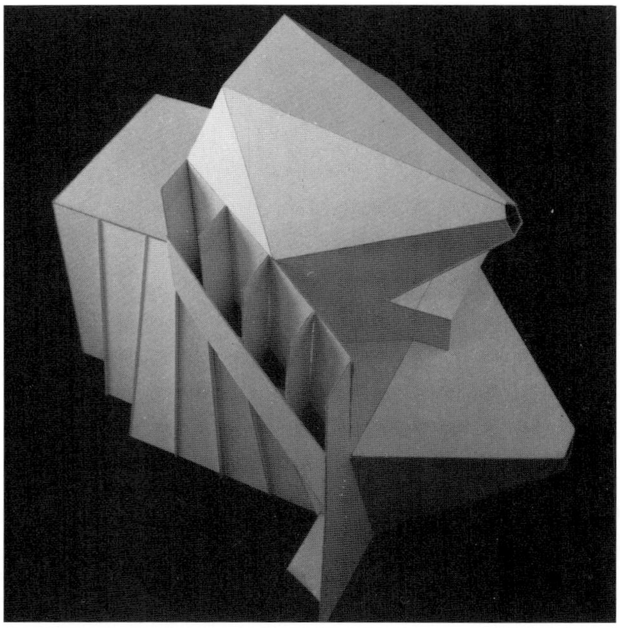

**Abb. 5-30** Falk Sagel (Pappe)

**Abb. 5-31** Inneres von Abb. 5-30

**Abb. 5-32** Anne Dmytryk – Innenraum

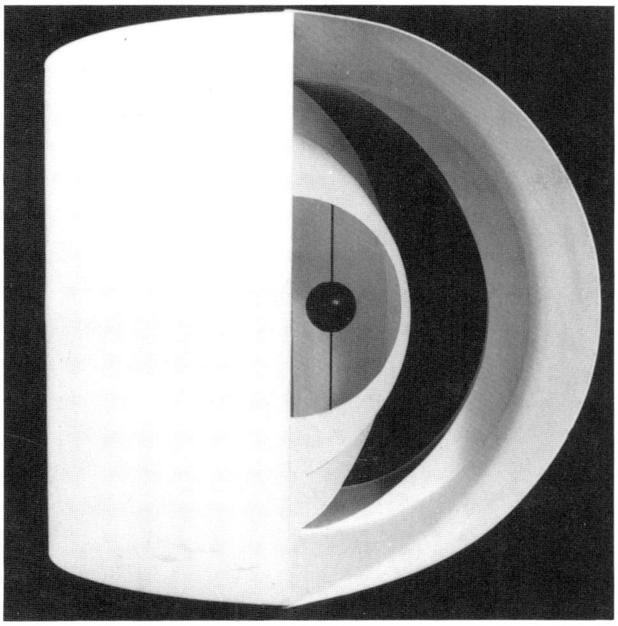

**Abb. 5-33** Rainer Bals (Karton)

**Abb. 5-34** Inneres von Abb. 5-33

**Abb. 5-35** Hans-Peter Opheiden (Karton)

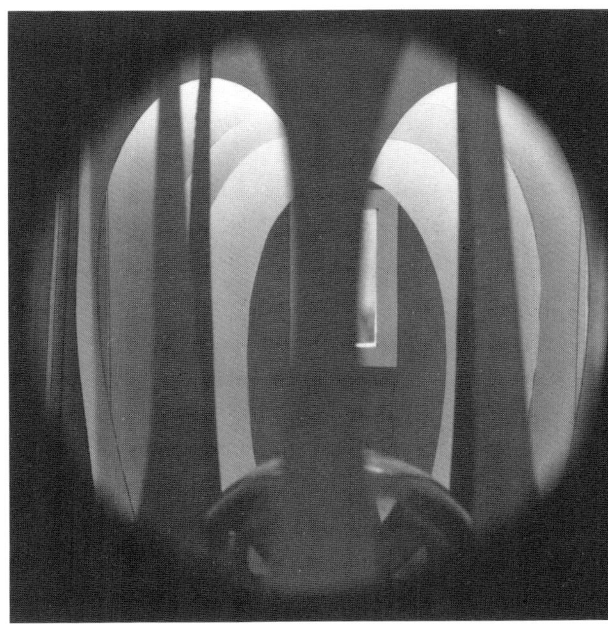

**Abb. 5-36** Inneres von Abb. 5-35

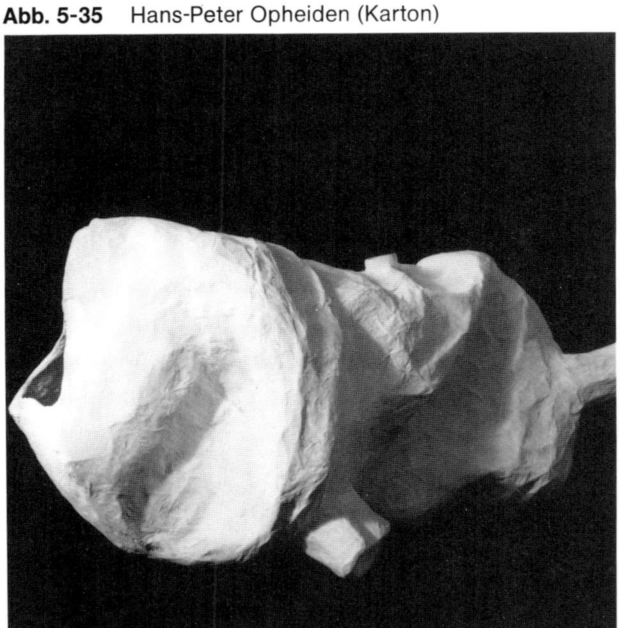

**Abb. 5-37** Jürgen Wiedemann (Pappmaché)

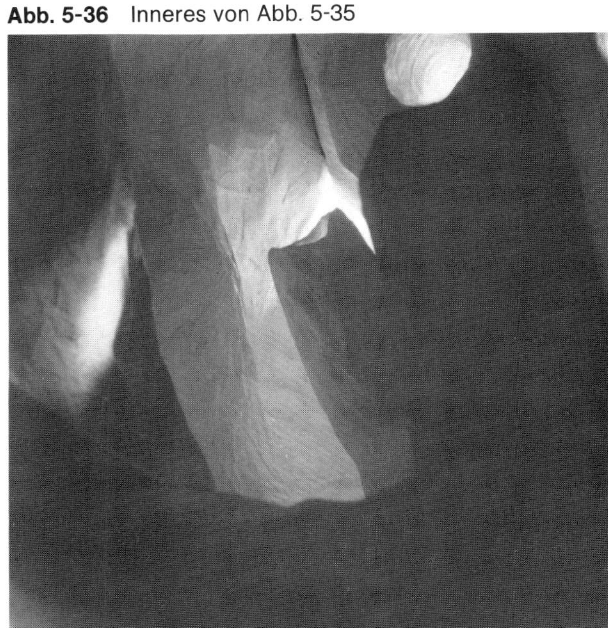

**Abb. 5-38** Inneres von Abb. 5-37

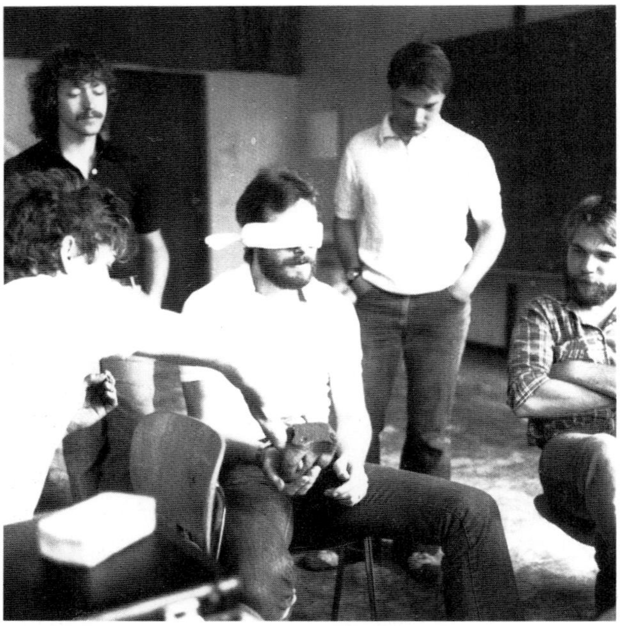

**Abb. 5-39** Tasten von Gegenständen

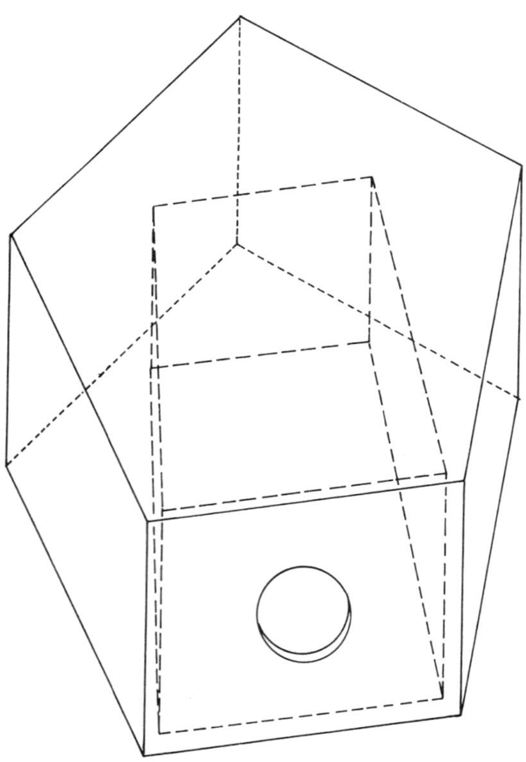

**Abb. 5-40** Hans-Georg Heger. Konstruktion aus Sperrholzplatten. Innenraum läuft konisch nach hinten zusammen. Tastqualitäten von vorn nach hinten: warm–kalt, rauh–glatt, durch verschiedene Bleche und Oberflächen. Rückwand poliertes Blech

Decke, Wände und Boden können zur Raumdifferenzierung und »Lesbarkeit« als Relief ausgebildet werden. Beachten Sie die Strukturen der Oberflächen bei entsprechendem Lichteinfall.
Durch eine sparsame »Möblierung« mit einfachen plastischen Formen (z. B. Würfel) kann der Raum ebenfalls gegliedert werden.

*Hinweis:* Beachten Sie, daß die Wände nicht unabsichtlich durchscheinend sind und daß die Dicke der Wände für den gerichteten Lichteinfall benutzt werden kann bzw. von Einfluß ist. Versuchen Sie herauszufinden, mit wie wenig Licht Sie auskommen können!

*Material:* Karton oder Holz

*Farbe:* Beliebig. Sie können auch farbiges Licht benutzen (sparsam).

*Größe:* Die Größe des Modells muß so sein, daß Sie mit dem Auge den Raum durch Gucklöcher (Durchmesser ca. 5 cm) wahrnehmen können. Der Abstand zur nächsten erkennbaren Form im Inneren muß mindestens 30 cm betragen. Spiegel können die Raumwirkung erhöhen.

*Bearbeitungszeit:* fünf Tage

**Ausführung**

Zunächst ist es unbedingt erforderlich, daß Sie Ihre Vorstellung von Innenräumen als genutzten Räumen aufgeben. Es handelt sich hier um Innenraum in einem ganz elementaren Sinn. Man muß also in Ihrem Modell nicht einen Bewegungsraum für Menschen sehen. Die Studie befaßt sich mit dem Spiel von Licht und Form in einem geschlossenen Raum. Versuchen Sie dieses Spiel in Skizzen aufzuzeichnen. Machen Sie Beleuchtungsversuche mit verschieden strukturierten Oberflächen. Studieren Sie was Spiegel leisten können und wie wenig Licht Sie benötigen, um einen Raum »lesen« zu können. Benutzen Sie zunächst keine Farbe.

**Beurteilung**

Kriterien der Beurteilung sind: 1. die Form der inneren Raumgestalt, 2. die »Lesbarkeit« der Raumgestalt, 3. die Belichtung, das Verhältnis von Raum und Licht, 4. die handwerkliche Ausführung.
**Beispiele: Abb. 5-30** bis **5-38**

## 5.2.6 THEMA: TASTRAUM

*Aufgabe:* Teil 1

Entwickeln Sie in Skizzen mit Materialproben einen Innenraum beliebiger Form, der nur durch Tasten wahrgenommen werden kann. Wählen Sie wenige ertastbare Merkmale aus und bringen Sie sie in einen logischen Zusammenhang.

Teil 2

Bauen Sie den Innenraum als Tastraum, der mit einer Hand oder mit zwei Händen gleichzeitig ertastet werden kann. Beachten Sie dabei die Span-

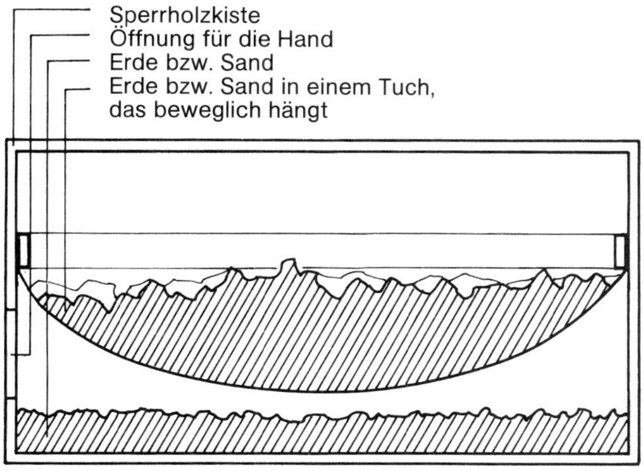


**Abb. 5-41** Horst Brandstätter

nung, die entsteht durch die sichtbare Außenform und die unsichtbare Innenform des Raumes.

*Hinweis:* Vermeiden Sie eine »Materialschlacht« und wählen Sie sinnvoll Tastqualitäten aus, die Sie in einen Zusammenhang bringen wollen.

*Material:* beliebig

*Größe:* Das Modell muß mit dem Arm ertastbar sein.

*Bearbeitungszeit:* Teil 1: einen Tag, Teil 2: drei Tage

**Ausführung**

Sammeln Sie Materialien und machen Sie Tastversuche mit geschlossenen Augen. Wählen Sie für den Raum ein Thema z. B. warm – kalt, rauh – glatt, rund – eckig, feucht – trocken u. a. m. Entwickeln Sie logische Tast-Abläufe, die die Raumwahrnehmung ermöglichen bzw. steigern.

**Beurteilung**

Kriterien für die Beurteilung sind: 1. Tastbarkeit des Raumes, 2. Logik des Tastvorganges, der durch den Aufbau des Modells herbeigeführt wird, 3. Verhältnis von Ordnung und Komplexität, 4. handwerkliche Ausführung. Vergleichen Sie den Sehraum und den Tastraum, Gestaltmerkmale des Sehraums und des Tastraums. Sprechen Sie mit Blinden über ihre Raumwahrnehmung. Vergleichen Sie verschiedenartige Tastverläufe.

**Beispiele: Abb. 5-40** bis **5-42**

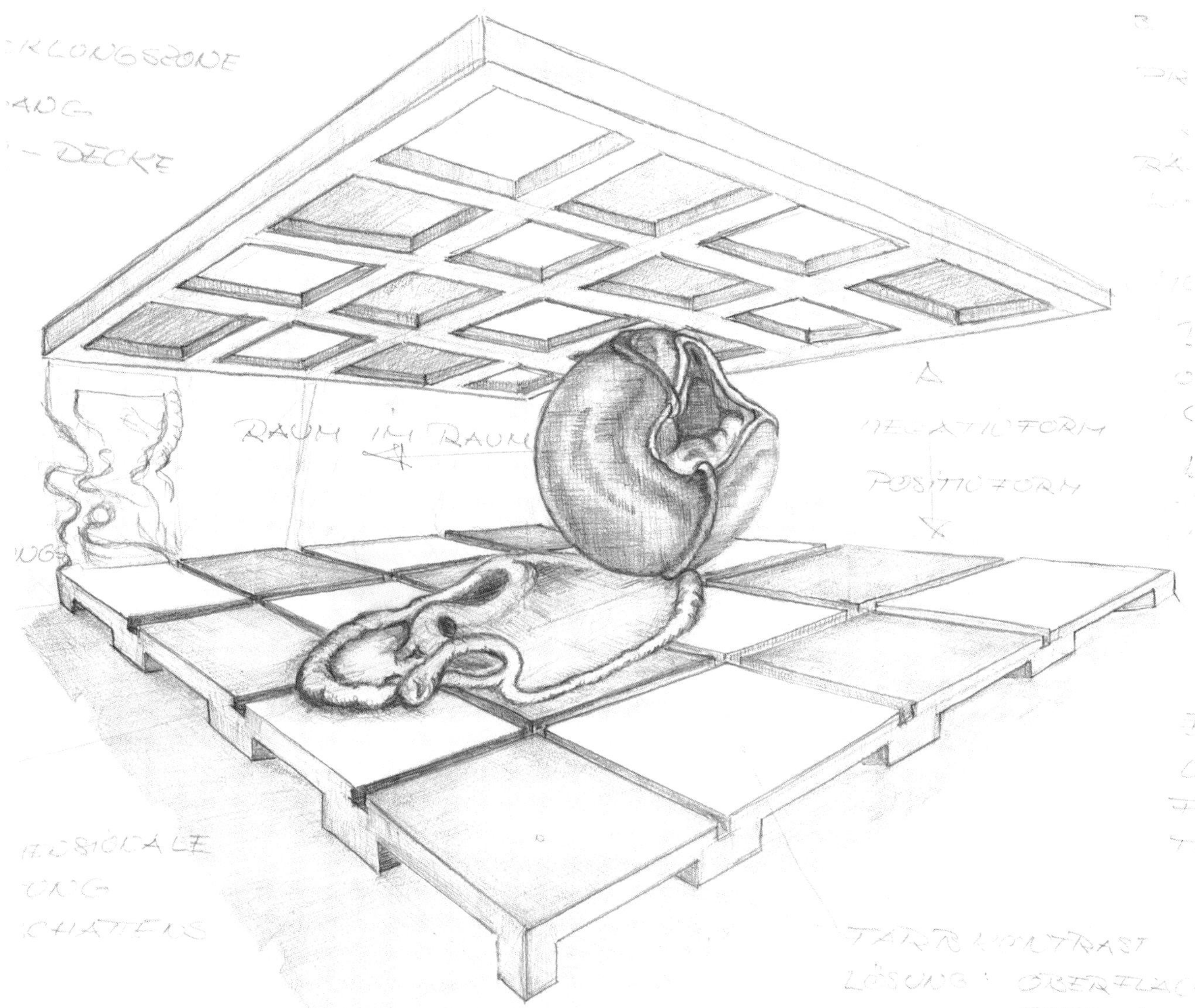


**Abb. 5-42** Harald Otter, Skizze für einen Tastraum

| | 0 | 1 | 2 | 3 | 4 | 5 | 6 |
|---|---|---|---|---|---|---|---|
| 0 | PUNKT / PUNKT | PUNKT / LINIE | PUNKT / FLÄCHE | PUNKT / RAUM | PUNKT / ZEIT | PUNKT / LICHT | PUNKT / SCHALL |
| 1 | LINIE / PUNKT | LINIE / LINIE | LINIE / FLÄCHE | LINIE / RAUM | LINIE / ZEIT | LINIE / LICHT | LINIE / SCHALL |
| 2 | FLÄCHE / PUNKT | FLÄCHE / LINIE | FLÄCHE / FLÄCHE | FLÄCHE / RAUM | FLÄCHE | FLÄCHE / HT | FLÄCHE / SCHALL |
| 3 | RAUM / PUNKT | RAUM / LINIE | RAUM / FLÄCHE | RAUM / RAUM | RAUM / ZEIT | JM / HT | RAUM / SCHALL |
| 4 | ZEIT / PUNKT | ZEIT / LINIE | ZEI / FLÄ | ZEIT / RAUM | ZEIT / ZEIT | ZEIT / LICHT | ZEIT / SCHALL |
| 5 | LICHT / PUNKT | LICHT / LINIE | LIC / FLÄCHE | RAUM | LICHT / ZEIT | LICHT / LICHT | LICHT / SCHALL |
| 6 | SCHALL / PUNKT | SCHALL / LINIE | SCHALL / FLÄCHE | SCHALL / RAUM | SCHALL / ZEIT | SCHALL / LICHT | SCHALL / SCHALL |

**Abb. 6-1** Petra Schumacher (Holzkugeln auf Stahdrähten, die in einer Holzplatte eingespannt und durch eine Plexiglasplatte gehalten sind)

# 6 Raum und Bewegung

Die Architektur als gebaute Gestalt manifestiert sich in Bauwerken, die an einen bestimmten Ort gebunden sind. Im allgemeinen bewegt sich ein Bauwerk nicht fort. Trotzdem hat Architektur, haben Bauwerke auf verschiedene Art und Weise mit Bewegung und mit zeitlichen Abläufen zu tun. Solche Vorgänge sind z. B. der Bauvorgang selbst, die Entstehung eines Gebäudes oder einer Stadt, dann die Alterung, die Veränderung und die Erneuerung oder Zerstörung. Eine andere Art von Vorgängen sind Bewegungen, die in einem Gebäude und um ein Gebäude herum oder zwischen Gebäuden stattfinden können, und zu denen es Anlaß, Anreiz, Möglichkeit oder Behinderung gibt. Die Form des Gebäudes selbst kann eine Geste der Bewegung anschaulich machen wie Stehen, Liegen, Schweben oder Fliegen. Sie wird immer eine bestimmte Dynamik aufweisen, die wir anschaulich in seinen Formen lesen, selbst wenn Widersprüche darin zu finden sind. Schließlich gibt es tatsächliche Bewegungen von Bauteilen wie z. B. Türen oder Wänden und Decken. Und die Bewegung ganzer Bauwerke kann geschehen indem sie als Ganzes bewegt oder aber abgebaut und an anderer Stelle wieder aufgebaut werden. Die gebaute Architektur ist also in mannigfaltiger Weise mit Phänomenen der Zeit verbunden, die sich in ihrer Substanz deutlich erkennbar niederschlagen. Anhand von einigen Arbeitsbeispielen sollen Sie sich mit dem Thema beschäftigen, wie Zeit in plastischen und räumlichen Darstellungen erfahrbar gemacht werden kann, welchen Gesetzmäßigkeiten, Zeitverläufe und Bewegungsvorgänge unterliegen und wie diese in Gestaltvorgängen dargestellt werden können.

HILFSMITTEL

**Subjektive Hilfsmittel:** Interesse an Fragen zu Raum und Bewegung, Fähigkeit und Interesse, Ideen und Zielvorstellungen zu entwickeln. Ziele: Zeitstrukturen erkennen können, Zeit und Bewegung in Gestaltprozessen erkennen und einsetzen können, mit Bewegung gestalten können u. a. m.
**Objektive Hilfsmittel:** Räume, Arbeitsmaterial, Werkzeug usw. Beschäftigung mit Zeitstrukturen und Ordnungsmerkmalen von Bewegung.

**Literatur:**

*Wolf,* K. Lothar, und *Wolff,* Robert: Symmetrie, Bölau-Verlag Münster / Köln 1956

*Kerner,* Günter / *Duroy,* Rolf: Bildsprache 1, Don Bosco Verlag München, 3. Auflage 1979

*Gross,* Roland: Symmetrie, in ornament ohne ornament, Hrsg. Dr. Mark *Buchmann,* Kunstgewerbemuseum Zürich, 1965

## 6.1 Zeitstruktur

Zeit ist ein Phänomen, das wir uns nicht wegdenken können. Es ist aber auch nicht direkt greifbar. Unsere Vorstellung von Zeit ist durch die Uhrzeit geprägt, die Vorstellung und die Erfahrung von Bewegungsabläufen. Ich benutze nun als Denkmodell ein formal – logisches Ordnungssystem, um verschiedenartige Aspekte von Zeit deutlich zu machen, die folgerichtig zu unterschiedlichen Ordnungsvorgängen von Zeitphänomenen führen.

## 1 ES GIBT ZEIT OHNE ERSTRECKUNG

Wir sagen »Zeitpunkt«, »Augenblick«, »Moment« und meinen etwas feststellbares mit Zeitcharakter, das keine Dauer hat. Die griechische Sprache besitzt dafür das Wort: »καιρός«. Kairos ist der entscheidende Zeitpunkt, der richtige Zeitpunkt, Gottes Zeitpunkt. Dieser entscheidende Zeitpunkt hat den Charakter der Einmaligkeit, er ist nicht wiederholbar und nicht ausdehnbar. Jeder Mensch erlebt solche Zeitpunkte. Sie sind Ausnahmen in der Regel des zeitlichen Ablaufs und haben oft große Bedeutung, da sie eine entscheidende Situation bezeichnen. Die Analogie zur dreidimensionalen Gestalt kann in der Festlegung eines Ortes, im Setzen eines Steines als Denkmal gesehen werden.

## 2 ES GIBT ZEIT MIT LINEARER ERSTRECKUNG

Wir nennen solche Art Zeitstruktur »Verlauf«, »Ablauf«, »Vorgang«, »Prozeß« usw. und verstehen darunter einen einsinnigen Bewegungsablauf, den wir einteilen in Jahr, Monat, Woche, Tag, Stunde, Minute, Sekunde etc. Griechisch heißt diese Zeit »χρόνος«. Sie wird mit Chronometern, Uhren verschiedener Art, gemessen, ist teilbar und vergleichbar wie andere lineare Maßsysteme (z. B. das Metermaß) auch. Sie besitzt eine relative Objektivität und ist von der Geschwindigkeit unseres Planeten Erde abhängig.
Im dreidimensionalen Raum der Architektur entspricht dieser Struktur der Zeit die lineare Gestalt, die Verbindung von Orten als Weg. Straße, Treppe, Schacht. Die Gliederung geschieht durch Abstände, Reihenfolgen, Längen, Ortslagen usw.

## 3 ES GIBT ZEIT MIT FLÄCHIGER ERSTRECKUNG

Als Zeit flächiger Erstreckung betrachte ich die »Gleichzeitigkeit«. Sie ist als Phänomen so selbstverständlich, daß ihre Struktureigenschaften erst bei ganz bewußten Vergleichen und Steuerungen von gleichzeitig ablaufenden Vorgängen deutlich werden. Gleichzeitig enthält der Vergleich verschiedener Vorgänge, die Geschwindigkeit, die Beziehung zwischen schnell und langsam. Die Elemente bestehen aus meßbaren Ganzheiten zeitlicher Abläufe. Solche Abläufe können miteinander verknüpft werden, was z. B. in der sog. Netzplantechnik gemacht wird. Vielstimmige Musik kann ebenfalls die ungeheure Komplexität der Gleichzeitigkeit verschiedenartiger Vorgänge und Zeit-Gliederungen verdeutlichen. Im Raum der Architektur kann die Handlungsebene, die horizontale Ausbreitung und Schichtung von Ebenen, als formale Analogie zur Gleichzeitigkeit betrachtet werden. Solche Ebenen werden verbunden und getrennt, aneinander oder übereinander gefügt und bilden die strukturelle Gliederung der Erdoberfläche im Handlungsraum der Menschen.

## 4 ES GIBT ZEIT MIT RÄUMLICHER ERSTRECKUNG

Wir sprechen von »Zeiträumen« und meinen damit Ganzheiten von Gleichzeitigkeit, die z. B. durch Ereignisse gekennzeichnet sind. Die Lebenszeit eines Menschen ist ein solcher Zeitraum. In der Geschichte werden Epochen (wie z. B. die Renaissance), die einen bestimmten Charakter tragen, als Zeiträume bezeichnet. Solche Zeiträume sind zwar eindeutige Ganzheiten, sind aber nicht meßbar und daher nur relativ in die Verlauf-Zeit einzuordnen.
Die subjektive Erlebniszeit hat ebenfalls diesen Charakter des Zeitraums: 10 Minuten Langeweile dauern lange, 10 Minuten höchste Aktivität sind »wie im Fluge« vergangen. Zeiträume sind durch soziale und psychische Merkmale gekennzeichnet. Ihre Struktur wird mit Eigenschaften beschrieben, die aus Lebensvorgängen abgeleitet sind.
Die Raumgefüge der Architektur als Ganzheiten entsprechen den Zeiträumen als Ganzheiten direkt. Auch Architekturräume können durch soziale und psychische Merkmale gekennzeichnet werden und machen ein bestimmtes Bild vom Menschen, von seinem Selbstverständnis, sichtbar.

## 5 ES GIBT ZEIT MIT ZEITLICHER ERSTRECKUNG

Hier ist die Relativität der Zeit gemeint. Sie ist für uns nicht vorstellbar, aber doch besteht ein altes Wissen darum. In der deutschen Sprache bezeichnen wir diesen Sachverhalt mit »Ewigkeit«. Ewigkeit ist nicht unendlich dauernde Zeit, sondern Nicht-Zeit. Ewigkeit ist der Ausdruck für das Ohne-Zeit-Sein. Er beinhaltet das Ziel der Zeit, ihr Ende, ihr nicht mehr sein. Das ist nicht vorstellbar, hat aber im Raum eine Parallele, denn wir besitzen auch einen Begriff für den Nicht-Raum, nämlich · das deutsche Wort »Himmel«. Es bezeichnet die Unfaßbarkeit des Raumes. Die sog. Zeitdilatation, die bedeutet, daß der Gang der Uhren von der Geschwindigkeit des Systems abhängt, ist wissenschaftlich nachgewiesen. Uhren gehen um so langsamer je größer die Geschwindigkeit des Systems ist. Hierher gehört auch die schwer vorstellbare Rückläufigkeit der Zeit, die bei Prozessen in Atomkernen von dem Physiker Heisenberg beobachtet wurde. Soche Phänomene legen es nahe, die Zeit als etwas begrenztes aufzufassen.

## 6 ZEIT UND LICHT

In der Beziehung von Zeit und Licht gibt es das Phänomen der Lichtgeschwindigkeit, die annähernd mit 299 792,5 km/sec gemessen ist, sie gilt im Sinne der

Relativitätstheorie als höchste Geschwindigkeit von Energie. Materie kann diese Geschwindigkeit nur annähernd erreichen, da bei Lichtgeschwindigkeit die Masse = 0 wird.

Wir erleben Licht nicht als einen Zeitablauf oder einen Bewegungsvorgang. Wir schließen auf einen solchen Vorgang zurück, weil wir Lichtquellen und Lichtstrahlen im Zusammenhang erfassen.

## 6.2 Symmetrie

Die im Anschauungsraum erfaßbaren Bewegungen besitzen Strukturen und gestaltbildende Eigenschaften, deren Erscheinungsformen ganz allgemein innerhalb der Symmetrielehre beschrieben werden. Deshalb sollen zunächst einige Grundlagen der Symmetrie behandelt werden. Ich folge dabei den Ausführungen von K. Lothar Wolf und Robert Wolff (a.a.O. S. 4–11) »Symmetrie ist hergeleitet von σύμμετρος, das heißt ein gemeinsames Maß habend, nach etwas abgemessen, im richtigen Verhältnis, im rechten Maß, zur rechten Zeit. Sie besteht in der regelmäßigen Wiederholung gleicher ähnlicher oder sonstwie verwandter Motive und Verhalten und ist bestimmt durch die Lage der Teile untereinander und der Teile zum Ganzen. Sie ist allen Gestalten eigen, die als Ganzheit mehr und anders sind als eine Anhäufung von Teilen.«
Die Symmetrielehre unterscheidet eine Reihe von Elementen und Vorgängen, die zur Bildung von Symmetrie notwendig sind:

1. *Motive oder Elementarteile* sind in sich nicht mehr symmetrische Formen und können räumliche, zeitliche oder sonstige Gebilde sein.
2. Auf der *Wiederholung der Elementarteile* beruht die Symmetrie.
3. *Das Elementarmuster* ist diejenige kleinste Gruppierung von Elemtarteilen, die das Gesetz der Wiederholung bestimmt.
4. *Deckoperationen* sind die Bewegungen, die die Elemente der symmetrischen Ordnung durch Lageänderung miteinander zur Deckung bringen d. h. auf sich selbst abbilden.
5. *Symmetrieorgane* sind diejenigen geometrischen Gebilde, welche die Deckoperationen erzeugen wie z. B. Punkte, Geraden oder Ebenen. Art, Zahl und Lage der Symmetrieorgane bestimmen den Symmetriebauplan; dieser charakterisiert die Symmetrieart. Die Symmetriearten werden nach der Art der geometrischen Verwandtschft der Figuren im Elementarmuster unterschieden.

### 6.2.1 SYMMETRIEORGANE UND DECKOPERATIONEN

**1** Die einfachste Deckoperation ist die Abbildung eines Gegenstandes auf sich selbst. Diese *Identität* wird durch eine Drehung um 0° oder 360° um einen Identitätspunkt beschrieben (s. **Abb. 6-2**)

**2** Die *Translation* ist eine einfache (gradlinige) Verschiebung oder Gleitung eines Gegenstandes auf einer Achse um einen bestimmten Abstand oder vielfache dieses Abstandes (s. **Abb. 6-3**)

**3** Die *Spiegelung* ist eine seitenvertauschende Abbildung, die an Achsen oder Ebenen des betreffenden Körpers als dessen Spiegelorganen erfolgen kann (s. **Abb. 6-4**). Bei ebenen Flächenfiguren kann sie als Klappvorgang durchgeführt werden und wird dann als Klappsymmetrie bezeichnet.

**4** Die *Drehung oder Rotation* um eine Achse kann einen Körper mit sich zur Deckung bringen. Das kann bei einer Drehung bis zur Ausgangslage mehrmals geschehen. Die hierbei auftretende Anzahl der Decklagen bestimmt die Zähligkeit der Achse. Ein Quadrat z. B. hat – neben anderen Symmetrieorganen – eine senkrecht auf seiner Fläche stehende durch seinen Mittelpunkt gehende vierzählige Drehachse. (s. **Abb. 6-5**)

**5** *Streckung oder Stauchung* ist eine gleichbleibende Veränderung eines Elementarteils von einem Punkt aus wobei das Elementarteil sich selbst ähnlich bleibt. Z. B. konzentrische Kreise **(Abb. 6-6)**

Die Deckoperationen der Identität, Translation, Spiegelung, Drehung und Streckung (Stauchung) bilden die Gesamtheit der einfachen Deckoperationen der metrischen Geometrie, die eine kongruente oder ähnliche Abbildung eines Gegenstandes auf sich selbst erzeugen. Sie können an einem Körper nicht nur einzeln, sondern auch zu mehreren gleichzeitig zur Wirkung kommen. So gibt es gekoppelte oder zusammengesetzte Deckoperationen:

**6** Die *Gleitdrehung* beruht auf der Koppelung von Translation und Drehung. Fallen bei ihr die Drehachse und die Gleitachse zusammen so ergibt sich die Schraubung. Der Körper kommt dabei so oft mit sich zur Deckung wie die Zähligkeit der Achse angibt. Ist die Zähligkeit unendlich, so erhält man eine durchgehende physikalische Schraube **(Abb. 6-7).**

**7** Die *Gleitspiegelung* ist eine Koppelung von Translation und Spiegelung an einer Gleitspiegelachse oder Gleitspiegelebene, die eine Gleitachse einschließt. **(Abb. 6-8)**

**8** Die *Drehspiegelung* ist die Koppelung von Drehung und Spiegelung. Der Spezialfall der Koppelung einer Drehung um 180° (Klappung) mit Spiegelung an senk-

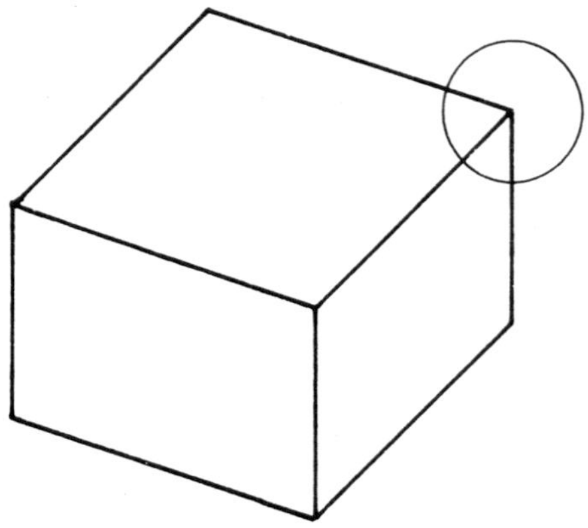

**Abb. 6-2** Identität

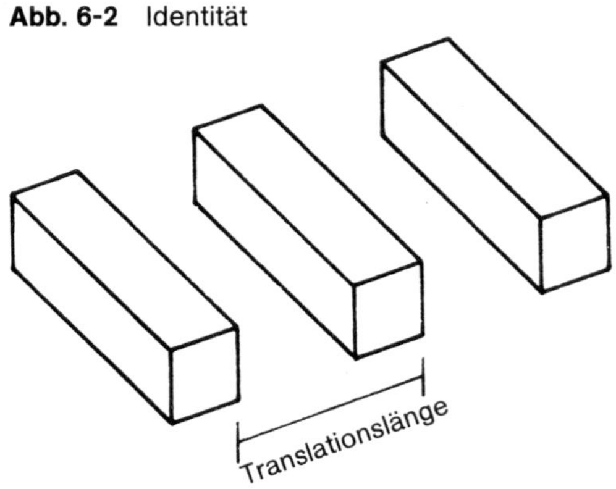


**Abb. 6-3** Translation

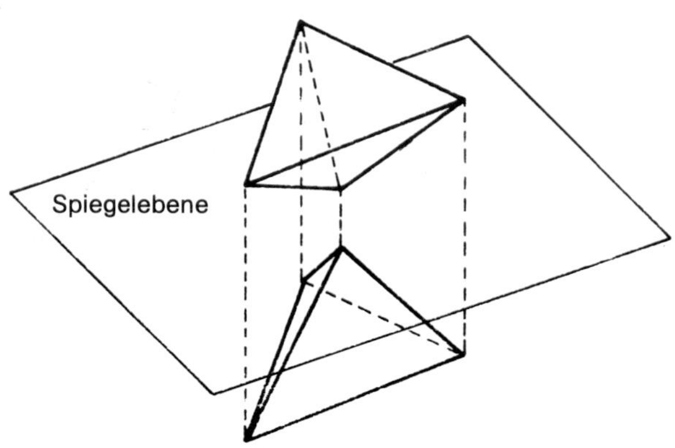


**Abb. 6-4** Spiegelung

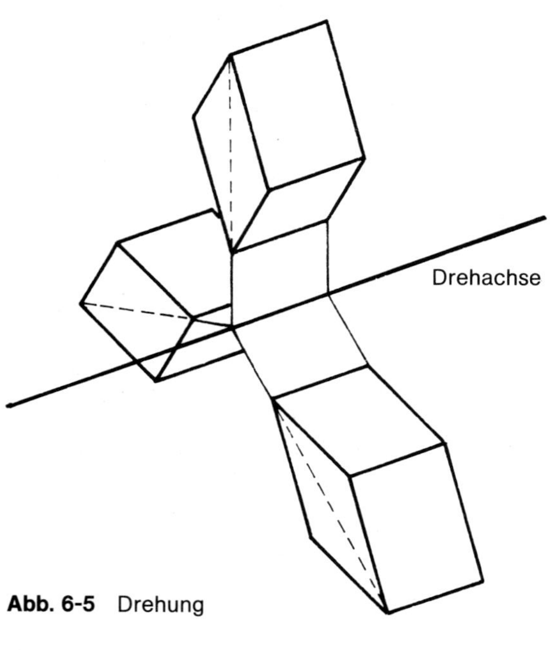


**Abb. 6-5** Drehung

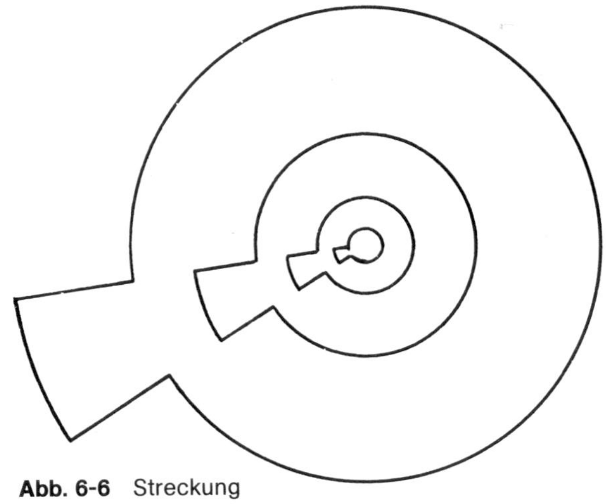

**Abb. 6-6** Streckung

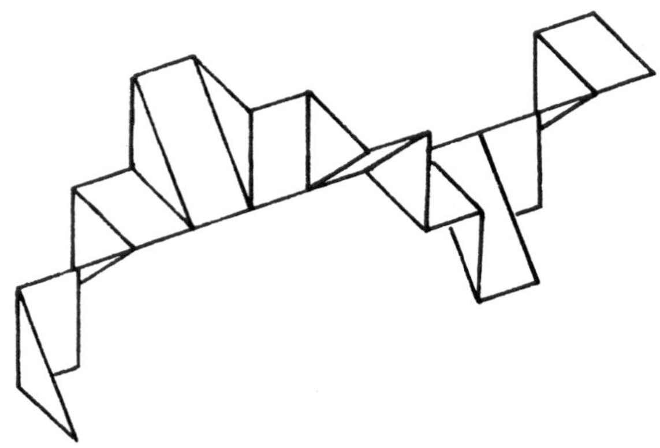

**Abb. 6-7** Gleitdrehung (Schraubung)

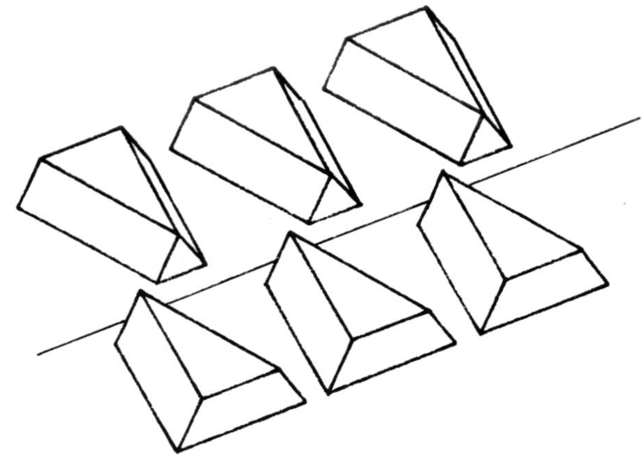

**Abb. 6-8** Gleitspiegelung

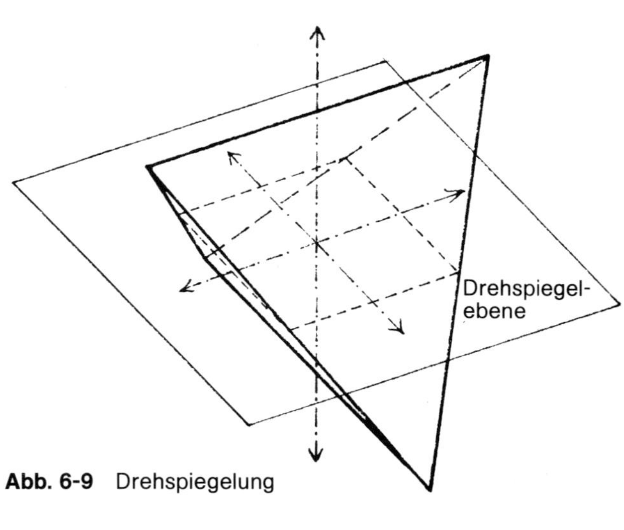


**Abb. 6-9** Drehspiegelung

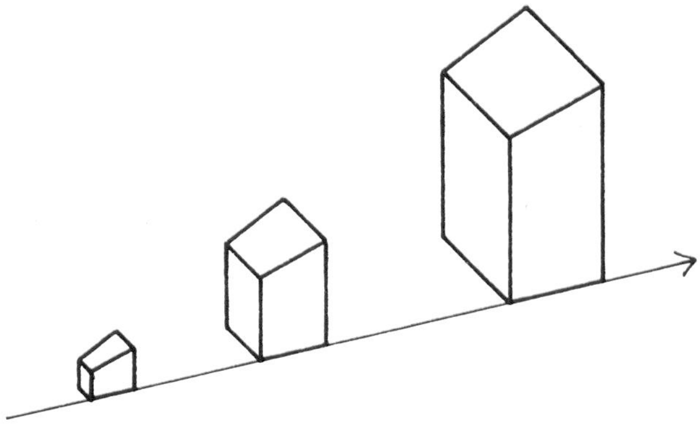

**Abb. 6-10** Gleitstreckung

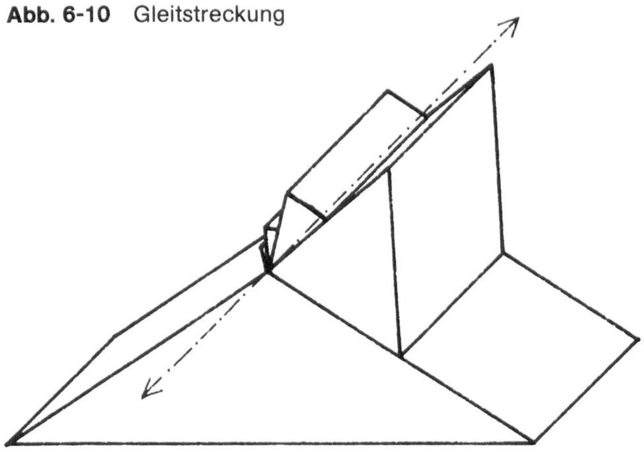

**Abb. 6-11** Streckdrehung

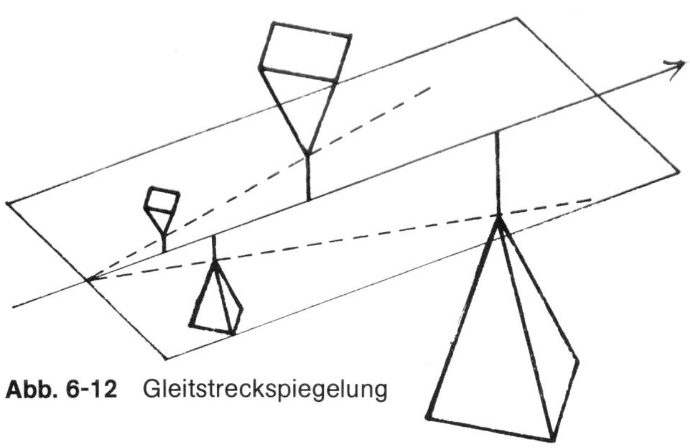

**Abb. 6-12** Gleitstreckspiegelung

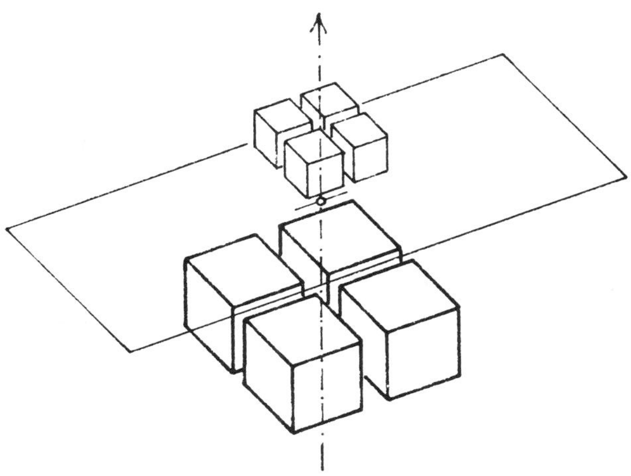

**Abb. 6-13** Streckdrehspiegelung

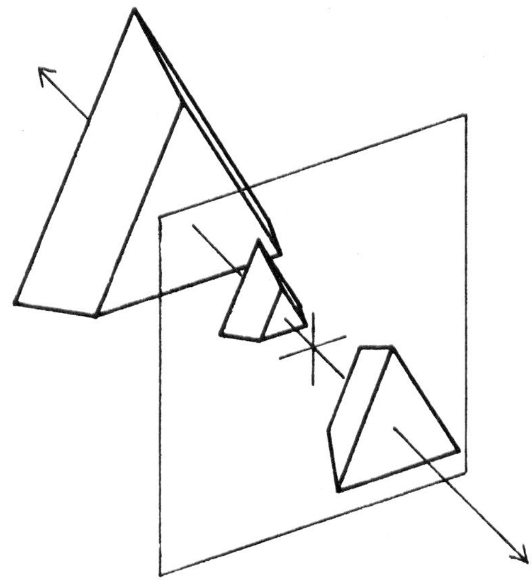

**Abb. 6-14** Streckspiegelung

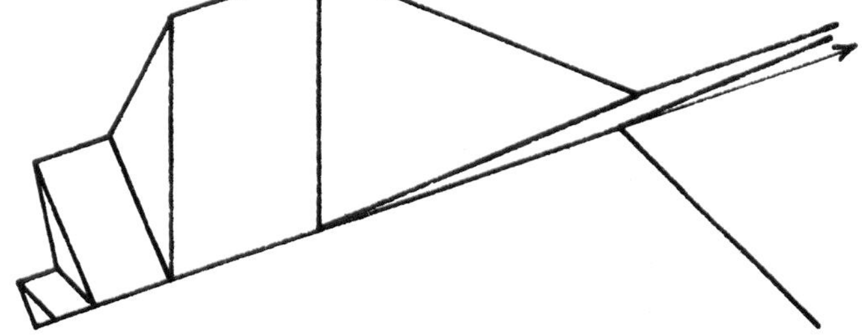

**Abb. 6-15** Streckschraubung

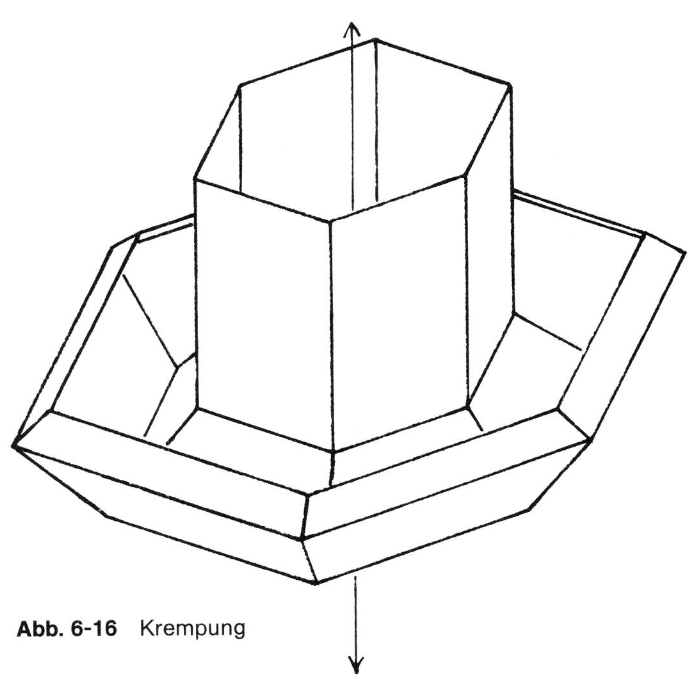

**Abb. 6-16** Krempung

recht zur Drehachse stehenden Ebenen erzeugt ein Symmetriezentrum. Diese besondere Art der Drehspiegelung wird auch als Inversion bezeichnet **(Abb. 6-9)**

**9** Die *Gleitstreckung* ist die Koppelung von Translation und Streckung an einer Gleitstreckachse von einem Punkt aus. Bei der echten Gleitstreckung werden Motiv und Translation gleichmäßig gestreckt **(Abb. 6-10)**

**10** Die *Streckdrehung* ist die Koppelung von Drehung und Streckung an einer Drehstreckachse als Symmetrieorgan. Hier werden Drehradius, Drehwinkel und Motiv gestreckt. Bei Abarten können einzelne Elemente von der Streckung ausgenommen werden. **(Abb. 6-11)**

**11** Die *Streckspiegelung* ist die Koppelung von Streckung und Spiegelung. Das Streckzentrum liegt in der Spiegelebene. **(Abb. 6-14)**

**12** Die *Streckschraubung* ist die Koppelung von Schraubung und Streckung. Es werden bei ihrer vollen Durchführung Drehradius, Drehwinkel, Translation und Motiv gestreckt. Wie bei der Gleitstreckung gibt es auch hier Abarten durch partielle Schraubstrecksymmetrie. **(Abb. 6-15)**

**13** Die *Gleitstreckspiegelung* ist die Koppelung von Translation, Streckung und Spiegelung an einem Gleitspiegelorgan. An die Gleitspiegelung ist zusätzlich eine Streckung von Translationslänge und Motiv gekoppelt. Abarten zeigen nur Motivstreckung oder nur Operationsstreckung. **(Abb. 6-12)**

**14** Die *Streckdrehspiegelung* ist die Koppelung von Streckung, Drehung und Spiegelung an einem Streckspiegelorgan. Gestreckt sind Drehwinkel, Drehradius und Motiv. Die Abarten partieller Symmetrie entsprechen denen der Streckdrehung. **(Abb. 6-13)**

**15** Die *Wendung oder Krempung* an einem Kremporgan ist eine komplexe Operation, die durch ein umstülpends Vertauschen von innen und außen Deckung herbeiführt. Am Modell des umstülpbaren Tetraederringes im Würfel kann dieser Vorgang nachvollzogen werden. **(Abb. 6-16)**

## 6.3 Bewegung

Im Zusammenhang mit Ordnungsprinzipien von Bewegungen müssen keine weiteren Grundlagen der Symmetrielehre herangezogen werden. Symmetrien zeigen Ergebnisse oder Zustände von geordneten Bewegungen. Die Bewegungsvorgänge selbst sind aber ebenfalls Formen im Anschauungsraum. Schieben und Gleiten werden direkt anschaulich z. B. bei fließendem Wasser in einem Flußbett oder bei einem fliegenden Gegenstand.
Drehvorgänge werden uns am anschaulichsten sichtbar am Rad, an Wälzvorgängen oder an einem rollenden Ball. Klapp- und Kippvorgänge an Scharnieren sind uns in der Bewegung von Türen, Fenstern oder Deckeln täglich vor Augen.
Auch der Streckvorgang wird beim Aufblasen eines Ballons deutlich sichtbar.
Ein faszinierender Vorgang ist die Pendelbewegung.

### PARTITUR

Befestigen Sie eine kleine Kugel aus schwerem Metall an einem Faden und hängen Sie sie an der Zimmerdecke so auf, daß die Kugel nur wenig über dem Fußboden in Ruhelage hängt. Nun lenken Sie die Kugel aus der Ruhelage aus und lassen sie schwingen. Betrachten Sie den Vorgang indem Sie die Kugel mit den Augen verfolgen und notieren Sie Ihre Empfindungen.
Es handelt sich bei dem Vorgang um die Schwingung eines mathematischen Pendels. Die Pendelbewegung macht den Wechsel von potentieller in kinetische Energie sichtbar. In der Kehre hat jeweils die potentielle Energie ihr Maximum, während die kinetische Energie dort Null ist. Die Beobachtung zeigt, daß dieser Übergang nicht abrupt, sondern fließend geschieht. Die Abwärtsbewegung ist eine Fallbewegung auf einem Kreisbogen. Sie geht mit größter kinetischer Energie durch die Ruhelage (Ausgangslage) und wird danach eine Steigbewegung bis zur Kehre. Das Pendel schwingt um seine Ruhelage bis alle Energie verbraucht ist. **(Abb. 6-17)**

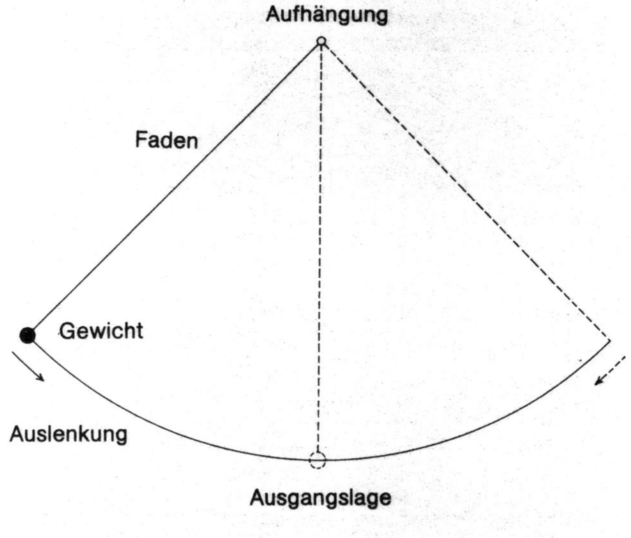


**Abb. 6-17** Physikalisches Pendel

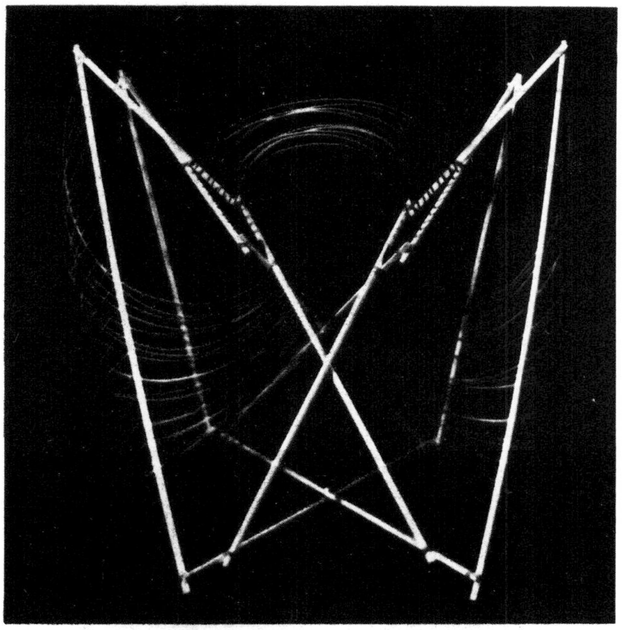

**Abb. 6-18** Karola Lindner

**Abb. 6-19** Ekkehard Martin

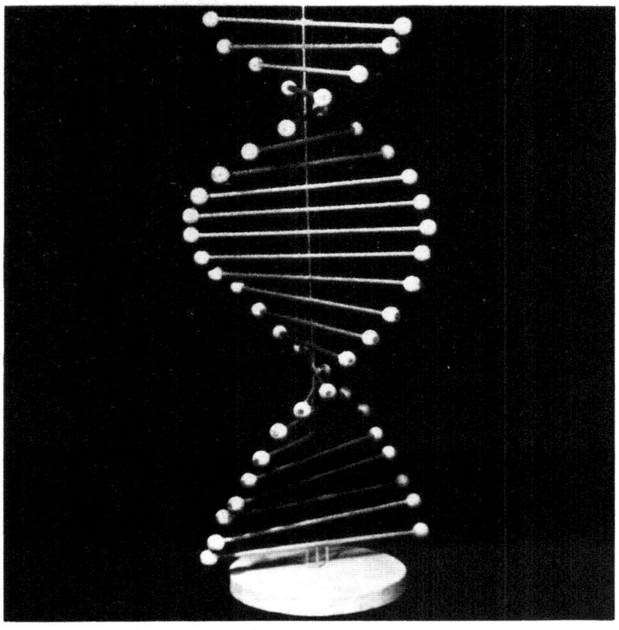

**Abb. 6-20** Jürgen Wiedemann

**Abb. 6-21** Jürgen Wiedemann

**Abb. 6-22** Edith Messing

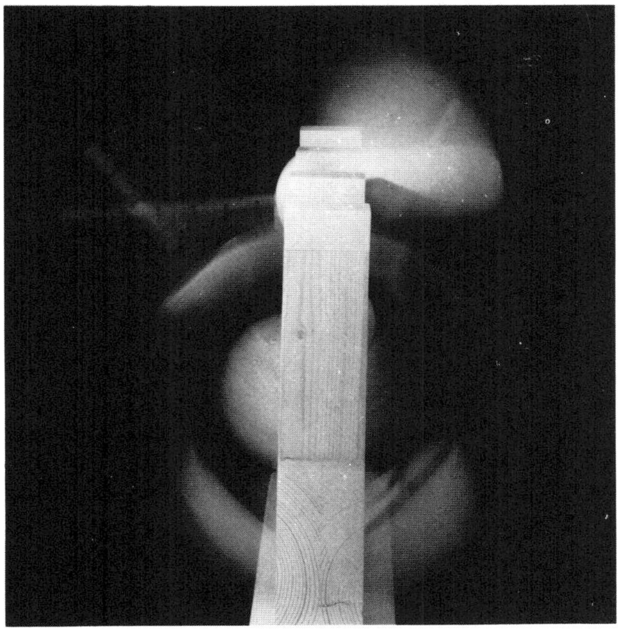

**Abb. 6-23** Peter Hillenbrand

Der Gehvorgang des Menschen hat Verwandtschaft mit dem Pendelvorgang. Die Beine sind keine Pendel aber beim Gehen verlagern wir das Schwergewicht aus der Körpermitte hinaus und fallen. Wir geben eine Stütze des Körpers preis und indem wir den Fall auffangen verlagern wir durch Stützen das Schwergewicht wieder in die Körpermitte. Dann folgt der nächste Schritt spiegelsymmetrisch zum ersten, eine Form der Gleitspiegelung. Gehen ist wie die Bewegung des Atmens, des Herzschlags, eine rhythmische Wiederholung, die die Prinzipien Steigen und Fallen, Engen und Weiten als Grundprinzipien von Bewegung darstellt.

### MERKMALE VON BEWEGUNG

Bewegung ist raum-zeitliche Veränderung von Objekten.
Bei Bewegungsvorgängen sind zu unterscheiden: die Bewegungsform, der Bewegungsablauf und die Bewegungsdauer.
Der Bewegungsablauf kann erfolgen: mit konstanter Geschwindigkeit, gleichmäßig oder ungleichmäßig beschleunigt oder verzögert, periodisch oder aperiodisch.
Bewegungsformen entsprechen formalen Ordnungsprinzipien wie sie die Symmetrielehre darstellt.
Die Größe einer Bewegungsform ist abhängig von der Größe des bewegten Objektes, dem Verlauf und der Stärke des Bewegungsimpulses. Die Schwerkraft mit ihren Gesetzmäßigkeiten wirkt immer in Bewegungsabläufen. Das spezifische Gewicht und die Beschaffenheit von Material wirken sich auf den Bewegungsvorgang aus.
Bewegungsvorgänge haben Richtungen im Raum.
Die Gestaltmerkmale von Bewegungen sind lineare, flächige oder räumliche Bahnen.

## 6.4 Partituren

Die Partituren zum Bereich Bewegung im Raum haben zum Ziel, Bewegungsformen an plastischen Modellen sichtbar zu machen und räumlich darzustellen. Da Architektur Handlungsraum ist, wäre ein weiterer Schritt, Handlungszusammenhänge zu beobachten und zu analysieren. Das würde aber über den Rahmen der Grundlagen hinausführen.

### 6.4.1 THEMA: RAUM UND BEWEGUNG

*Aufgabe:* Entwickeln Sie einen Körper, der sich in Bewegung setzen läßt. Der Körper soll durch seine Bewegung zusätzlichen Raum beanspruchen. Er kann durch die Bewegung auch seine Gestalt verändern.
*Größe:* beliebig
*Material:* Holz, Metall und nach Wahl

**Abb. 6-24** Michael Hoffmann (Styropor)

**Abb. 6-25** Cornelia Heck (Gips)

**Abb. 6-26** Norbert Balloff (Gips)

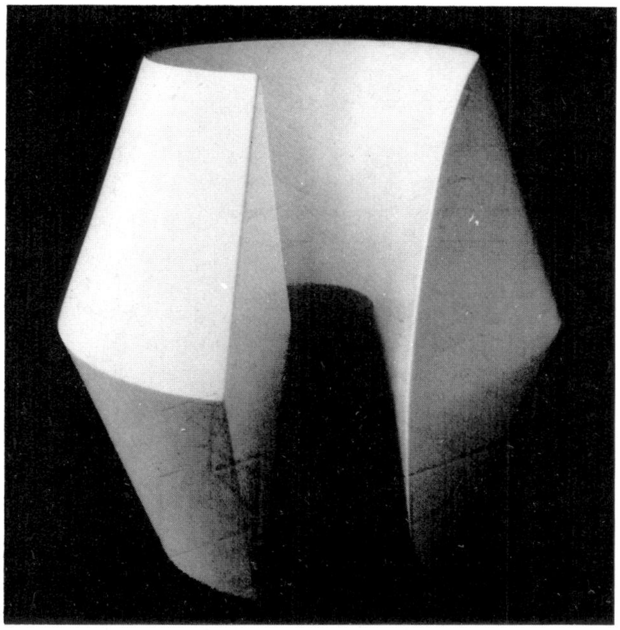

**Abb. 6-27** Lothar Mühlegger (Holz, lackiert)

**Abb. 6-28** Walter Schreiber (Styropor)

**Abb. 6-29** Beatrix van Oyen (Styropor und Moltofill)

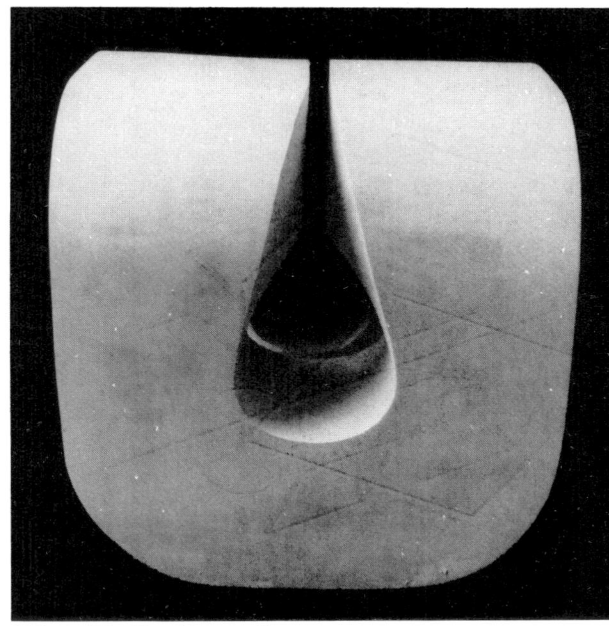

**Abb. 6-30** Beatrix van Oyen

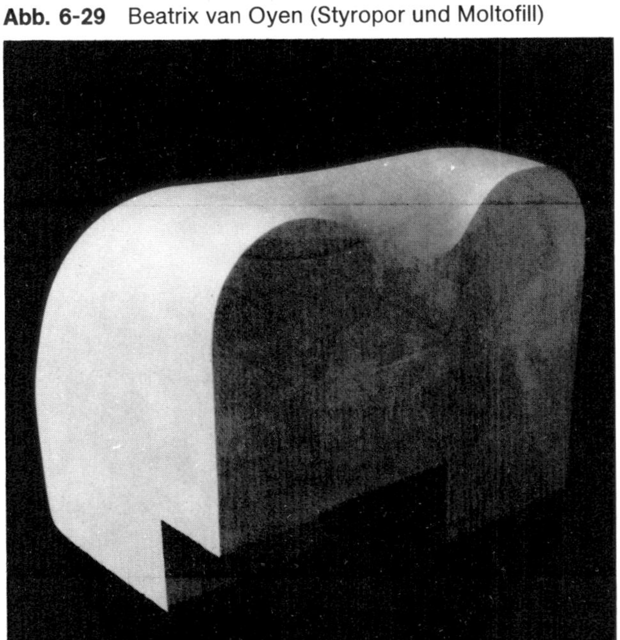

**Abb. 6-31** Birgit Lansing (Gips)

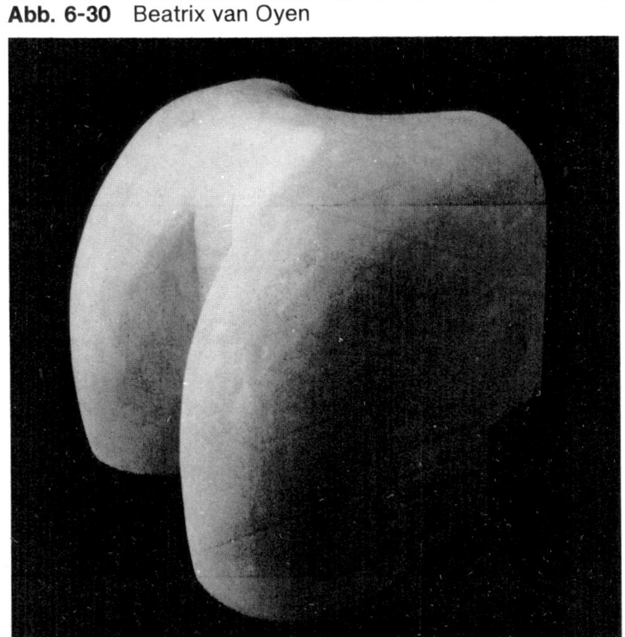

**Abb. 6-32** Birgit Lansing

*Teil 1:* Entwickeln Sie in Skizzen eine Konzeption und überlegen Sie technische Details der Ausführung

*Teil 2:* Wählen Sie ein geeignetes Material und bauen Sie das geplante Objekt.

*Bearbeitungszeit:* Teil 1: ein Tag, Teil 2: zwei Tage

**Ausführung**

Bei der Ausführung sollten Sie komplizierte technische Details vermeiden. Mängel in der Ausführung beeinträchtigen die Klarheit der Darstellung.

**Beurteilung**

Kriterien der Beurteilung sind: 1) Erfüllung der Aufgabenstellung: Körper, der sich in Bewegung setzen läßt und dabei mehr Raum beansprucht, als in Ruhelage. 2) Qualität der Darstellung der Bewegungsform in der Bewegung und in der Gesamtgestalt. 3) Logik der Form. 4) Modellbau.

**Beispiele: Abb. 6-18** bis **6-23**

## 6.4.2 THEMA: BEWEGUNGSRAUM

*Aufgabe:* Bewegen Sie einen Körper oder eine Fläche im Raum und stellen Sie den Raum, der dabei beansprucht wird in Form einer plastischen Figur dar. Der Bewegungsvorgang soll sich in einem gedachten Raum von ca. 40 x 40 x 40 cm abspielen und dabei mehrmals die Außenflächen dieses gedachten Raumes berühren.

*Hinweis:* Beachten Sie wie die Form der Bewegung logisch in eine plastische Form umzusetzen ist und wie Formverläufe entstehen. Anfang und Ende der

**Abb. 6-33** Lothar Mühlegger (Drehung eines Dreiecks)

plastischen Figur sind besonders zu beachten. Die Gesamtgestalt muß den gedachten Raum nicht sichtbar machen.

*Material:* beliebig

*Farbe:* weiß oder sehr helle Materialfarbe.

*Teil 1:* Entwickeln Sie in Skizzen und Modellen aus Plastillin oder Ton Konzepte und Umsetzungen von bewegten Figuren in eine Plastik.

*Teil 2:* Wählen Sie ein geeignetes Material und bauen Sie das Modell eines Bewegungsablaufs in den oben angegebenen Maßen.

*Bearbeitungszeit:* Teil 1: zwei Tage, Teil 2: zwei Tage.

**Ausführung**

Teil 1: bei der Entwicklung von Konzepten und Varianten gibt es zwei Schwerpunkte: einmal ist das Element und seine Veränderung bei Bewegung in verschiedenen Lagen im Raum zu entwickeln, zum anderen ist das Ordnungsprinzip des gesamten Bewegungsablaufs zu bestimmen.

Teil 2: Für die plastische Wirkung der Gesamtgestalt ist das Verhältnis von Masse und Zwischenraum sehr bedeutsam. Versuchen Sie, schon am Vormodell weitgehend Klarheit darüber zu erhalten wie das Verhältnis sein muß, um ein Maximum an Wirkung zu erzielen.

**Beurteilung**

Die Kriterien der Beurteilung sind: 1) Erfüllung der Aufgabenstellung, 2) Ordnungsmerkmale der Bewegungsform, 3) Logik der Form: Entwicklung und Übergänge, 4) Modellbau.

**Beispiele: Abb. 6-24** bis **6-33**

| | 0 | 1 | 2 | 3 | 4 | 5 | 6 |
|---|---|---|---|---|---|---|---|
| 0 | PUNKT / PUNKT | PUNKT / LINIE | PUNKT / FLÄCHE | PUNKT / RAUM | PUNKT / ZEIT | PUNKT / LICHT | PUNKT / SCHALL |
| 1 | LINIE / PUNKT | LINIE / LINIE | LINIE / FLÄCHE | LINIE / RAUM | LINIE / ZEIT | LINIE / LICHT | LINIE / SCHALL |
| 2 | FLÄCHE / PUNKT | FLÄCHE / LINIE | FLÄCHE / FLÄ | FLÄCHE | FLÄCHE / T | FLÄCHE / LICHT | FLÄCHE / SCHALL |
| 3 | RAUM / PUNKT | RAUM / LINIE | RA / FLÄ | RAUM / RAUM | M | RAUM / LICHT | RAUM / SCHALL |
| 4 | ZEIT / PUNKT | ZEIT / LINIE | ZE / FLÄCHE | RAUM | T / ZEIT | ZEIT / LICHT | ZEIT / SCHALL |
| 5 | LICHT / PUNKT | LICHT / LINIE | LICHT / FLÄCHE | LICHT / RAUM | LICHT / ZEIT | LICHT / LICHT | LICHT / SCHALL |
| 6 | SCHALL / PUNKT | SCHALL / LINIE | SCHALL / FLÄCHE | SCHALL / RAUM | SCHALL / ZEIT | SCHALL / LICHT | SCHALL / SCHALL |

**Abb. 7-1** Michael Wagner – Vierteilung des Würfels

# 7 Proportion

Der Begriff PROPORTION bezeichnet im Zusammenhang mit gestalteter Umwelt die formale Beziehung von Teilen untereinander und zu einem Ganzen. Proportionen sind Verhältnisse und Beziehungen von Maßen, Formen, Raumgestalten und Bewegungsvorgängen untereinander und zur Gesamtgestalt, der sie angehören.
Verschiedene Formen und Größen sehen betrachtende Menschen immer in Verhältnissen zueinander. Die Beziehungen werden aber erst dann befriedigend und dem Lebensprozeß dienlich, wenn sie so geordnet sind, daß ein Mensch sich orientieren kann. Er spürt dann genügend Sicherheit, um sich anderen Inhalten der Gestalt zuwenden zu können.
Es liegt nahe, daß der Gestalter die Gesetzmäßigkeiten von Proportionen im Raum kennen und beherrschen muß, wenn er nicht dabei stehen bleiben will, daß die von ihm hergestellten Formen irgendwelche willkürlichen Beziehungen haben, die er nicht benennen und noch weniger kontrollieren kann. Die Art und Weise wie er sich diese Kenntnisse aneignet mag sehr verschieden sein. Das anschauende Lernen aus den Formbildungen der Kristalle, der Pflanzen und Tiere ist ein Weg, der häufig gegangen wurde, als man viel Zeit für die Betrachtung hatte. Er wird auch heute noch im Naturstudium und im Akt Zeichnen des Zeichners z. B. gegangen. Die erwähnten Anschauungsübungen im Kreativitätstraining sind ebenfalls Schritte in dieser Richtung. Erkenntnisse benötigen Zeit, sie sind nicht erlernbar, aber der Weg zu ihnen ist lehrbar.
In diesem Kapitel liegt der Schwerpunkt auf Proportionen im dreidimensionalen Raum, die sich in geometrischen Anschauungsmodellen darstellen und studieren lassen.

HILFSMITTEL

**Subjektive Hilfsmittel:** Die Motivation zur Arbeit mit Proportionen, Kennenlernen der Gesetzmäßigkeiten von Proportionen linearer, flächiger und räumlicher Art. Verständnis für Proportionierung von Massen und Räumen. Training des Denkvermögens in diesen Denkmodellen, Anwendung der Gestzmäßigkeiten beim Bau von plastischen Objekten, Kontrolle der Formbildung am Modell, Erkennen der enthaltenen Bedeutungsstrukturen für die Gestaltbildung.
**Objektive Hilfsmittel:** Arbeitsmaterial, Technik, Arbeitsmethoden, Räume, Zeit, geometrische Grundlagen: Zahlen, Zahlenreihen, Proportion, Würfelgeometrie.

**Literatur:**

*Fischer,* Theodor: Zwei Vorträge über Proportionen, München, 1934
*Le Corbusier:* Der Modulor, Deutsche Verlagsanstalt, Stuttgart 1953
*Le Corbusier:* Der Modulor 2, Deutsche Verlagsanstalt, Stuttgart 1958
*Mössel,* Ernst: Die Proportion in Antike und Mittelalter, C. H. Beck'sche Verlagsbuchhandlung, München 1926
*Mössel,* Ernst: Urformen des Raumes als Grundlagen der Formgestaltung, C. H. Beck'sche Verlagsbuchhandlung, München 1931
*Wedepohl,* Edgar: Eumetria, Verlag Richard Bacht GmbH, Essen 1967
*Wolf,* K. Lothar und *Wolff,* Robert: Symmetrie, Böhlau-Verlag, Münster/Köln 1956

## 7.1 Zahlen

Die ganzen Zahlen bilden die Grundlage zur Benennung der Gesetzmäßigkeit von Proportionen. Zahlen entspringen nicht metaphysischer Spekulation, sondern der Erfahrung. Sie sind nicht ein Akt des Denkens, sondern Ergebnis der Anschauung. Sie sind ein Ausdruck für die Relationen, die im Makro- und Mikrokosmos gleich oder ähnlich sind. Sie sind dynamische Größen mit eigener Bedeutung und eigenem Leben. Sie können ihre Bedeutung ändern, wenn sie Beziehungen eingehen.
Zahlen sind hier zunächst nicht Maßeinheiten, sondern bildhafte Zeichen, die als Bedeutungsträger geeignet sind und so, mit Symbolik befrachtet, Wirkungen haben.

### DIE ALLEGORISCH-SYMBOLISCHE BEDEUTUNG DER ZAHLEN

1 = Einheit, Einssein, Zentrum, das Unteilbare, die Ganzheit. Symbolträger für das Absolute, Gott, Einheit.

2 = a) Zweiheit, Paar, Spiegelsymmetrie (zwei Augen, Ohren, Hände, Füße usw.), Ergänzung, Zweisamkeit, zwei werden eins.
b) Zwiefalt, Zweiwerdung, Zwilling, Polarität, Mann – Frau, Tag – Nacht, Leben – Tod, Anfang – Ende usw. Parallelität.
c) Zwiespalt, Gegensatz, Dualismus, Zwist; Gut – Böse, Recht – Unrecht, Liebe – Haß; Zweifel.
Zwei ist Symbolträger für Polarität und Trennung, für das Weibliche. Es fordert Entscheidung: entweder – oder.

3 = Drei kommt von »drehen«, sich bewegen, fortschreiten. 2 + 1 = 3, die Synthese, Vater und Mutter und Kind bilden die Familie.
Dreiheit, Dreieinheit; drei Raumdimensionen, drei Erlebnisstrecken der Zeit: Vergangenheit, Gegenwart und Zukunft. Dreieinigkeit Gottes, drei ist die Zahl der Offenbarung Gottes.
Dreiteilung ist Wachstum. Drei ist Symbolträger für Einheit in der Mehrheit, Heiligkeit, Seelisches und Geistiges, für männlich und für die Zeit.
4 = Vierheit, reflektierte Ganzheit, Vielheit als Harmonie. Vierstellung = Orientierung, Ordnung, rational. Vier Himmelsrichtungen. Symbolträger für Haus, Raum, Ordnung, Welt, Diesseits, Materie. Vier wirkt Orientierung, Heimat.

5 = Fünfheit. Fünf Finger sind nur die Hälfte der Finger. Eine Hand ist nur die halbe Kraft, Zehn ist die vollkommene Zahl des Makrokosmos, fünf die Zahl des Mikrokosmos, die Zahl des Menschen. 2 + 3 = 5 das bedeutet weiblich + männlich verbunden in der Erotik zur Zeugung; fünf ist die biologische Potenz, Irrationalität. Pentagramm = Heilszeichen zur Abwehr von Zauber. Fünf wirkt Desorientierung, Emotionalität.

6 = Sechszahl, Sechsteilung; 1 + 2 + 3 = 6 Sechs ist Symbolträger für Sonne, Licht, übermenschliche Kraft, und wirkt Konzentration und Strahlung aus dem Zentrum.

7 = Sieben aus 3 + 4 = Zeit und Raum oder Gott und Welt. Sieben ist die Zahl der Vollendung der Welt, heilige Zahl, göttliche Fülle und Totalität. Sie ist auch ambivalent: Gut und Böse, Sünde und Sühne, Rache und Vergebung; Symbolträger für Heiligkeit, Vollendung; sieben wirkt Geheimnis, Dunkel, Rätsel, Unzugängliches.

8 = Acht ist sprachlich eine Dualform und bezeichnet ursprünglich die vier Finger beider Hände ohne Daumen. 4 + 4 = 8; Acht ist die Zusammenfassung einer Siebenerreihe und ihre Weiterführung. Wir reden von acht Tagen, wenn wir eine Woche meinen. Der 8. Tag ist der Auferstehungstag, Tag der Wiedergeburt, Tauftag. Darum ist das Baptisterium ein Oktogon. Acht ist Symbolträger für Neuwerdung, neue Welt, Achtteilung wirkt räumlich eine gerichtete Rundform.

9 = Neun ist die Zahl der Reife, der Schicksalsvollendung. Neun Monate reift das Kind im Mutterleib. 3 × 3 = 9 Neun ist die Zahl der Engel, die Verbindung zwischen Gott und Mensch. 9 × 9 = 81 = die Zahl der Ewigkeit.

10 = Zehn, 2 × 5 Finger hat der Mensch. Daraus ergab sich das Dezimalsystem. 1 + 2 + 3 + 4 = 10 (die Zahlenpyramide der Pythagoräer). Zehn ist die Vollendung, die Vollkommenheit; zehn bedeutet Totalität, neue Einheit, menschliche Vollendung, volle Entfaltung. Zehn bedeutet auch die göttliche Weltordnung, göttliche Gerechtigkeit, zehn Gebote.

11 = Elf bedeutet eins bleibt übrig, wenn man auf zehn zählt. Zahl der Fastnachtszeit: 11.11.11 Uhr 11. Elf überschreitet die Vollendung zehn, ist Übertretung, Sünde. Elf ist Symbolträger für das Böse, Irrationale.

12 = Zwölf ist 3 × 4, Produkt aus Zeit und Raum oder aus Gott und Welt, eine Zahl der Vollkommenheit. Sie hat kosmische Bedeutung: Zwölf Stunden hat der Tag, zwölf die Nacht, 12 Monate das Jahr usw. Zwölf ist Symbolträger für das heilsgeschichtliche Ziel Gottes mit der Welt. Farbsymbol für zwölf ist gold.
13 = Dreizehn ist Überschreitung der zwölf, Überschreitung des Denkbaren; Zahl der Transzendenz, göttliche Zahl, Zahl der Erlösung, des Messias in Israel.

30 = die Zahl des Reichtums, der vollen Blüte, des vollen Mannesalters.

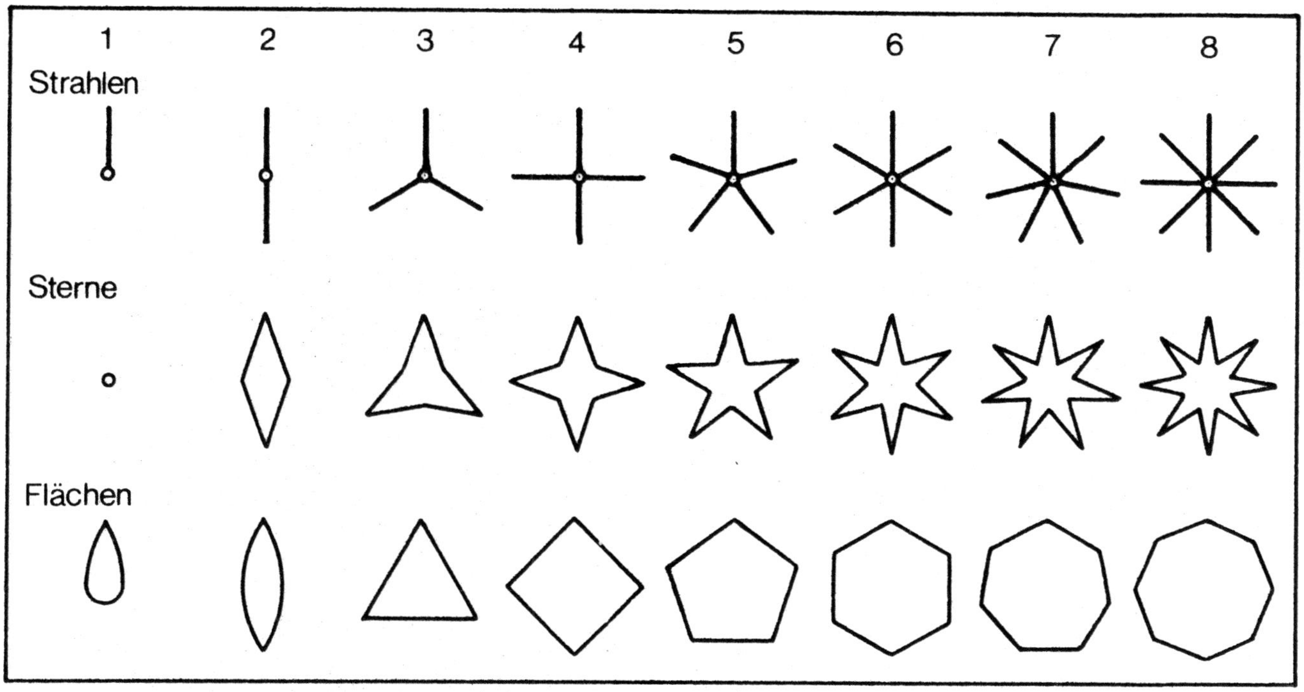


**Abb. 7-2** In der Ebene ausbreitbare Gestalten der einfachen Zahlen

40 = Länger als vierzig Tage kann ein Mensch nicht fasten. Vierzig Tage sind die Frist, in der etwas vorbereitet oder vollendet wird. Erprobungszeit, Reifezeit.

50 = die Grundzahl der großen Mythologien der Griechen: 50 Danaiden, 50 Argonauten, 50 Söhne des Priamos, 50 Helden im Trojanischen Pferd. Fünfzig ist die Zahl der Freude, des Feierns. Nach 7 × 7 Jahren war in Israel das 50. Jahr das sogenannte Halljahr, in dem u. a. alle verkauften Grundstücke an die ursprünglichen Eigentümer zurückfielen.

100 = 10 × 10 = Hundert oder Tausend ist die Unzählbare Fülle, die Unendlichkeit.

Der allegorisch-symbolischen Bedeutung der Zahlen entsprechen ganzheitliche Bilder. Das sind verschiedene anschauliche Figuren mit einfachen Symmetrien: Strahlenfiguren machen das Teilungsprinzip sichtbar, Sternfiguren zeigen die geteilte Einheit und Flächenfiguren betonen noch mehr die Einheit. **Abb. 7-2.** Die hier in der Fläche dargestellten Figuren machen das Prinzip deutlich. Ihre räumliche Gestalt wird uns noch in anderen Bereichen beschäftigen. Sie sind allerdings auch so in vielen Formen zu finden und bilden eine wesentliche Grundlage für Symmetrievorgänge. Viele Gestalten, die wir in der Natur vorfinden entsprechen diesen Modellen.

## 7.2 Reihen

Ein vom Wesen und von seinen Wirkungen her ganz anderer Umgang mit Zahlen ist die Reihung von Einheiten gleicher oder verschiedener Größe. Die Reihung hat nicht Gestaltcharakter. Sie ist ein Prinzip und kann endlos fortgesetzt werden. Die Gestaltung von Reihen wird durch übergeordnete Symmetrievorgänge erreicht.

### 7.2.1 ARITHMETISCHE REIHEN

Die einfachste Darstellung des Reihenprinzips ist die lineare Reihung von Strecken mit der Länge 1. **Abb. 7-3.**
Die Qualität dieser linearen Reihe besteht darin, daß sie gleiche Teile aufweist, die zählbar und vergleichbar sind. Solche Reihen sind dazu geeignet, lineare Dimensionen zu vergleichen. Z. B. bei der Längenmessung und bei der Zeitmessung.
Ihre Schwäche liegt darin, daß das Verhältnis der Nachbarglieder bei größer werdenden Strecken immer kleiner wird: 1:2 > 2:3 > 3:4 > 4:5 > 5:6 > 6:7 usw. **(Abb. 7-4)**. In allen Reihen dieser Art gibt es kein gemeinsames Verhältnis der Nachbarglieder. Es fehlt ihnen somit ein übergeordnetes Prinzip der Symmetrie, das z. B. beim Metermaß durch das Zehnersystem $10^0$, $10^1$, $10^2$, $10^3$ usw. die Orientierung ermöglicht.

### 7.2.2 GEOMETRISCHE REIHEN

Die einfachste Reihe, bei der die Nachbarglieder dasselbe Verhältnis zueinander haben, ist die Halbierungsreihe. Halbieren von Größen (z. B. Längen) ist

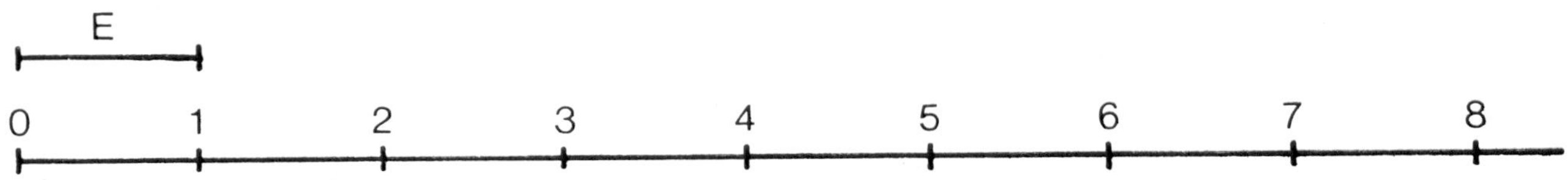


**Abb. 7-3** Das Prinzip der arithmetischen Reihe

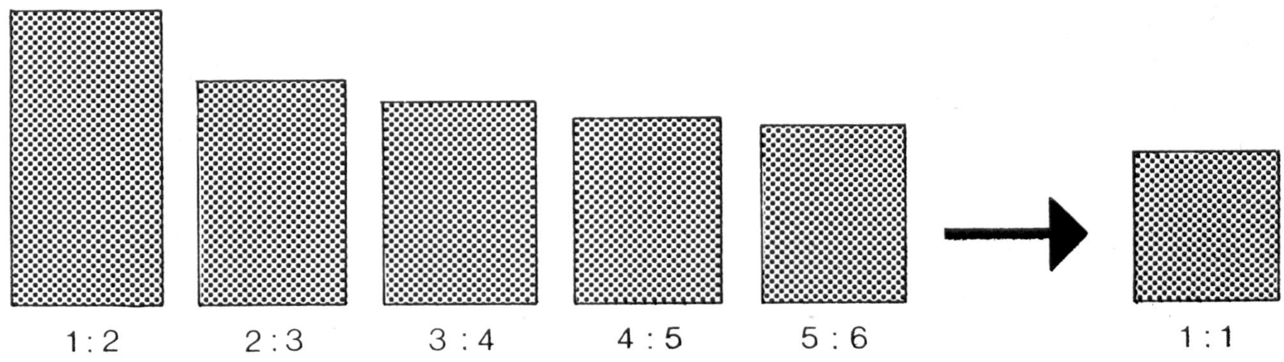


**Abb. 7-4** Das Verhältnis der Nachbarglieder einer arithmetischen Reihe

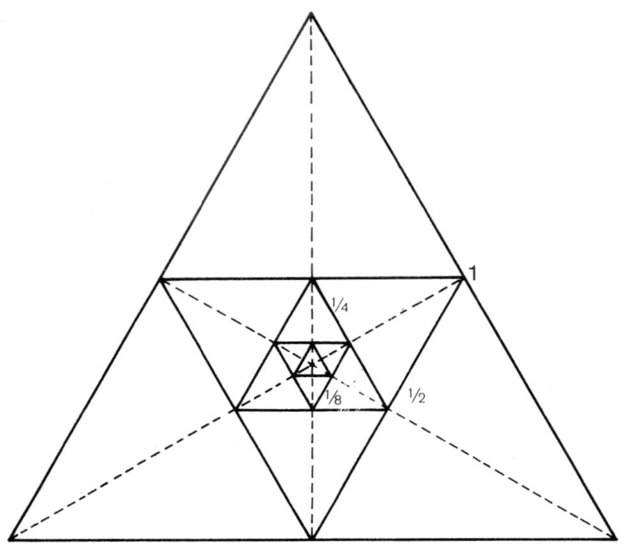


**Abb. 7-5** Geometrische Gestalt der Halbierungsreihe

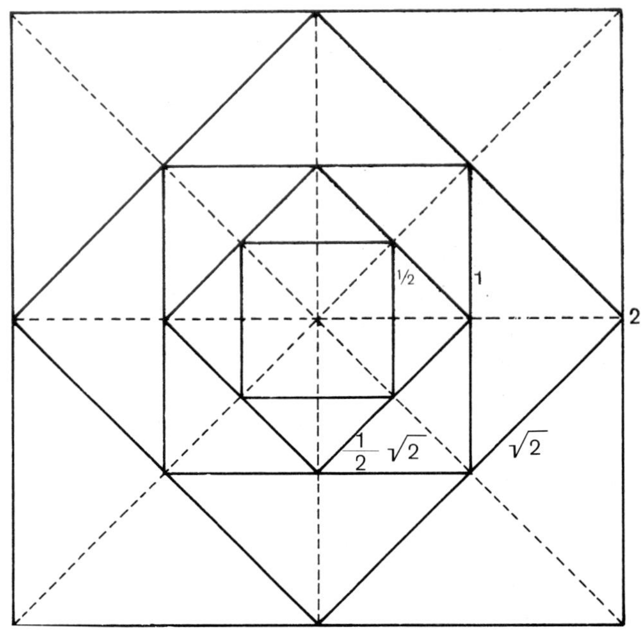


**Abb. 7-6** Geometrische Gestalt der Reihe $1 : \sqrt{2}$

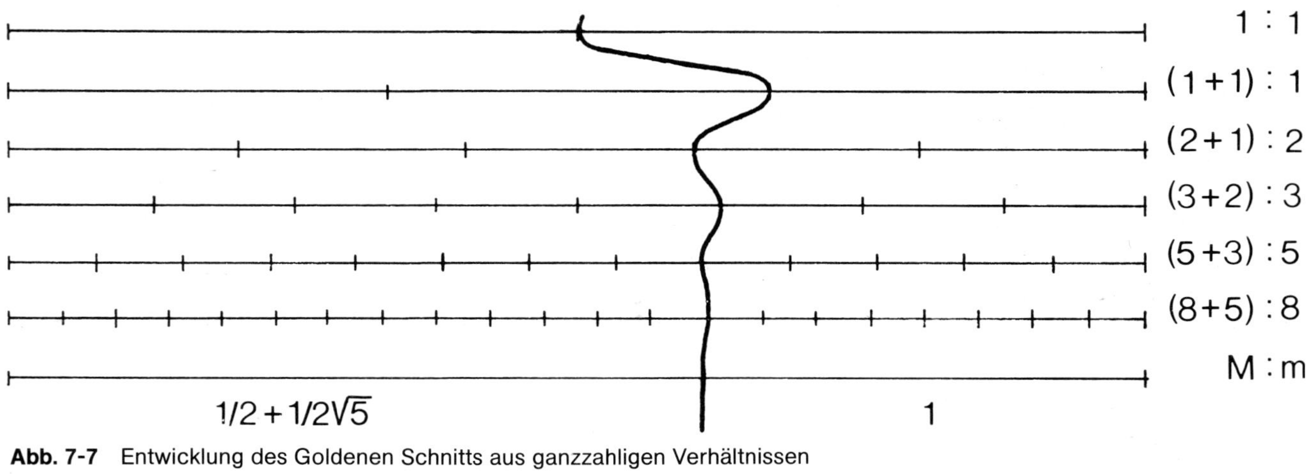


**Abb. 7-7** Entwicklung des Goldenen Schnitts aus ganzzahligen Verhältnissen

praktisch leicht möglich, ebenso das Verdoppeln: ... 1/16, 1/8, 1/4, 1/2, 1, 2, 4, 8, 16... Diese Reihe wird z. B. für die Festlegung der relativen Dauer von Tönen bei der Notation von Musik verwendet. Sie steckt aber auch in vielen anderen Form- und Meßvorgängen. Ihr anschauliches Bild ist das gleichseitige Dreieck mit eingeschriebenen weiteren gleichseitigen Dreiecken: **Abb. 7-5.**

Alle ineinander gezeichneten Dreiecke folgen der Halbierungsreihe. Da dieses Dreieck aus gleichlangen Seilen leicht konstruierbar ist, wurde es zum Abstekken der Grundrisse von großen Bauwerken z. B. der mittelalterlichen Dome benutzt.

Diese Halbierungsreihe weist verhältnismäßig große Lücken auf und es liegt nahe, weitere Reihen dieser Art mit mehr Zwischengliedern zu entwickeln. Historisch gesehen wird aber nicht eine rechnerische Entwicklung stattgefunden haben, sondern in der anschaulichen Gliederung der einfachen regelmäßigen Vielecke wurden zunächst harmonische Verhältnisse und Symmetrie im Sinne der Ordnung einer Ganzheit gesucht und gefunden.

So finden wir im Quadrat und seinen eingeschriebenen Quadraten eine geometrische Reihe, bei der die Nachbarglieder im Verhältnis $1:\sqrt{2}$ stehen: ...4, $2\sqrt{2}$, 2, $\sqrt{2}$, 1, $\frac{1}{2}\sqrt{2}$, 1/2, $\frac{1}{4}\sqrt{2}$, 1/4,... **Abb. 7-6**.

Beim Papierformat dieses Buches ist diese lineare Proportion auf eine Fläche angewendet. Das führt dazu, daß beim Halbieren der Fläche parallel zur kürzeren Seite das Verhältnis der Seiten gleich bleibt (**Abb. 7-11**). Die tatsächliche Größe des Papiers wurde dadurch festgelegt, daß die Ausgangsgröße DIN (Deutsche Industrie Norm) A O = 1 $m^2$ vereinbart wurde. Das bedeutet $a \cdot a\sqrt{2} = 1\ m^2$, woraus folgt, daß $a \approx 84$ cm und $a\sqrt{2} \approx 118{,}7$ cm sind.

Das nächste Vieleck, das anschauliche Verhältnisse ergibt, ist das Fünfeck. Sein geometrischer Charakter ist von besonderer Art insofern die durch seine Proportion gebildete Reihe durch Addition der Nachbarglieder aufstellbar ist und dabei doch das Verhältnis zweier Nachbarglieder immer gleich bleibt. Es ist also $a:b = b:(a+b)$ (**Abb. 7-7**).

Rechnerisch entspricht diese Reihe der Proportion
$1:\pm \frac{1}{2} + \frac{1}{2}\sqrt{5}$ oder $1:0{,}5 + 1{,}118 = 1:1{,}618$
oder $1:-0{,}5 + 1{,}118 = 1:0{,}618$
Die Reihe lautet dann ... 0,382; 0,618; 1; 1,618; 2,618; 4,236...

Im Bild **(Abb. 7-8)** stehen Seite und Diagonale des Fünfecks zueinander in diesem Verhältnis und die Schnittpunkte der Diagonalen untereinander markieren Teilungspunkte, die diese wiederum in diesem Verhältnis teilen. So sind $\overline{AB} : \overline{AC} = \overline{CD} : \overline{CE} = \overline{CE} : \overline{CG} = \overline{EF} : \overline{EG}$ usw.

Diese Proportion hat durch ihre Einzigartigkeit eine besondere Bedeutung gehabt und hat sie wohl noch. Man nennt sie auch »Goldener Schnitt« und Architekten der Renaissance sprachen von »divina proportione«, von der »göttlichen Proportion«.

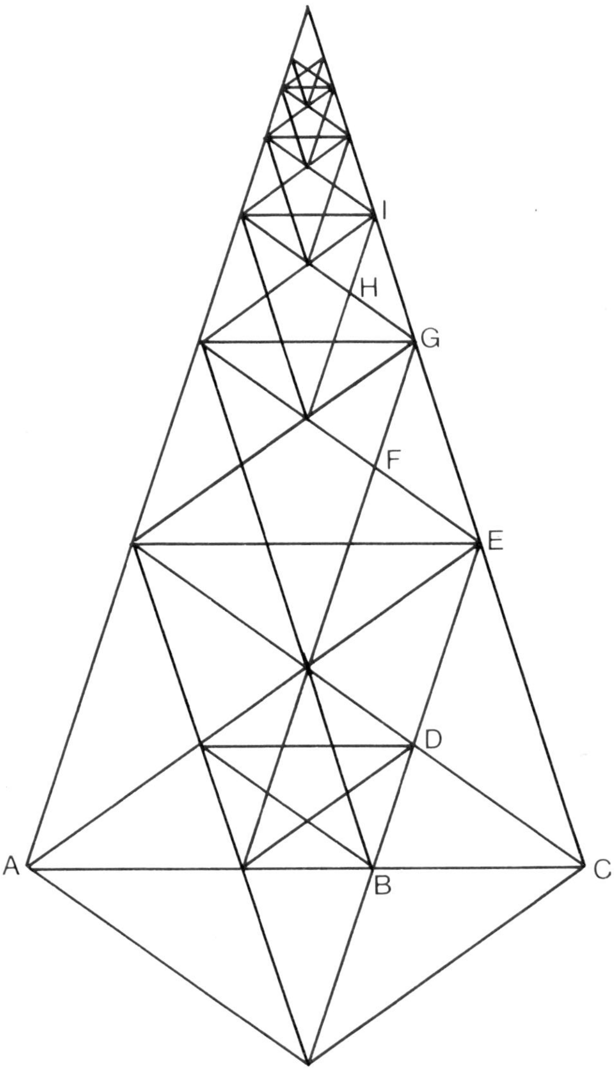


**Abb. 7-8** Die stetige Teilung des Goldenen Schnittes im Fünfeck

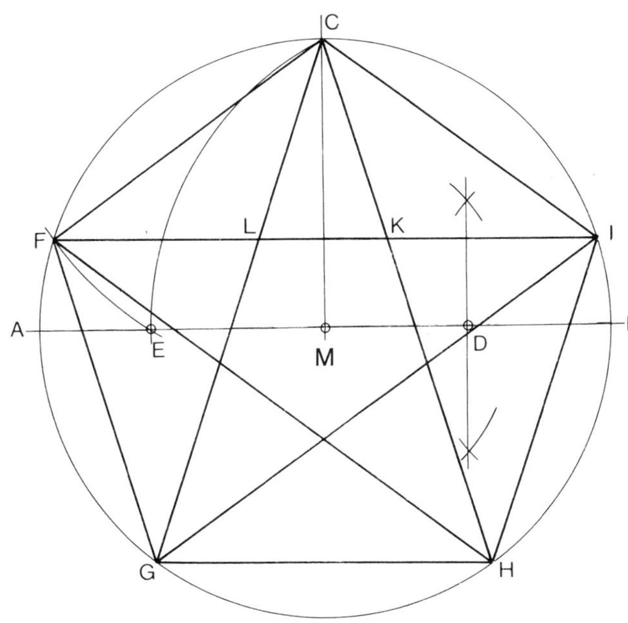


**Abb. 7-9** Konstruktion des Fünfecks. Vierteilung des Kreises in M ergibt die Punkte A, B, C. Halbierung der Strecke MB ergibt D. Kreis um D mit r = CD ergibt E. EC ist die Fünfeckseite

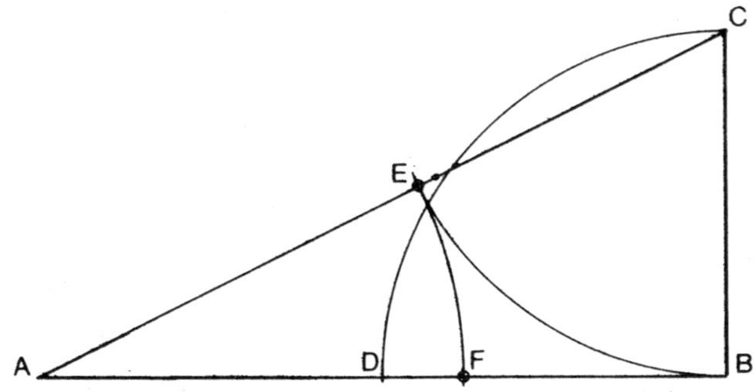


**Abb. 7-10** Konstruktion des Goldenen Schnitts: Strecke AB, in B Senkrechte mit ½ AB = DB, Kreis um C mit r = CB ergibt E, Kreis um A mit r = AE ergibt F, den stetigen Teilungspunkt der Strecke AB

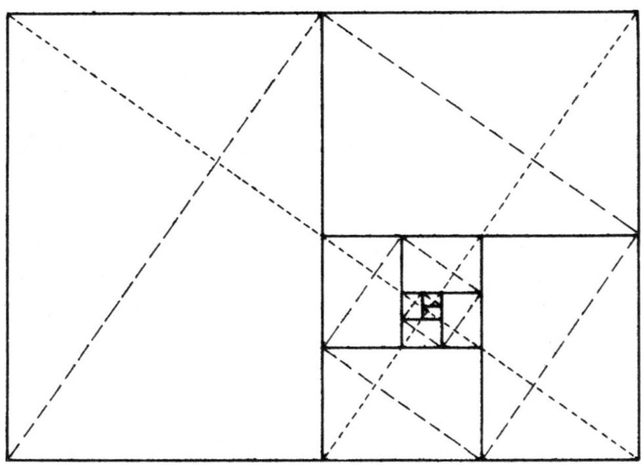

**Abb. 7-11** Halbierung des Rechtecks mit dem Seitenverhältnis $1:\sqrt{2}$

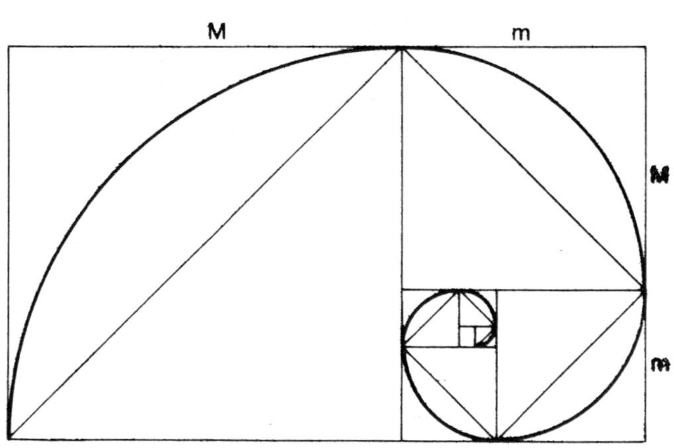


**Abb. 7-12** Spirale aus Viertelkreisen, deren Radien im Verhältnis des Goldenen Schnittes kleiner werden

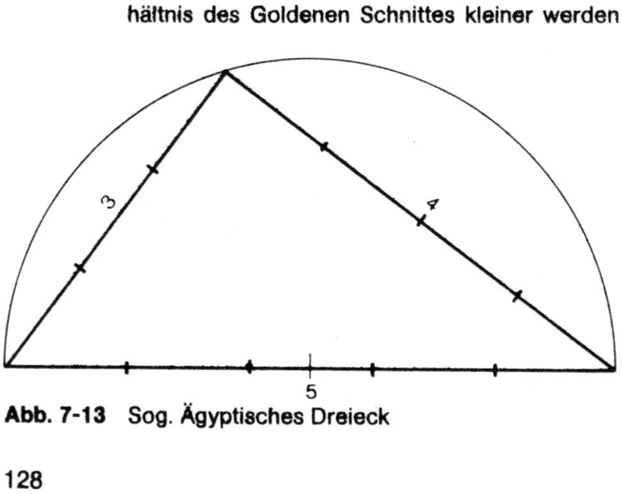


**Abb. 7-13** Sog. Ägyptisches Dreieck

Sie war aber den Architekten der griechischen Tempel, den Ägyptern und u. a. auch den Chinesen schon als eine besondere Ordnung bekannt.

Andere Vielecke wie das Sechseck, das Siebeneck, das Achteck, das Neuneck, das Zehneck und das Zwölfeck wurden bei historischen Bauten ebenfalls zur Festlegung der Maßverhältnisse benutzt. Ich verweise hier auf die Darstellung in dem Band »Eumetria, das Glück der Proportionen« von Edgar *Wedepohl*, Verlag Richard Bacht GmbH, Essen 1967, in dem das überzeugend an verschiedenen Beispielen nachgewiesen ist. Die Konstruktion des rechten Winkels mit dem sog. ägyptischen Dreieck mit den Verhältnissen 3:4:5 **(Abb. 7-13)** wurde über die Winkelkonstruktion hinaus ebenfalls als Grundlage für die Maßordnung von Bauten benutzt. (Z. B. bei den Propyläen der Akropolis in Athen – erbaut von Mnesikles von 437 bis 432 vor Christi Geburt).

## 7.3 Proportion

Heute stehen sich im allgemeinen zwei grundverschiedene Denkansätze für die Ordnung an Bauwerken gegenüber: Das rationalistische Prinzip wird in Form von Rastern als additiven Strukturen und Systemen sichtbar. Seine Begründung wird oberflächlich in der Notwendigkeit vorgefertigter Bauteile gesucht. Es werden Einheiten geformt und z. B. als »Europaraster« festgelegt. Überprüft man den Sachverhalt genauer, kann man feststellen, daß das Raster gegen die Gestalt wirkt. Es macht gleich – ein Rasterpunkt ist mit jedem anderen Rasterpunkt identisch. Das Raster ist ein ausgezeichnetes Ordnungsprinzip, aber es fehlt ihm ein wesentliches Merkmal der Gestalt: die Ganzheit. Es besitzt für Ganzheit keine Anhaltspunkte. Raster entsprechen Meß-Vorgängen und nicht Maß-Verhältnissen.

Der zweite Denkansatz kommt von der Ganzheit her. Er setzt die überkommene Tradition fort, in der das Verhältnis der Teile zum Ganzen den Maßstab bildete. Es werden Gestaltganze durch einfache, bildhafte z. B. geometrische Formen begriffen und nach den Gesetzen des Ganzen weiter differenziert. Die Ordnungsprinzipien der Ganzheit, die überschaubare Symmetrievorgänge darstellen, schließen die Anwendung von Rastern nicht aus, sondern ordnen diese einem Ganzen unter.

Von den Versuchen, diese Verbindung verschiedener Ordnungsprinzipien herzustellen, sei hier der Versuch des Architekten Le Corbusier als Beispiel erwähnt. Er hat mit dem Goldenen Schnitt gearbeitet und ein Maßsystem entwickelt, das von einem Grundmaß ausgeht, das nach oben und unten im goldenen Schnitt geteilt wird. Das Grundmaß ist die Größe des Menschen mit 183 cm. Diese Reihe nannte er »rote Reihe«. Da sie zu große Lücken aufweist, hat er eine zweite Reihe, die »blaue Reihe« aufgebaut, die als Grundmaß die doppelte Länge des goldenen Schnittes von 183 hat, nämlich 2 × 113 = 226 cm. Le Corbusier hat damit ein

System entwickelt, das eine Art spiegelbildliche Umkehrung des Maßsystems darstellt, das in der Bauwirtschaft entwickelt wurde: man benutzt ebenfalls zwei Reihen. Diese sind in sich mit der Halbierungsreihe unterteilt, stehen untereinander aber im Verhältnis des goldenen Schnittes. Die eine Reihe benutzt als Grundmaß 125 cm (120 cm), die andere 200 cm.
Le Corbusiers Bauten zeigen, daß ein Maßsystem gut anwendbar ist. Sie zeigen aber auch, daß es nicht von der Maßeinheit der menschlichen Körpergröße abhängt, ob eine Architektur menschengemäß gebaut wird. Man kann mit seinem Maßsystem auch Räume bauen, die für Menschen eine Zumutung bedeuten. (S. *Le Corbusier*: Der Modulor, 1953 und Modulor 2, 1958, Deutsche Verlagsanstalt, Stuttgart.)
Alle erwähnten Systeme der Proportionierung sind zunächst Teilungen von Strecken. Als solche werden sie in die Fläche und dann in den Raum übertragen. Die Systeme der Fläche werden aus geometrischen Grundlagen hergeleitet. Für den Raum fehlt eine Herleitung. Die Ordnungen wurden als geistiges Prinzip verstanden und in verschiedener Form ausgestaltet. So gibt es kontrollierbare Beziehungen von Strecken und Punkten in der Fläche und im Raum. Ernst Mössel zeigt in der Analyse vieler Bauwerke und Bildwerke, daß die Grundlage aller Proportionierungen die Kreisteilungen bilden. (E. *Mössel*: Urformen des Raumes als Grundlagen der Formgestaltung, C. H. Beck'sche Verlagsbuchhandlung, München 1931 und E. *Mössel*: Vom Geheimnis der Form und der Urform des Seins, Deutsche Verlagsanstalt Stuttgart Berlin 1938)
Eine Reihe von Architekten und Kunsthistorikern haben sich mit dem Thema auseinandergesetzt. Ihre theoretischen Betrachtungen laufen allerdings Gefahr, in die formalen Ordnungsprinzipien Bedeutungen hineinzuinterpretieren, die nicht aus ihnen abzuleiten sind, sondern als Symbolisierungen verschiedener Epochen verstanden werden müssen.
Form ohne den betrachtenden Menschen ist Form ohne Bedeutung: ein Quadrat z. B. ist ein Quadrat – nicht mehr und nicht weniger! Betrachtet (!) aber ein Mensch ein Quadrat, so hat es für ihn Bedeutung, er kann es zum Symbolträger eines für ihn wesentlichen Inhaltes machen.
Eine andere Sache ist das Urbild »Quadrat«, der Archetypus. Es wird nicht gedacht oder vereinbart, es ist kein Symbol, sondern es wird erlebt und zeigt sich im Lebensvollzug und nicht im Denken. Dieses Urbild, als Maß gebende Figur benutzt **(Abb. 7-6)**, läßt die daraus entstehende Gestalt nach seinem Bild werden. Darüber hinaus kann es dann wiederum als Bedeutungsträger dienen.

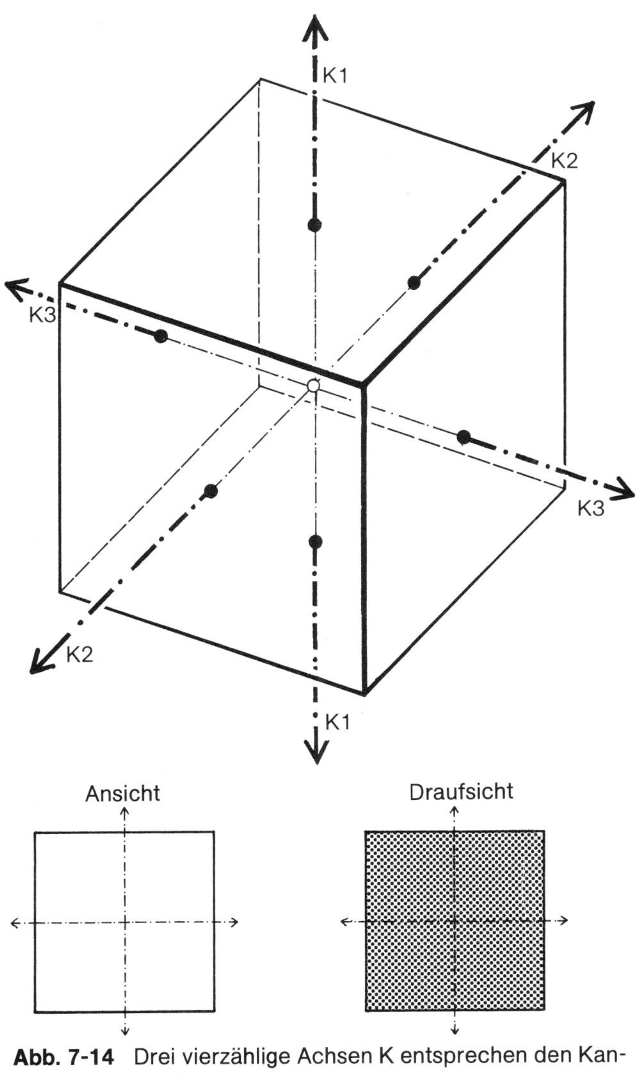


**Abb. 7-14** Drei vierzählige Achsen K entsprechen den Kantenlängen

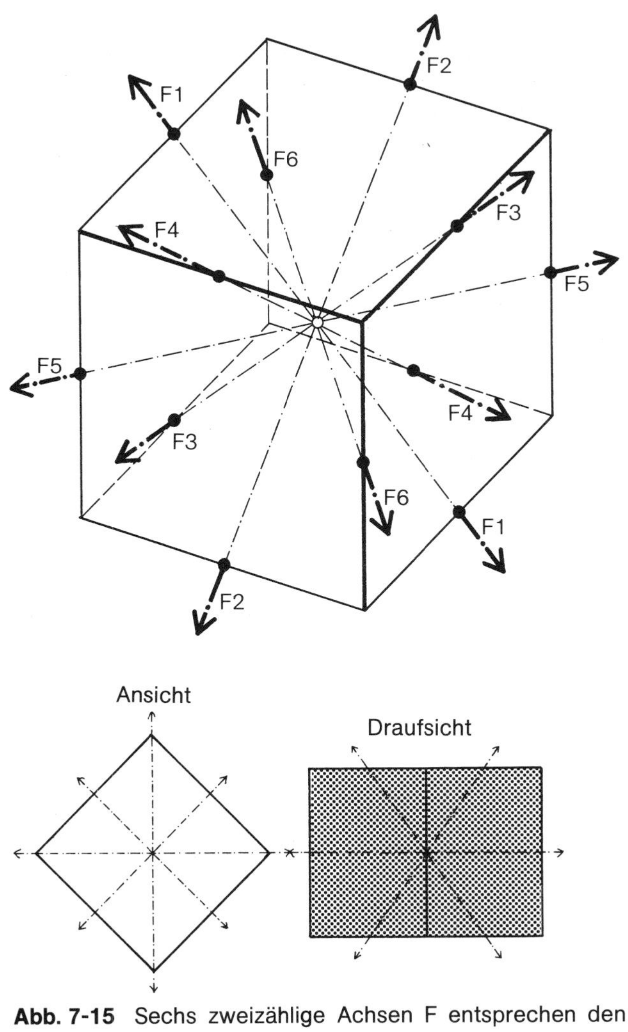


**Abb. 7-15** Sechs zweizählige Achsen F entsprechen den längen der Flächendiagonalen

## 7.4 Proportionen im Kubischen System

Der Gebrauch linearer Reihen und geometrischer Flächennetze im Bereich der Plastik und der Architektur ist insofern unbefriedigend, als damit räumliche Vorgänge nur unzureichend oder gar nicht erfaßt werden. Der Zusammenhang der Proportionsreihen im dreidimensionalen Raum wurde nur rational hergestellt und im allgemeinen durch die Anschauung und die Erfahrung bewältigt.

Anhand der Würfelgeometrie möchte ich aufzeigen, daß ein *räumlicher Proportionskanon* besteht, und uns im kubischen System als dem unserem Leib analogen Ordnungsmuster des Raumes unmittelbar zugänglich ist.

a) Der Würfel besitzt 6 Quadrate als Seitenflächen. Das Quadrat besitzt 4 Symmetrieachsen, von denen zwei mit den Diagonalen des Quadrates zusammenfallen. Das Verhältnis der Diagonale zur Seite des Quadrates ist eine irrationale Zahl: wir schreiben sie $\sqrt{2}$.

b) Der Würfel besitzt 13 Symmetrieachsen:
Drei Flächenachsen, senkrecht durch die Mitten der 6 Seitenflächen, sind vierzählig, d. h. daß bei einer Drehung um 360° um eine dieser Achsen der Würfel viermal, also nach je einer Drehung um 90°, mit sich selbst zur Deckung kommt **(Abb. 7-14).**

Sechs Achsen, die durch die Mitten der Würfelkanten gehen sind zweizählig. Bei der Drehung um eine dieser Achsen kommt der Würfel zweimal, also nach jeweils 180° Drehung, mit sich selbst zur Deckung **(Abb. 7-15)**.

Vier Achsen durch die Würfelecken sind dreizählig. Bei der Drehung des Würfels um eine dieser Achsen kommt der Würfel dreimal, jeweils nach 120° Drehung, mit sich selbst zur Deckung. Diese Achsen fallen mit den Raumdiagonalen des Würfels zusammen und haben die Länge $a\sqrt{3}$, wobei a die Länge der Würfelkante ist **(Abb. 7-16)**.

Das Achsensystem des Würfels enthält einen räumlichen Proportionskanon mit den Verhältnissen $1:\sqrt{2}:\sqrt{3}$ = Würfelkante : Flächendiagonale : Raumdiagonale. Die einzelnen Verhältnisse haben im Ganzen verschiedene Bedeutung je nach der Lage des Würfels im Raum bezogen auf die horizontale Grundfläche, die Aktionsebene des Menschen **(Abb. 7-17)**. Diese Bedeutung kann durch Teilungen des Würfels sichtbar gemacht werden.

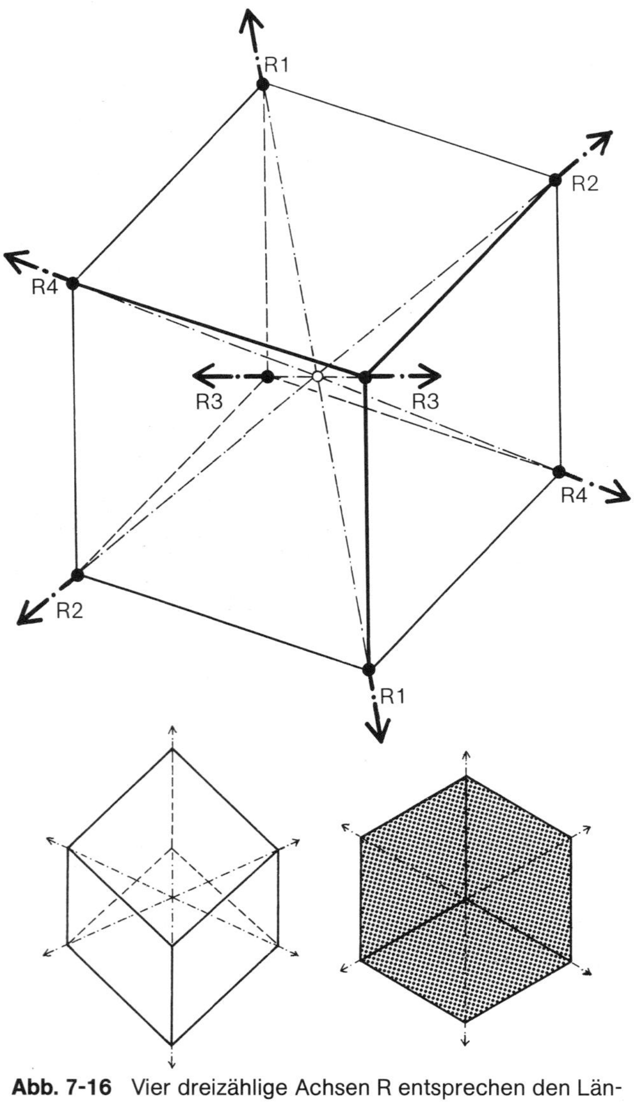


**Abb. 7-16** Vier dreizählige Achsen R entsprechen den Längen der Raumdiagonalen

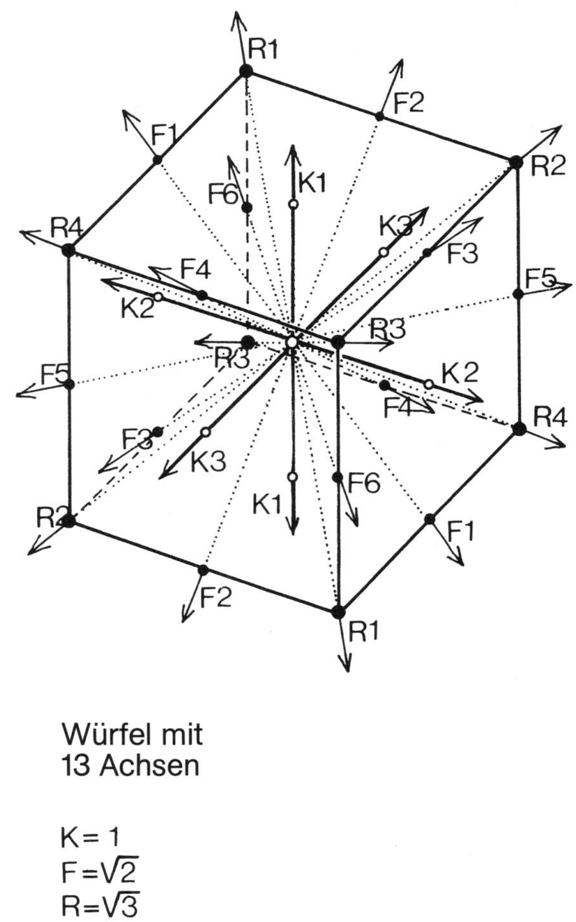


**Abb. 7-17** Das Achsensystem des Würfels

## 7.5 Würfelteilungen

Wenige Würfelteilungen bilden die Grundlage aller räumlichen Würfelteilungen: Zweiteilung, Dreiteilung, Vierteilung und Sechsteilung. Der Würfel wird dabei so geteilt, daß alle Teile kongruent sind und symmetrisch zum Mittelpunkt des Würfels liegen.

Die *Zweiteilung des Würfels* kann so durchgeführt werden, daß ebene Schnittflächen entstehen. Die drei Achssysteme des Würfels erlauben vier regelmäßige Schnitte, die je einmal für jede Achse durchgeführt werden können **(Abb. 7-18)**. Auf dieser Grundlage können beliebig viele halbregelmäßige ebene Schnitte durch den Würfel gelegt werden.

Die ebenen Schnitte können in einem weiteren Schritt durch gefaltete Flächenstrukturen aus Dreiecken erweitert werden. Die Bildung von Varianten ist unbegrenzt **(Abb. 7-19)**.

Wenn diese Faltungen aus Dreiecken durch homogene Flächen ersetzt werden, entstehen Sattelflächen, die hyperbolisch gekrümmt sind **(Abb. 7-20)**.

Die *Dreiteilung des Würfels* kann nur nach einem dreizähligen Achsensystem erfolgen. Ihre Grundform **(Abb. 7-21)** ist mit jeder Raumdiagonale zweimal durchführbar.

Eine zweite Möglichkeit besteht darin, daß je drei Achsen durch die Kantenmitten, die eine Raumdiagonale im Mittelpunkt des Würfels rechtwinklig schneiden, benutzt werden. In jeder Lage gibt es dabei zwei Lösungen: eine rechtsdrehende und eine linksdrehende. Sie können mit jeder Raumdiagonale zweimal ausgeführt werden **(Abb. 7-22)**.

Die *räumliche Vierteilung des Würfels* kann nur mit Hilfe der Raumdiagonalen ausgeführt werden. Die vier möglichen Lösungen sind miteinander identisch **(Abb. 7-23)**.

Die *räumliche Sechsteilung des Würfels* beruht auf den drei vierzähligen Achsen durch die Flächenmitten. Sechs mögliche Lösungen sind miteinander identisch **(Abb. 7-24)**.

Die *räumliche Achtteilung* erzeugt als Elemente wiederum Würfel.

Weitere Würfelteilungen entstehen durch Überlagerung von Zweiteilungen, Dreiteilungen, Vierteilungen und Sechsteilungen. Gefaltete Schnittfiguren sind für weitere Teilungen ebenso zu verwenden wie die Schnittfiguren aus Sattelflächen. Einige einfache Kombinationen sind in den **Abb. 7-25** bis **7-29** dargestellt.

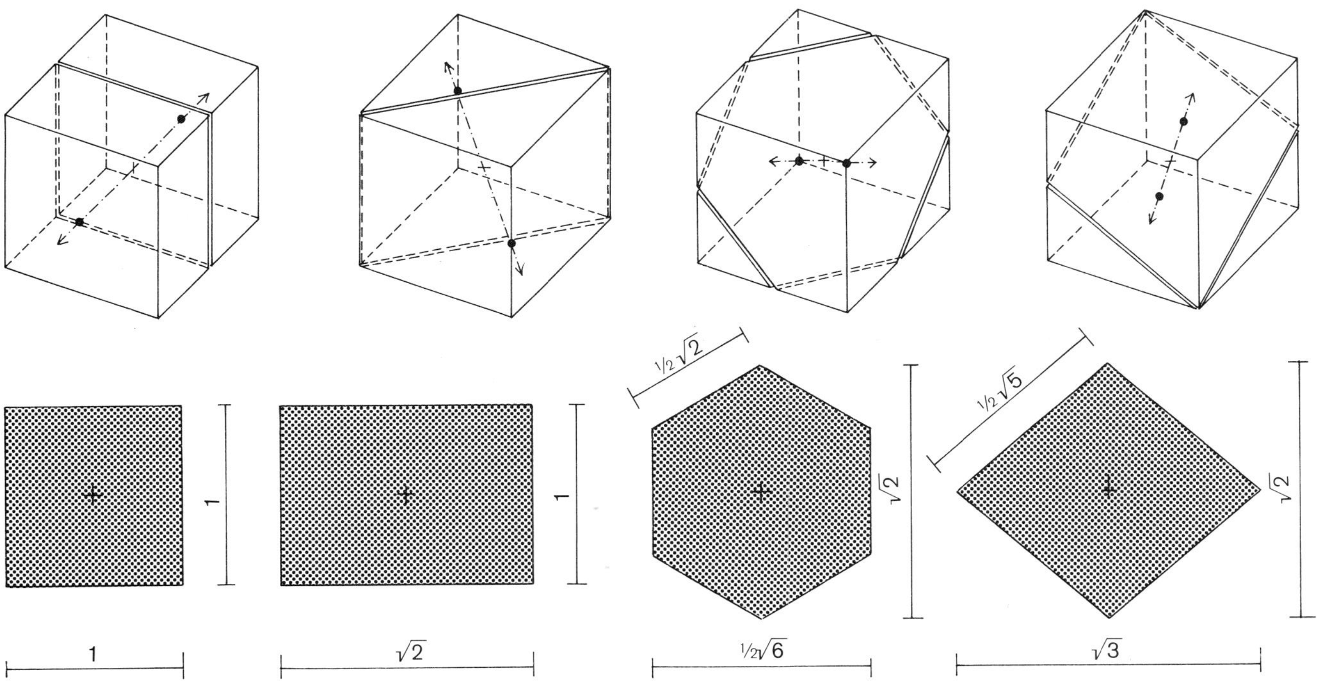


**Abb. 7-18** Zweiteilungen des Würfels

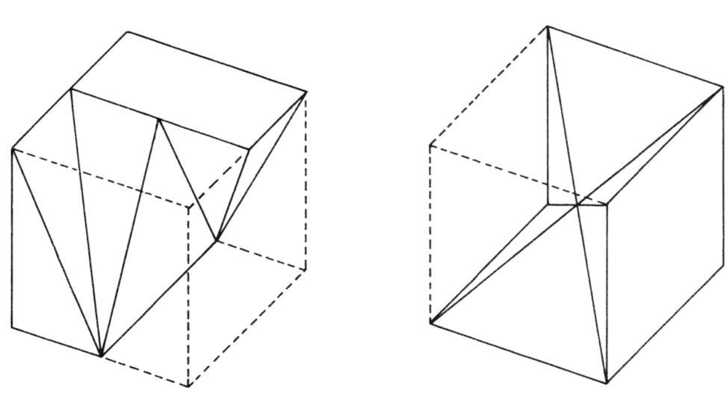

**Abb. 7-19** Auflösung der Schnittebenen in Dreiecke

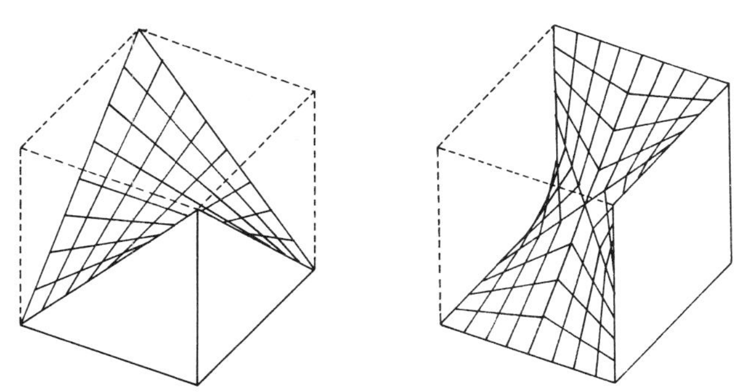

**Abb. 7-20** Sattelflächen als Schnittebenen

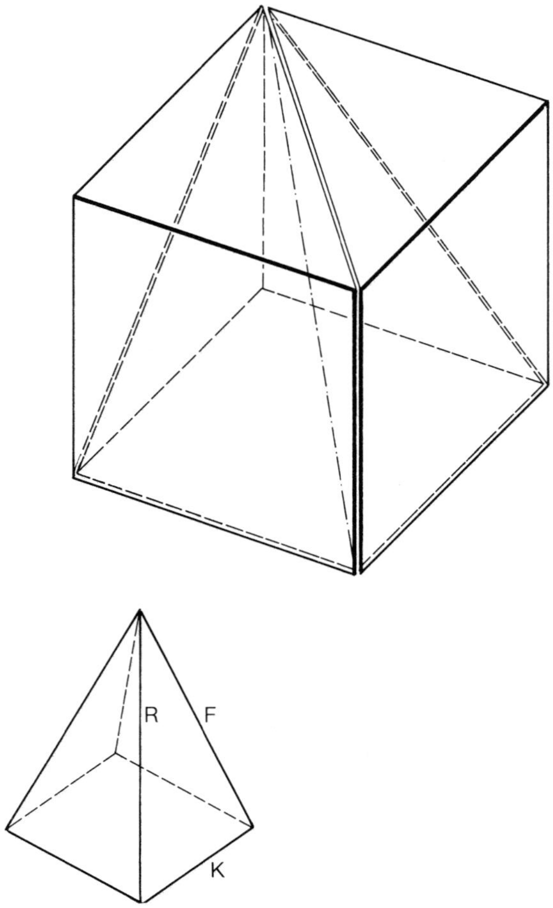


**Abb. 7-21** Dreiteilung des Würfels

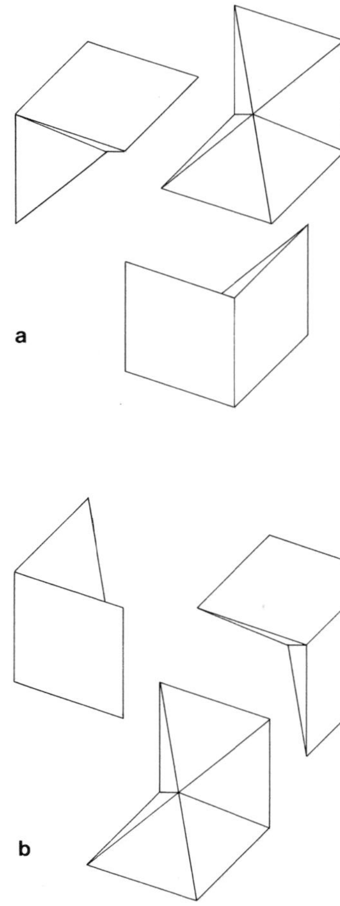


**Abb. 7-22** Dreiteilung des Würfels entsprechend der Sechsteilung. **a** = linksdrehend, **b** = rechtsdrehend

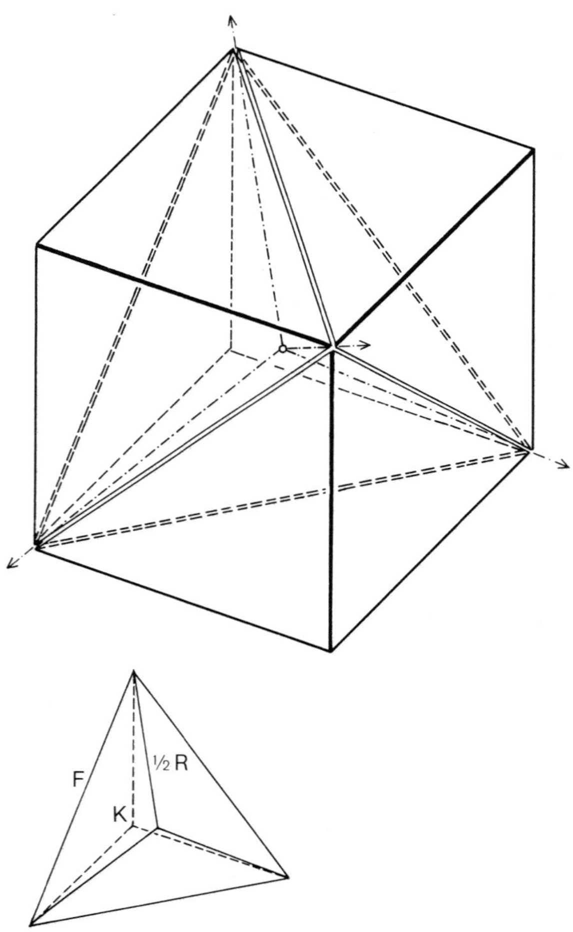


**Abb. 7-23** Räumliche Vierteilung des Würfels

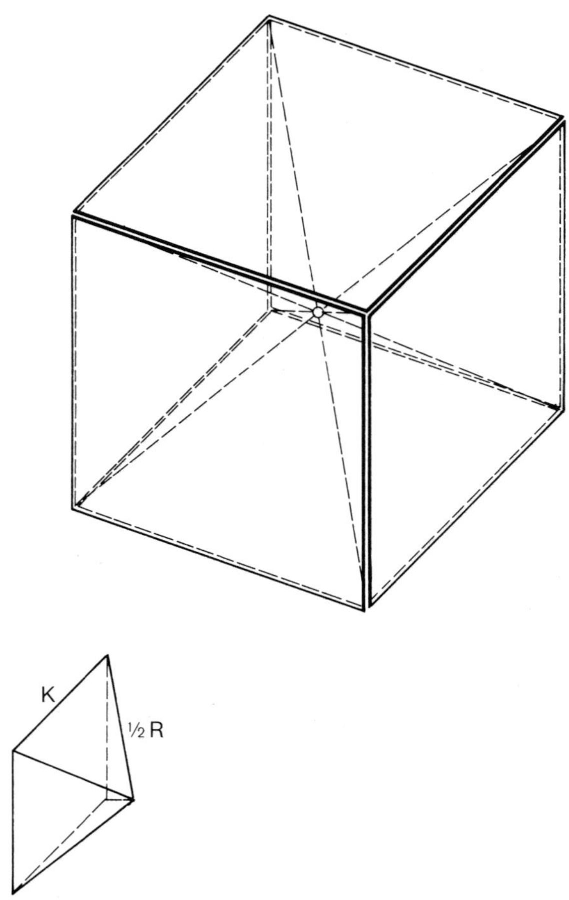


**Abb. 7-24** Räumliche Sechsteilung des Würfels

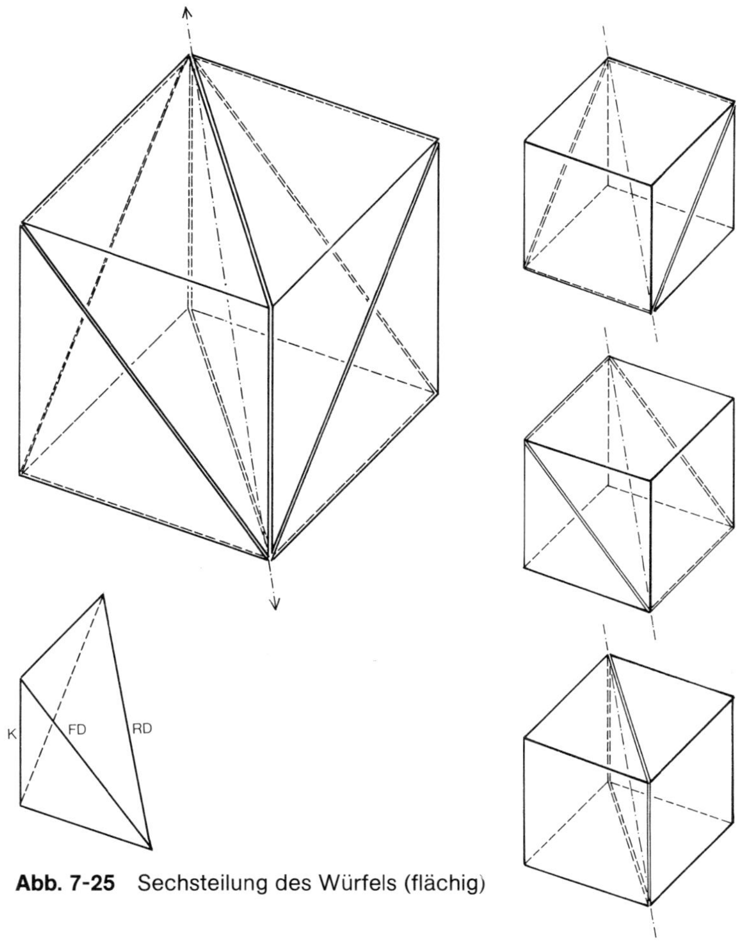


**Abb. 7-25** Sechsteilung des Würfels (flächig)

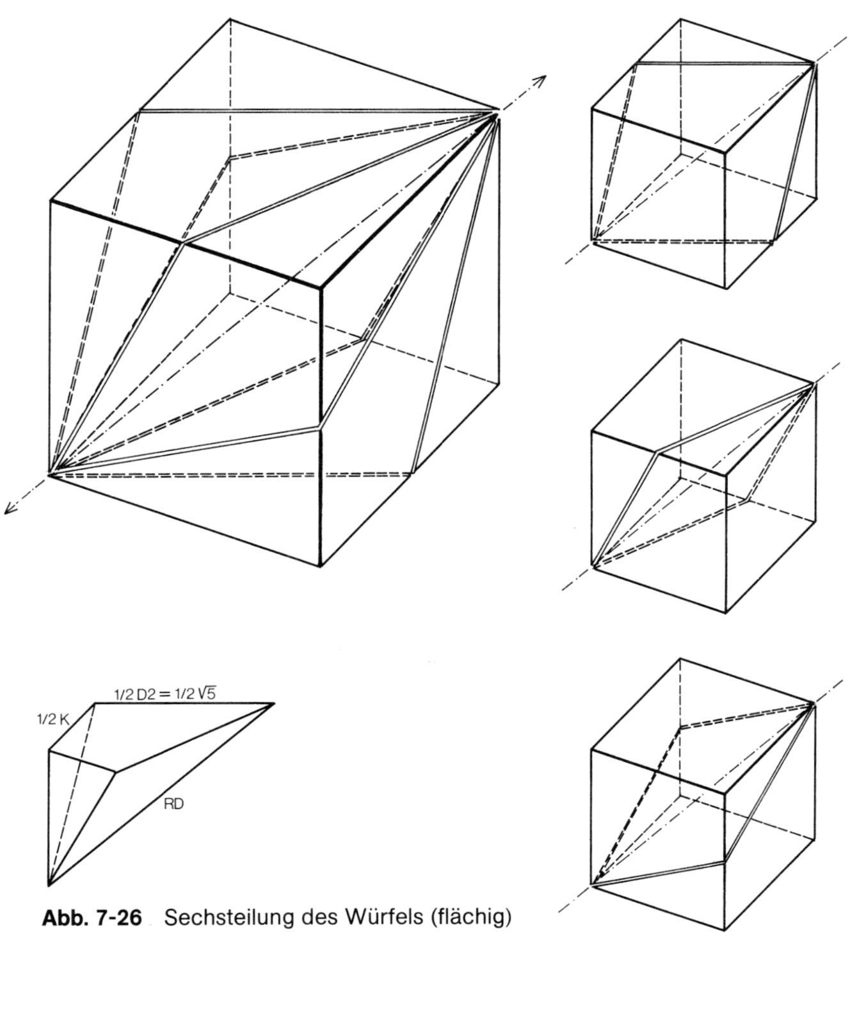


**Abb. 7-26** Sechsteilung des Würfels (flächig)

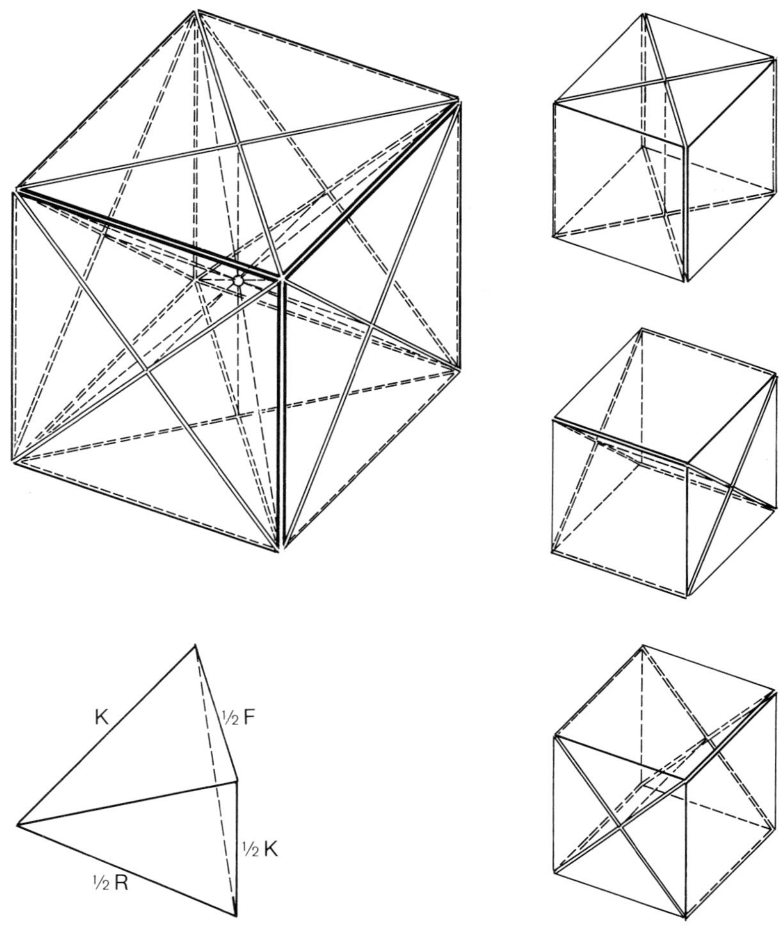


**Abb. 7-27** Teilung des Würfels in 24 gleiche Teile

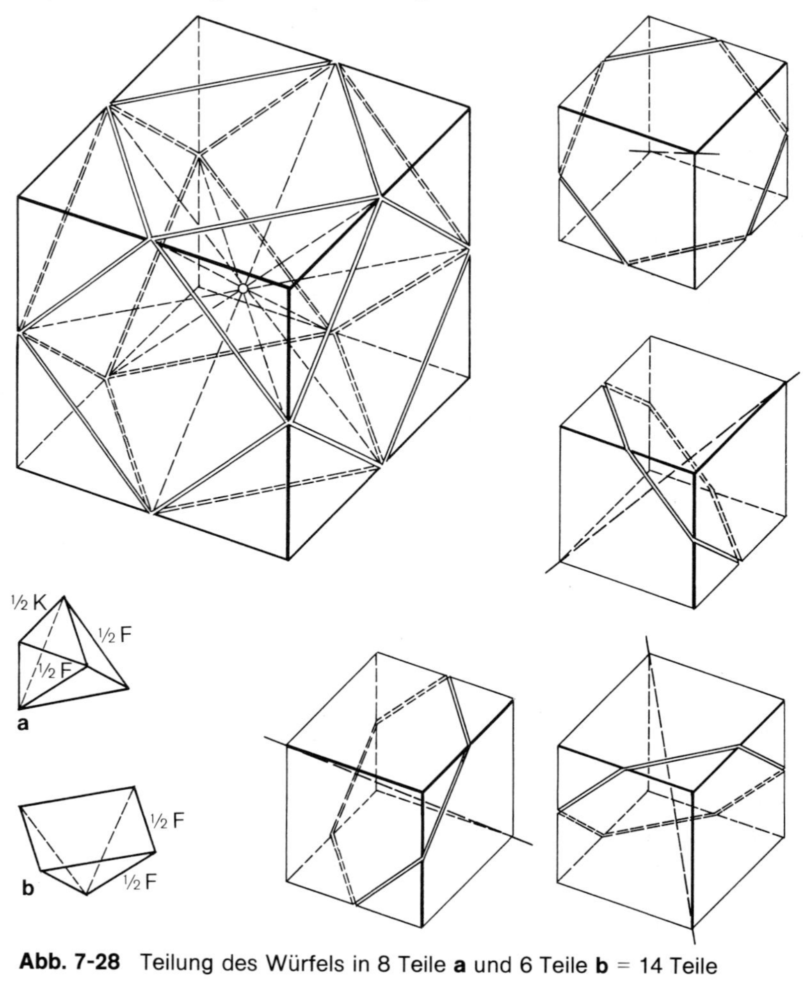


**Abb. 7-28** Teilung des Würfels in 8 Teile **a** und 6 Teile **b** = 14 Teile

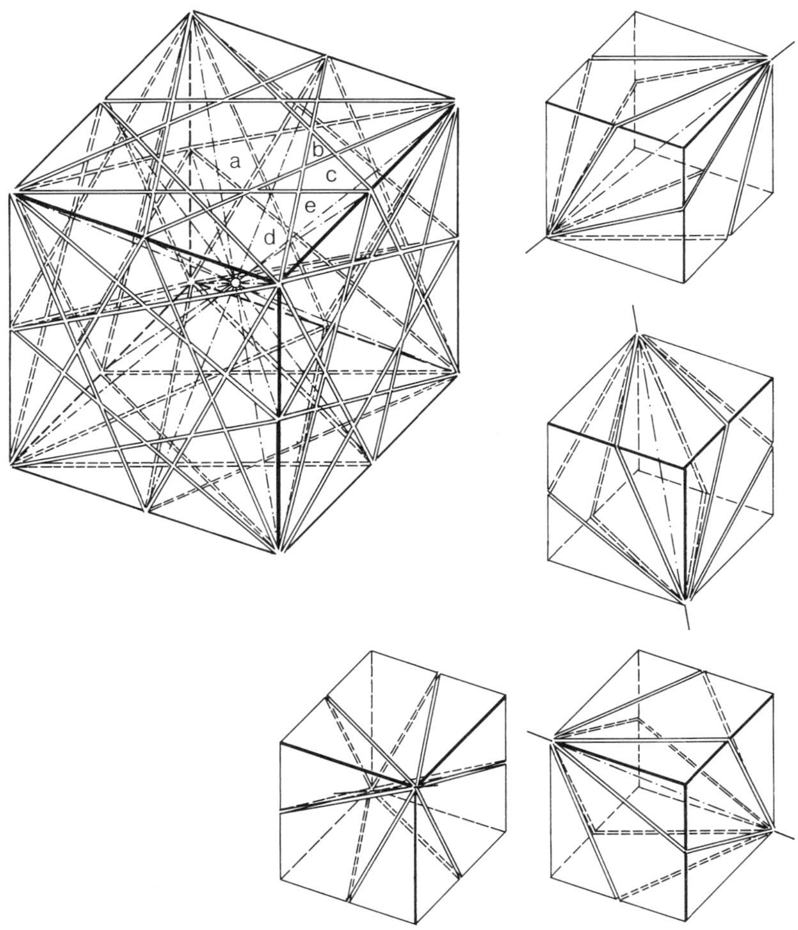


**Abb. 7-29** Teilung des Würfels in 6 Teile **a**, 48 Teile **b**, 24 Teile **c**, 24 Teile **d** und 24 Teile **e**, insgesamt 126 Teile

## 7.6 Partituren

Die folgenden Aufgabenstellungen beruhen auf den Prinzipien der Würfelteilungen, die mit ebenen Schnittflächen darstellbar sind. Sie haben zum Ziel: die Denkfähigkeit im dreidimensionalen Raum, die anschauliche Darstellung räumlicher Proportionen und die Gestaltung prägnanter Teile in einem definierten Ganzen, das durch den Würfel vorgegeben wird.
Die Lösungen sind aus Karton zu bauen. Das führt zu einem beabsichtigten Arbeitsprozeß: die plastisch entwickelte Teilungsfigur muß in der Fläche abgewickelt werden. So werden im Vorgang des konstruierenden Zeichnens die entstehenden Proportionen bewußt. Im dreidimensional dargestellten Objekt wird schließlich die Vielfalt räumlicher Proportionen so komplex, daß sie nicht mehr bewußt wahrgenommen werden kann.

### 7.6.1 THEMA: DREITEILUNG DES WÜRFELS

*Aufgabe:* Teilen Sie einen Würfel in drei Teile, die kongruent sind und zum Mittelpunkt des Würfels symmetrisch liegen. Dem Würfel darf nichts hinzugefügt und nichts weggenommen werden. Er soll ohne Schwierigkeit auseinandergenommen und zusammengesetzt werden können.

*Material:* Weißer Karton
*Größe:* 20 × 20 × 20 cm
*Teil 1:* Erarbeiten Sie in Skizzen oder Modellen die Symmetrieachsen und die darauf beruhenden Dreiteilungen des Würfels.
*Teil 2:* Wählen Sie eine der gefundenen Möglichkeiten der Dreiteilung aus und entwickeln Sie Varianten der Form der Schnittflächen in Skizzen und Modellen.
*Teil 3:* Bauen Sie das endgültige Modell mit den von Ihnen gewählten formalen Eigenschaften.
*Hinweis:* Achten Sie darauf, daß das Einzelelement formal logisch aufgebaut und prägnant ist.
*Bearbeitungszeit:* Teil 1 und 2: ein Tag, Teil 3: ein Tag.

#### Ausführung

Teil 1: Formen Sie aus Plastillin oder Ton einen kleinen Würfel von etwa 7 cm Kantenlänge. Zerschneiden Sie diesen Würfel in solche Teile, die einer Dreiteilung entsprechen und halten Sie mögliche Kombinationen in Skizzen fest **(Abb. 7-30** und **7-34)**.
Teil 2: Ein solches Tonmodell ist gut geeignet, um von den einfachen geometrischen Teilungen wegzukommen und durch Ausprobieren verschiedenartige

**Abb. 7-30** Arbeitsmodell aus Ton

Schnittflächen zu entwickeln. Halten Sie einzelne Stadien in Skizzen fest.
Teil 3: Um das Modell bauen zu können, müssen Sie die gefundene Form in der Fläche abwickeln. Dabei ist entscheidend, daß Sie für die verschiedenen Kantenlängen aus Raum- und Flächendiagonalen die zugehörigen Rechtecke finden, in denen die Diagonalen konstruiert werden können. Benutzen Sie einen dünnen Karton, weil sonst die Materialstärke zu Ungenauigkeiten führt. Die zu knickenden Kanten sollten Sie mit dem Messer anritzen.

**Beurteilung**

Die Beurteilung der Würfelteilungen erfolgt nach drei Schwerpunkten:

1) Form-Kriterien: Kongruenz der Teile, symmetrische Lage zum Mittelpunkt, geometrische Eigenschaften, Variation der Schnittflächen.
2) Gestalt-Kriterien: Geschlossenheit des Elements als Gestalt, Symmetrieeigenschaften, Proportionen, durchgehende Kanten, Flächenverläufe, Verhältnis von Ordnung und Komplexität.
3) Mach-Kriterien: Handwerkliche Ausführung, Paßgenauigkeit der Elemente, Verarbeitung des Materials.

Analysieren Sie Ihren Würfel bzw. Ihre Würfelteilung und erklären Sie Ihre Arbeit einem Unbeteiligten anhand der oben aufgestellten Kriterien.
**Beispiele: Abb. 7-31** bis **7-33**

## 7.6.2 THEMA: VIERTEILUNG DES WÜRFELS

*Aufgabe:* Teilen Sie einen Würfel in vier Teile, die kongruent sind und zum Mittelpunkt des Würfels symmetrisch liegen. Dem Würfel darf nichts hinzugefügt und nichts weggenommen werden. Er soll ohne Schwierigkeiten auseinandergenommen und zusammengesetzt werden können.
*Material:* Weißer Karton
*Größe:* 20 × 20 × 20 cm
*Teil 1:* Erarbeiten Sie in Skizzen und Arbeitsmodellen aus Ton oder Plastillin Vierteilungen des Würfels.

**Abb. 7-31** Wolfgang Junge

**Abb. 7-32** Günther Schulz

**Abb. 7-33** Gerhard Olzem

**Abb. 7-34** Vierteilung am Tonmodell

*Teil 2:* Entwickeln Sie aufgrund einer Vierteilung Varianten der Schnittflächen.

*Teil 3:* Erarbeiten Sie die Abwicklung des von Ihnen entwickelten Würfelviertels und bauen Sie das endgültige Modell.

*Hinweis:* Achten Sie darauf, daß das Einzelelement formal logisch aufgebaut und prägnant ist.

*Teil 4:* Zeichnen Sie das gefundene Teilelement im Maßstab 1:2

a) in der Abwicklung,
b) in den wichtigsten Ansichten und
c) als Axonometrie von verschiedenen Seiten, indem Sie folgende Verhältnisse benutzen: **Abb. 9-25** (S. 179)

*Material:* Schoellers Hammer Karton G6, Format DIN A2, Tusche, Strichstärken 0,35 und 0,7 mm

*Hinweis:* In allen Darstellungen sind unsichtbare Kanten mit gestrichelten Linien darzustellen. Außerdem sind die Flächen mit verschiedenen Grau-Schraffuren so anzulegen, daß die plastische Form des Elementes hervorgehoben wird.

*Bearbeitungszeit:* Teil 1 und 2: ein Tag, Teil 3: ein Tag, Teil 4: zwei Tage.

**Ausführung und Beurteilung**

Die Ausführung und die Beurteilung dieser Aufgabenstellung ist analog zur Dreiteilung des Würfels durchzuführen. Bei der Vierteilung ist zu beachten, daß sie noch schwieriger im Raum vorgestellt werden kann, als die Dreiteilung.

**Beispiele: Abb. 7-35** bis **7-43**

### 7.6.3 THEMA: SECHSTEILUNG DES WÜRFELS

*Aufgabe:* Teilen Sie einen Würfel in sechs Teile, die kongruent sind und zum Mittelpunkt des Würfels symmetrisch liegen. Dem Würfel darf nichts hinzugefügt und nichts weggenommen werden. Er soll ohne Schwierigkeiten auseinandergenommen und zusammengesetzt werden können.

*Material:* Weißer Karton

*Größe:* 20 × 20 × 20 cm

**Abb. 7-35** Frank Bystrich

**Abb. 7-36** Reinhard Netzeband

**Abb. 7-37** Christiane Brück

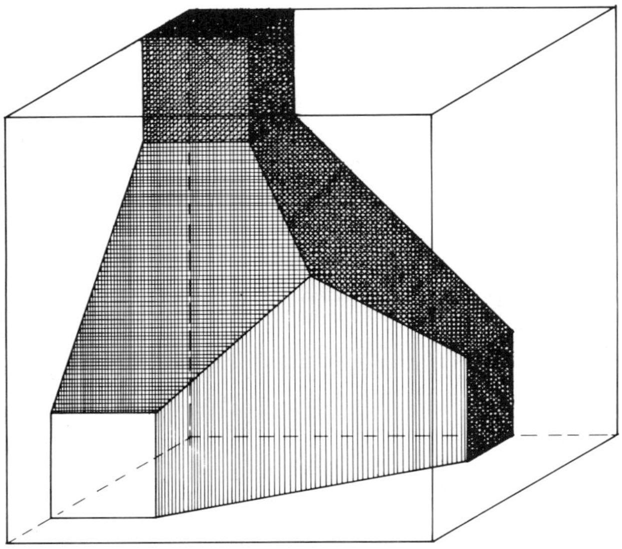

**Abb. 7-38** Dagmar Buske

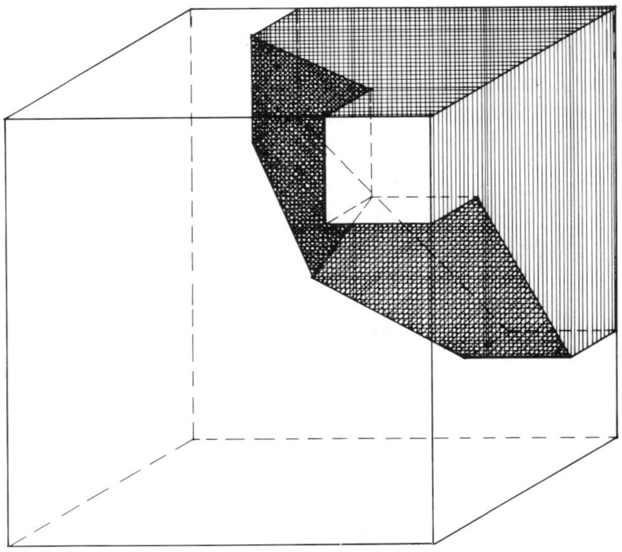

**Abb. 7-39**

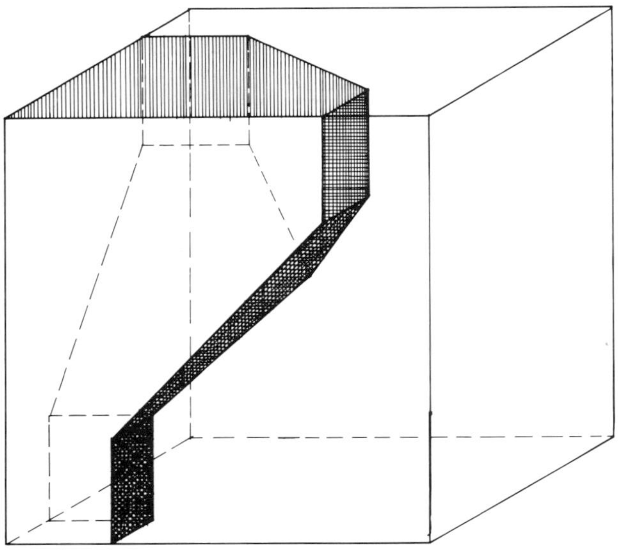

**Abb. 7-40**

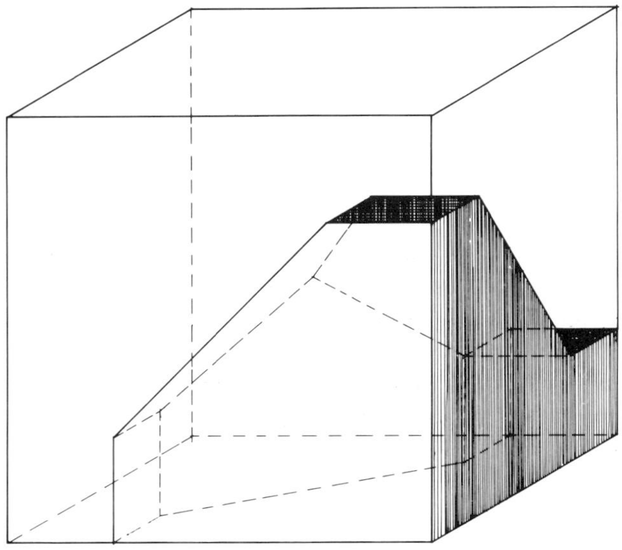

**Abb. 7-41**

**Abb. 7-42** Peter Bekemeier

**Abb. 7-43** Dagmar Buske (Kartonmodell)

*Teil 1:* Erarbeiten Sie in Skizzen und Arbeitsmodellen aus Ton, Plastillin, Papier o. ä. Sechsteilungen des Würfels.

*Teil 2:* Entwickeln Sie aufgrund einer Sechsteilung Varianten der Schnittflächen.

*Teil 3:* Zeichnen Sie die Abwicklung des gewählten Würfel-Sechstels und bauen Sie das endgültige Modell.

*Hinweis:* Achten Sie darauf, daß das Einzelelement formal logisch aufgebaut und prägnant ist.

*Teil 4:* Zeichnen Sie das Teilelement im M. 1:2 a) in der Abwicklung, b) in den wichtigsten Ansichten, c) als Explosionsdarstellung mit dem ganzen Würfel in der Mitte. Benutzen Sie folgende Darstellungstechnik: **Abb. 9-25** (S. 179)

*Material:* Weißer Zeichenkarton (Schoellers Hammer G6) Format DIN A 2, Tusche, Strichstärken 0,35 und 0,7 mm.

*Hinweis:* In allen Darstellungen sind unsichtbare Kanten gestrichelt wiederzugeben. Außerdem sind die sichtbaren Flächen mit Grau-Schraffuren so anzulegen, daß die Plastizität des Elementes hervortritt.

*Bearbeitungszeit:* Teil 1 und 2: ein Tag, Teil 3: ein Tag, Teil 4: zwei Tage.

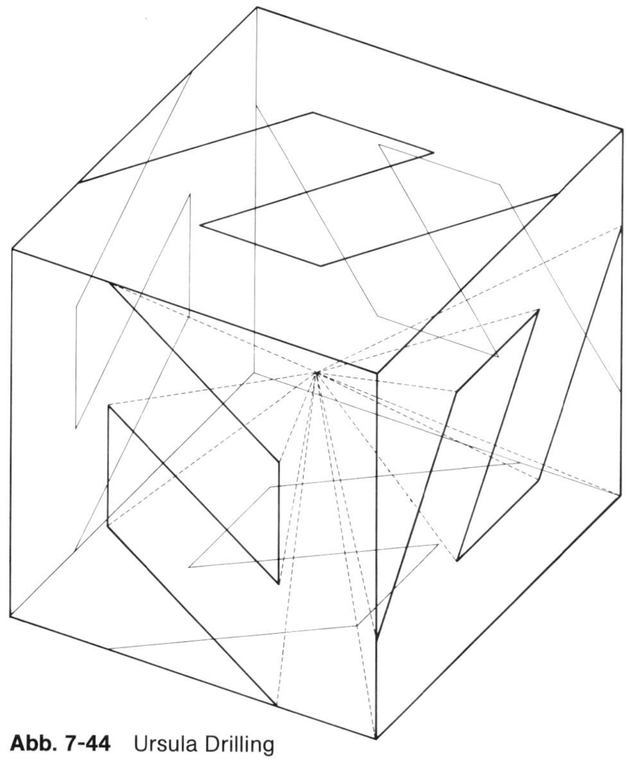

**Abb. 7-44** Ursula Drilling

### Ausführung und Beurteilung

Für die Ausführung und die Beurteilung der Arbeitsergebnisse gilt das für die Dreiteilung des Würfels Gesagte entsprechend. Bei Sechsteilungen können bei entsprechender geometrischer Ausgangsform spiegelbildliche Elemente entstehen. Sie sollten als Ausnahmen von der Kongruenz der Teile zugelassen werden. Im übrigen bestehen viele Beziehungen zu den Dreiteilungen des Würfels.

**Beispiele: Abb. 7-44** bis **7-57**

**Abb. 7-45** Ursula Drilling

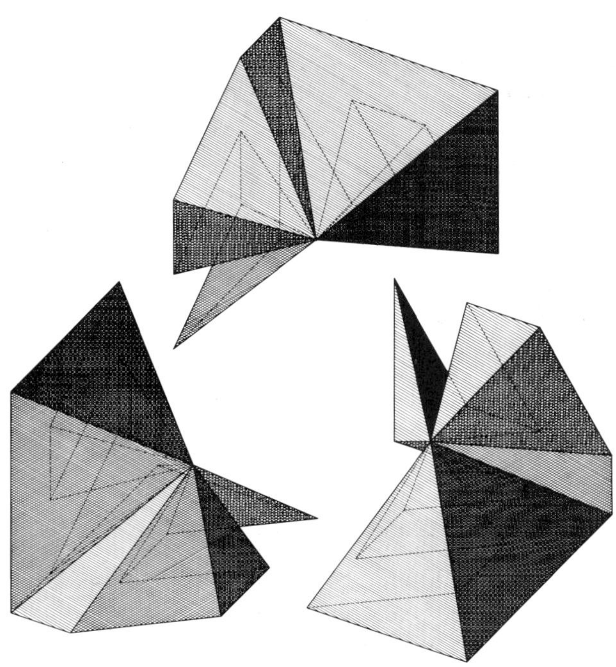

**Abb. 7-46** Ursula Drilling

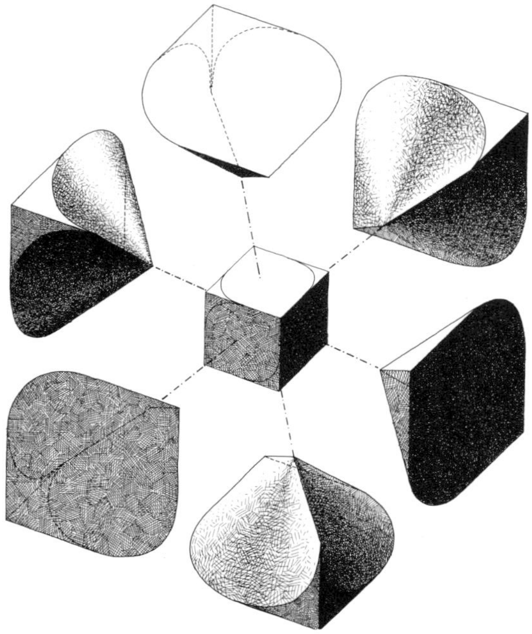

**Abb. 7-47** Andreas Pütz-Sieberath

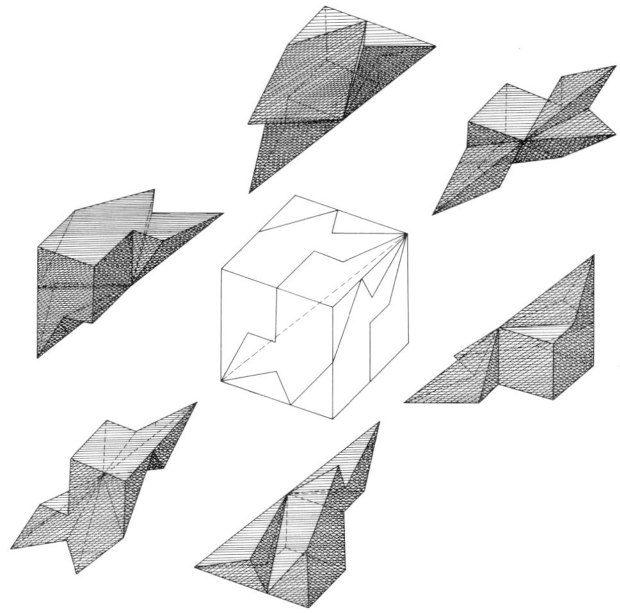

**Abb. 7-48** Regina Baumeister

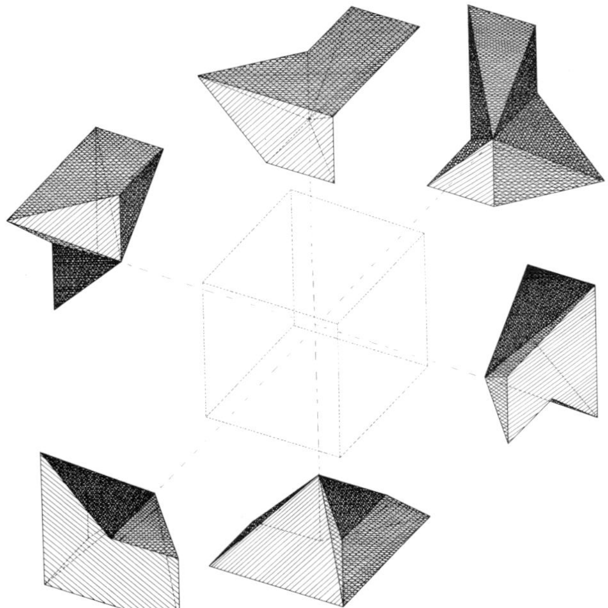

**Abb. 7-49** Beate Zitzke-Anders

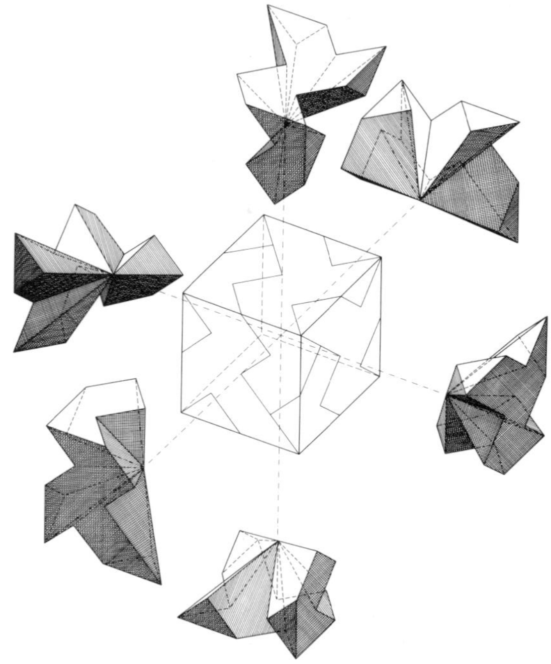

**Abb. 7-50** Lothar Mühlegger

**Abb. 7-51** Susanne Schwingen

**Abb. 7-52** Joachim Dudek

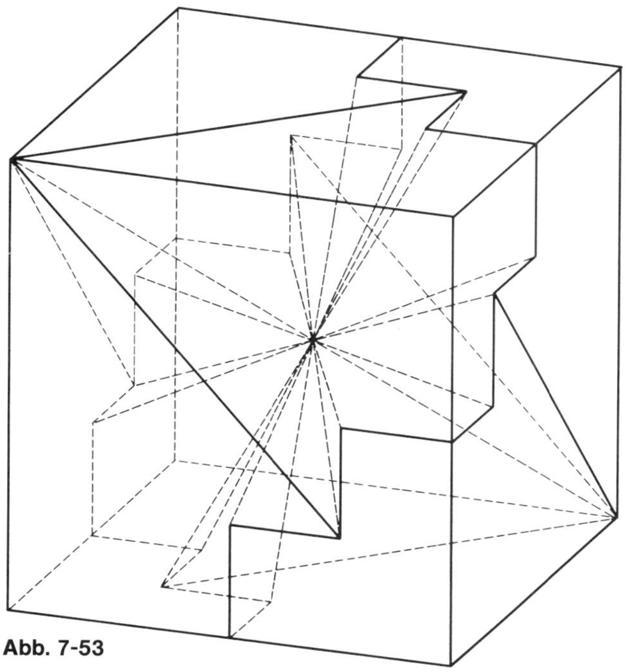

**Abb. 7-53**

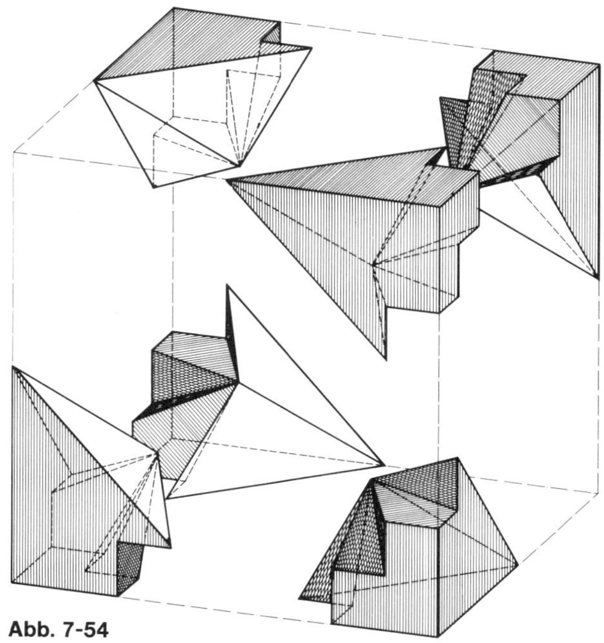

**Abb. 7-54**

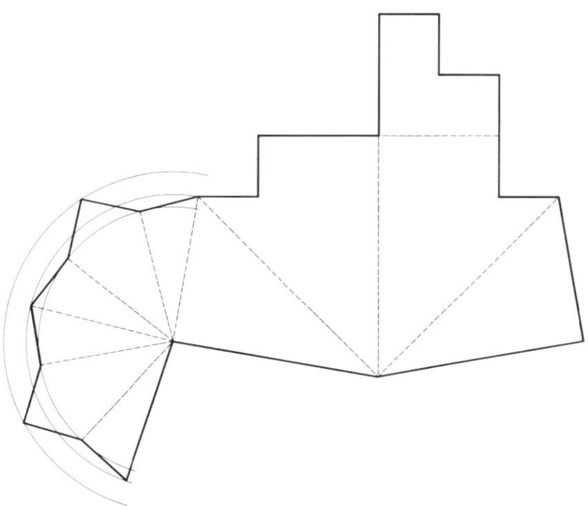

**Abb. 7-55** Abwicklung eines Elements

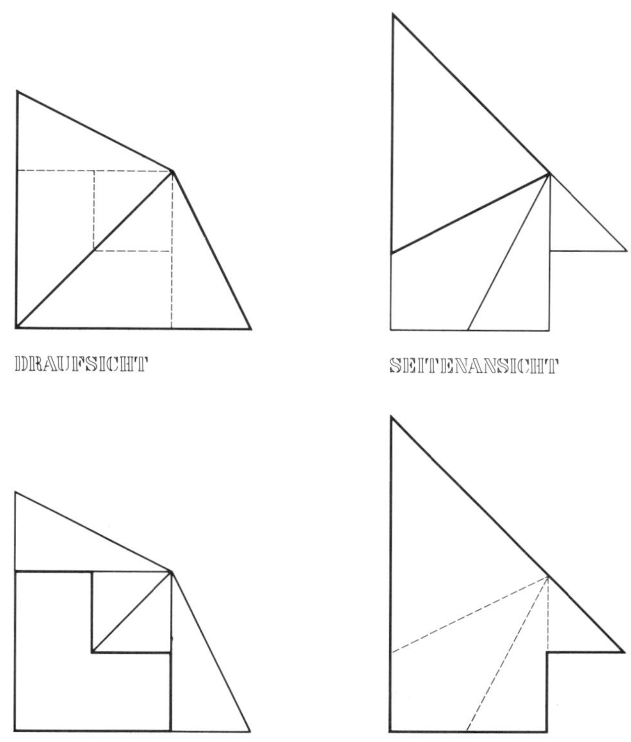



**Abb. 7-56**

**Abb. 7-57** Kartonmodell

**Abb. 7-53** bis **7-57** Beate Kremer

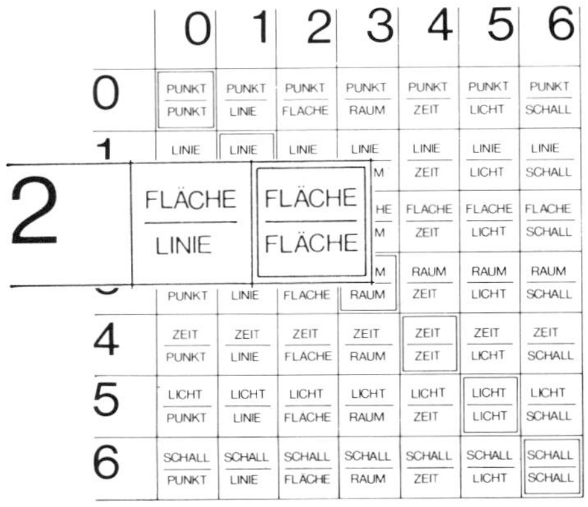


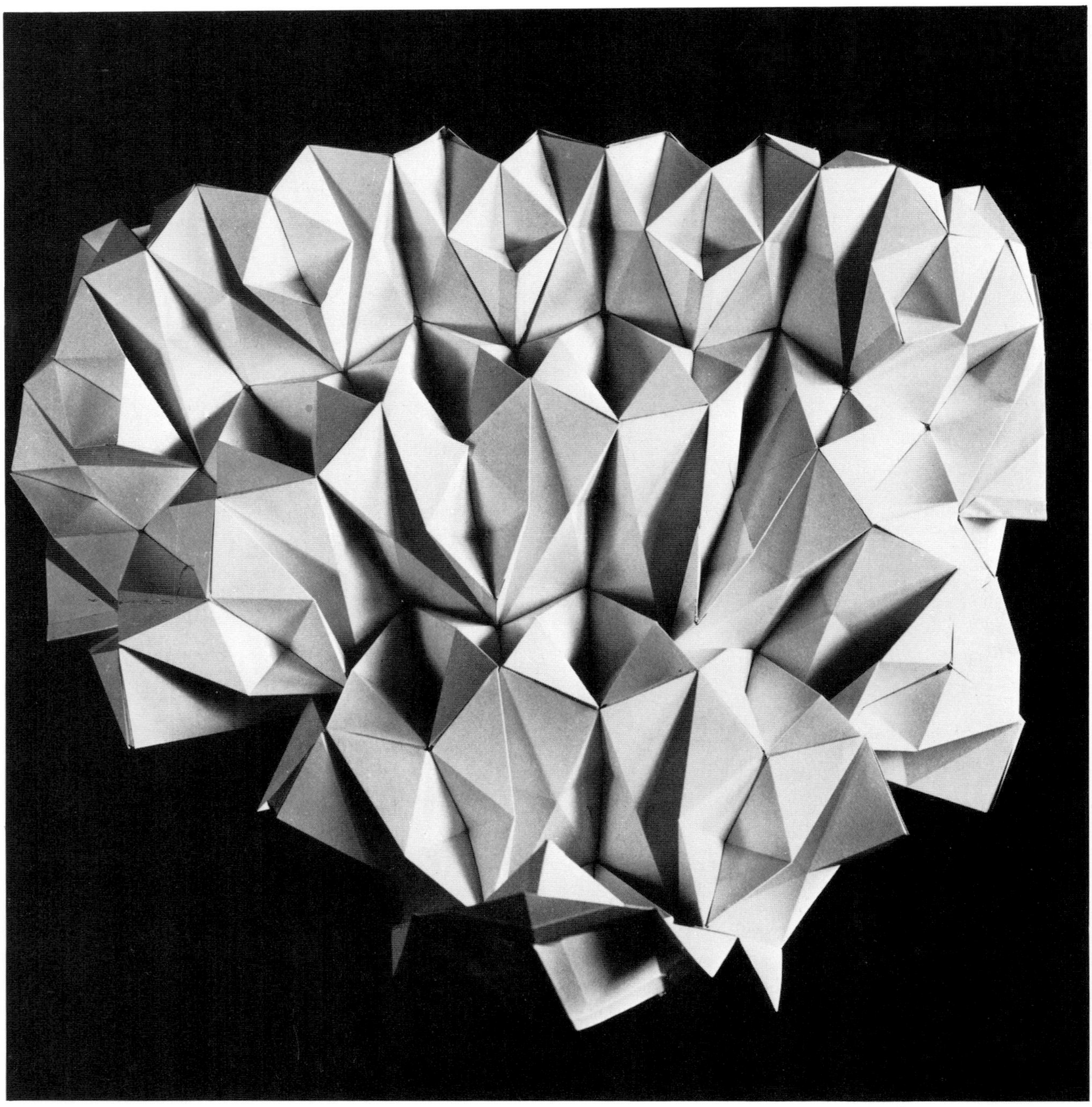

**Abb. 8-1** Hans Strunk – gekrümmte Flächenstruktur

# 8 Flächenstruktur

Mit dem Begriff Flächenstruktur sind Ordnungsgefüge gemeint, die zweidimensional aufgebaut sind und in unterschiedlicher Weise im Raum ausgebreitet werden können. Sie lassen sich grob unterscheiden als Oberflächen von Körpern, als eben ausgebreitete Flächen und als im Raum gekrümmte Flächenfiguren wie z. B. Faltwerke. Ihre Gestaltmerkmale lassen sich an regelmäßigen Flächen studieren und leicht auf beliebige Flächensysteme übertragen.
In der Architektur finden ihre Formen und Merkmale Anwendung bei der Gestaltung von Oberflächen, der Ordnung von ebenen Netzen bei Grundrissen, Ansichten u.a.m. und als räumliche Flächentragwerke verschiedener Art wie z.B. Gewölbe, Kuppeln, Zelten, Faltwerken, Schalen, Pneukonstruktionen u.a. Im Zusammenhang der Gestaltungsgrundlagen geht es um das Kennenlernen der typischen Eigenschaften von Flächenstrukturen, das Erlernen des Denkens in solchen Strukturen und um das Entdecken der vielfältigen Möglichkeiten der Form- und Gestaltentwicklung aus Flächen.

HILFSMITTEL

**Subjektive Hilfsmittel**

Interesse am Thema, Bereitschaft, sich auf zweidimensionale Denkprozesse einzulassen, Arbeitsziele: Flächenstrukturen erkennen und unterscheiden können, Flächengestalten entwickeln und plastisch darstellen können.

**Objektive Hilfsmittel**

Kenntnisse über Flächenstrukturen, Arbeitsmethoden, Material, Werkzeug, Räume usw.

**Literatur**

*Critchlow,* Keith: Order in Space, Thames and Hudson, London, 1969

*Williams,* Robert: The Geometrical Foundation of Natural Structure, Dover publications, INC., New York, 1979 (erste Ausgabe von General Publishing Company, Toronto, 1972)

## 8.1 Gesetzmäßigkeiten von Flächen

Die anschauliche Entwicklung von regelmäßigen Flächenstrukturen erfordert drei Bedingungen:
*a) alle Polygone in einer Struktur sind kongruent.*
*b) alle Polygone in einer Struktur sind regulär.*
*c) alle Knotenpunkte in einer Struktur sind kongruent.*
Für die Entwicklung solcher Strukturen sind nur wenige Polygone von Bedeutung, nämlich die Polygone mit 3, 4, 5, 6, 8, 10, 12 und ∞ Ecken. In Abb. 8-2 ist, den oben genannten Bedingungen entsprechend die Entwicklung von regelmäßigen Flächenstrukturen dargestellt: Im ersten Fall stoßen an einem Punkt drei gleichseitige Dreiecke zusammen. Alle Dreiecke der Struktur berühren sich an den Kanten: nach dem Zusammenfügen von drei Dreiecken in einem Punkt (in der Darstellung gleichschenkligen Dreiecken) ist der Vorgang damit abgeschlossen, daß durch je eine Seite der gezeichneten Dreiecke ein viertes gleichseitiges Dreieck entsteht. Die Struktur besteht aus viergleichseitigen Dreiecken und ist in sich geschlossen. Sie ist bekannt als die Oberfläche des Tetraeders **Abb. 8-3.**
Aus Abb. 8-2 ist weiter zu ersehen, daß im nächsten Fall bei 4 Dreiecken an einer Ecke ein ähnlicher Vorgang zustande kommt, bei dem das Oktaeder als geschlossene Oberfläche aus 8 gleichseitigen Dreiek-

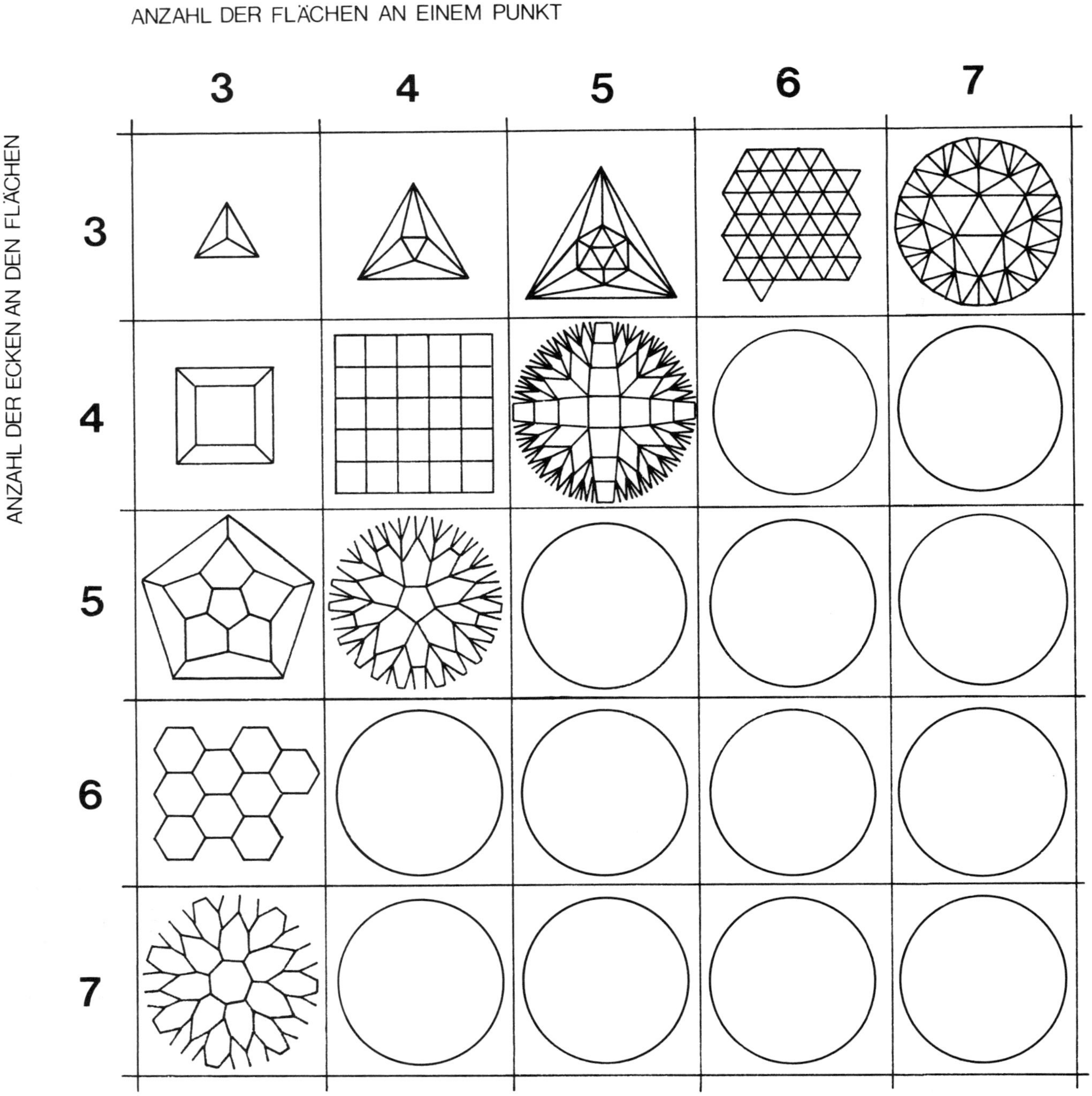


**Abb. 8-2** Entwicklung der Flächenstrukturen. Die Kreise ersetzen weitere gekrümmte Flächenstrukturen

ken entsteht. Entsprechendes geschieht, wenn man 5 Dreiecke in einem Punkt zusammen bringt. Es entsteht das Ikosaeder als Oberfläche aus 20 gleichseitigen Dreiecken.

Im nächsten Fall werden 6 Dreiecke an einem Punkt zusammengefügt. Der Vorgang läßt sich in der Ebene endlos fortsetzen. Es entsteht eine ebene Flächenstruktur, die nicht geschlossen oder gekrümmt ist.

Bei 7 Dreiecken an einem Punkt und entsprechend bei 8, 9 und mehr Dreiecken entstehen Flächenstrukturen, die nicht geschlossen sind, und sich nicht eben ausbreiten lassen. Sie bilden bewegliche Faltungen im Raum und lassen sich in vielen Fällen zu Röhrensystemen in Raumstrukturen einordnen **(Abb. 8-31).**

Beim nächsten regelmäßigen Polygon, dem Quadrat, ergibt sich unter denselben Bedingungen eine ähnliche Folge:

Bei drei Quadraten an einem Punkt entsteht ein geschlossenes System: der Würfel als Oberfläche aus 6 Quadraten. Im nächsten Fall mit 4 Quadraten an einem Punkt ergibt sich eine ebene Fläche, die endlos ausbreitbar ist und die, wie im Falle der 6 gleichseitigen Dreiecke, nicht geschlossen und nicht gekrümmt ist.

Bei 5, 6, 7 und mehr Quadraten an einem Punkt entstehen Flächengebilde, die nicht geschlossen und nicht in der Ebene ausbreitbar sind. Sie entsprechen den Faltungen aus Dreiecken und lassen sich in vielen Fällen auch in räumlichen Systemen ordnen **(Abb. 8-27** bis **8-30).**

Das regelmäßige Fünfeck ist das nächste Polygon und ergibt im ersten Fall bei 3 Fünfecken an einem Punkt eine geschlossene Flächenstruktur: die Oberfläche des Pentagon-Dodekaeders aus 12 Fünfecken. Das

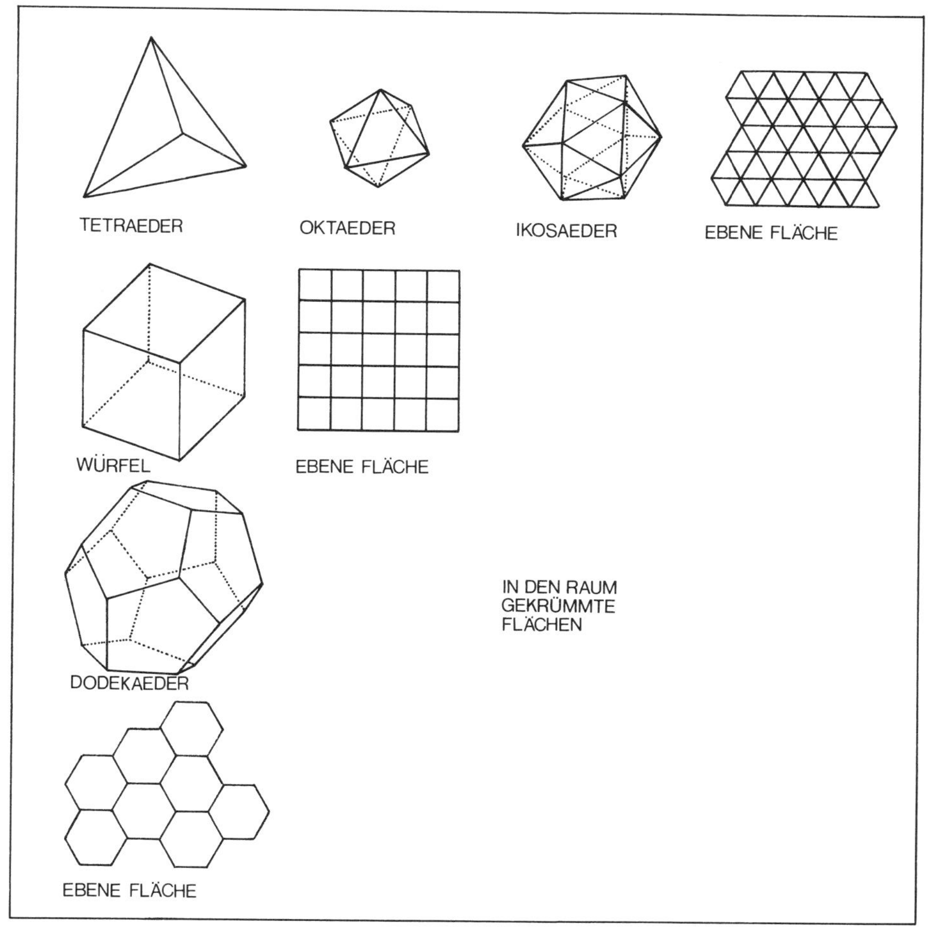


**Abb. 8-3**
Die regelmäßigen Flächenstrukturen als Oberflächen

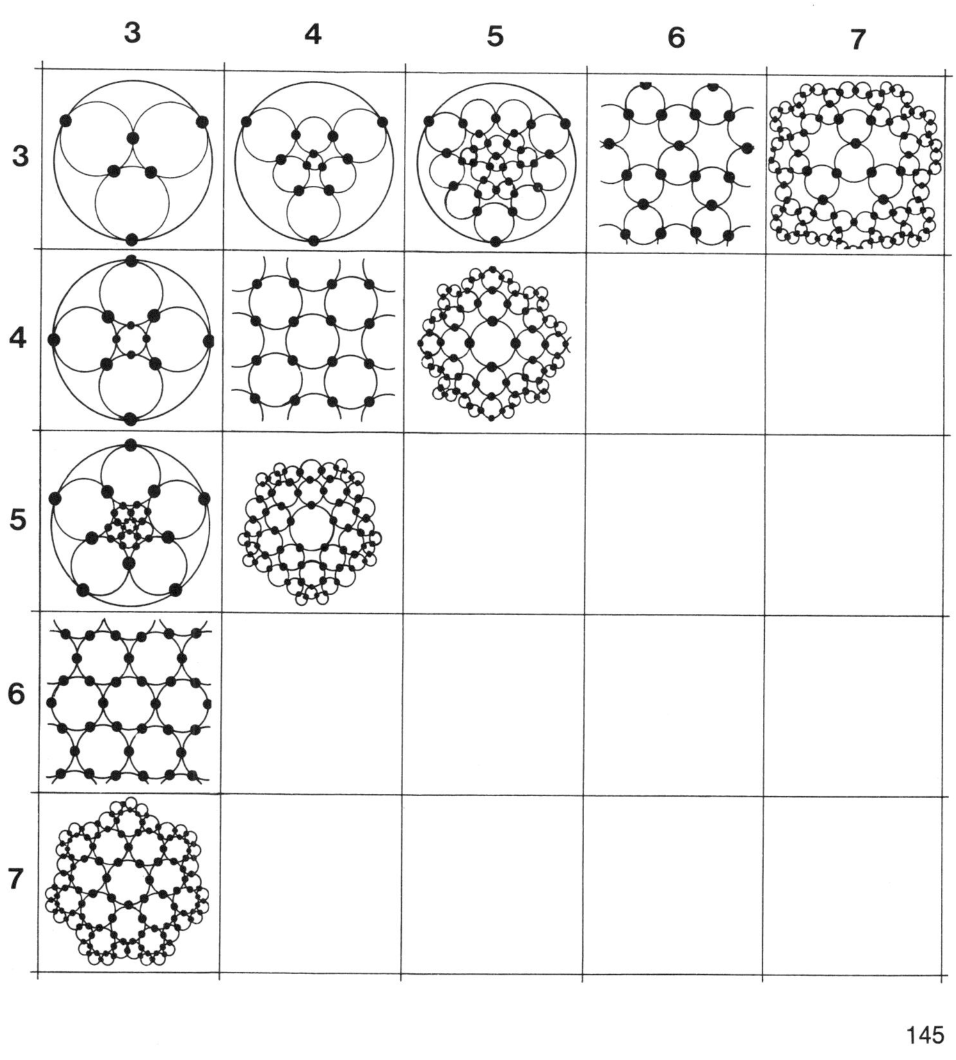


**Abb. 8-4**
Die regelmäßigen Flächenstrukturen als allgemeines Prinzip der Verbindung von Kreisen dargestellt

Fünfeck läßt sich nicht in der Ebene ausbreiten. 4 und mehr Fünfecke an einem Punkt ergeben jeweils im Raum gekrümmte oder gefaltete Flächenstrukturen.
Das Sechseck läßt sich, wenn 3 Sechsecke an einem Punkt zusammenstoßen, in der Ebene endlos ausbreiten. Es bildet so die dritte regelmäßige ebene Flächenstruktur. Schon 4 Sechsecke an einem Punkt führen zu einer im Raum gekrümmten Flächenstruktur. Ein regelmäßiger, geschlossener Körper mit einer Oberfläche aus regelmäßigen Sechsecken ist nicht möglich.
Siebeneck, Achteck, Neuneck, Zehneck und weitere Polygone mit mehr Ecken lassen sich weder zu geschlossenen noch zu ebenen regelmäßigen Flächenstrukturen aufbauen. Sie bleiben immer in irgendeiner Weise im Raum gefaltet oder gekrümmt. Erst bei halbregelmäßigen Systemen bzw. bei Strukturänderungen werden einige von ihnen wieder benötigt.
Dieses ordnende Vorgehen ergibt eine deutliche Unterscheidung der regelmäßigen Flächenstrukturen in solche, die geschlossene Oberflächen bilden, solche, die in der Ebene endlos ausbreitbar sind und solche, die im Raum gefaltet endlos ausbreitbar sind. Von der ersten Art gibt es nur 5 ganz regelmäßige Flächengestalten, von der zweiten Art nur 3 ganz regelmäßige und von der dritten Art gibt es theoretisch unendlich viele.
In **Abb. 8-4** ist die Entwicklung der regelmäßigen Flächenstrukturen nochmals dargestellt als ein allgemeiner Vorgang mit Kreisfiguren. Wie im Raum die Kugel, so ist in der Fläche der Kreis geeignet, die Strukturvorgänge zu verallgemeinern: alle regelmäßigen Flächenstrukturen lassen sich aus kongruenten Kreisen aufbauen. Die Berührungspunkte sind dabei die Kanten der Flächenfiguren aus Vielecken. Die sphärischen Polygone der Zwischenräume verdeutlichen die Knotenpunkte und ihre Zähligkeit.

## 8.2 Ebene Flächennetze

Die regelmäßigen und halbregelmäßigen geschlossenen Flächenstrukturen beschreiben als Oberflächen Körper und werden als solche im Kapitel Raumstruktur (S. 161 ff.) behandelt. Sie bieten im Zusammenhang des hier behandelten Themas keine neuen Aspekte, so daß ich auf das oben genannte Kapitel verweise.
Die drei regelmäßigen ebenen Flächennetze aus Dreieck, Quadrat und Sechseck bestehen jeweils aus kongruenten Vielecken und je einer Form von Knotenpunkt. Dabei bildet die Quadrat-Struktur ihre eigene Dualform, d.h. die durch die Mittelpunkte der Flächen erzeugte Struktur ist eine kongruente Quadrat-Struktur. Die Strukturen aus gleichseitigen Dreiecken und aus Sechsecken verhalten sich zueinander dual: jede ist die Dualform der anderen.
In **halbregelmäßigen Flächenstrukturen** wird die Bedingung der gleichen Knotenpunkte und die Bedingung der Regelmäßigkeit der Polygone beibehalten. Die Bedingung, daß alle Polygone kongruent sein müssen wird dagegen aufgehoben. So entstehen 8 halbregelmäßige Flächennetze **(Abb. 8-5).**

PARTITUR

Studieren Sie jetzt nicht die Abb. 8-5, sondern nehmen Sie eine Schachtel mit Streichhölzern und versuchen Sie, die 8 Netze durch Probieren selbst zu finden. Ein Streichholz stellt dabei eine Flächenseite dar. Die Bedingung ist also, daß in einer Struktur nur eine Sorte von Knotenpunkt vorkommen darf.

Diesen halbregelmäßigen Flächenstrukturen entsprechen duale Strukturen, die durch die Verbindung der Flächenmittelpunkte erzeugt werden. Sie werden in der Anordnung der Inkreise **(Abb. 8-6)** der regelmäßigen und halbregelmäßigen Flächennetze sichtbar und sind durch die Verbindung der Kreismittelpunkte darstellbar.
Eine weitere Reihe von 14 geordneten Flächenstrukturen entsteht, wenn nur eine der drei Bedingungen aufrecht erhalten wird: die Polygone müssen regulär sein **(Abb. 8-7** und **8-8).** Durch die Bildung der dualen Flächennetze erhält man schließlich die Gesamtheit der geordneten ebenen Flächennetze. Für eingehendere Studien verweise ich auf das Buch »Order in Space« von Keith Critchlow, (Thames and Hudson, London 1969) in dem diese Flächenstrukturen ausführlich erläutert sind.

## 8.3 Veränderungen in Flächenstrukturen

### 8.3.1 TOPOLOGISCHE VERÄNDERUNGEN

Flächenstrukturen können verschiedenen Veränderungen unterworfen werden. Topologische Veränderungen sind Lage- und Ortsveränderungen. Die Struktur bleibt erhalten während Lage, Form und Gestalt der Struktur und ihrer Elemente verändert werden. Die regelmäßige Struktur der Quadrate z. B. kann, in dieser Weise verändert, aus beliebigen Vierecken bestehen und so ihre Gestalt ändern. Dabei bleibt das Strukturgesetz: 4 Ecken der Elemente und 4 Elemente an einem Punkt (und Ausbreitung in der Ebene) erhalten **(Abb. 8-9).**
Eine andere Art von topologischen Veränderungen ist

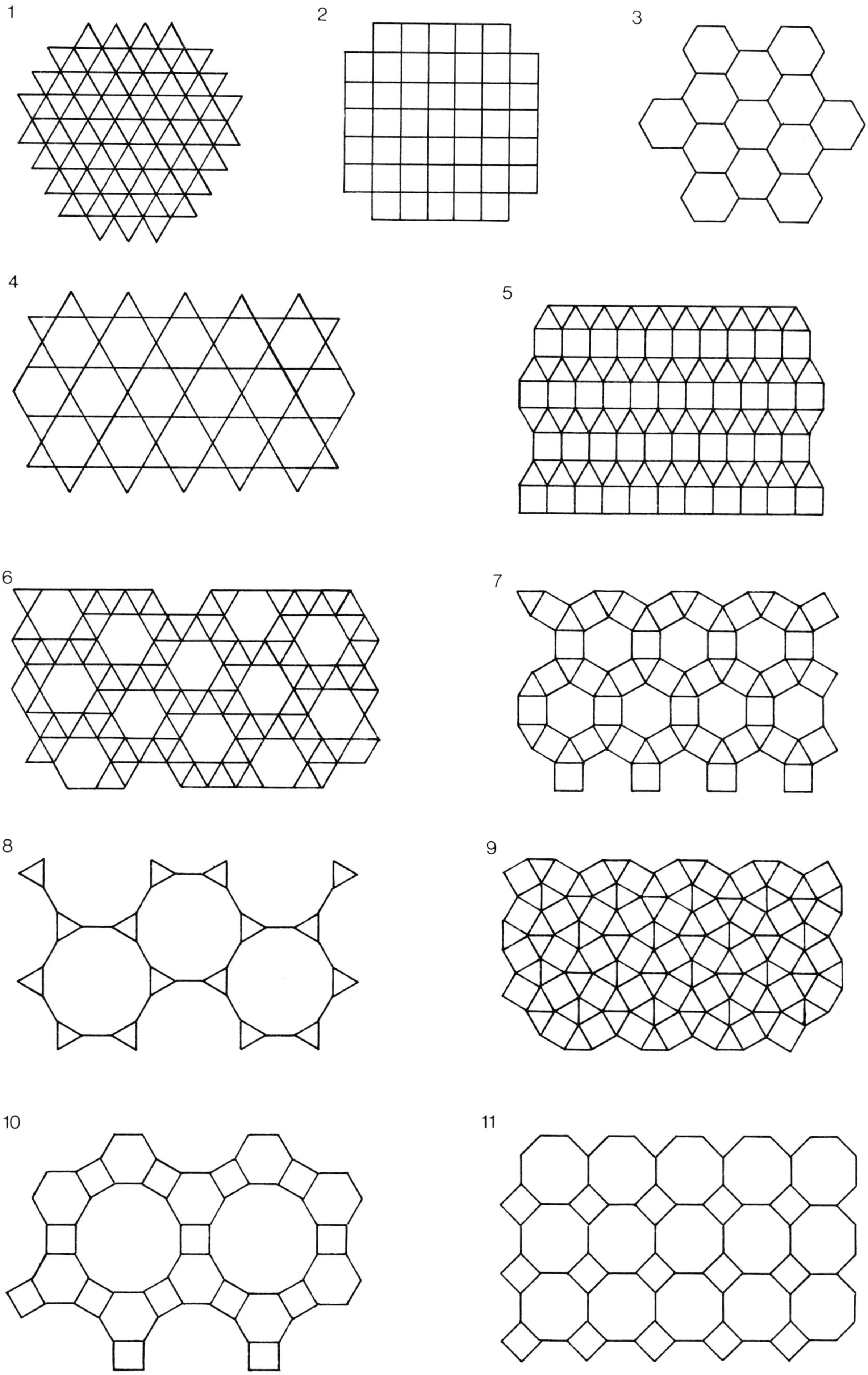


**Abb. 8-5** Die regelmäßigen (1 bis 3) und die halbregelmäßigen (4 bis 11) ebenen Flächennetze

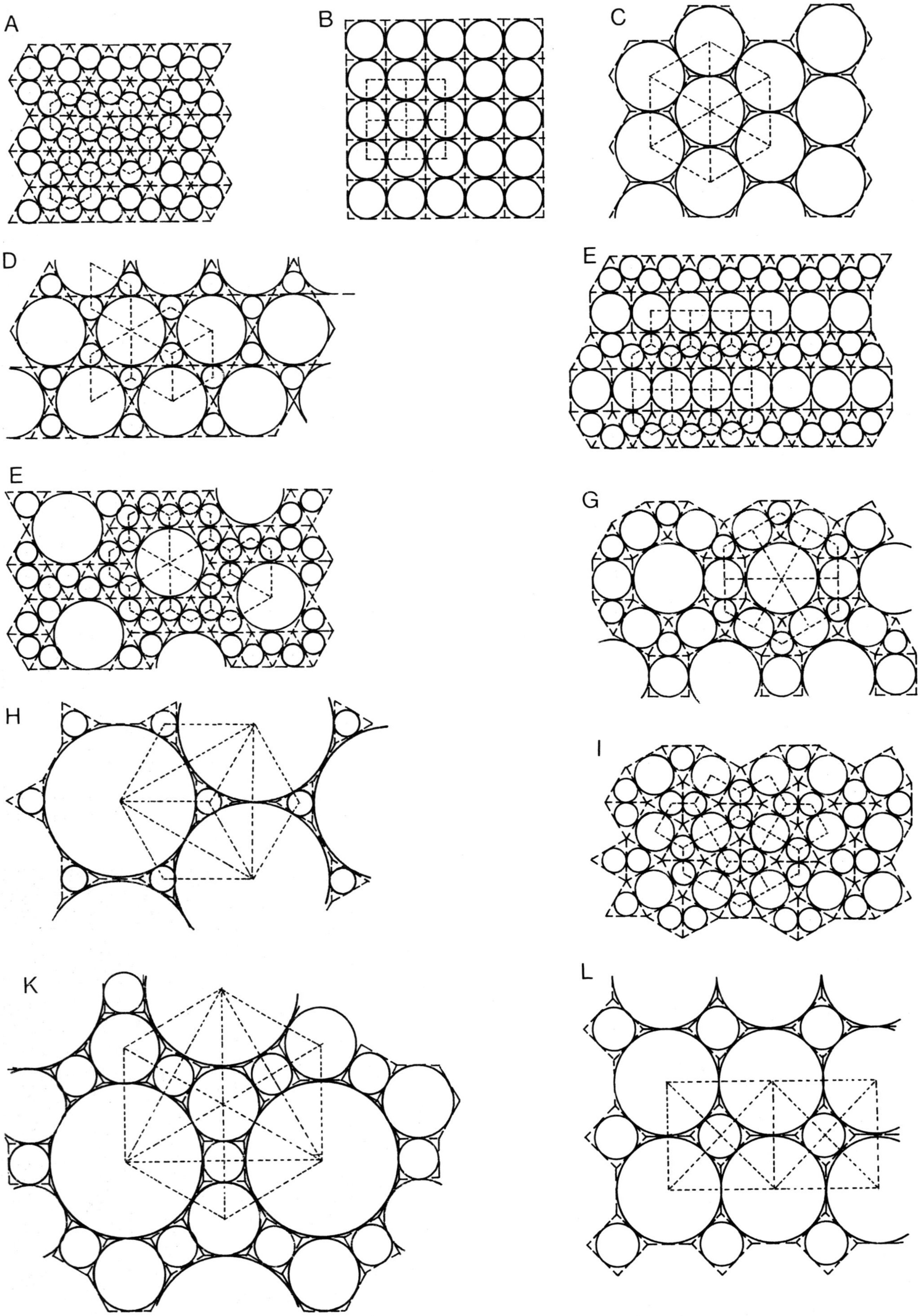


**Abb. 8-6** Die Duale der regelmäßigen (A bis C) und halbregelmäßigen (D bis L) ebenen Flächennetze allgemein in Kreisen dargestellt

die Bewegung von regelmäßigen Flächenstrukturen im Raum. Alle gekrümmten Flächennetze besitzen gewisse Freiheitsgrade der Bewegung, wenn die Knoten oder die Kanten der Strukturen beweglich ausgeführt werden **(Abb. 8-1).**

### 8.3.2 STRUKTURÄNDERUNGEN IN FLÄCHENSTRUKTUREN

Strukturänderungen sind Änderungen der typischen Merkmale in einem Flächennetz: Änderung der Zahl der Ecken der Polygone und Änderung der Anzahl der Elemente, die an einem Punkt zusammenstoßen. Z. B. sind durch die letztere Art der Veränderung unzählig viele halbregelmäßige gekrümmte Flächenstrukturen erzeugbar. Sie sind gleichzeitig durch viele Möglichkeiten topologischer Veränderung gekennzeichnet **(Abb. 8-17** bis **8-26)**. Wenn die Struktur des Elementes verändert wird, wird noch einschneidender in eine Struktur eingegriffen. Es entsteht daraus eine neue Struktur und der Übergangsbereich von der einen zur anderen ist höchst interessant. Solche Vorgänge lassen sich z. B. bei Schwingungsvorgängen beobachten. In **Abb. 8-10** schwingen Paraffin und Terpentin mit derselben Frequenz, und erzeugen dabei vierteilige

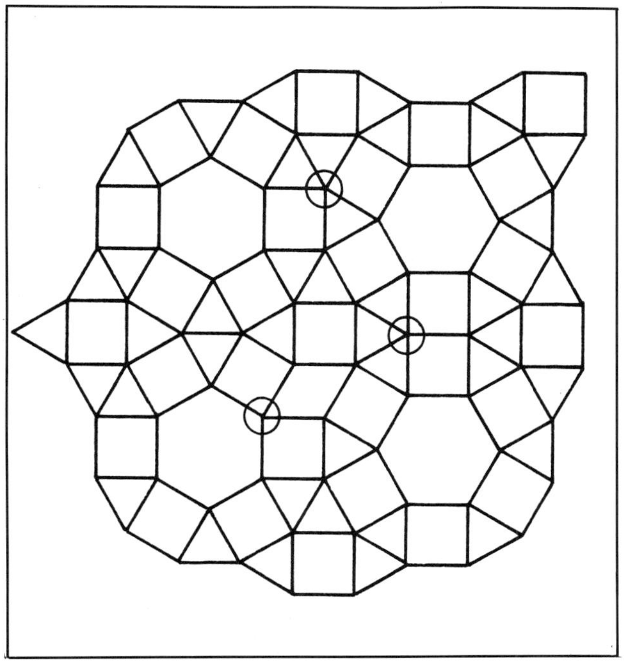

**Abb. 8-7** Ebenes Netz aus regelmäßigen Flächen mit drei verschiedenen Knoten

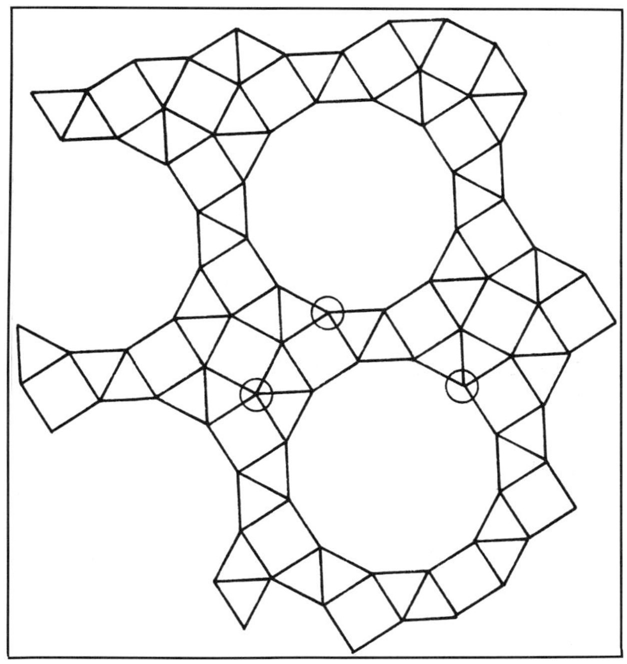

**Abb. 8-8** Ebenes Netz aus regelmäßigen Flächen mit drei verschiedenen Knoten

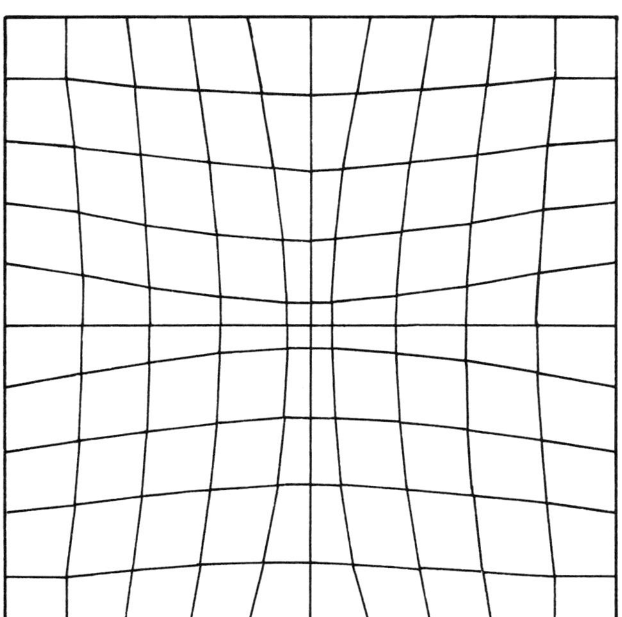

**Abb. 8-9** Topologische Veränderung eines Quadratnetzes

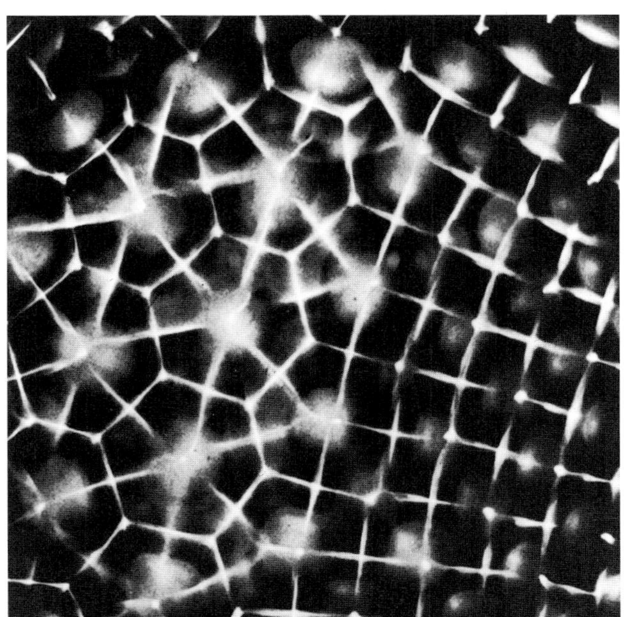

**Abb. 8-10** Schwingungsbild von Paraffin- und Terpentinöl (H. Jenny, KYMATIK)

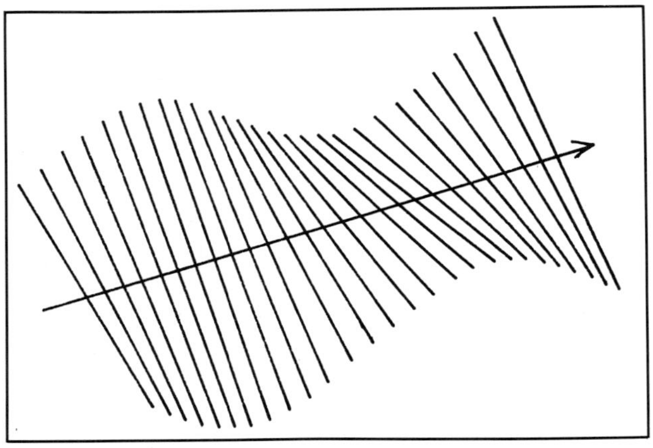

**Abb. 8-11** Translation und Pendelbewegung einer Geraden auf einer Achse

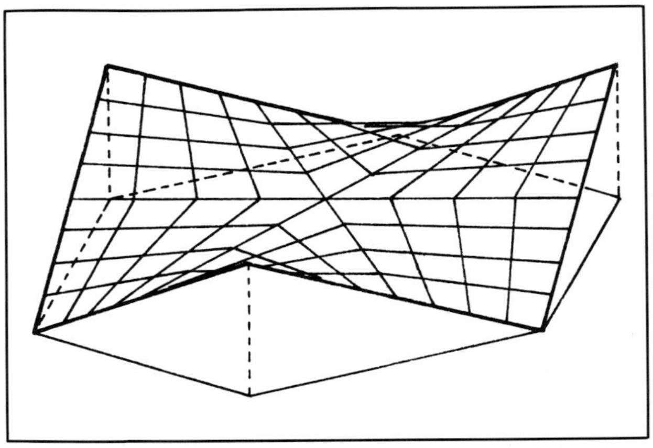

**Abb. 8-12** Sattelfläche über einem Sechseck

und dreiteilige Schwingungsbilder mit einem Übergangsbereich (nach H. Jenny, Kymatik a.a.O.).

### 8.3.3 ROTATIONSFLÄCHEN

Bei den in den Raum gekrümmten Flächenstrukturen gibt es die Möglichkeit, beliebige Verläufe von Flächenstrukturen aufzubauen, die an kein System gebunden sind. Zur Kontrolle und zur Konstruktion gekrümmter Flächen ist es aber notwendig, Systeme zu planen und zu bezeichnen. Dazu bilden die Organe der Symmetrie die Grundlage. Eine Form sind z. B. zentral orientierte Systeme, die vom Mittelpunkt aus bis zu einem Rand gebaut werden (s. **Abb. 8-13** und **8-14**). Sie sind rotationssymmetrisch um eine Achse geordnete, beliebig ausbreitbare Flächenstrukturen.
Läßt man eine erzeugende Linie um eine solche Achse rotieren, so wird eine homogene Fläche erzeugt, die positiv gekrümmt ist. Einfachste Flächenformen dieser Art können durch Gerade erzeugt werden wie z. B. Kegelmantel und Zylindermantel. Wird die Rotationsbewegung überlagert von einer oder mehreren weiteren Bewegungen, entstehen entsprechende Überlagerungsformen. Z. B. kann senkrecht zur Translation einer Geraden um eine zentrale Achse eine Pendelbewegung ausgeführt werden, so daß diese eine Wellenbewegung und so eine entsprechende Fläche erzeugt **(Abb. 8-11).**

### 8.3.4 SATTELFLÄCHEN

Eine andere Möglichkeit, die Verläufe von gekrümmten Flächenstrukturen zu ordnen besteht darin, Sattelflächen zu bilden. Sie entstehen dadurch, daß Polygone mit gerader Eckenzahl in Dreiecke aufgeteilt werden, die sich im Mittelpunkt treffen. Dann werden die Knotenpunkte auf verschiedene Ebenen gebracht: Das Zentrum, in dem die Dreiecke zusammenstoßen bleibt bestehen und legt eine Mittelebene fest. Die Ecken des Vielecks liegen abwechselnd um dieselbe Höhe unter und über dieser Ebene. Dabei wird die Winkelsumme der Außenwinkel des Vielecks größer, während die Innenwinkel an den Ecken der Dreiecke im Mittelpunkt kleiner werden. Wenn nun die Teildreiecke im Polygon durch eine einzige Fläche ersetzt werden, entsteht eine hyperbolische Fläche **(Abb. 8-12).** Sattelflächen können zu eben ausgebreiteten, zu geschlossenen (Sattelkörper) und zu im Raum gekrümmten Flächenstrukturen zusammengesetzt werden.

## 8.4 Partituren

Die hier beispielhaft entwickelten und in Arbeitsergebnissen dargestellten Partituren enthalten nur einen kleinen Ausschnitt der Möglichkeiten. Die geschlossenen Oberflächennetze wurden unter dem Thema »Körper« (S. 161 ff.) behandelt. Sie werden hier nur indirekt aufgegriffen beim Aufbau der »Geschlossenheit« von beliebigen gekrümmten oder gefalteten Flächengestalten.
Der Bereich der ebenen Flächennetze ist ganz bewußt ausgelassen: er ist zeichnerisch darstellbar. Ein Teil dieser Netze wird bei den Raumstrukturen (S. 173 ff.) als Grundriß- oder Schnittfigur sichtbar.
Der hier aufgegriffene Arbeitsbereich ist auf regelmäßige und halbregelmäßige im Raum gekrümmte Flächenstrukturen beschränkt. Sie sind geeignet, die typischen Merkmale von Flächenstrukturen zu studieren sowie alle bei Flächenstrukturen auftretenden grundsätzlichen Gestaltungsvorgänge zu bearbeiten.

## 8.4.1 THEMA: FLÄCHENSTRUKTUR

*Aufgabe:* Bauen Sie aus kongruenten Flächenelementen eine im Raum gekrümmte Flächenstruktur.

*Hinweis:* Die Elemente sollen Flächen sein. Ihre Verbindung soll an den Seiten erfolgen. Sie kann starr oder beweglich sein.

*Teil 1:* Wählen Sie ein einfaches Flächenelement und untersuchen Sie anhand von Arbeitsmodellen seine Struktureigenschaften und mögliche Systeme.

*Teil 2:* Wählen Sie ein Ordnungssystem und bauen Sie darin mit der von Ihnen gewählten Fläche eine Struktur.

*Material:* Weißer Zeichenkarton, Klebstoff (nicht wasserlöslich!), für bewegliche Kanten schmales Nahtband aus Stoff.

*Größe:* etwa ¼ Quadratmeter (Kantenlänge des Einzelelementes etwa 7 cm)

*Bearbeitungszeit:* Teil 1: ein Tag, Teil 2: drei Tage.

**Ausführung**

Teil 1: Zunächst sollten Sie mit gleichschenkligen Dreiecken, gleichseitigen Dreiecken oder Quadraten arbeiten. Bei einem zweiten Versuch können Sie dann z. B. ein beliebiges Dreieck oder ein Fünfeck wählen.
Um die vielen kongruenten Elemente zu schneiden, ist es sinnvoll, eine Schablone aus Blech herzustellen und danach mit dem Messer Elemente zu schneiden.

Teil 2: Das Zusammensetzen beweglicher Kanten sollten Sie erst ausprobieren. Für das Arbeitsmodell rei-

**Abb. 8-13** Andrea Gruß

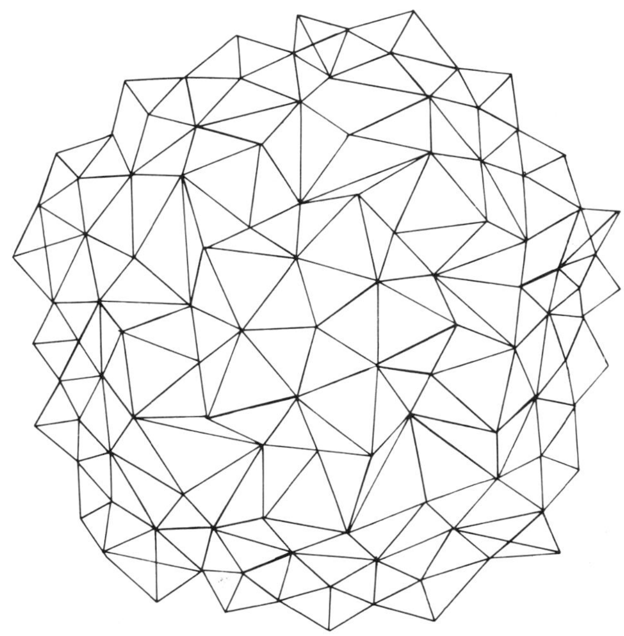

**Abb. 8-14** Friedrich Flaskamp

**Abb. 8-15** Rosemarie Cobbers

**Abb. 8-16** Ursula Holz

chen Tesafilm oder Tesaband aus. Beide sind beidseitig auf den Stoß der Elemente zu kleben. Für das endgültige Modell reichen diese Bänder aber nicht aus, weil sie keine Zugspannungen aufnehmen können und sich nach einer gewissen Zeit lösen. Es sollten beidseitig dünne Stoffbänder (z. B. Nahtbänder) aufgeklebt werden.

**Beurteilung**

Solche Flächenstrukturen sind zunächst nicht planbar. Sie werden durch Ausprobieren entwickelt. Bei der Beurteilung sollte die Struktur analysiert werden nach Element, System ud Strukturgesetz. Eie bestimmte Gesamtgestalt wird dabei nicht angestrebt. Die flgende Aufgabenstellung zielt mehr auf die geschlossene Gestalt und die Frage der Randbildung.

**Beispele: Abb. 8-13** bis **8-16**

### 8.4.2 THEMA: FLÄCHENSTRUKTUR

*Aufgabe:* Bauen Sie aus kongruenten Flächenelementen ein im Raum gekrümmtes Flächensystem. Durch Veränderungen der Struktur soll ein Ganzes, eine Gestalt gebildet werden.

*Hinweis:* Die Elemente sollen Flächen sein. Ihre Verbindung soll an den Seiten erfolgen. Sie kann starr oder beweglich sein.

*Teil 1:* Wählen Sie ein einfaches Flächenelement und untersuchen Sie mit Arbeitsmodellen seine Struktur-

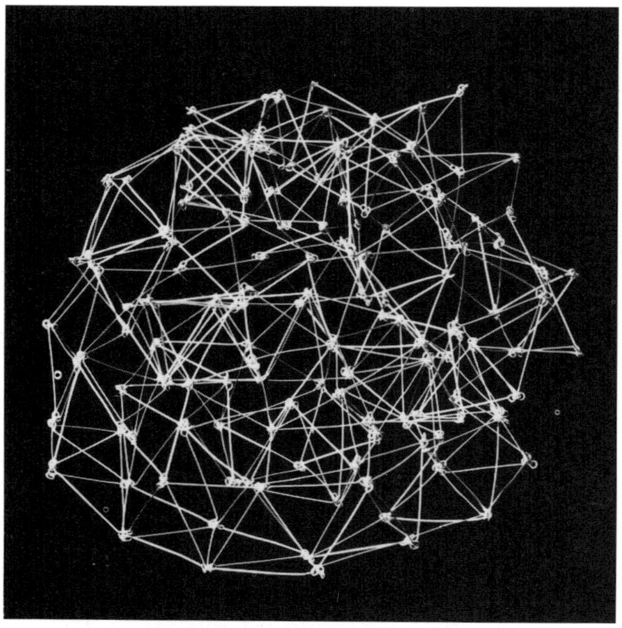

**Abb. 8-17** Constanze Hintzelmann (Draht)

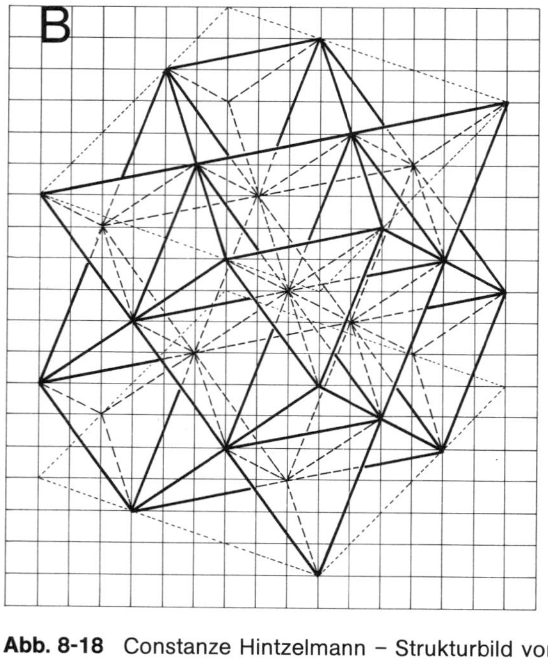



**Abb. 8-18** Constanze Hintzelmann – Strukturbild von **Abb. 8-17**

**Abb. 8-19** Monika de Vroedt

**Abb. 8-20** Monika de Vroedt

**Abb. 8-21** Hans-Peter Opheiden

**Abb. 8-22** Strukturbild von **Abb. 8-21**

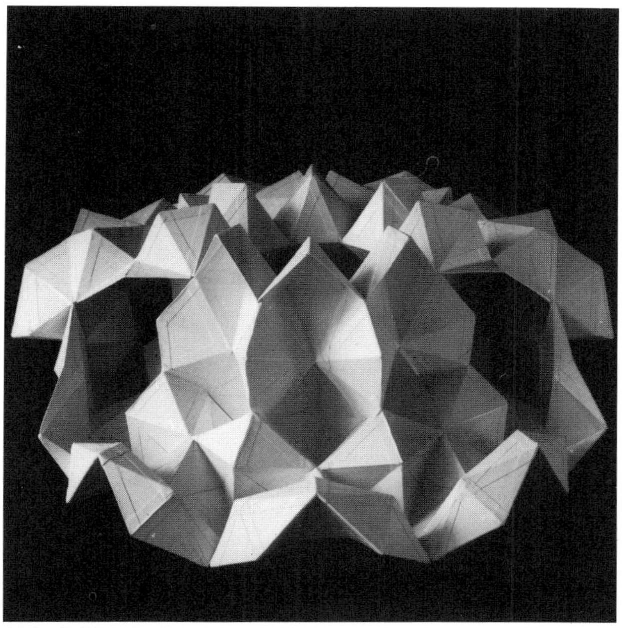

**Abb. 8-23** Burkhard Klother

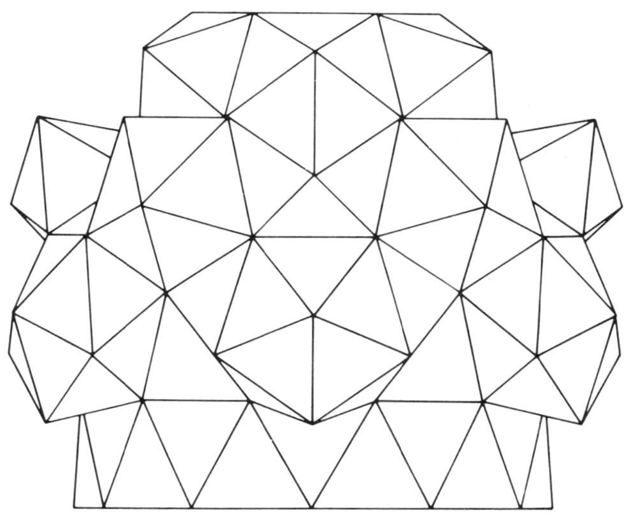

**Abb. 8-25** Siegbert Schwien (Ansicht)

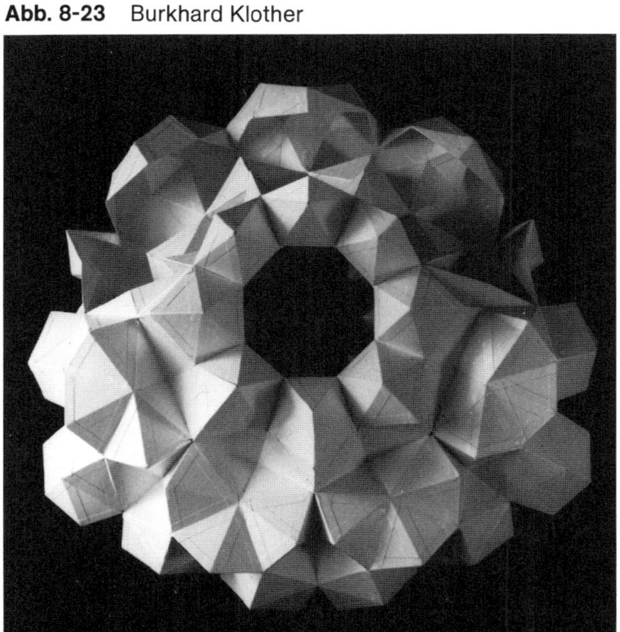

**Abb. 8-24** Burkhard Klother

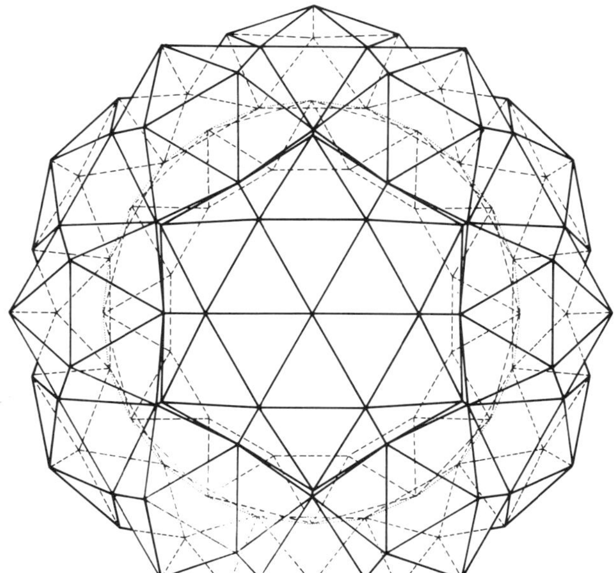

**Abb. 8-26** Siegbert Schwien (Draufsicht)

eigenschaften und die möglichen Systeme. Erfinden Sie Strukturänderungen, die zu Randbildungen oder zu anderen Formen der Geschlossenheit führen.

*Teil 2:* Wählen Sie ein System und bauen Sie mit dem von Ihnen gewählten Element die Flächenstruktur auf.

*Material:* Weißer Zeichenkarton, Klebstoff (nicht wasserlöslich), für bewegliche Kanten schmales Stoffband (Nahtband).

*Größe:* Etwa ¼ Quadratmeter (Kantenlänge des Einzelelementes etwa 7 cm)

*Bearbeitungszeit:* Teil 1: ein Tag, Teil 2: drei Tage

**Ausführung und Beurteilung**

Für Ausführung und Beurteilung gilt entsprechendes wie für die vorangegangene Aufgabenstellung. Bei der Beurteilung ist als weiteres Kriterium die Geschlossenheit der Form zu beachten.

**Beispiele: Abb. 8-17** bis **8-26**

### 8.4.3 THEMA: FLÄCHENSTRUKTUR

*Aufgabe:* Bauen Sie aus kongruenten Flächenelementen ein im Raum gekrümmtes Flächensystem, das als Röhrensystem geformt ist. Das System soll durch ein übergeordnetes Achsensystem den Charakter der Geschlossenheit erhalten.

*Hinweis:* Die Elemente sollen Flächen sein. Ihre Verbindung soll an den Seiten erfolgen. Sie kann starr oder beweglich ausgeführt werden.

*Teil 1:* Wählen Sie ein einfaches Flächenelement und

**Abb. 8-27** Hans Lieser

**Abb. 8-28** Hans Lieser

**Abb. 8-29** Friedrich Rohde

**Abb. 8-30** Friedrich Rohde

Abb. 8-31 a

Abb. 8-31 b

Abb. 8-31 c

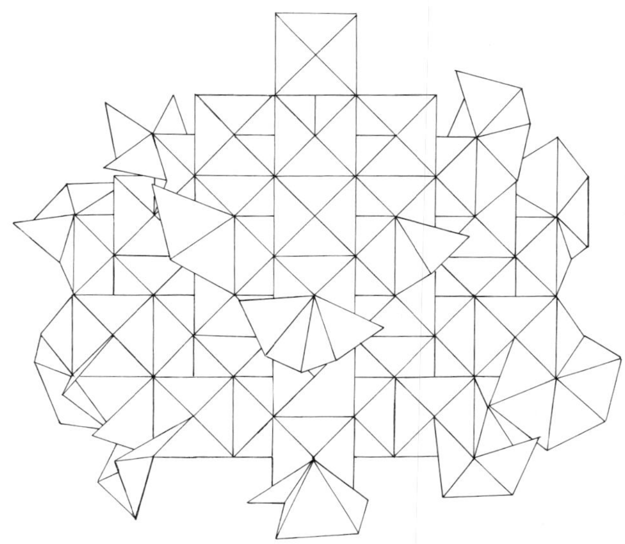

Abb. 8-31 d

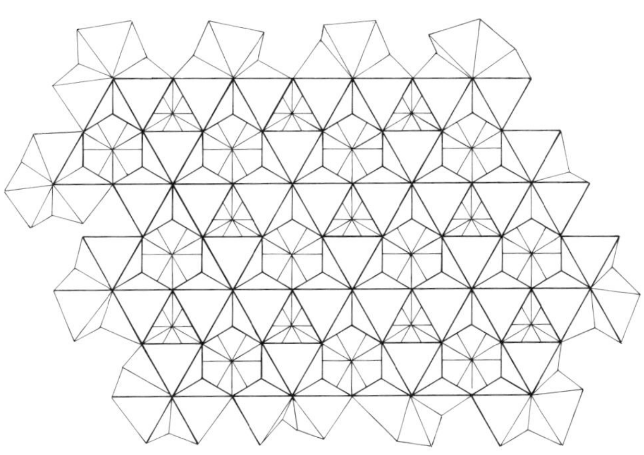

Abb. 8-31 e

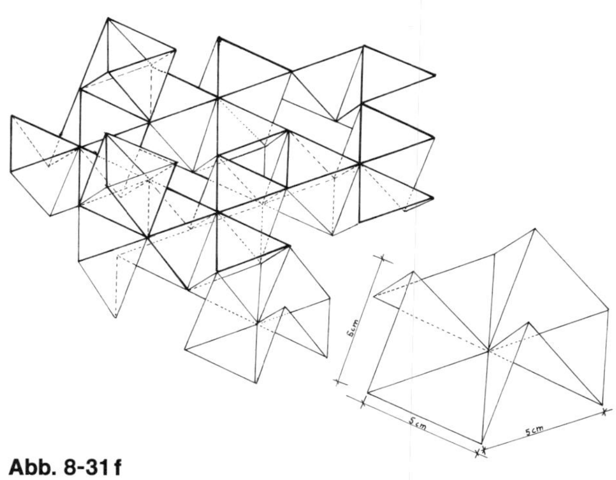

Abb. 8-31 f

**Abb. 8-31a–f** Rolf Schimanek – Röhrensystem mit 9 gleichseitigen Dreiecken an jedem Punkt. Es entspricht der Tetraeder-Oktaeder-Struktur (S. 174)

untersuchen Sie an Arbeitsmodellen seine Struktureigenschaften und die möglichen Röhrenbildungen.

*Teil 2:* Bauen Sie die Flächenstruktur als Röhrensystem auf.

*Material:* Weißer Zeichenkarton, Klebstoff, für die beweglichen Kanten dünnes Stoffband (Nahtband)

*Größe:* Etwa 40 × 40 × 40 cm (Kantenlänge des Einzelelementes 5 bis 7 cm)

*Bearbeitungszeit:* Teil 1: zwei Tage, Teil 2: drei Tage

**Ausführung und Beurteilung**

Für Ausführung und Beurteilung gilt das für die vorangegangenen Übungen Gesagte.

**Beispiele: Abb. 8-27** bis **8-31**

8.4.4 THEMA: FLÄCHENNETZ IM RAUM

*Aufgabe:* Bauen Sie ein im Raum gekrümmtes Flächennetz aus starren Stabelementen, die alle gleich lang sind. Verändern Sie die Netzstruktur da, wo sie ein Ende haben soll, so, daß ein Rand entsteht.

*Teil 1:* Bauen Sie aus Streichhölzern ein Arbeitsmodell bei dem Sie Strukturaufbau und Randbildung untersuchen und festlegen. Finden Sie eine Lösung für starre oder bewegliche Knotenpunkte.

*Teil 2:* Bauen Sie das Flächennetz mit dazu geeigneten Elementen. Beachten Sie die Ausführung der Knotenpunkte.

*Material:* Holz und Metall (Draht und evtl. Ringe für die Knoten)

*Größe:* Etwa ¼ Quadratmeter

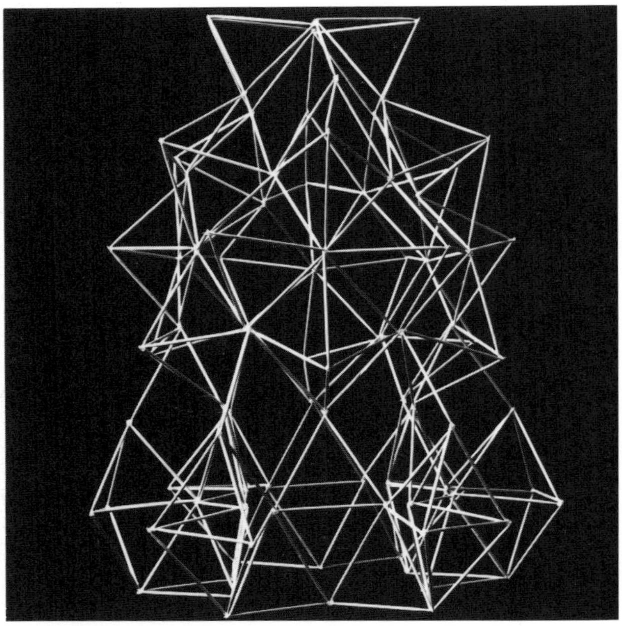

**Abb. 8-32** Hans Schmidt (Holz)

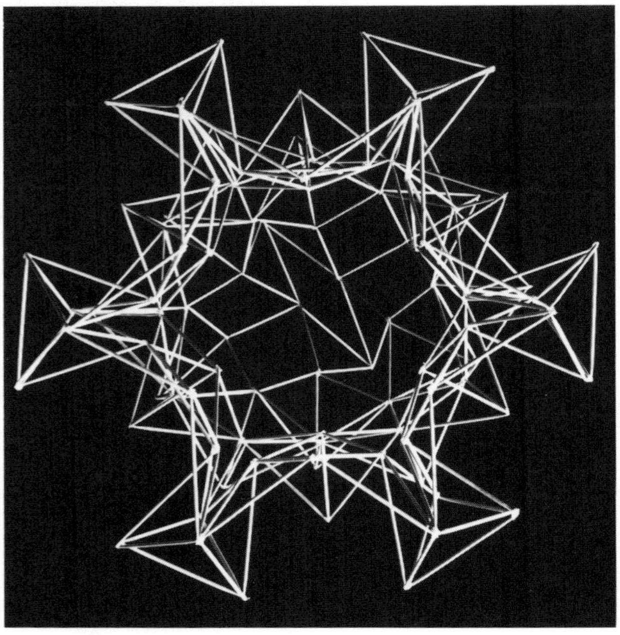

**Abb. 8-33** Hans Schmidt

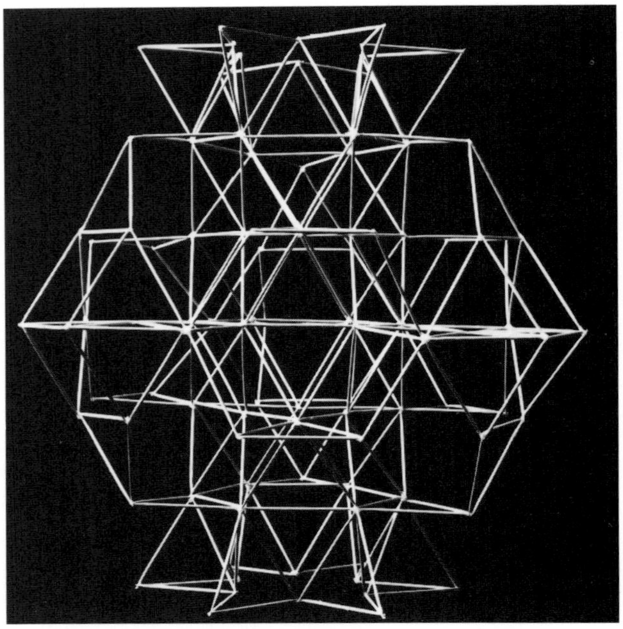

**Abb. 8-34** Hubertus Thiel (Holz)

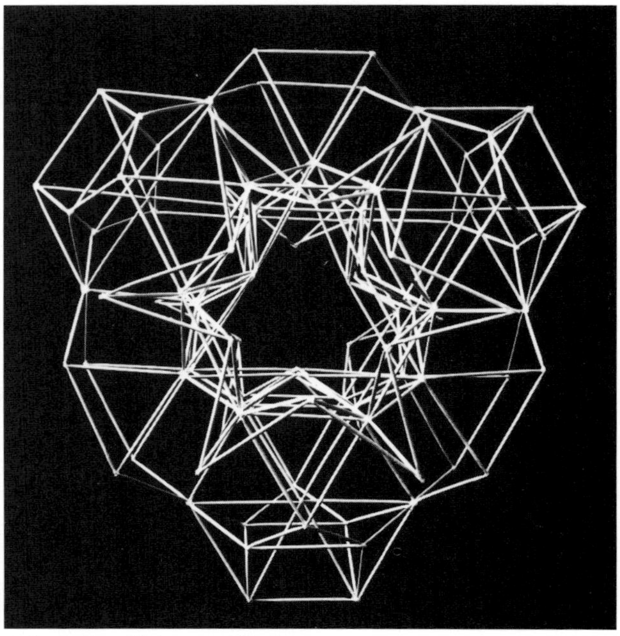

**Abb. 8-35** Hubertus Thiel

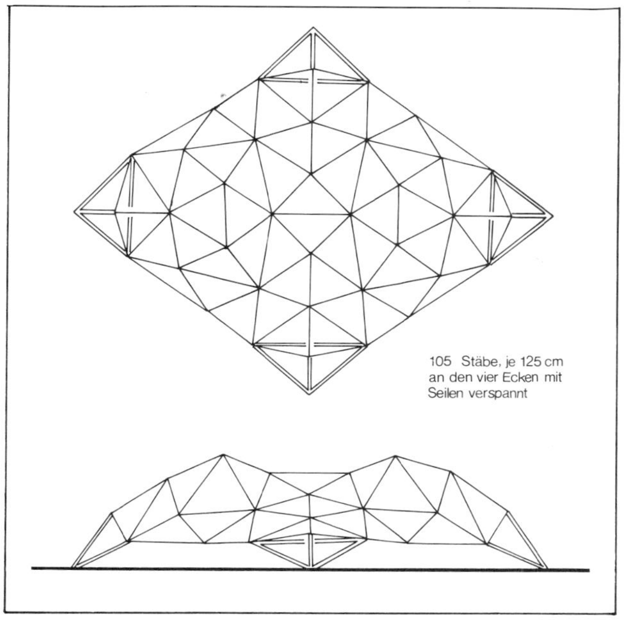


**Abb. 8-36** Draufsicht und Ansicht des Flächen-Stabwerks

**Abb. 8-37** Das Arbeitsmodell

**Abb. 8-38** Bau der Struktur auf ebenem Boden

**Abb. 8-39** Bau eines Knotens

**Abb. 8-40** Verformung des beweglichen und unbefestigten Stabwerkes

*Hinweis:* Die Knoten dürfen starr oder beweglich ausgeführt werden. Das Netz soll als Gestalt ein Ganzes sein.

*Teil 3:* Stellen Sie ihr Flächennetz zeichnerisch dar. a) als System, b) als Axonometrie oder in einer typischen Ansicht.

*Material:* Blattformat DIN A 2, Tusche auf weißem Karton.

*Bearbeitungszeit:* Teil 1: ein Tag, Teil 2: drei Tage, Teil 3: ein Tag

**Ausführung und Beurteilung**

Bei den Stabwerken ist die Schwierigkeit zu beachten, daß die zwischen Stäben möglichen Flächen nur gedacht und daher vieldeutig sein können. Solche Flächenstrukturen sind schwieriger zu »lesen«.
**Beispiele: Abb. 8-32** bis **8-35**

GRUPPENARBEIT

Beim Gespräch über die Arbeitsmodelle zum Thema »Flächennetz im Raum« entstand spontan in einer Gruppe von 10 Studierenden die Idee, eine bestehende Stabstruktur weiterzuentwickeln und sie so groß zu bauen, daß sie als Festzelt benutzt werden kann.
Innerhalb von etwa zwei Stunden wurde das neue Stabwerk im Modell entwickelt und aus Draht gebaut **(Abb. 8-36** und **8-37).**
Es ist spiegelsymmetrisch gegliedert, an vier Punkten

**Abb. 8-41** Befestigung des Stoffes an den Knoten

**Abb. 8-42** Innenansicht mit Dachhaut

**Abb. 8-43** Links und in der Mitte des Stabwerkrandes zwei der vier Spannseile

aufgelagert und an diesen mit vier Seilen abgespannt. Alle Knotenpunkte sind frei beweglich: Ohne Verankerung läßt sich das gesamte System seinen Achsen entsprechend sehr weitgehend verändern. Dann wurden Vorschläge für Knotenpunkte gemacht und im Maßstab 1:1 gebaut. Aus ökonomischen Gründen wurde die einfachste Verbindung gewählt: Rundstäbe wurden an den Enden durchbohrt und mit einem dikken Draht verbunden. Der Knoten wurde im Belastungsversuch getestet: er sollte drei Männer tragen.

Es wurden 120 Besenstiele, 20 Meter Draht von 2,5 mm Dicke und 25 Meter Seil gekauft. Säge, Bohrmaschine, Zangen u. a. brachten die Studierenden mit. Innerhalb von vier Stunden wurde die Struktur auf einer Wiese aufgebaut. Nesselbahnen wurden zusammengenäht, über die Struktur gehängt und an den Knotenpunkten und am Rand mit Bindfaden befestigt **(Abb. 8-41).** Bearbeitungszeit: Planung: ein Tag, Modellversuche und Materialbeschaffung: zwei Tage, Aufbau: ein halber Tag.

**Abb. 8-44** Das Dach von oben

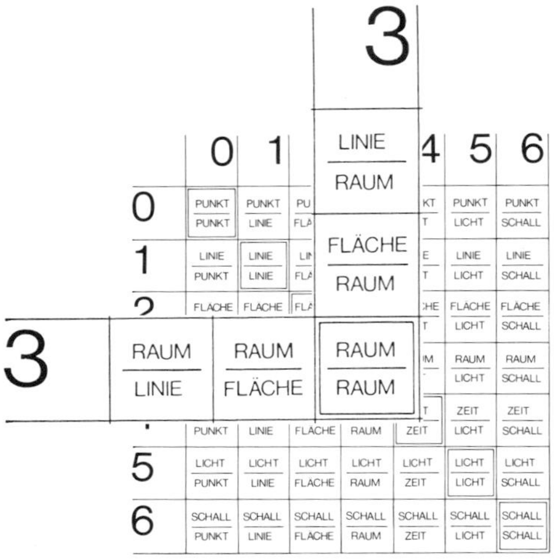

**Abb. 9-1** Burkhard Klother – Raumstruktur

# 9 Raumstruktur

Mit dem Begriff »Raumstruktur« ist hier die räumliche Ordnung im »Kubischen System« gemeint. Das zugrundegelegte Denkmodell ist die euklidische Geometrie; ihre Definitionen werden praktisch angewendet.
Die Grundlagen räumlicher Strukturen beschränke ich auf regelmäßige Körper in wenigen regelmäßigen und halbregelmäßigen Strukturen. Die angegebene Literatur führt jeden weiter, der sich intensiver mit Ordnungssystemen im Raum beschäftigen möchte.

HILFSMITTEL

**Subjektive Hilfsmittel:** die Fähigkeit bzw. Bereitschaft, räumlich zu denken, räumliche Modelle zu bauen, die räumliche Vorstellungsbarriere abzubauen und Interesse zu gewinnen an Gesetzmäßigkeiten im dreidimensionalen Raum.
Arbeitshinhalte:
1. Kennenlernen der Körper und ihrer Ordnungen
2. Kennenlernen des kubischen Systems als Raumordnung
3. Kennenlernen räumlicher Strukturen des Kubischen Systems, Weiterführung der Würfelgeometrie
4. Training des Denkvermögens in diesen Strukturen
5. Anwendung räumlicher Ordnungsprinzipien, Erlernen räumlicher Logik
6. Gestalten mit räumlichen Ordnungen und Strukturen.

**Objektive Hilfsmittel:** Material, Arbeitsraum, Werkzeug etc. Die Lehre von den Körpern und die Strukturierung des Raumes im Kubischen System.

**Literatur:**


*Critchlow,* Keith: Order in Space, Thames and Hudson, London, 1969
*Roman,* Tiberiu: Reguläre und halbreguläre Polyeder, Deutscher Verlag der Wissenschaften, Berlin, 1968
*Williams,* Robert: Das Geometrical Foundation of Natural Structure, Dover Publications, INC., New York, 1979


## 9.1 Die Lehre von den Körpern

ALLGEMEINES

Die griechischen Philosophen, noch vor Platon, haben regelmäßige Körper untersucht und in eine Ordnung gebracht. Noch heute herrschen deshalb in Mathematik, Kristallographie und Mineralogie die griechischen Bezeichnungen vor. In der neueren Entwicklung hat Johannes Kepler (1571–1630) die Lehre vom Raum und von den Körpern erweitert. Vor allem aber haben die Arbeiten von Leonhard Euler (1707–1783) Bedeutung. Er formulierte den sog. Eulerschen Polyedersatz und legte so die mathematische Grundlage zur Stereometrie.

DER POLYEDERSATZ VON L. EULER

(1) Für Vielecke (Polygone) in der Ebene
$E - S + F = 1$
(2) Für Vielflächner (Polyeder) im Raum
$E - S + F = 2$

Dabei bedeutet E die Zahl der Ecken, S die Zahl der Seiten (Kanten) und F die Zahl der Flächen.

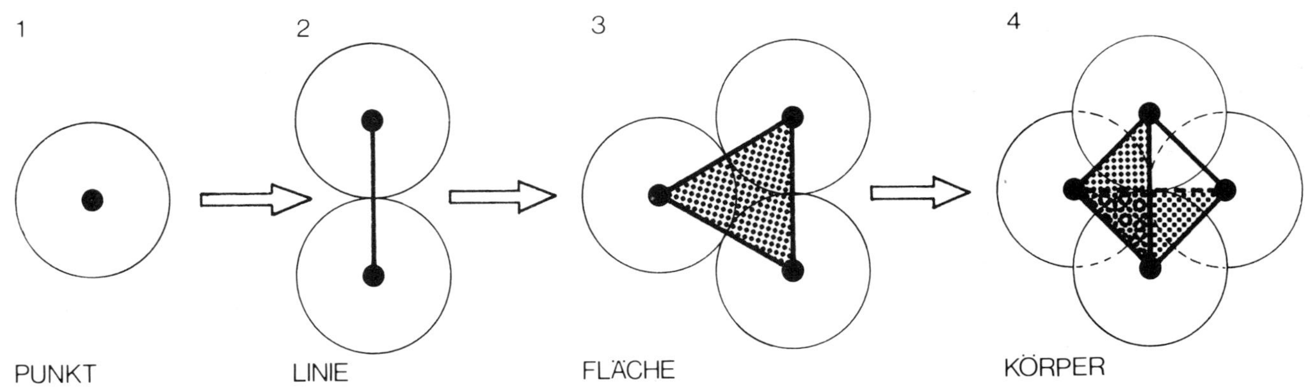


**Abb. 9-2**

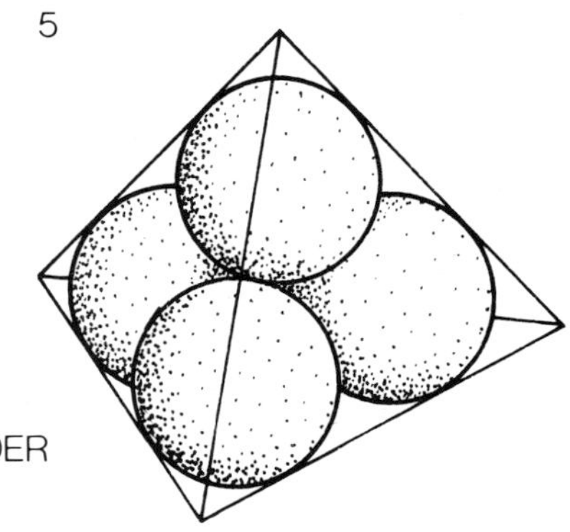


**Abb. 9-3** TETRAEDER

Karl Heinze entwickelte 1886 die genetische Stereometrie, die Lehre von der Bildung komplizierter Körper aus Elementarkörpern und umgekehrt die Zerlegung von Körpern in Elementarkörper.
Bei der Herleitung der regelmäßigen Flächenstrukturen (S. 144) entstanden fünf regelmäßige, geschlossene Strukturen, die sog. Platonischen Körper (benannt nach dem griechischen Philosophen Platon 427–347 v. Chr.). Da diese Körper und ihre Abwandlungen in halbregelmäßige Körper der Strukturierung des Raumes dienen, sollen sie in ihren wesentlichen Eigenschaften dargestellt werden. Dabei werden sie nicht als Flächensysteme betrachtet, sondern als räumliche Strukturen, die sich anschaulich als Kugelpackungen darstellen lassen.
Keith Critchlow zeigt in seinem Buch »oder in space« (S. 7ff.) folgende anschauliche **räumliche Entwicklung der grundlegenden Kugelpackungen:**

DIE ÖKONOMISCHE ENTWICKLUNG DER DIMENSION DES RAUMES **(Bild 9-2)**

1 Punkt: Anfang und Einheit, der gestaltende Punkt
2 Linie: Erste Bewegung, die »Zweiheit«, mit dem dritten Faktor, der Beziehung oder der Verbindungslinie
3 Fläche: Zweite Bewegung, die »Dreiheit« ergibt unser erstes und einziges strukturales Polygon (Vieleck), das Dreieck. Es umschließt eine Fläche. Drei Punkte, drei Linien, drei Kontakte
4 Körper: Dritte Bewegung, die »Vierheit«, wird der einfachste und hervorragendste Körper, das Tetraeder. Die Beziehungen wachsen zu vier Zentren, sechs linearen Verbindungen, vier Seiten und zwölf Kontaktpunkten.

DIE ENTWICKLUNG DER GRUNDLEGENDEN KUGELPACKUNGEN **(Bild 9-4)**

A Vier Kugeln in Tetraederposition sind die größte Anzahl gleichgroßer Kugeln, die in gleichzeitigem Kontakt sein kann. Jede berührt jede andere.
B Das **Tetraeder,** umrissen an seinen Kanten mit einer zweiten Lage von Kugeln in den Zwischenräumen; acht Kugeln im Ganzen.

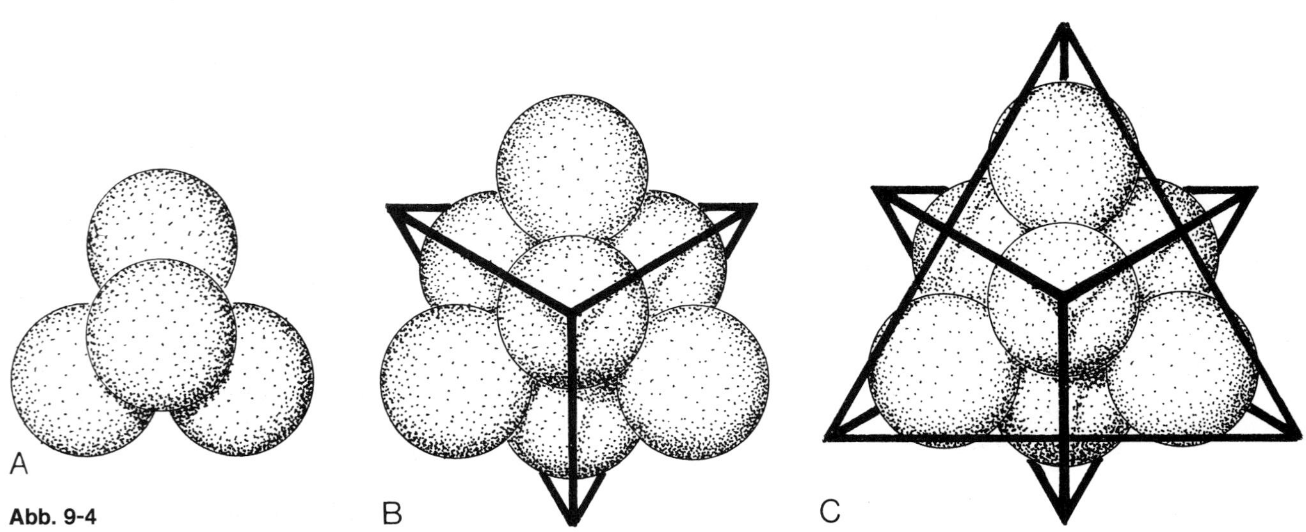


**Abb. 9-4**

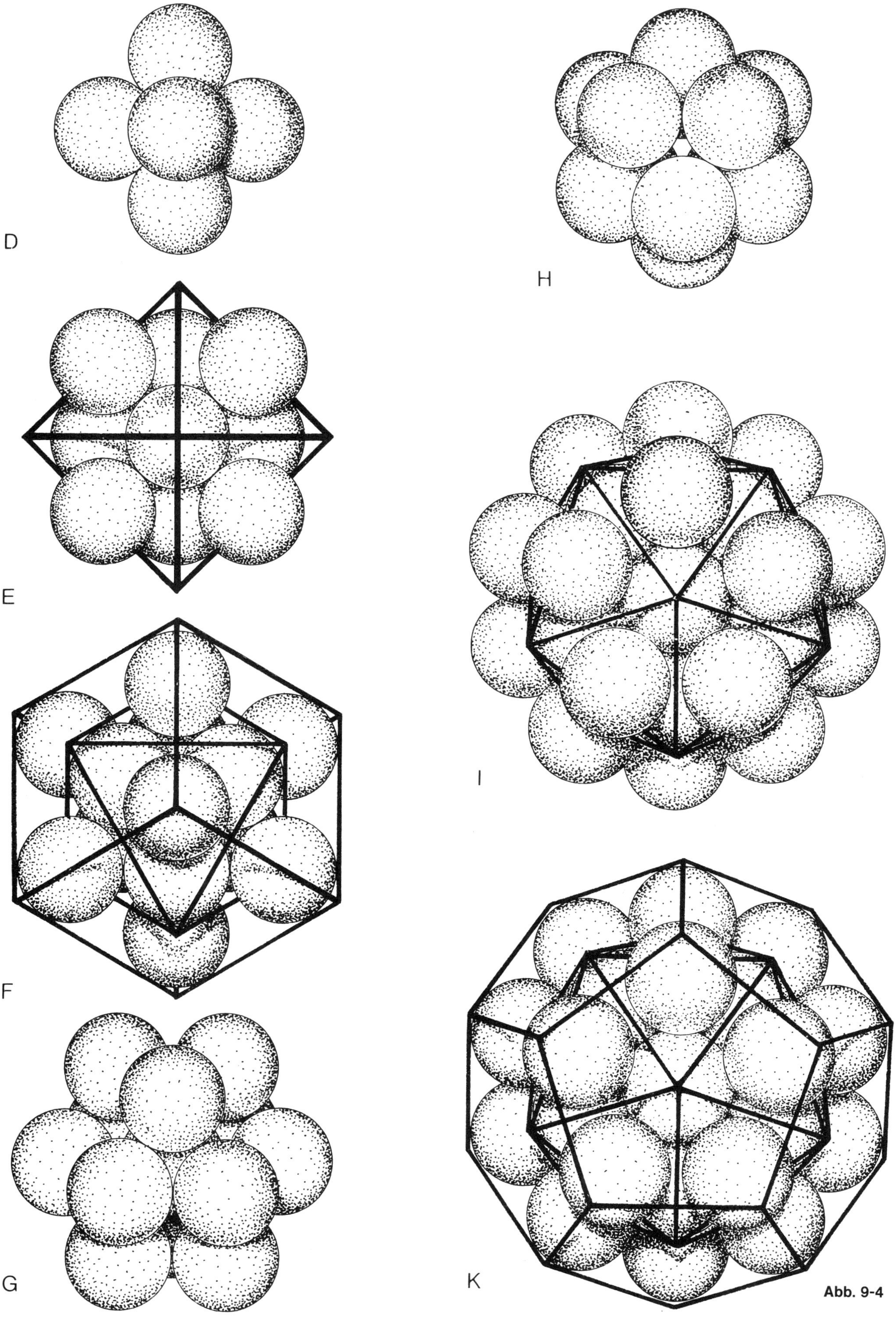


**Abb. 9-4**

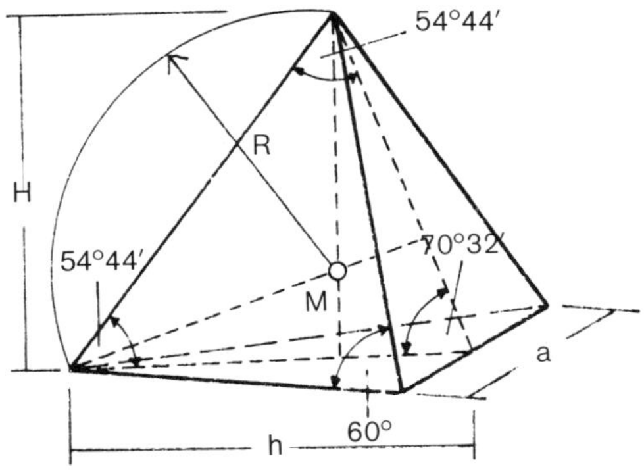


Kantenlänge $a = 1 \cdot a$

Flächenhöhe $h = \frac{1}{2} a \cdot \sqrt{3} \cong 0{,}866\ a$

Körperhöhe $H = a \cdot \sqrt{\frac{2}{3}} \cong 0{,}816\ a$

Radius $R = \frac{a}{4} \cdot \sqrt{6} \cong 0{,}612\ a$

Körpervolumen $V = \frac{a^3}{12} \cdot \sqrt{2} \cong 0{,}118\ a^3$

Körperoberfläche $F = a^2 \cdot \sqrt{3} \cong 1{,}732\ a^2$

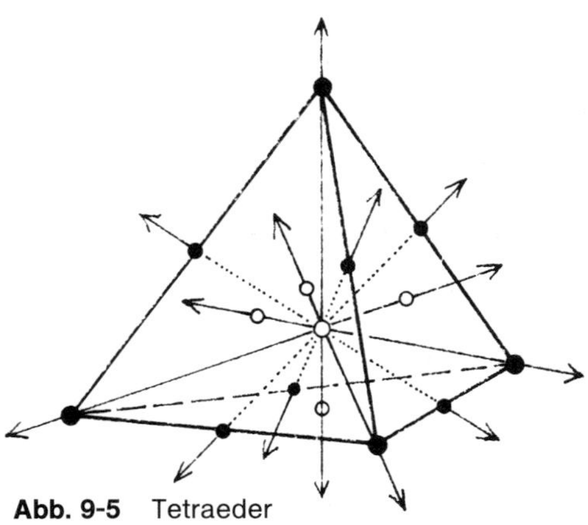

**Abb. 9-5** Tetraeder

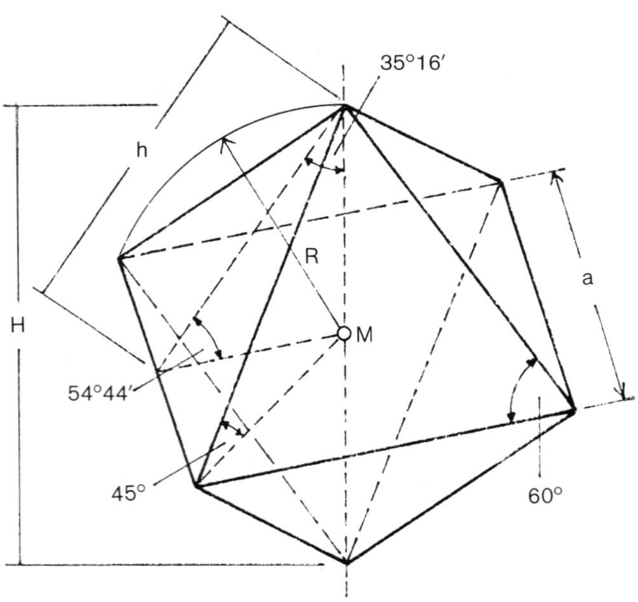


Kantenlänge $a = 1 \cdot a$

Flächenhöhe $h = \frac{1}{2} a \cdot \sqrt{3} \cong 0{,}866\ a$

Körperhöhe $H = a \cdot \sqrt{2} \cong 1{,}414\ a$

Radius $R = \frac{1}{2} H = \frac{1}{2} a \cdot \sqrt{2} \cong 0{,}707\ a$

Körpervolumen $V = \frac{1}{3} a^3 \cdot \sqrt{2} \cong 0{,}471\ a^3$

Körperoberfläche $F = 2\ a^2 \cdot \sqrt{3} \cong 3{,}464\ a^2$

**Abb. 9-6** Oktaeder

C Die zweite Lage von Kugeln zeigt, daß das **Tetraeder** sein eigener Dual-Körper ist. D. h. die Umrisse, die die Mittelpunkte seiner Flächen verbinden, wiederholen die Ausgangsfigur.

D Die nächste ökonomische reguläre Gruppierung von Kugeln sind sechs in einer **Oktaeder**gestalt; jede Kugel berührt vier andere.

E Die Oktaedergruppe, umrissen mit Kanten und mit acht weiteren Kugeln in den Zwischenräumen.

F Wenn auch die zweite Lage von Kugeln mit Kanten umrissen wird, wird der **Würfel** als Dual-Körper des **Oktaeders** sichtbar. Die Linien, die die Mittelpunkte der Oktaederflächen verbinden, ergeben den Würfel. Umgekehrt ergeben die Linien, die die Mittelpunkte der Würfelflächen verbinden, ein Oktaeder.

G Die dichteste Packung von gleichen Kugeln um eine Innenkugel gleicher Größe ergibt das **Kuboktaeder**. Die Zentralkugel ist von zwölf Kugeln umgeben und jede berührt außer der Zentralkugel noch vier Nachbarkugeln.

H Die Gruppierung der Kugeln ohne Innenkugel strebt danach, sich in Dreierbeziehungen zur **Ikosaeder**gruppe zu schließen. Die zwölf Kugeln sind enger verbunden, jede berührt fünf Nachbarkugeln.

I Das **Ikosaeder** mit den umschreibenden Kanten, sichtbar in seinem fünfteiligen Aspekt, mit einer weiteren Kugellage in den Zwischenräumen – insgesamt zweiunddreißig Kugeln.

K Wenn diese zweite Lage von Kugeln mit Kanten umrissen wird, zeigt sich, daß das regelmäßige **Dodekaeder** der Gegenkörper des **Ikosaeders** ist.

So wird eine hierarchische Gliederung der fünf Platonischen Körper sichtbar, abhängig von einer zahlenmäßig und strukturellen Ökonomie.

Es können nun folgende Prinzipien abgeleitet werden:

1 Vier gleiche Kugeln sind die größte Zahl, die in gleichzeitigem Kontakt sein kann – das erste reguläre Grundmuster. Jede Kugel berührt drei Nachbarkugeln. (A)

2 Sechs gleiche Kugeln bilden das nächste reguläre Grundmuster, wobei jede Kugel vier Nachbarkugeln berührt. (D)

3 Zwölf gleiche Kugeln können eine Innenkugel gleicher Größe umgeben und berühren. Wenn die Innenkugel entfernt wird, zieht sich die Kugellage zusammen zum dritten regulären Grundmuster, bei dem jede Kugel fünf Nachbarkugeln berührt. (H)

Tetraeder, Oktaeder und Ikosaeder bilden die Grundlage räumlicher Struktur. Durch Verbindung der jeweiligen Flächenmittelpunkte entstehen die Dual-Körper: beim Tetraeder ein Tetraeder, beim Oktaeder ein Würfel und beim Ikosaeder das Dodekaeder.

## SYMMETRIEEIGENSCHAFTEN DER GRUNDKÖRPER

Die Symmetrieeigenschaften der drei Grundkörper sehen folgendermaßen aus **(Abb. 9-9):**

Das **Tetraeder A** wird als Perspektive gezeigt, dann mit Blick auf eine Kante A1 mit zweifacher Symmetrie, d. h.

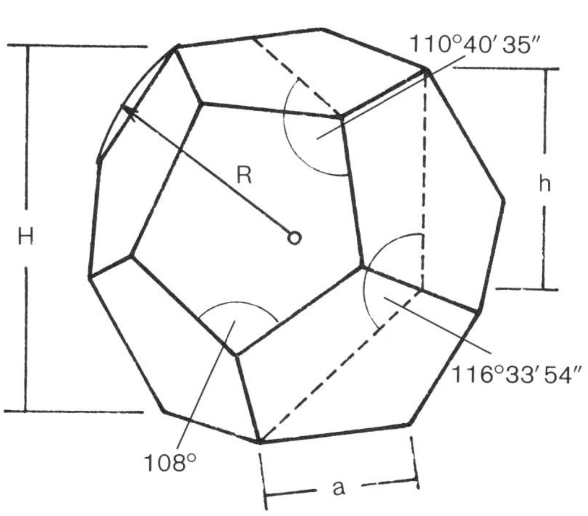


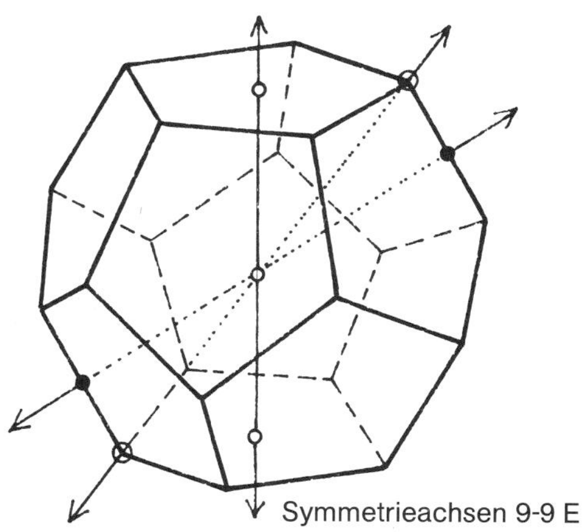

Symmetrieachsen 9-9 E

| | |
|---|---|
| Kantenlänge | $a = a \cdot 1$ |
| Flächenhöhe | $h = \frac{1}{10} a \cdot \left(\sqrt{50+10 \cdot \sqrt{5}} + \sqrt{25+10 \cdot \sqrt{5}}\right) \cong 1{,}538\ a$ |
| Körperhöhe | $H = \frac{1}{2} a \cdot \sqrt{\frac{50+22\sqrt{5}}{5}} \cong 2{,}228\ a$ |
| Radius | $R = \frac{1}{4} a \cdot (\sqrt{5} + 1) \cdot \sqrt{3} \cong 1{,}401\ a$ |
| Körpervolumen | $V = \frac{1}{4} a^3 \cdot (15 + 7\sqrt{5}) \cong 7{,}663\ a^3$ |
| Körperoberfläche | $F = 3\ a^2 \cdot \sqrt{25 + 10\sqrt{5}} \cong 20{,}646\ a^2$ |

**Abb. 9-7** Dodekaeder

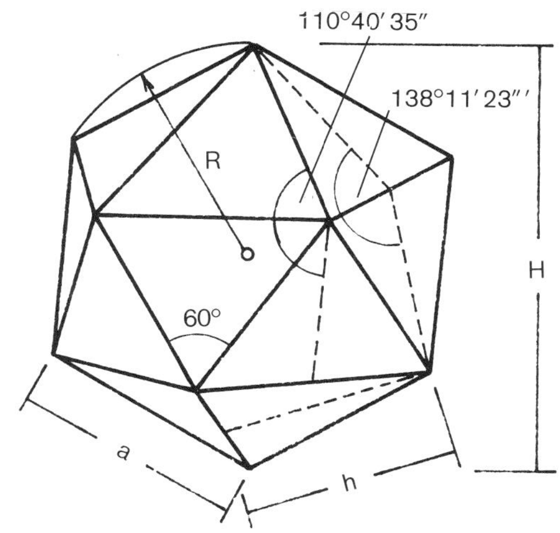


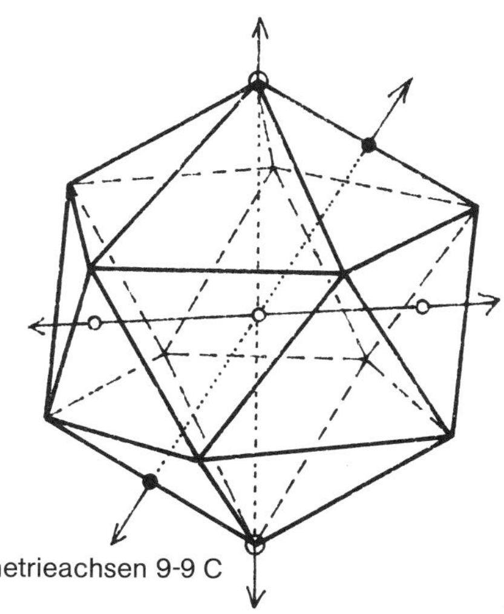

Symmetrieachsen 9-9 C

| | |
|---|---|
| Kantenlänge | $a = a \cdot 1$ |
| Flächenhöhe | $h = \frac{1}{2} a \cdot \sqrt{3} \cong 0{,}866\ a$ |
| Körperhöhe | $H = \frac{1}{2} a \cdot \sqrt{10 + 2\sqrt{5}} \cong 1{,}902\ a$ |
| Radius | $R = \frac{1}{4} a \cdot \sqrt{10 + 2\sqrt{5}} \cong 0{,}951\ a$ |
| Körpervolumen | $V = \frac{5}{12} a^3 \cdot (3 + \sqrt{5}) \cong 2{,}182\ a^3$ |
| Körperoberfläche | $F = 5\ a^2 \cdot \sqrt{3} \cong 8{,}660\ a^2$ |

**Abb. 9-8** Ikosaeder

es kann einmal gespiegelt werden in seiner sog. zweizähligen Achse; drittens ist es mit Blick auf eine Fläche A2 mit dreiteiliger Symmetrie dargestellt, und viertens mit Blick auf eine Ecke A3 ebenfalls mit dreiteiliger Symmetrie. Das Tetraeder besitzt also 2, 3, 3-zählige Symmetrie.

Der zweite Körper, das **Oktaeder B**, wird zunächst auch in Perspektive gezeigt; zweitens mit Blick auf eine Kante B1 mit zweifacher Symmetrie; drittens mit Blick auf eine Fläche B2 mit dreiteiliger und viertens mit Blick auf eine Ecke B3 mit vierzähliger Symmetrie. Das Oktaeder mit 2,3 und 4-zähliger Symmetrie ist der erste Vertreter dieser Symmetrie-Familie. Der dritte Körper, das **Ikosaeder C**, wird ebenfalls in Perspektive gezeigt, dann mit Blick auf die Kante C1 mit zweizähliger Symmetrie; drittens mit Blick auf eine Fläche C2 mit dreizähliger und viertens mit Blick auf eine Ecke mit fünfzähliger Symmetrie. Das Ikosaeder mit seiner 2, 3 und 5-zähligen Symmetrie ist der erste Vertreter dieser Symmetriefamilie.

| | F | E | S | S/E | S/F | S/F | S/E | S | E | F | |
|---|---|---|---|---|---|---|---|---|---|---|---|
| Tetraeder | 4 | 4 | 6 | 3 | 3 | 3 | 3 | 6 | 4 | 4 | Tetraeder |
| Oktaeder | 8 | 6 | 12 | 4 | 3 | 4 | 3 | 12 | 8 | 6 | Würfel |
| Ikosaeder | 20 | 12 | 30 | 5 | 3 | 5 | 3 | 30 | 20 | 12 | Dodekaeder |

## DIE ACHSENSYSTEME DER GRUNDKÖRPER SIND FOLGENDE:

Tetraeder:

3 zweizählige Symmetrieachsen durch die Kantenmitten

4 dreizählige Symmetrieachsen durch die Flächenmitten

4 dreizählige Symmetrieachsen durch die Ecken, identisch mit den Achsen durch die Flächenmitten.

Oktaeder:

6 zweizählige Symmetrieachsen durch die Kantenmitten

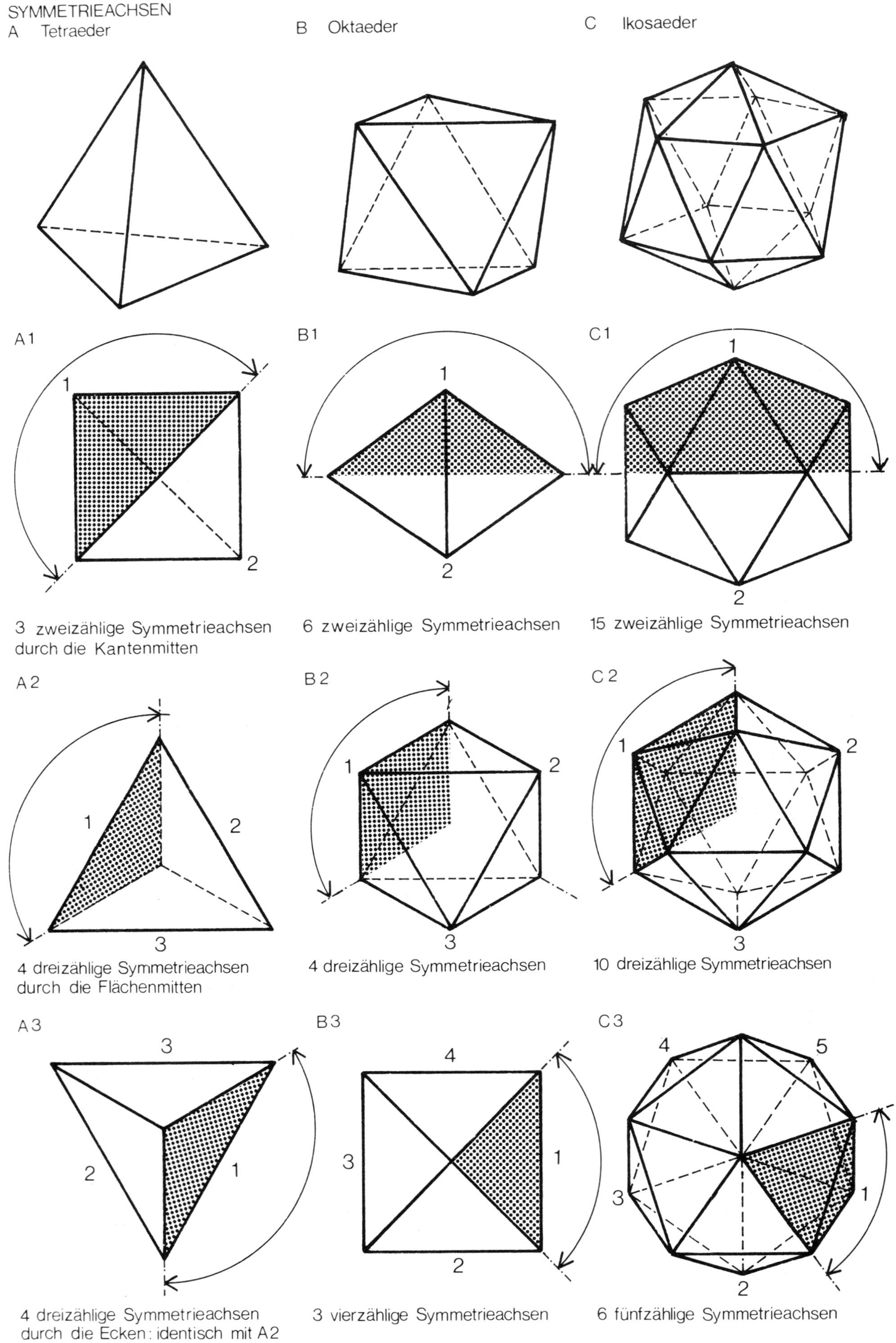


**Abb. 9-9** Die Symmetrieachsen der platonischen Körper und des Kuboktaeders

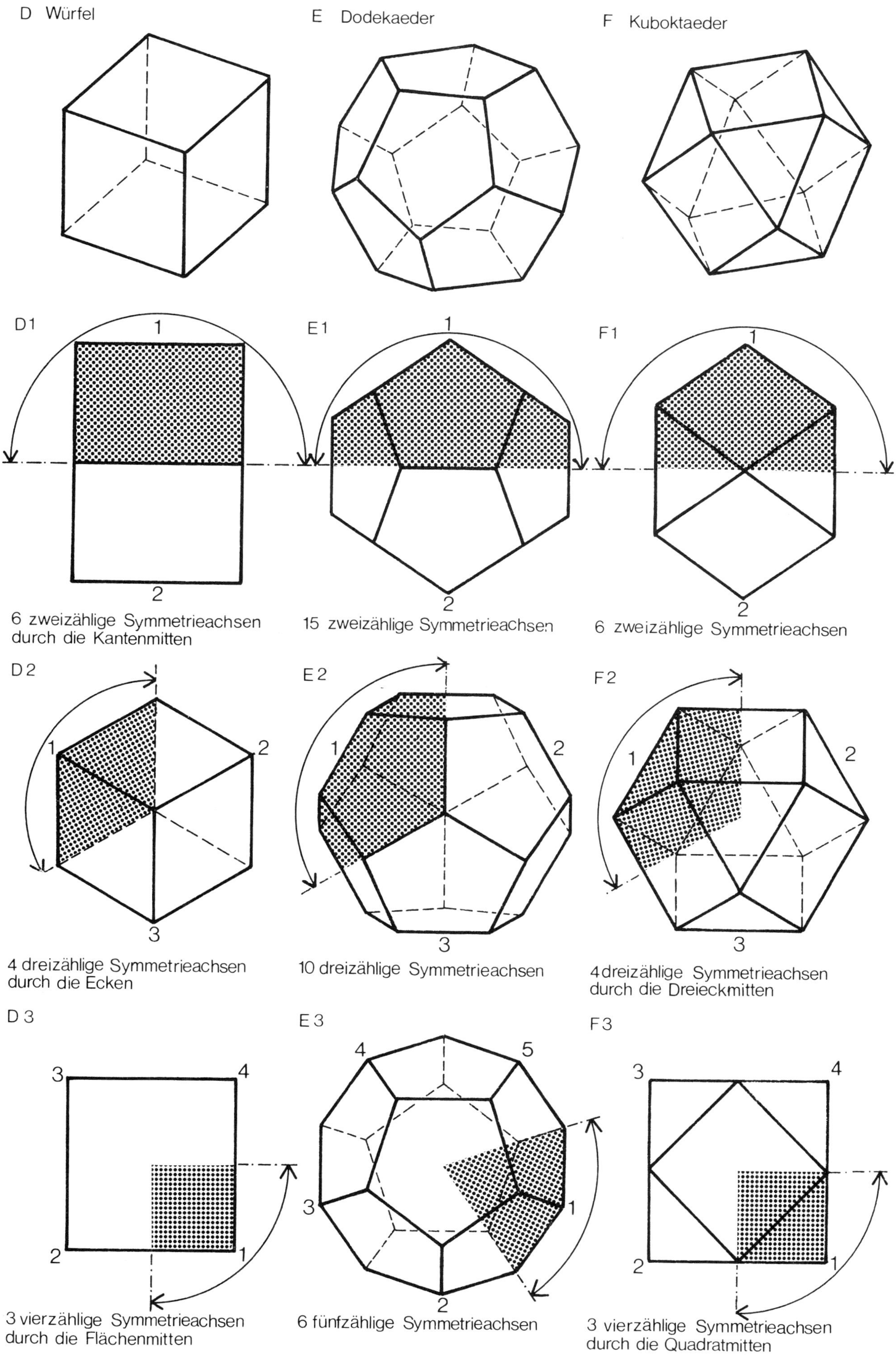


**Abb. 9-9** Die Symmetrieachsen der platonischen Körper und des Kuboktaeders

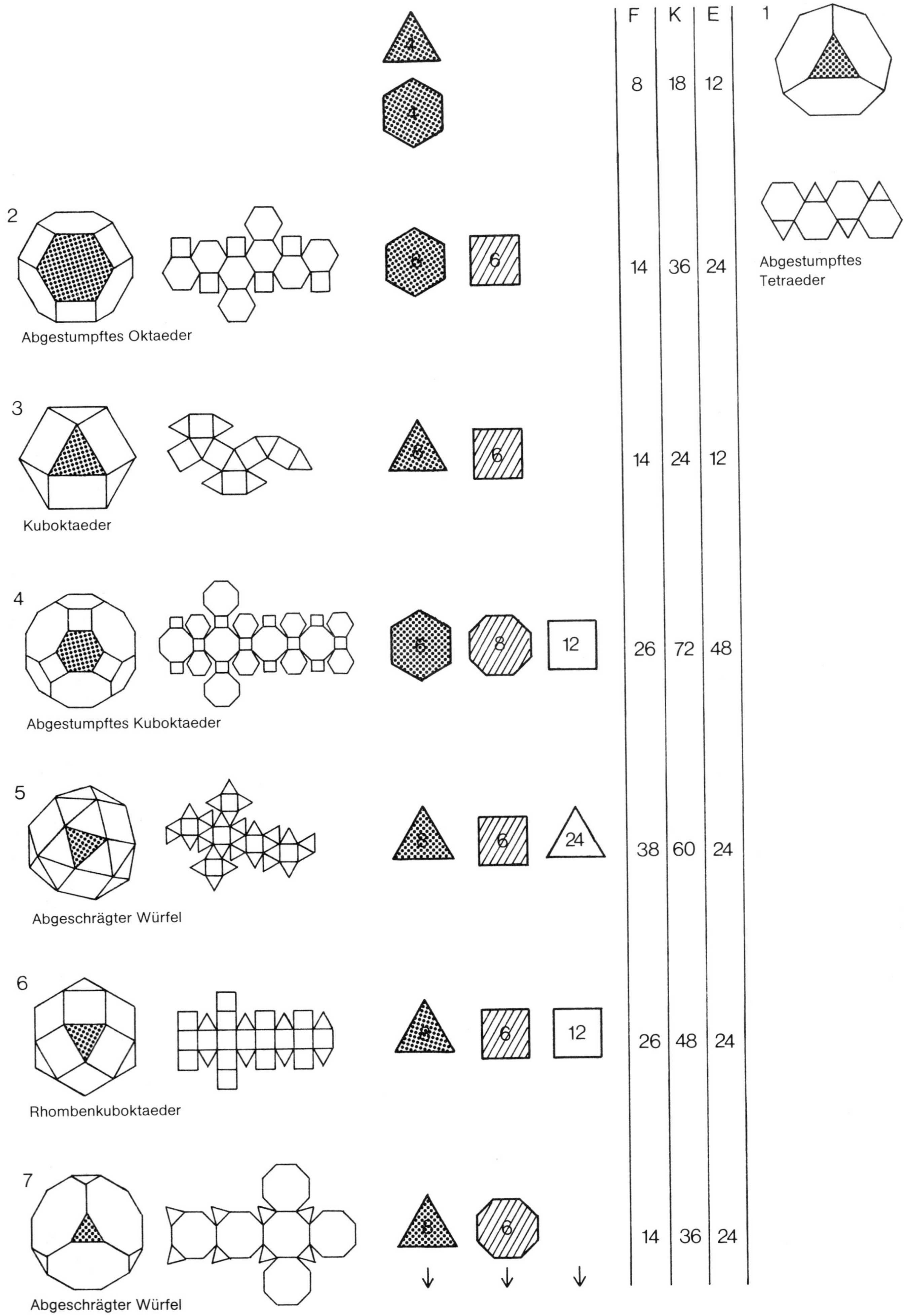


**Abb. 9-10** Die archimedischen Körper

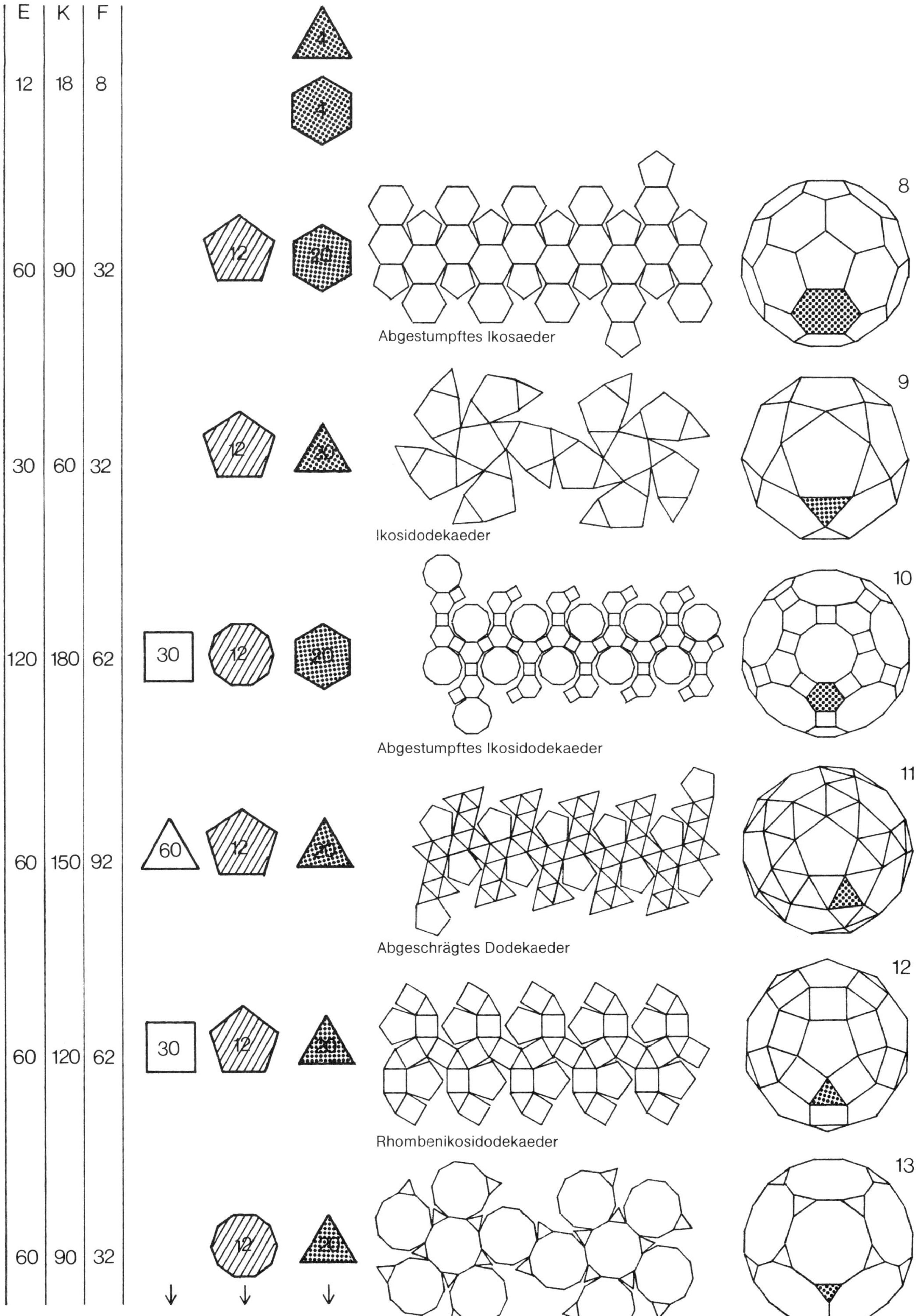


**Abb. 9-10** Die archimedischen Körper

4 dreizählige Symmetrieachsen durch die Flächenmitten
3 vierzählige Symmetrieachsen durch die Ecken

Ikosaeder:
15 zweizählige Symmetrieachsen durch die Kantenmitten
10 dreizählige Symmetrieachsen durch die Flächenmitten
6 fünfzählige Symmetrieachsen durch die Ecken

## DIE SYMMETRIEEIGENSCHAFTEN DER DUAL-KÖRPER UND DES KUBOKTAEDERS (Abb. 9-9)

Der **Würfel** D wird als Perspektive gezeigt, dann mit Blick auf eine Kante D1 mit zweizähliger Symmetrie; drittens mit Blick auf eine Ecke D2 mit dreizähliger und viertens mit Blick auf eine Fläche D3 mit vierzähliger Symmetrie. Die Achsen entsprechen denen des Oktaeders. Die vierzähligen Symmetrieachsen durch die Flächenmitten entsprechen den vierzähligen Symmetrieachsen durch die Ecken des Oktaeders und entsprechend verhält es sich mit den dreizähligen Symmetrieachsen durch die Würfelecken.
Das **Pentagon-Dodekaeder,** der Dual-Körper des Ikosaeders, E, wird zunächst auch in Perspektive gezeigt; zweitens mit Blick auf eine Kante E1 mit zweizähliger Symmetrie; drittens mit Blick auf eine Ecke E2 mit dreizähliger Symmetrie und viertens mit Blick auf eine Fläche E3 mit fünfzähliger Symmetrie. Dieses Achsensystem entspricht genau dem Achsensystem des Ikosaeders wobei wie bei Würfel und Oktaeder jeweils Ecken- und Flächenachsen sich entsprechen.
Das **Kuboktaeder F** wird ebenfalls in Perspektive gezeigt, dann mit Blick auf eine Ecke F1, die der Würfelkantenmitte entspricht und eine zweizählige Symmetrie zeigt; drittens mit Blick auf eine Dreieckfläche F2, die der Würfelecke mit dreizähliger Symmetrie entspricht und viertens mit Blick auf eine Quadratfläche F3, die der Würfelfläche mit vierzähliger Symmetrie entspricht.
Die Achsensysteme sind folgende:

Würfel:
6 zweizählige Symmetrieachsen durch die Kantenmitten
3 vierzählige Symmetrieachsen durch die Flächenmitten
4 dreizählige Symmetrieachsen durch die Ecken

Dodekaeder:
15 zweizählige Symmetrieachsen durch die Kantenmitten
6 fünfzählige Symmetrieachsen durch die Flächenmitten
10 dreizählige Symmetrieachsen durch die Ecken

Kuboktaeder:
6 zweizählige Symmetrieachsen durch die Ecken
3 vierzählige Symmetrieachsen durch die Mitten der Quadrate
4 dreizählige Symmetrieachsen durch die Mitten der Dreiecke

## DIE ARCHIMEDISCHEN ODER HALBREGELMÄSSIGEN KÖRPER

Als archimedische Körper bezeichnet man solche Polyeder, deren Flächen reguläre Polygone sind, während die Polyederecken kongruent sind. Es gibt 13 Typen solcher Körper. Sie sind in **Abb. 9-10** mit ihren Eigenschaften dargestellt und zwar links die Körper, deren Achsen dem Oktaeder und Würfel entsprechen und rechts diejenigen, die dem Ikosaeder und Dodekaeder entsprechen. Das abgestumpfte Tetraeder liegt zentral. Es entspricht beiden Systemen.
Die Reihenfolge ist so gewählt, daß deutlich wird wie links das Oktaeder und rechts das Ikosaeder immer weiter abgestumpft werden. So ist jede gerasterte Fläche ein Teil der ursprünglichen Oktaeder- bzw. Ikosaederfläche. Für den Bau der Körper sind die ebenen Netze daneben abgebildet.
Zu diesen halbregelmäßigen Körpern gibt es, wie bei den regelmäßigen, Dualkörper, die sog. dual-archimedischen Körper **(Abb. 9-13)**. Diese sind dadurch bestimmt, daß ihre Eckpunkte auf den Flächenmitten der archimedischen Körper liegen und daß sie konvex sind. Im Einzelnen sind das

| | Dualkörper | E | K | F | Grundkörper |
|---|---|---|---|---|---|
| 1 | Triakistetraeder | 8 | 18 | 12 | – abgestumpftes Tetraeder |
| 2 | Tetrakishexaeder | 14 | 36 | 24 | – abgestumpftes Oktaeder |
| 3 | Rhombendodekaeder | 14 | 24 | 12 | – Kuboktaeder |
| 4 | Hexakisoktaeder | 26 | 72 | 48 | – abgestumpftes Kuboktaeder |
| 5 | Pentagonikositetraeder | 38 | 60 | 24 | – abgeschrägter Würfel |
| 6 | Deltoidikositetraeder | 24 | 48 | 24 | – Rhombenkuboktaeder |
| 7 | Triakisoktaeder | 14 | 36 | 24 | – abgestumpfter Würfel |
| 8 | Pentakisoktaeder | 32 | 90 | 60 | – abgestumpftes Ikosaeder |
| 9 | Rhombentriakontaeder | 32 | 60 | 30 | – Ikosidodekaeder |
| 10 | Hexakisikosaeder | 62 | 180 | 120 | – abgestumpftes Ikosidodekaeder |
| 11 | Pentagonhexakontaeder | 92 | 150 | 60 | – abgeschrägtes Dodekaeder |
| 12 | Deltoidhexakontaeder | 62 | 120 | 60 | – Rhombenikosidodekaeder |
| 13 | Triakisikosaeder | 32 | 90 | 60 | – abgestumpftes Dodekaeder |

Die halbregelmäßigen Körper und ihre Duale sind eine wesentliche Grundlage für geodätische Kuppelkonstruktionen. Ihre Eigenschaften und Kombinationen sind in der Kristallographie genau untersucht und beschrieben. Dort dienen sie der Beschreibung der Kristallformen.
Archimedische Körper sind außerdem noch die sog. archimedischen Prismen und die archimedischen Antiprismen. Ein archimedisches Prisma besitzt als Grundfläche ein reguläres Vieleck (mit 3, 5, 6 ... Ecken), während die Seitenflächen quadratisch sind (s. **Abb. 9-11 a**). Ein archimedisches Antiprisma ist ein Polyeder, dessen Grundflächen zwei reguläre Vielecke sind

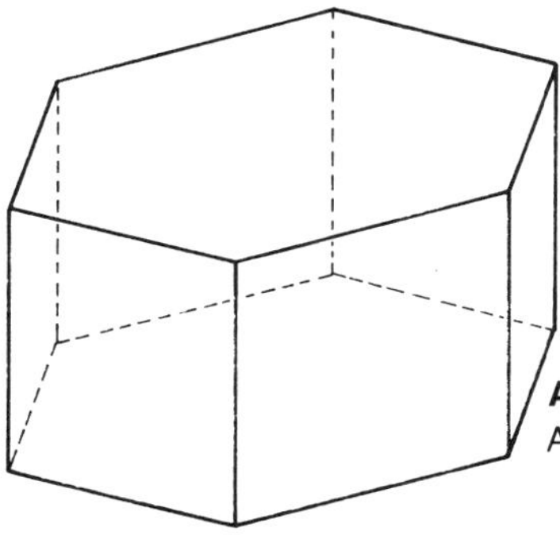

**Abb. 9-11 b**
Archimedisches Antiprisma

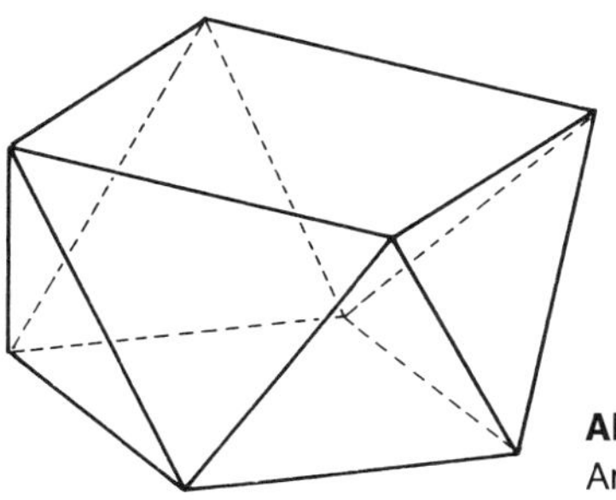

**Abb. 9-11 a**
Archimedisches Prisma

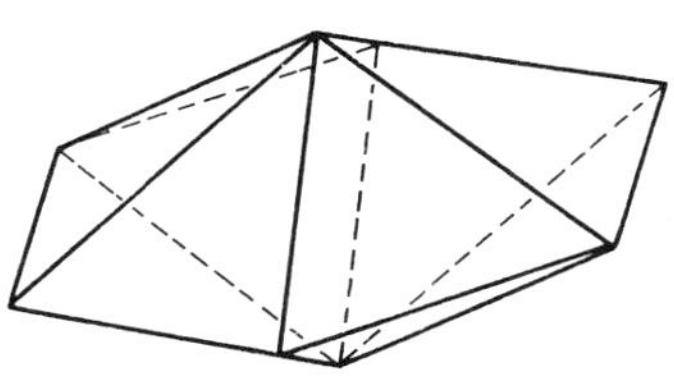

**Abb. 9-12 a**
Archimedische Doppelpyramide

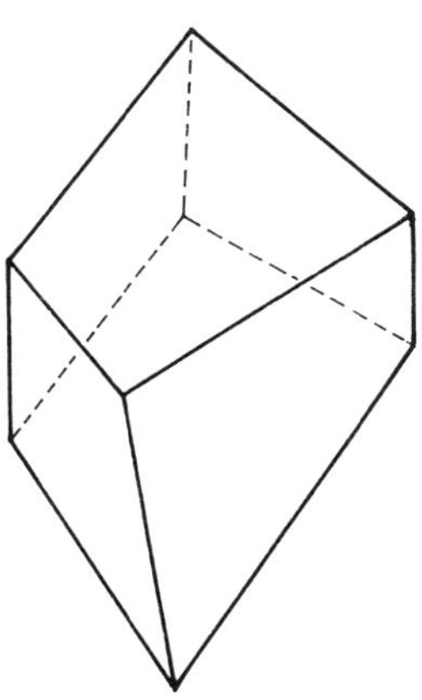

**Abb. 9-12 b**
Archimedisches Trapezoeder

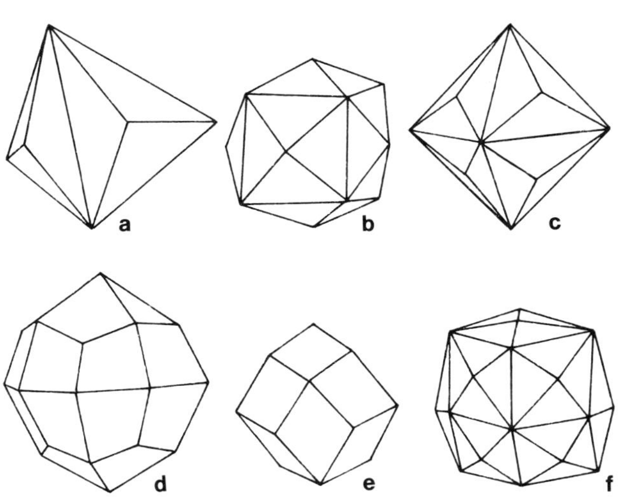


**Abb. 9-13** Dualkörper der archimedischen Körper
**a** Triakistetraeder **d** Deltoidikositetraeder
**b** Triakishexaeder **e** Rhombendodekaeder
**c** Triakisoktaeder **f** Hexakisoktaeder

(mit 4, 5, 6 ... Ecken), die in parallelen Ebenen liegen und deren Mittelpunkte auf derselben, zu diesen beiden Ebenen senkrechten Geraden liegen. Die Grundflächenvielecke sind um $\frac{180°}{\text{Zahl der Ecken}}$ gegeneinander verdreht. Die Seitenflächen des archimedischen Antiprismas sind 2 × die Zahl der Ecken gleichseitige Dreiecke, deren Basen abwechselnd die Seiten der Grundflächenvielecke sind **(Abb. 9-11 b).**
Die Dualkörper der archimedischen Prismen sind die archimedischen Doppelpyramiden **(Abb.9-12 a)**, die Dualkörper der archimedischen Antiprismen sind die archimedischen Trapezoeder, die windschiefe Flächen besitzen **(Abb. 9-12 b)**.

## 9.2 Das Kubische System

Entsprechend der Entwicklung der regelmäßigen Flächenstrukturen aus regelmäßigen Vielecken (S. 114) lassen sich auch aus regelmäßigen Körpern regelmäßige Körperpackungen ohne Zwischenräume herleiten. Zu ihrem Verständnis ist die Annahme einer vierten Dimension notwendig **(Abb. 9-14)**.
Der einfachste Körper, der sich dazu eignet, ist das **Tetraeder.** Da drei Flächen an einem Punkt das Minimum für Körper darstellen, folgt zwangsläufig, daß die kleinste Anzahl von Körpern, die zusammenstoßen können vier ist. So entsteht aus Tetraedern eine Körperpackung aus fünf Tetraedern, die im vierdimensionalen Raum gleiche Größe haben, und von denen vier in jedem Punkt zusammenstoßen: in der gegebenen Darstellung vier im Zentrum und je vier an jeder Ecke, nämlich drei aus dem Inneren und das umschließende Tetraeder. Die perspektivische Darstellung zeigt ein dreidimensionales d. h. verzerrtes Gebilde. Es ist in sich abgeschlossen und ohne Änderung der Bedingungen nicht fortsetzbar; die kleinste vierdimensionale Packung: der **Fünf-Zell.**
Aus **Würfeln** entsteht mit derselben Gesetzmäßigkeit eine in sich geschlossene Würfelpackung von acht Würfeln, der **Acht-Zell.** Solche geschlossenen Körperpackungen gibt es noch aus einhundertzwanzig Dodekaedern mit je vier Dodekaedern an jedem Punkt, aus vierundzwanzig Oktaedern mit sechs Oktaedern an jedem Punkt, aus sechzehn Tetraedern mit je acht Tetraedern an jedem Punkt und aus sechshundert Tetraedern mit je zwanzig Tetraedern an jedem Punkt. So entstehen als geschlossene Gebilde noch **Sechzehn-Zell, Vierundzwanzig-Zell, Einhundertzwanzig-Zell** und **Sechshundert-Zell.**
An einer Stelle entsteht ein nach drei Raumrichtungen unendlich ausbreitbares Zellsystem aus gleich großen Würfeln, von denen acht an einem Punkt zusammenkommen. Es ist das sog. **Kubische System.** Es entspricht den ebenen Flächenstrukturen, die auch unendlich ausbreitbar sind, und bildet die Grundlage der Strukturierung des dreidimensionalen Raumes.

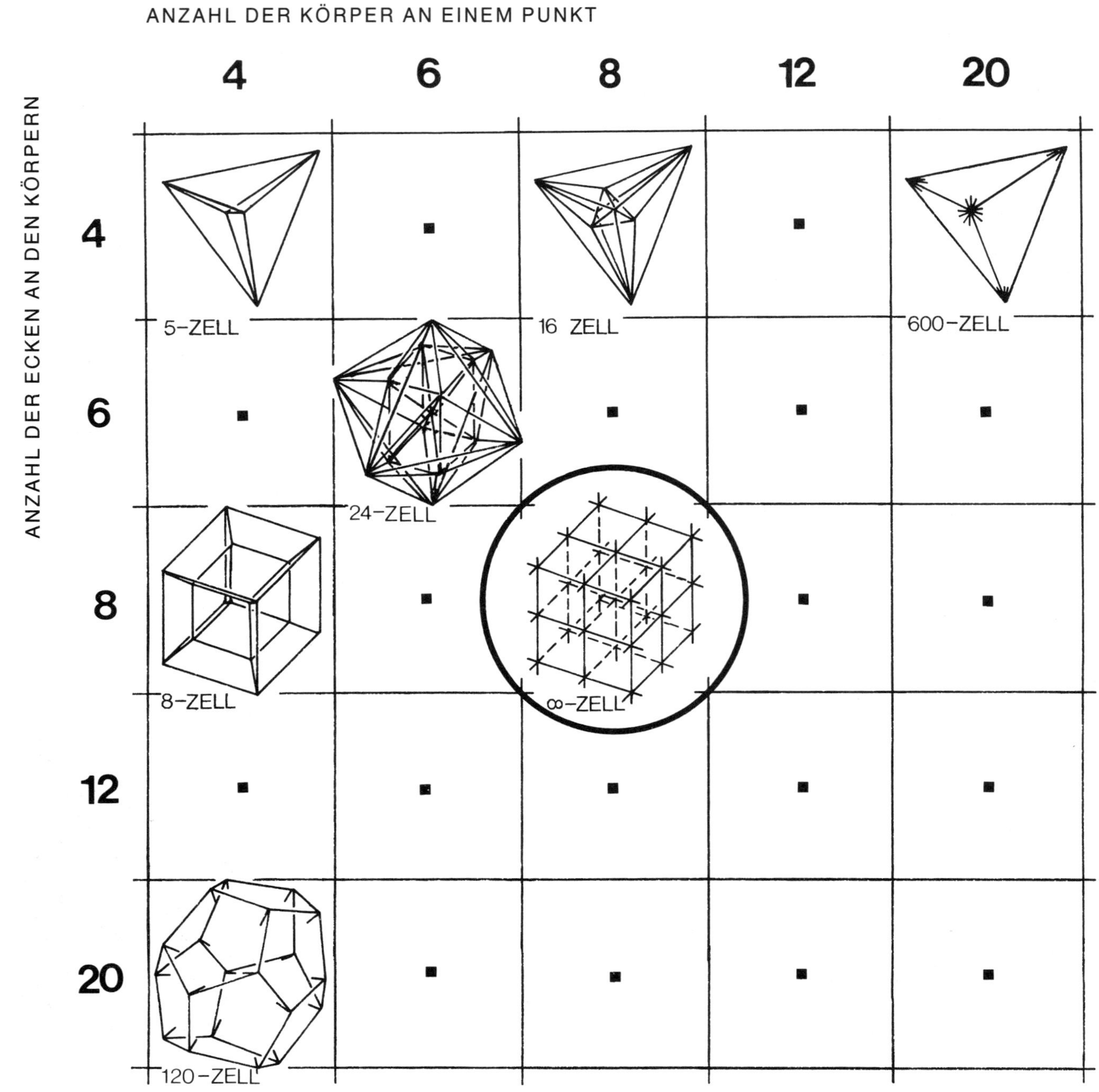


**Abb. 9-14** Entwicklung der Raumstrukturen

## 9.3 Die Strukturierung des kubischen Raumgitters

WÜRFEL-PACKUNG **(Abb. 9-15)**

Die einfachste Strukturierung dieses Raumgitters fällt mit der Gitterstruktur selbst zusammen und besteht aus gleich großen Würfeln. Es sind alle Kanten (Stäbe), alle Flächen, alle Winkel und alle Knotenpunkte gleich; es gelten die Symmetrieachsen des Würfels. Die **Würfelstruktur** wird in A als Axonometrie gezeigt; dann in seiner Grundrißprojektion A1 mit vierzähligem Achsensystem und dem Seitenverhältnis 1:1; drittens in der Grundrißprojektion A2 mit dreizähligem Achsensystem, bei der die Würfel auf einer Ecke und mit einer dreizähligen Symmetrieachse senkrecht auf dem Grund stehen. Die Sechseckseite hat die Länge $\frac{1}{2}\sqrt{2}$ der Würfelkante; viertens in der Grundrißprojektion A3 mit zweizähligem Achsensystem und dem Seitenverhältnis $1:\sqrt{2}$, bei der die Würfelstruktur so gedreht ist, daß eine Achse durch die Kantenmitten senkrecht zum Grund steht.

TETRAEDER/OKTAEDER-PACKUNG **(Abb. 9-16)**

Die nächste einfache regelmäßige Strukturierung des Kubischen Raumgitters besteht aus einer Kombination von Tetraedern und Oktaedern. Alle Kanten (Stäbe), alle Flächen und alle Knotenpunkte sind gleich. Die Flächenwinkel betragen 60°, die Raumwinkel in Tetraeder und Oktaeder sind verschieden.

Die **Tetraeder-Oktaeder-Struktur** wird in B als Axonometrie gezeigt; dann in der Grundrißprojektion B1, bei der das Oktaeder auf der Spitze steht mit vierzähligem Achsensystem. Die Längen sind ½ und $\frac{1}{2}\sqrt{2}$ der Länge und der Würfelkante; drittens in der Grundrißprojektion B2, bei der Oktaeder und Tetraeder auf einer Fläche liegen bzw. Tetraeder auf einer Ecke stehen und Oktaeder auf einer Fläche liegen mit dreizähligem Achsensystem; die Längen sind $\frac{1}{2}\sqrt{2}$ und $\frac{1}{4}\sqrt{6}$ der Würfelkante; viertens in der Grundrißprojektion B3, bei der die Oktaeder auf einer Kante stehen mit zweizähligem Achsensystem und den Längen $\frac{1}{2}\sqrt{2}$ und $\frac{1}{4}\sqrt{6}$ der Würfelkante.

Die Tetraeder-Oktaeder-Struktur erhält ihre praktische Bedeutung dadurch, daß sie statisch stabil ist. Sie bildet u. a. das Raumgitter von Diamant und wird in Raumfachwerken aus Stäben in verschiedenen Kombinationen angewendet.

## DAS KUBOKTAEDER **(Abb. 9-17)**

Das Kuboktaeder kann aus dem Kubus oder dem Oktaeder abgeleitet werden indem man jeweils auf der

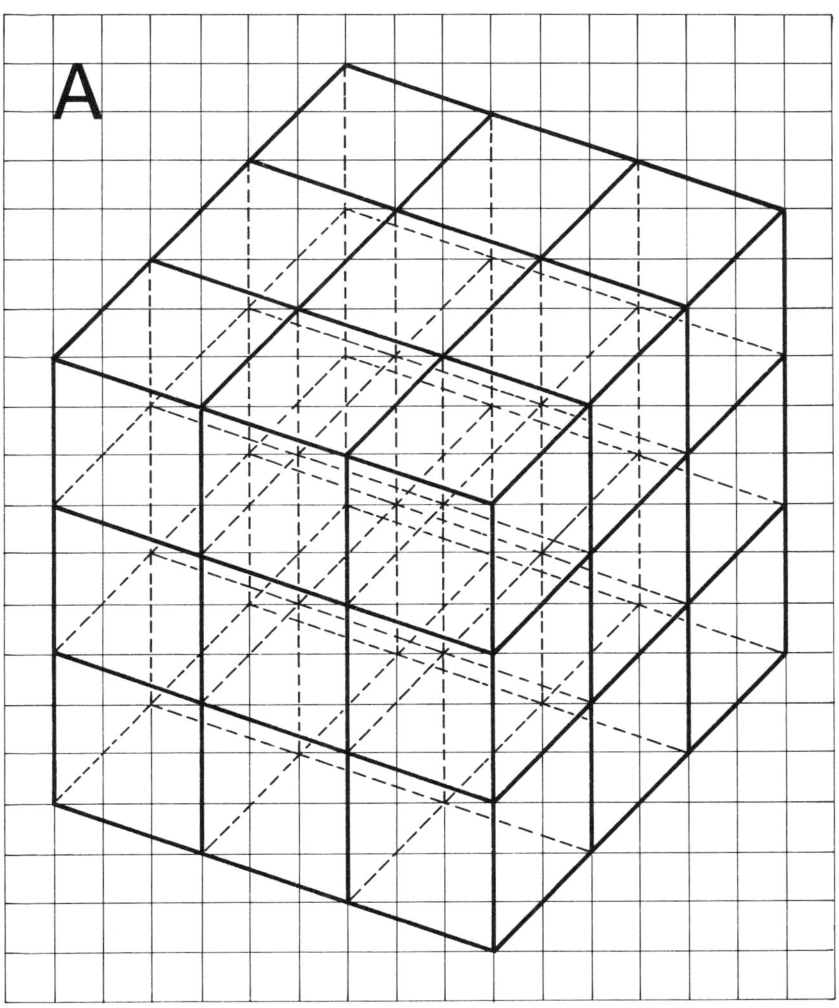


**Abb. 9-15**

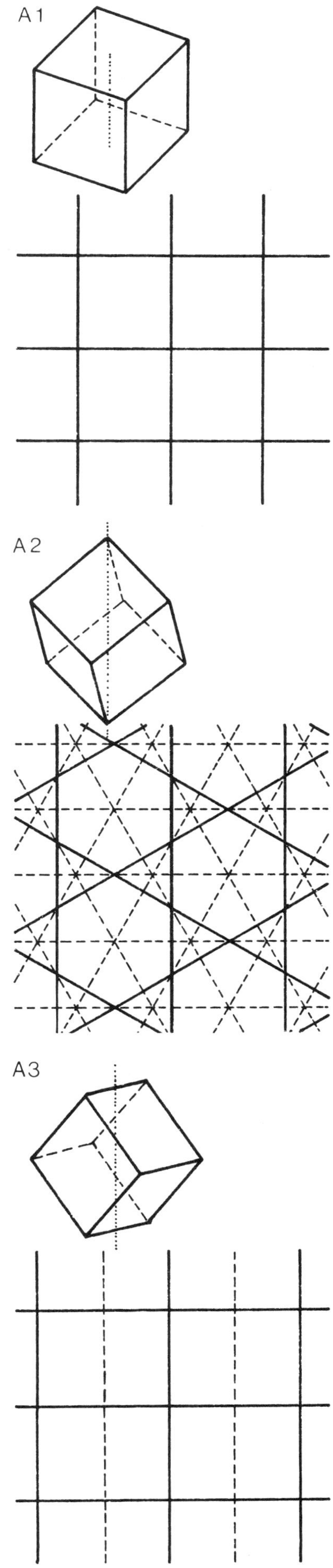


**Abb. 9-15** Würfelstruktur

Kantenmitte die Ecken abschneidet. Seine strukturelle Herleitung wurde bei der Entwicklung der Platonischen Körper gezeigt.

**Kuboktaeder und Oktaeder** zusammen ergeben eine raumfüllende Strukturierung des Kubischen Systems. Alle Kanten sind gleich lang, die Flächen sind Quadrate und gleichseitige Dreiecke, die Flächenwinkel somit 90° und 60°, alle Knotenpunkte sind gleich, die Raumwinkel entsprechen den Winkeln der Tetraeder-Oktaeder-Struktur und deren Kombinationen.

Das Kuboktaeder läßt sich in Raumfachwerken sehr gut mit Oktaedern und Tetraedern kombinieren, weil es aufgefaßt werden kann als zusammengesetzt aus acht Tetraedern und sechs Halb-Oktaedern. Es ist in C als Axonometrie dargestellt; dann in C1 als Grundrißprojektion so, daß die Quadratflächen auf dem Grund liegen mit vierzähligem Achsensystem und Längen von $\frac{1}{2}$ und $\frac{1}{2}\sqrt{2}$; drittens in der Grundrißprojektion so, daß gleichseitige Dreiecke auf dem Grund liegen mit dreizähligem Achsensystem und Längen von $\frac{1}{2}\sqrt{2}$ der Würfelkanten; viertens in der Grundrißprojektion C3, bei der eine Ecke auf dem Grund steht mit zweizähligem Achsensystem und Längen von $\frac{1}{2}\sqrt{2}$ und $\frac{1}{4}\sqrt{6}$ der Würfelkante.

Das Kuboktaeder ist einer der archimedischen Körper, der dem Achsensystem des Oktaeders entspricht. Auch andere Körper dieser Familie **(Abb. 9-10)**, sind in verschiedener Weise räumlich packbar:

abgestumpftes Tetraeder + Tetraeder **(Abb. 9-18)**

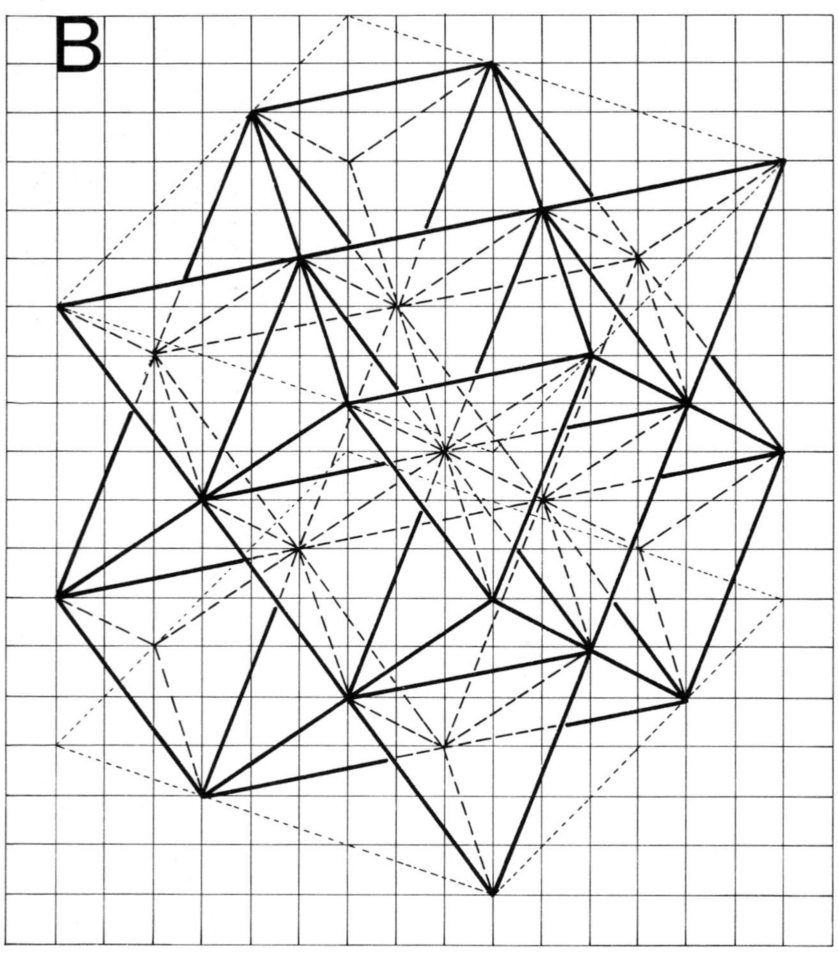


**Abb. 9-16** Tetraeder-Oktaeder-Struktur

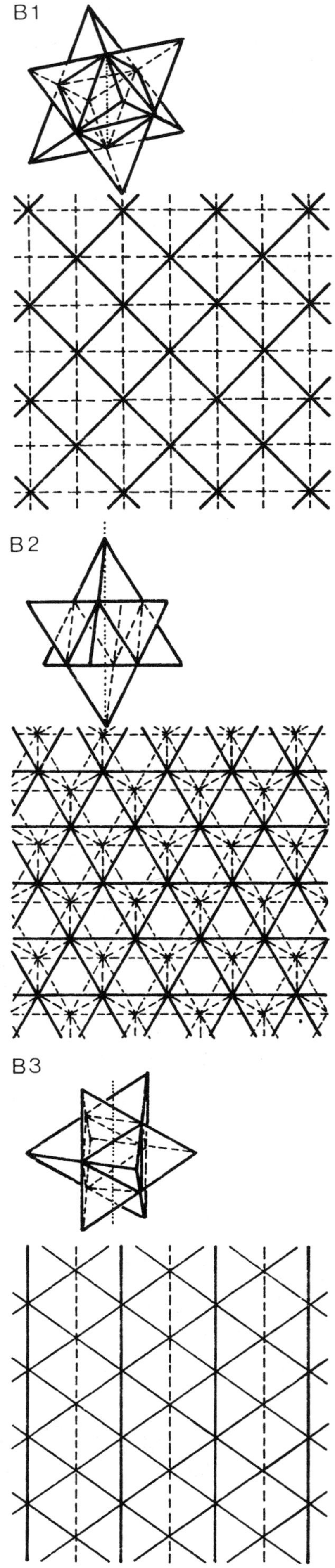


**Abb. 9-16**

abgestumpftes Tetraeder + Kuboktaeder + abgestumpftes Oktaeder **(Abb. 9-22)**
abgestumpftes Tetraeder + abgestumpfter Würfel + abgest. Kuboktaeder **(Abb. 9-22)**
abgestumpftes Oktaeder = packbar **(Abb. 9-20)**
abgestumpftes Oktaeder + Würfel + abgestumpftes Kuboktaeder **(Abb. 9-22)**
Kuboktaeder + Oktaeder **(Abb. 9-17)**
Kuboktaeder + Würfel + abgestumpftes Kuboktaeder
abgestumpftes Kuboktaeder + oktagonales Prisma
abgestumpftes Rhombendodekaeder und Würfel **(Abb. 9-19)**
Rhomenkuboktaeder + Tetraeder + Würfel **(Abb. 9-22)**
Rhomenkuboktaeder + Würfel + Kuboktaeder **(Abb. 9-22)**
abgestumpfter Würfel + Oktaeder **(Abb. 9-21)**
abgestumpfter Würfel + Tetraeder + abgestumpftes Kuboktaeder

C

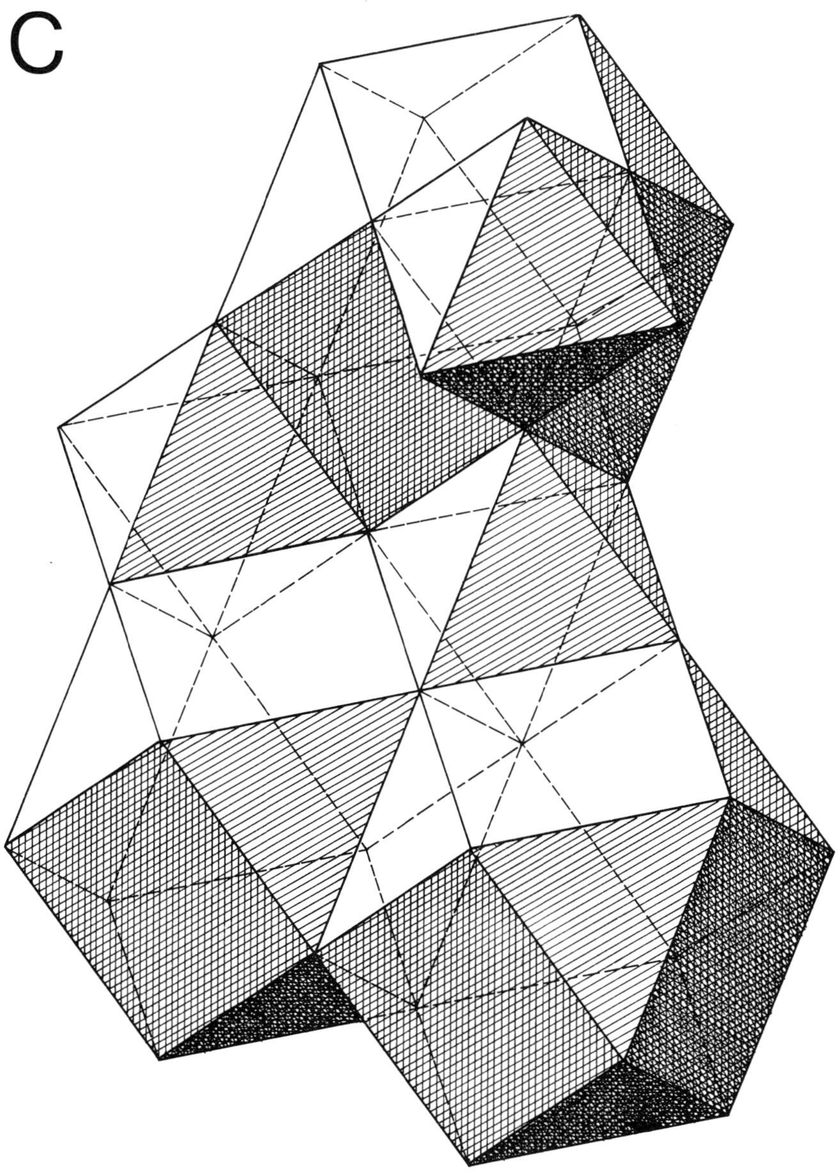

**Abb. 9-17** Kuboktaeder-Oktaeder-Struktur

C1

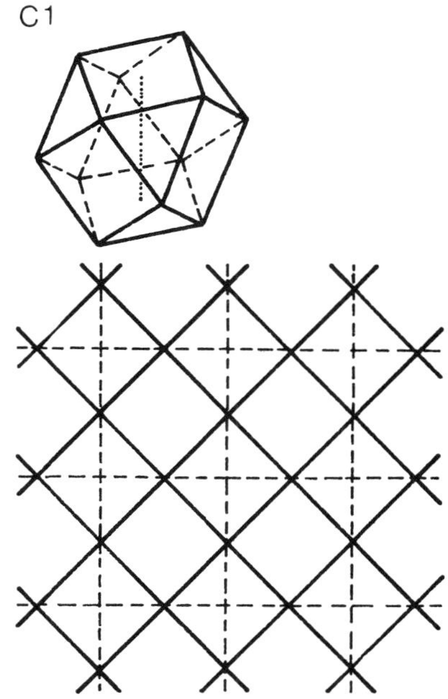

C2

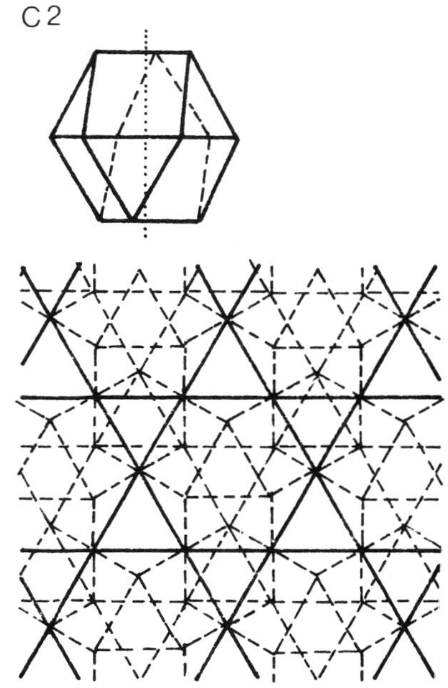

C3

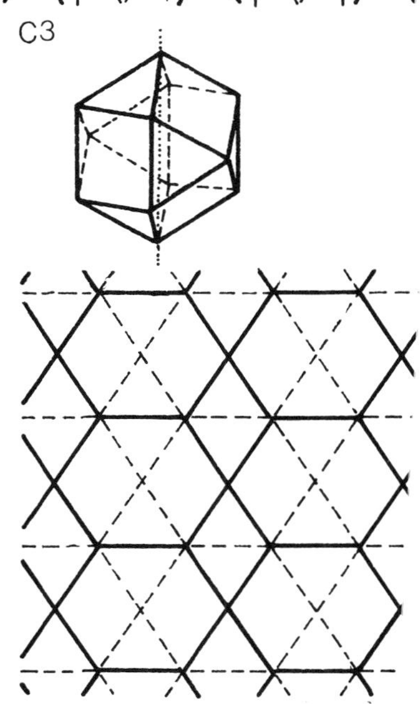

**Abb. 9-17**

Von den dual-archimedischen Körpern ist in dieser Weise nur das Dual des Kuboktaeders, das Rhombendodekaeder packbar **(Abb. 9-23).** In Verbindung mit dem Würfel läßt sich auch das abgestumpfte Rhombendodekaeder im Raum packen **(Abb. 9-19).**
Als Beispiel möchte ich das *Rhombendodekaeder* herausgreifen. Seine Kanten entsprechen den Raumdiagonalen des Würfels. Es wird deshalb am einfachsten dadurch gebildet, daß auf jeder Fläche eines Würfels eine Pyramide errichtet wird, die der jeweiligen Pyramide genau entspricht, die von der Würfelfläche aus zum Mittelpunkt des Würfels errichtet werden kann. Dieser Körper besitzt zwölf gleiche Rhomben als Oberfläche, 24 gleiche Kanten, 8 dreizählige und 6 vierzäh-

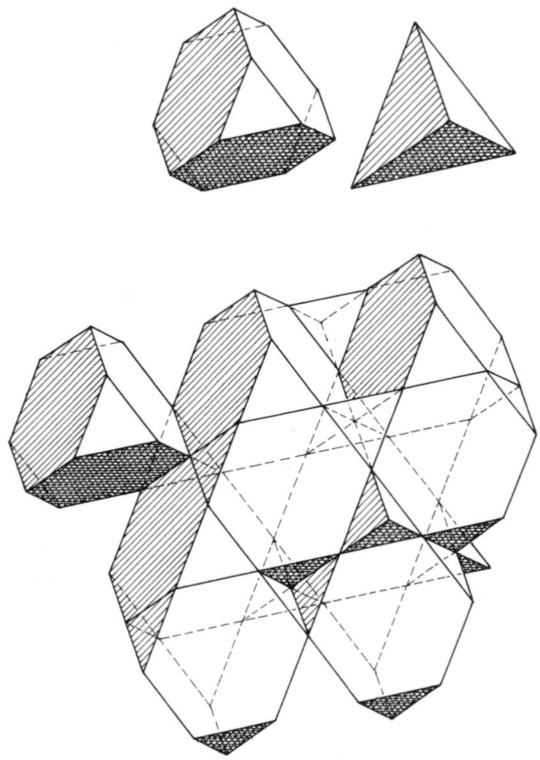

**Abb. 9-18** Abgestumpfte Tetraeder und Tetraeder

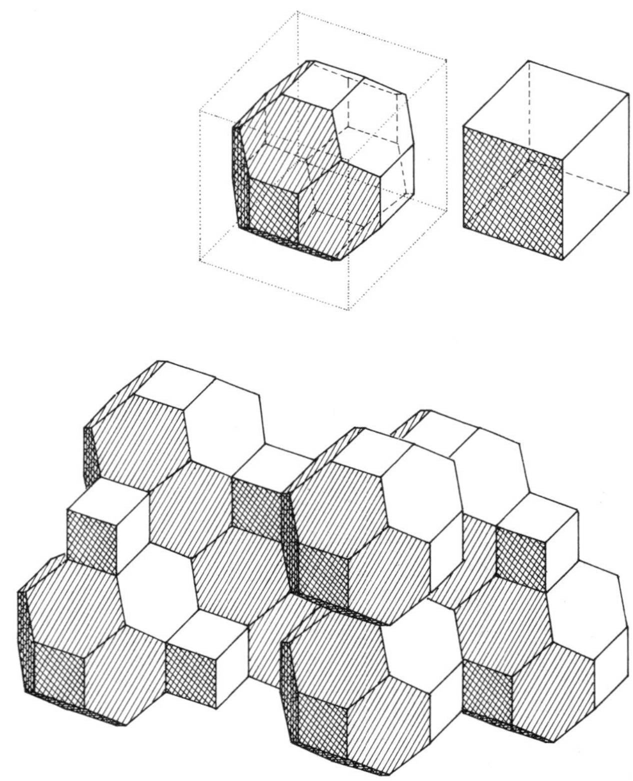

**Abb. 9-19** Abgestumpftes Rhombendodekaeder und Würfel

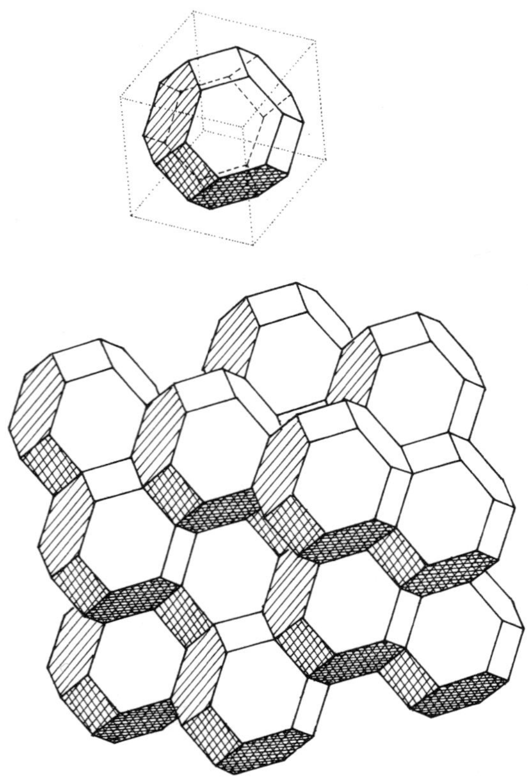

**Abb. 9-20** Abgestumpftes Oktaeder

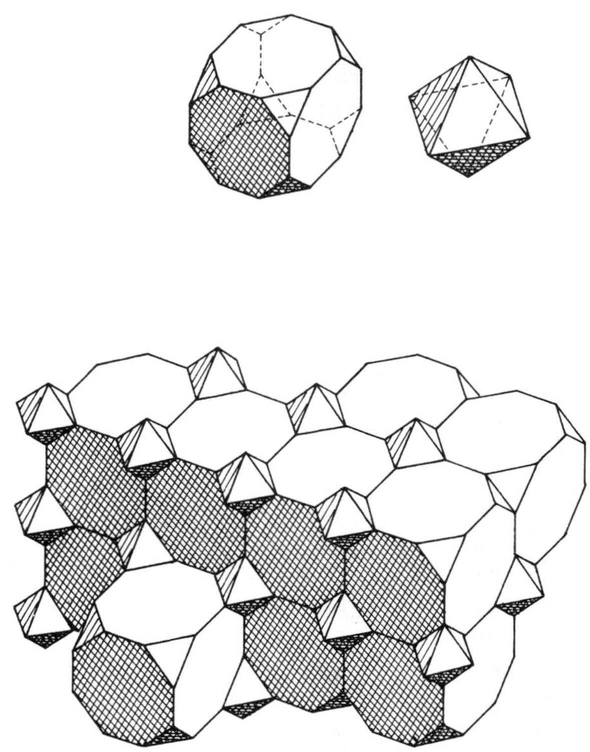

**Abb. 9-21** Abgestumpfter Würfel und Oktaeder

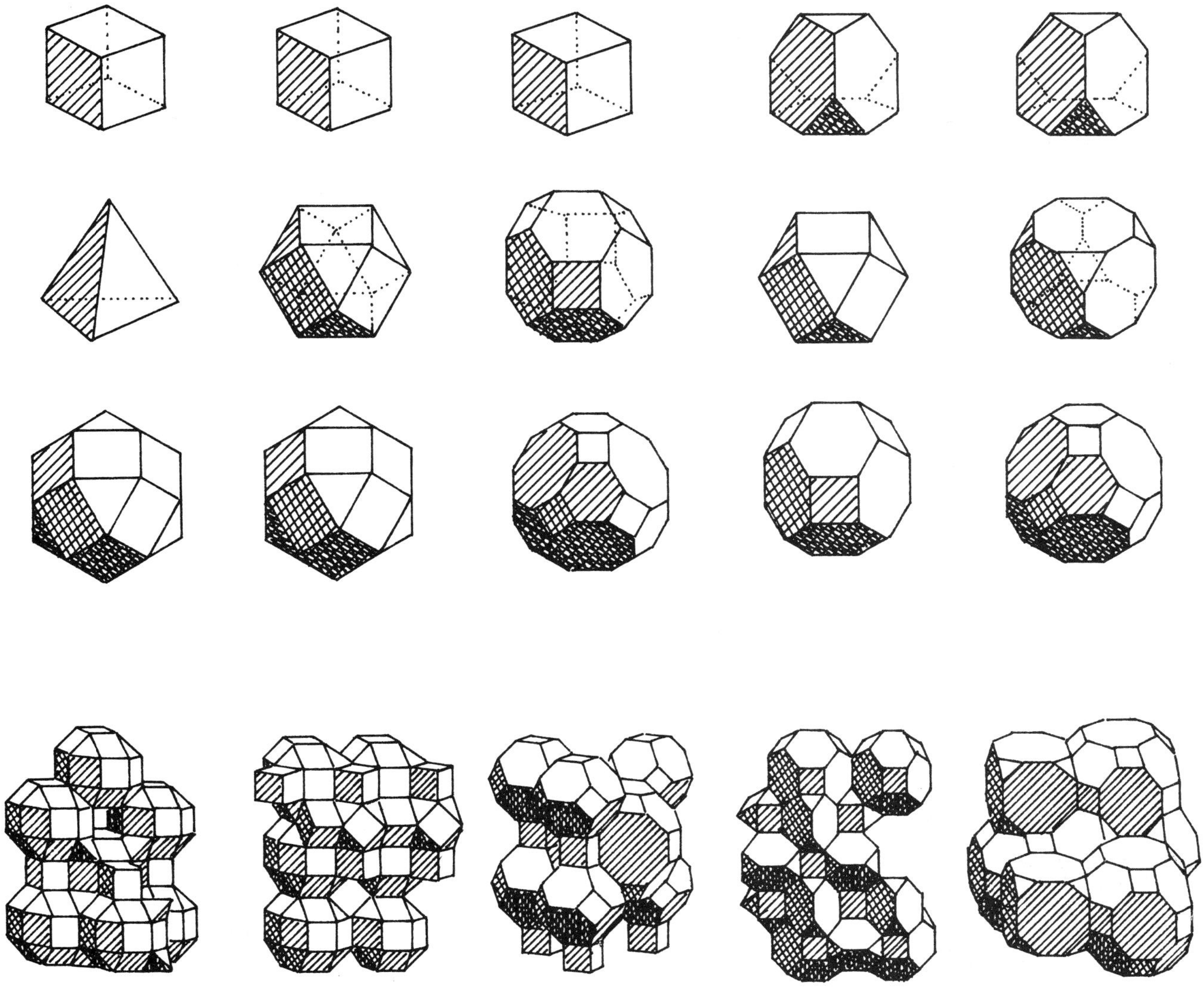

**Abb. 9-22** Körperpackungen aus drei verschiedenen Körpern

lige Ecken. Die Kantenlänge beträgt $\frac{1}{4}\sqrt{3}$ der Länge der Würfelkante.

Das Wabensystem der Bienen besteht aus Rhombendodekaedern und erhält dadurch Stabilität. Die sichtbare Struktur aus Sechsecken entspricht einem Schnitt, der senkrecht zu einer dreizähligen Achse geführt wird.

Es lassen sich noch weitere vom Rhombendodekaeder abgeleitete Körper im Raum packen.

Die archimedischen Prismen lassen sich den ebenen Flächenstrukturen entsprechend anordnen und in Schichten übereinander stapeln **(Abb. 9-24).** Sie werden dabei nicht im Kubischen System angeordnet, wenn man von Ausnahmen wie beim oktagonalen Prisma z. B. absieht.

Ikosaeder und Dodekaeder sowie ihre archimedischen Abkömmlinge lassen sich nicht so im Raum packen, daß keine Zwischenräume entstehen oder konvexe Hohlräume bleiben. Bei ihrer räumlichen Addition im kubischen System ergeben sich in den Zwischenräumen Gitterstrukturen, die aus Sternkörpern zusammengesetzt sind **(Abb. 9-31).**

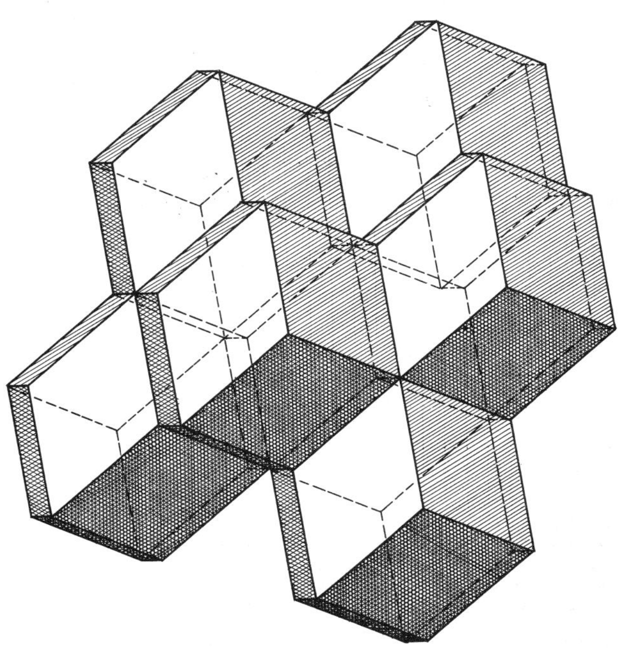

**Abb. 9-23** Packung aus Rhombendodekaedern

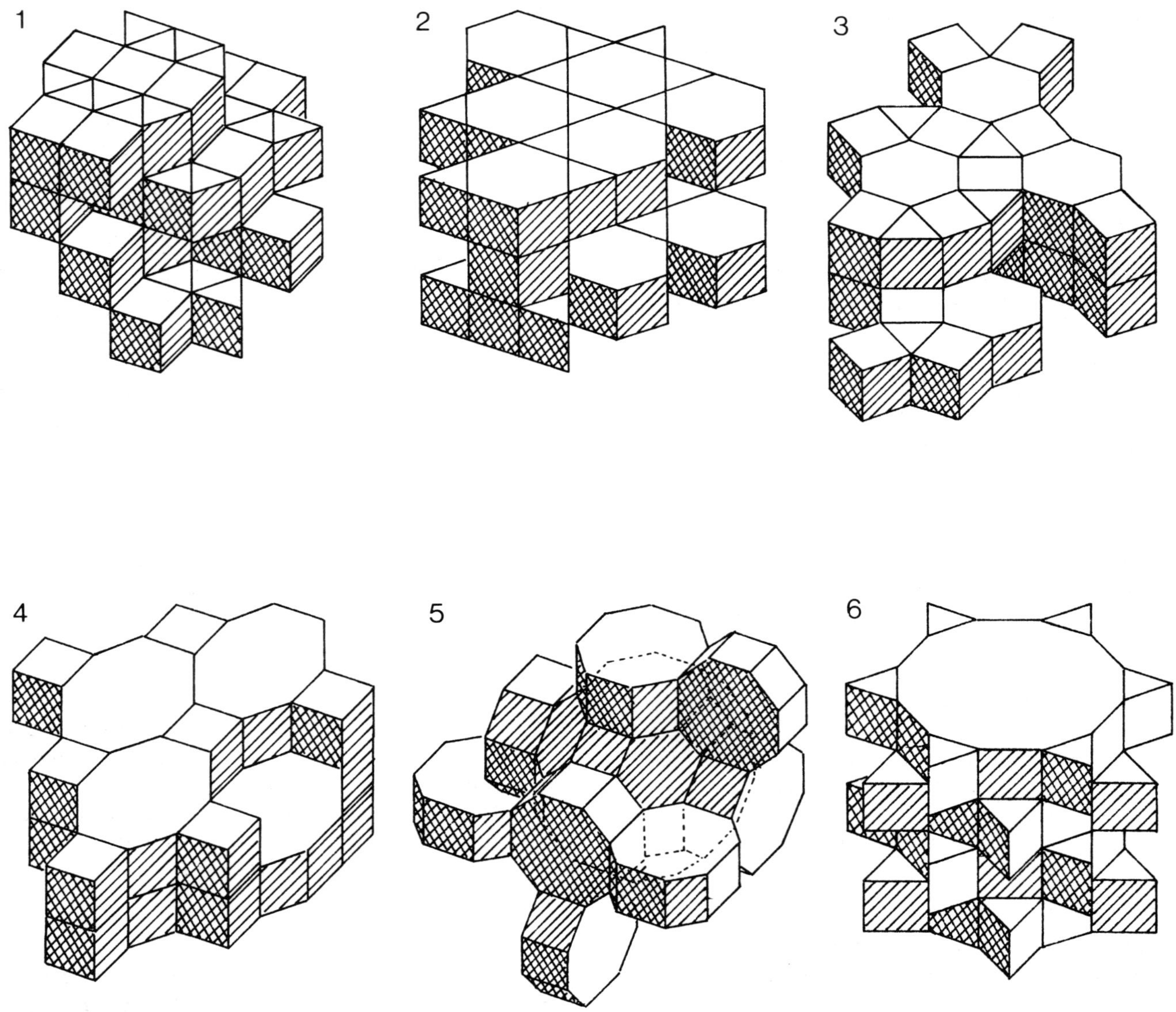


**Abb. 9-24** Sechs Beispiele für Packungen aus archimedischen Prismen. Mit Ausnahme des Beispiels 5 sind sie geschichtete Flächenstrukturen

## 9.4 Partituren

Die Aufgabenstellungen zum Thema Raumstruktur können verschiedene Ziele haben und müssen entsprechend unterschiedlich konzipiert werden. Ich setze voraus, daß Ihnen die Würfelteilungen bekannt sind und die dort gemachten Erfahrungen – vom Umgang mit dem Material Karton bis zur Gestaltung – zur Verfügung stehen. Folgende Aufgabenstellungen möchte ich an Beispielen erläutern:

1) Räumliche Strukturen aus Körpern
2) Randbildungen bei räumlichen Strukturen aus Körpern
3) Flächige Strukturen aus Körpern
4) Lineare Strukturen aus Körpern

Im Einzelnen weise ich auf Varianten der Aufgaben hin. Selbstverständlich kann aber damit die Fülle der Möglichkeiten nur angedeutet werden.

### 9.4.1 THEMA: RÄUMLICHE STRUKTUREN AUS KÖRPERN

*Aufgabe:* Bauen Sie eine räumliche Struktur aus gleichen Elementen, die geschlossene Körper sein sollen.

*Teil 1)* Finden Sie einen einfachen Körper, dessen Oberfläche geschlossen ist. Bestimmen Sie seine Struktureigenschaften bzw. seine Ordnungsmerkmale am Modell und halten Sie sie in Skizzen fest.

*Teil 2)* Entwickeln Sie in Arbeitsmodellen aus Papier, Plastillin, Ton, Streichhölzern o. ä. mögliche räumliche Strukturen mit dem von Ihnen gewählten Element.

*Teil 3)* Wählen Sie eine der gefundenen Strukturen aus und bauen Sie sie mit so vielen Elementen auf, daß sie gut lesbar ist. Achten Sie auf genaue und saubere Arbeit.

*Teil 4)* Zeichnen Sie die fertige Struktur in einem Ausschnitt als Parallelprojektion mit Tusche auf Karton.
*Material:* weißer Zeichenkarton, Klebstoff, Papier, Plastillin, Tusche
*Werkzeug:* Zeichenmaterial, Messer, Schere
*Größe:* ca. 200 Elemente, die etwa faustgroß sein sollen.
*Bearbeitungszeit:* Teil 1: ein Tag, Teil 2: zwei Tage, Teil 3: zwei Tage, Teil 4: ein Tag.
*Hinweise:* Die Bearbeitungszeit enthält nicht die Zeit für die allgemeine Beschäftigung mit Körpern und räumlichen Strukturen. Zwischen den einzelnen Arbeitsschritten sind Pausen zu machen – möglichst von mehreren Tagen!
Es ist möglich, rein empirisch an die Aufgabe heranzugehen und die theoretischen Grundlagen erst im zweiten Teil heranzuziehen.
Als Material für die endgültige Struktur kann auch Holz, Kunststoff, Ton oder Metall verwendet werden. Zunächst steht aber das Thema im Vordergrund und nicht die Auseinandersetzung mit verschiedenen Materialien, die ja Einfluß auf die Struktur haben müssen.
Bei der Entwicklung der Strukturen in Teil 2) soll jeweils *eine* Art Element und *eine* Art Struktur verwendet werden. Es dürfen Hohlräume entstehen. Das Element muß nicht »packbar« sein. Es kann an Ecken, Kanten oder Flächen die Nachbarelemente berühren.
Die gebaute Struktur muß statisch stabil sein.

**Ausführung**

*Teil 1)* Die einfachste Möglichkeit, geeignete Elemente zu entwickeln, ist, ein leicht verformbares Material wie Plastillin, Ton oder Papier zu benutzen. Der Würfel kann Ausgangspunkt sein, die Formen können auch ganz frei von geometrischen Mustern entstehen. Sie müssen sich aber in das kubische System einordnen lassen.
Die Skizzen sollen gut lesbar sein. Verwenden Sie kariertes Papier und folgende Darstellungsweise: **Abb. 9-25.**
Die im Kapitel »Strukturierung des Raumes« dargestellten Strukturen sind auf dieser Grundlage gezeichnet.
*Teil 2)* Machen Sie aus Material, das schnell verformbar ist, so viele Elemente, daß Sie verschiedene Strukturformen durchprobieren können.
Fertigen Sie auch eine Materialprobe des endgültigen Elementes: die Abwicklung in der Fläche und die Klebefalze müssen gut überlegt sein. Bei Elementen aus Holz müssen die Raumwinkel genau stimmen.
Achten Sie bei der Wahl der Struktur darauf, daß sie tatsächlich räumlich, also nach drei Raumrichtungen regelmäßig ausbreitbar ist.
*Teil 3)* Auf die technische Ausführung bzw. den handwerklichen Umgang mit dem Material ist besondere Sorgfalt zu legen. (s. Falten von Karton im Kapitel »Würfelteilung«)

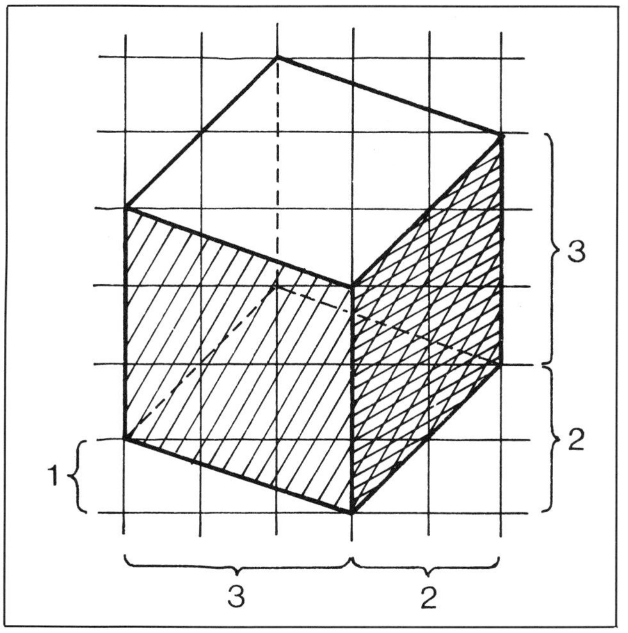

**Abb. 9-25** Einfache Projektion für die Darstellung

*Teil 4)* Als Grundlage für die Darstellung in der Fläche kann die oben angegebene Methode benutzt werden:
a) Würfelgitter **Abb. 9-15**
b) Tetraeder-Oktaeder-Gitter (im Würfelgitter) **Abb. 9-16**

**Beurteilung**

Während der Arbeit treffen Sie fortwährend Entscheidungen und beurteilen bei jedem Arbeitsschritt das Ergebnis. Die Kriterien für die Beurteilung sollten Sie sich jeweils klar machen und anhand des festgelegten Zieles überprüfen. Sie können folgendermaßen aussehen: für Teil 1): Das Element soll nicht zu viele und nicht zu wenige Symmetrieachsen aufweisen. Es muß sich in drei Raumrichtungen anordnen lassen.
für Teil 2): Bei der Beurteilung der Struktur ist maßgebend ob sie tatsächlich räumlich ist, also 2-zählige, 3-zählige, und 4- bzw. 5-zählige Achsen besitzt. Außerdem ist der Grad der Innovation oder Variation einer bekannten Struktur von Bedeutung.
für Teil 3): Die fertige Struktur soll einen deutlichen Einblick in das System zeigen und seine Eigenschaften ablesbar machen. Die Qualität des Modellbaus hat große Bedeutung: Ungenauigkeiten addieren sich und können zu falschen Schlußfolgerungen führen, wenn sie nicht bemerkt werden. Beziehungen zu Naturformen und zu bestehenden oder möglichen Architekturformen sind herzustellen. Stärken und Schwächen der Struktur im Blick auf Anwendungsmöglichkeiten sind zu entdecken und zu diskutieren.
für Teil 4): Die zeichnerische Darstellung der fertigen Struktur soll erläutert werden und so die geistige Durchdringung der räumlichen Vorgänge zeigen.
**Beispiele: Abb. 9-26 bis 9-31**

**Abb. 9-26** Arbeitsmodelle

**Abb. 9-27** Karl-Heinz Stach (Karton)

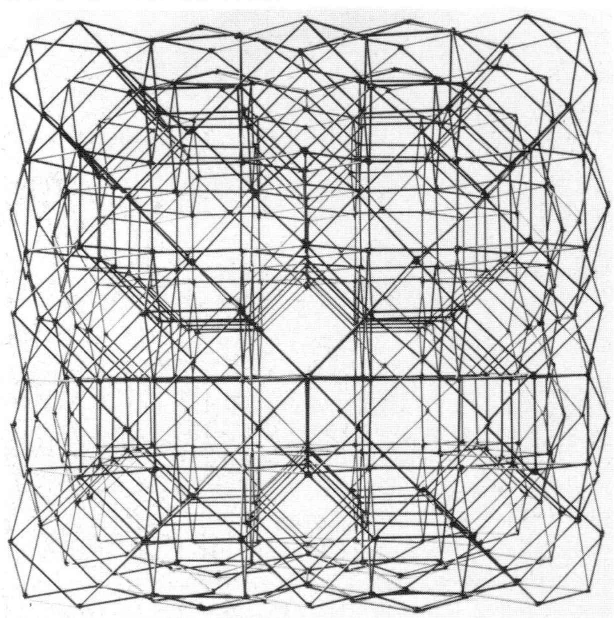

**Abb. 9-28** Marlies Boddenberg (Messingdraht)

**Abb. 9-29** Wolfgang Schewe

**Abb. 9-30** Walter Voss (Ton)

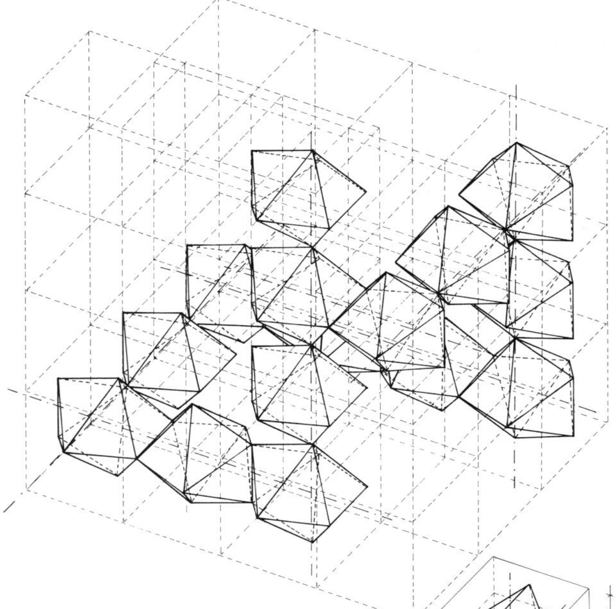

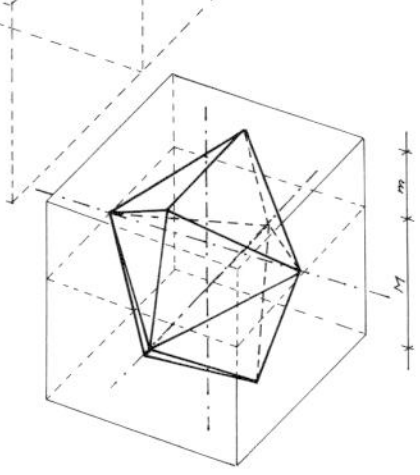

**Abb. 9-31**
Harald Otter
Deltoide aus 12 gleichseitigen
Dreiecken im kubischen System

## 9.4.2 THEMA: RANDBILDUNG BEI RÄUMLICHEN STRUKTUREN AUS KÖRPERN

*Aufgabe:* Bauen Sie ein räumliches System, das Gestaltcharakter hat. Es soll aus einer bestimmten räumlichen Struktur aufgebaut sein und aus gleichen Körper-Elementen bestehen.

*Teil 1)* Bauen Sie ein räumliches Element, dessen Außenfläche geschlossen ist. Erfinden Sie Varianten des Elementes, die zum Abschluß der Struktur geeignet sind.

*Teil 2)* Untersuchen Sie mit Arbeitsmodellen und Skizzen die Struktureigenschaften Ihres Elementes. Entwickeln Sie mögliche Strukturen.

*Teil 3)* Wählen Sie eine bestimmte Struktur aus und bauen Sie eine in sich geschlossene Gestalt. Zur Randbildung und als Abschluß der Form kann die Struktur, das Element oder beides verändert werden.

*Teil 4)* Zeichnen Sie die fertige Gestalt als Parallelprojektion mit Tusche auf weißen Zeichenkarton.

*Material:* weißer Zeichenkarton, Klebstoff, Tusche, Plastillin, Ton

*Werkzeug:* Zeichenmaterial, Schere, Messer usw.

*Größe:* ca. 200 faustgroße Elemente

*Bearbeitungszeit:* Teil 1) ein Tag, Teil 2) zwei Tage, Teil 3) zwei Tage, Teil 4) ein Tag.

*Hinweise:* Es gelten die Hinweise zum Thema 1)

Die Variantenbildung des Grundelementes soll formale Abschlüsse und Randbildungen der Struktur erlauben.

Der Abschluß der Form kann auch in einem Teilbereich erfolgen. Er muß so dargestellt sein, daß ablesbar ist, wie er für die Gesamtgestalt gültig durchgeführt werden kann. Z. B. **Abb. 9-35**

Der Gestaltcharakter der Struktur kann auch durch die in sich geschlossene Anlage des Systems erreicht werden. Dabei können Struktur und Element unverändert bleiben. Z. B. **Abb. 9-32** bis **34.**

### Ausführung

Für die Ausführung gelten die Angaben wie sie beim Thema 1) gemacht wurden. Darüber hinaus hat nun die Entwicklung von Endformen große Bedeutung. Die Geschlossenheit der Form ist auch bei endlos fortführbaren Strukturen durch die Gesamtgestalt darstellbar **(Abb. 9-32** bis **34, 9-37** bis **43)**. Sie wird aber erst durch eine Veränderung der Struktur in der Randzone völlig eindeutig. Die Veränderung kann die Form der Elemente betreffen **(Abb. 9-35** bis **9-36)** oder die Anordnung der Elemente **(Abb. 9-37)**. Entscheidend ist, daß die Struktur tatsächlich nicht mehr fortsetzbar und daß die Form prägnant ist.

### Beurteilung

Entsprechendes gilt auch für die Beurteilung. Allerdings ist zu beachten, daß das Ziel dieser Aufgabenstellung nicht nur die Struktur, sondern die Form der

**Abb. 9-32** Friedhelm Engemann (Karton)

**Abb. 9-33** Friedhelm Engemann

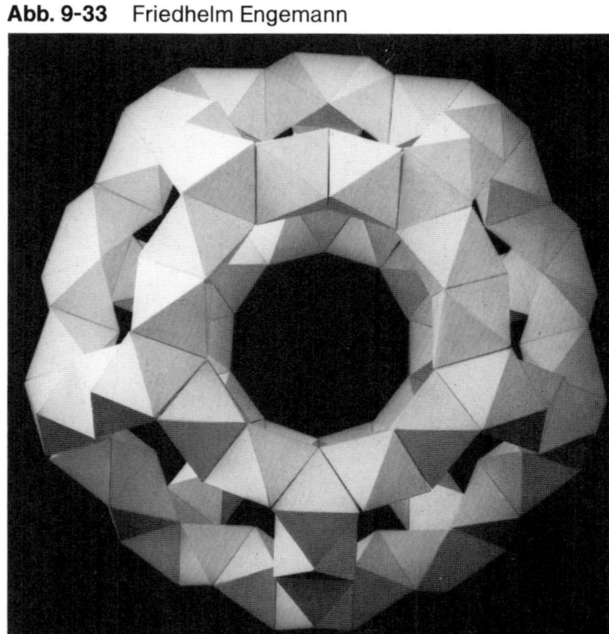

**Abb. 9-34** Friedhelm Engemann

**Abb. 9-35** Clemens Küpper

**Abb. 9-36** Siegbert Schwien

**Abb. 9-37** Eva Filter

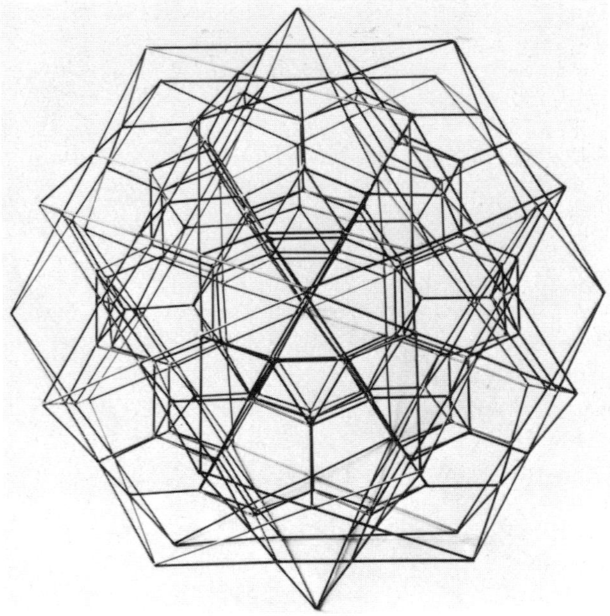

**Abb. 9-38** Andreas Pütz-Sieberath

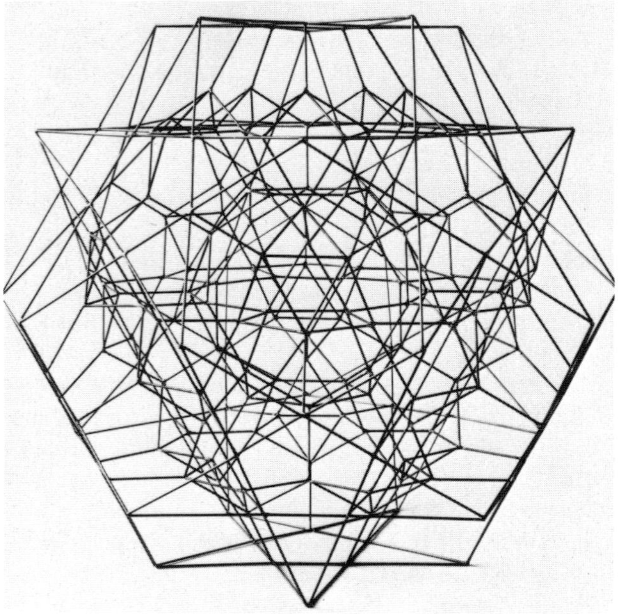

**Abb. 9-39** Andreas Pütz-Sieberath

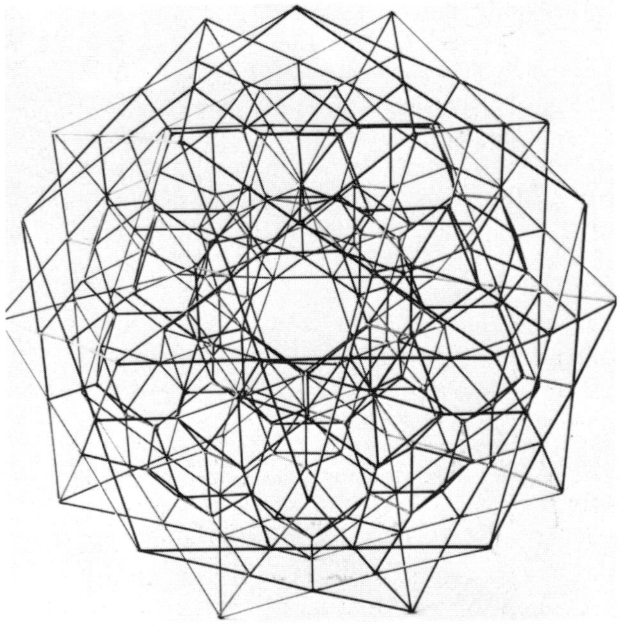

**Abb. 9-40** Andreas Pütz-Sieberath (Messingdraht, gelötet)

**Abb. 9-41** Hans Lieser (Messingblech)

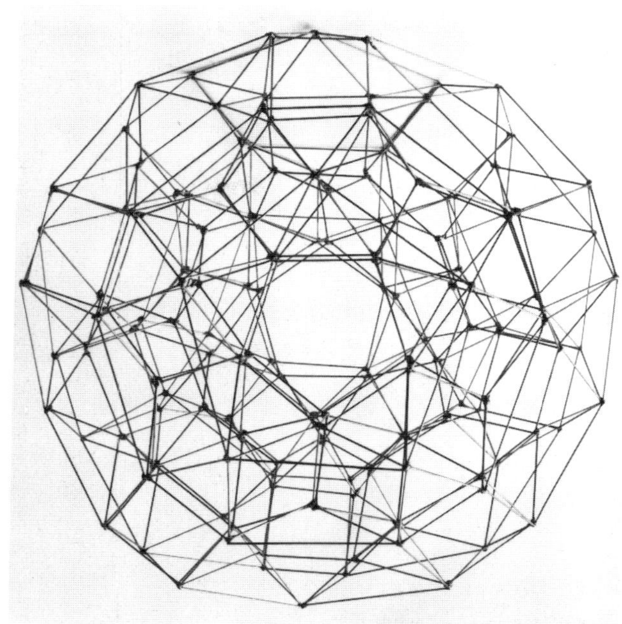

**Abb. 9-42** Veronika Huschek (Zentrum: Ikosidodekaeder)

**Abb. 9-43** Uta Kliebenstein (Karton)

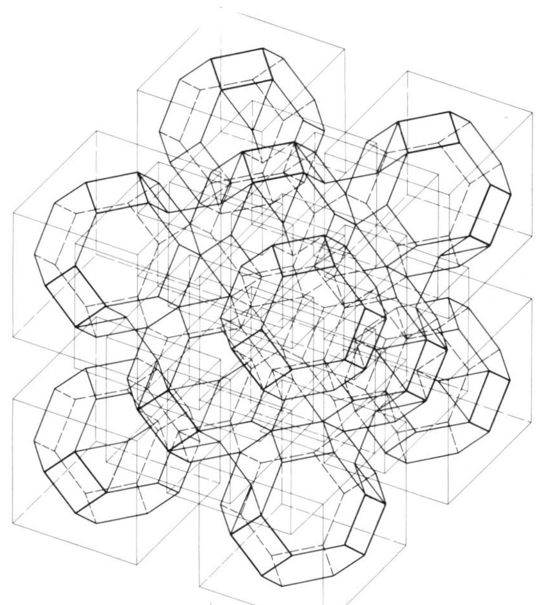

**Abb. 9-44** Hans Tresselt

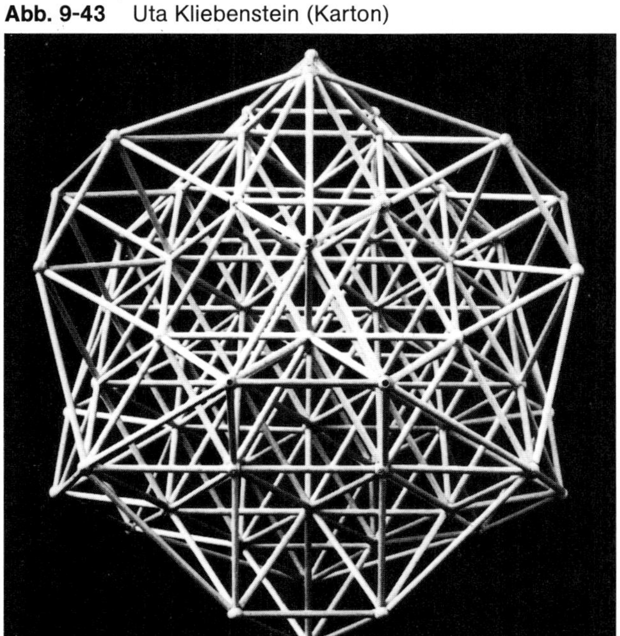

**Abb. 9-45** Ulrike Dürr (Holz)

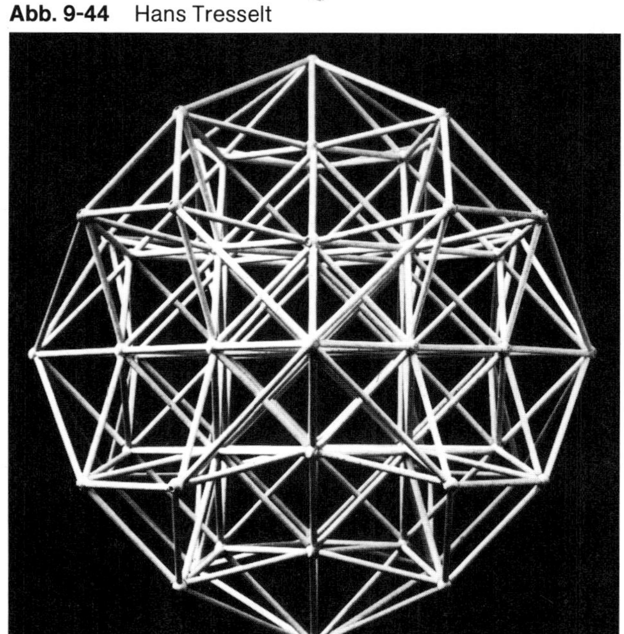

**Abb. 9-46** Ulrike Dürr

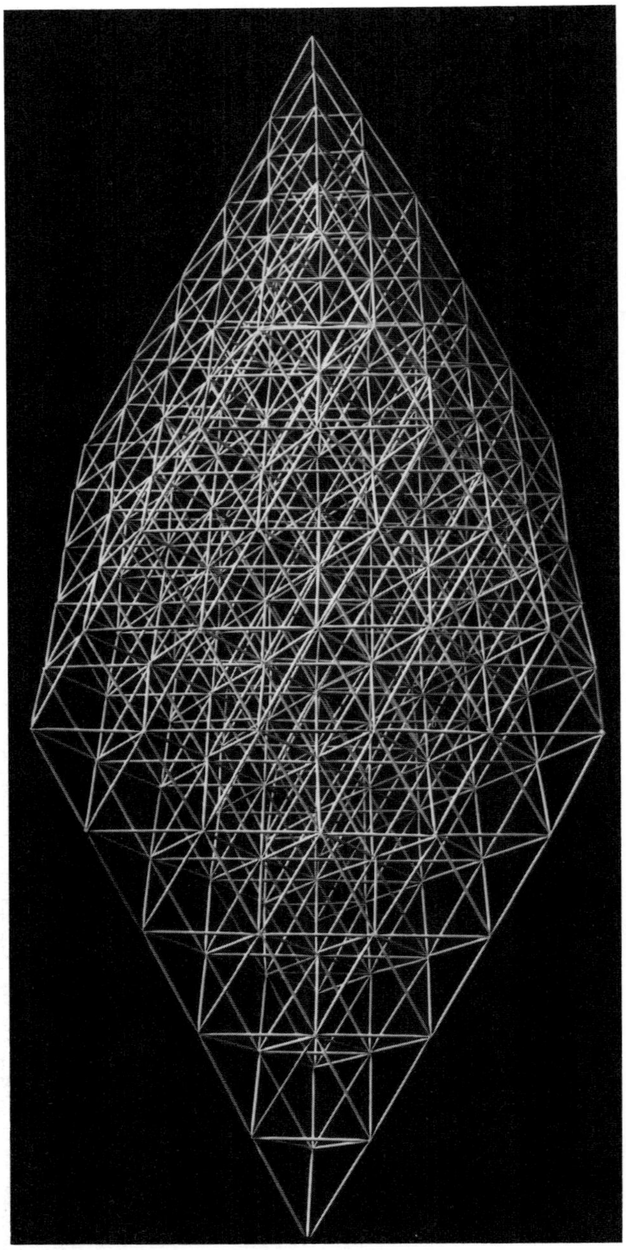

**Abb. 9-47** Barbara Jüntgen (Holz)

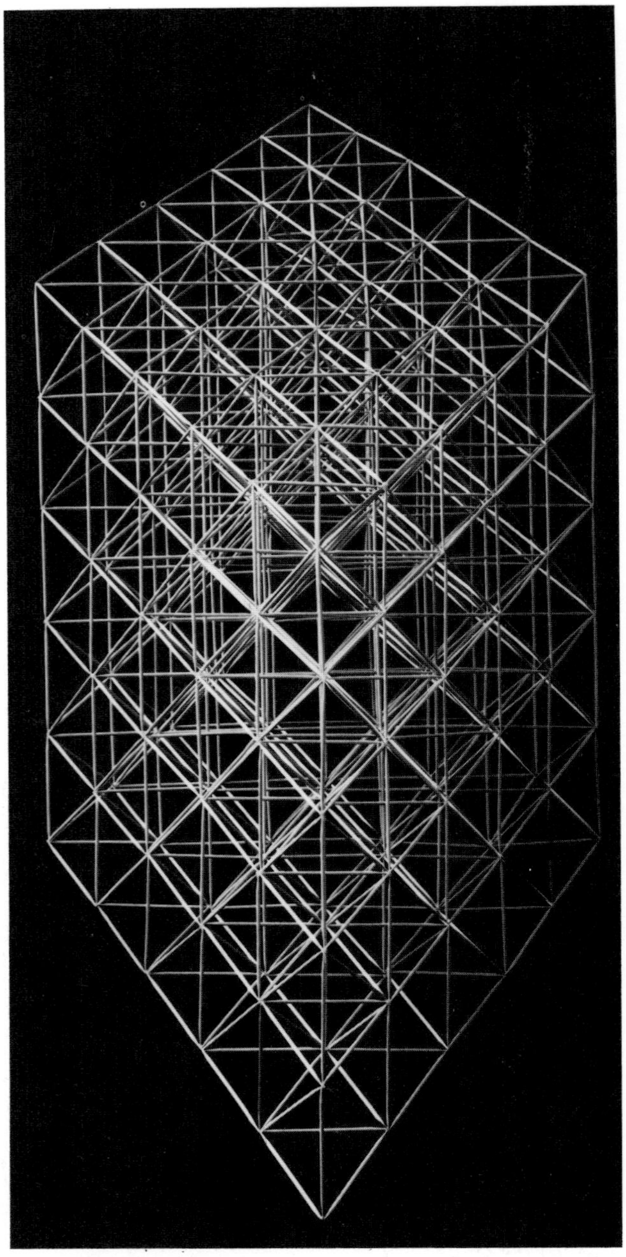

**Abb. 9-48** Barbara Jüntgen

**Abb. 9-49** Michael Güldenberg (Karton)

**Abb. 9-50** Michael Güldenberg

Beendigung der Struktur bzw. die Entwicklung einer in sich geschlossenen Gestalt ist und daher die Formen und Vorgänge der Gestaltbildung besondere Beachtung verdienen. Auch hier sind die Logik der Form, die Stärken und die Schwächen der Struktur und des Systems zu diskutieren. Bei den Strukturen aus Stäben erscheint z. B. als Randzone eine Flächenstruktur **(Abb. 9-38** bis **40, 9-42, 9-45, 9-46).**
**Beispiele: Abb. 9-32** bis **9-50**

## PARTITUR

### Varianten der Aufgabenstellungen

Selbstverständlich lasen sich beliebige Varianten solcher Aufgabenstellungen bilden: die Strukturen können aus Stäben gebildet werden, das Material kann verschieden sein und zur Strukturbildung herangezogen werden, es können Varianten des Elementes gefordert werden, oder Übergänge in andere Strukturformen desselben Elementes oder die Elemente sollen im Raum »packbar« sein.
Darüber hinaus kann mit mehreren verschiedenen Elementen gearbeitet werden, Elemente können gekrümmte Oberflächen besitzen usw.

## 9.4.3 THEMA: FLÄCHIGE STRUKTUREN AUS KÖRPERN

*Aufgabe:* Bauen Sie eine flächige Struktur aus gleichen Körper-Elementen, die eine geschlossene Oberfläche besitzen. Die Struktur soll in mehreren Schichten räumlich angeordnet sein.

**Abb. 9-51** Andrea Gruß

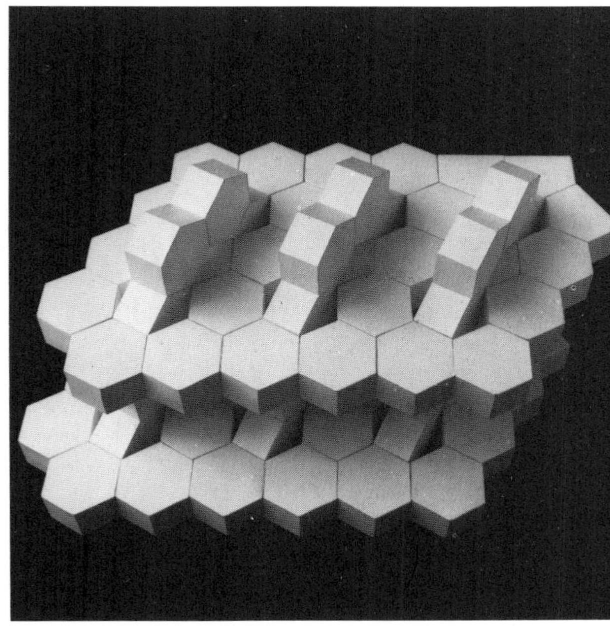

**Abb. 9-52** Andrea Gruß

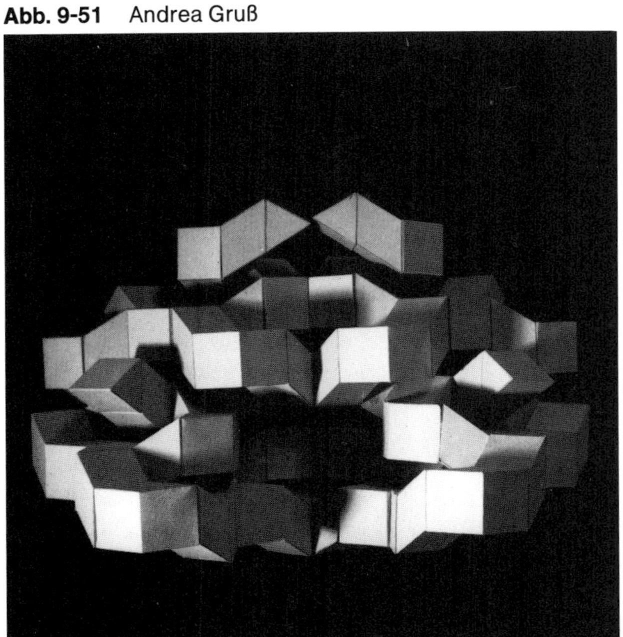

**Abb. 9-53** Helmut Ertmer

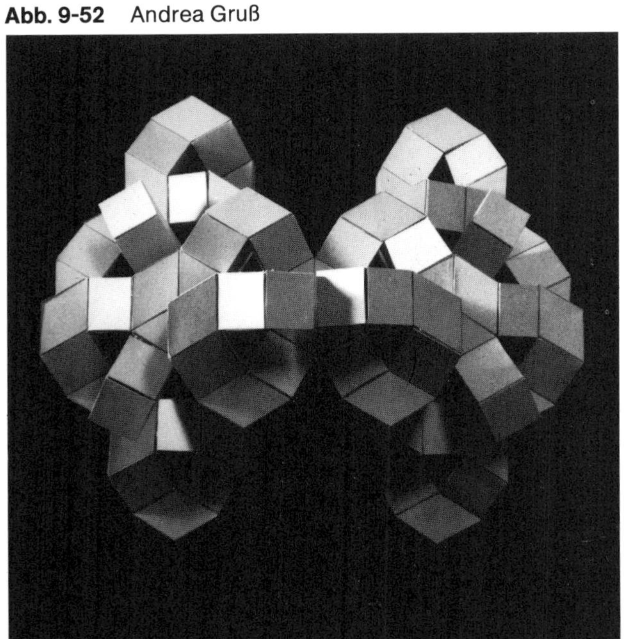

**Abb. 9-54** Helmut Ertmer

*Teil 1)* Entwickeln Sie ein Element, das Eigenschaften besitzt, die seine Anordnung als flächige Struktur im Raum erlauben. Bestimmen Sie am Modell und in Skizzen die Struktureigenschaften des Elementes.

*Teil 2)* Entwickeln Sie mögliche Strukturen mit dem gefundenen Element.

*Teil 3)* Entscheiden Sie sich für eine Struktur und führen Sie diese aus.

*Teil 4)* Zeichnen Sie die fertige Struktur als Parallelprojektion.

*Material,* Werkzeug, Größe, Bearbeitungszeit und Hinweise wie bei Thema 1). Den Hinweisen ist noch hinzuzufügen, daß die Gesetzmäßigkeiten der Flächenstrukturen gelten und daß geeignete Körper prismatische Formen haben oder Ableitungen solcher Formen sind.

Eine Variante der Aufgabe läßt die Form wie bei Thema 2) zu einem Abschluß kommen. Dabei sind dann geschlossene Formen möglich, die nicht unbedingt in Schichten angeordnet sind, sondern die von einem Zentrum aus entwickelt sind und so nach außen z. B. einen eiförmigen Abschluß der Form aufweisen.

**Ausführung**

Für die Ausführung gilt das unter Thema 1) Gesagte sinngemäß.

**Beurteilung**

Bei der Analyse solcher zweidimensionaler Strukturen sollte der Unterschied zu den dreidimensionalen Strukturen herausgearbeitet werden. Gerade auch die

**Abb. 9-55** Birgit Hansen

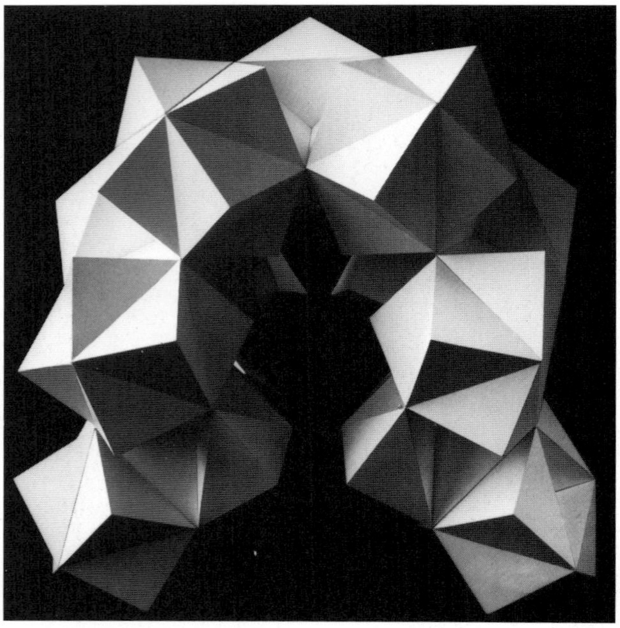

**Abb. 9-56** Dietmar Filter

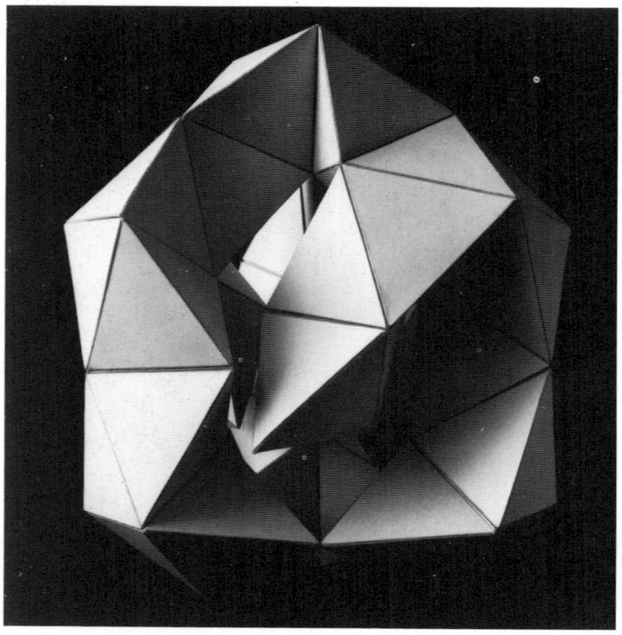

**Abb. 9-57** Helmut Weitz

**Abb. 9-58** Hans Strunk

Zwischenstellung der geschichteten Flächenstrukturen aus Körpern, die ja teilweise mit Raumstrukturen zusammenfallen, wie beim Würfel z. B., oder aber Raumstrukturen sehr ähnlich sind.
**Beispiele: Abb. 9-51** bis **9-54**

### 9.4.4 THEMA: LINEARE STRUKTUREN AUS KÖRPERN

*Aufgabe:* Bauen Sie eine lineare Struktur aus Körpern, die gleich sind und eine geschlossene Oberfläche besitzen. Geben Sie der Form Gestaltcharakter durch ein der Struktur übergeordnetes Ordnungsprinzip oder durch Veränderung der Elemente bzw. der Struktur.

*Teil 1)* Finden Sie ein Element und bestimmen Sie seine Struktureigenschaften.

*Teil 2)* Entwickeln Sie an Arbeitsmodellen Möglichkeiten der linearen Addition ihres Elementes und entscheiden Sie sich für ein übergeordnetes System der Gestaltbildung.

*Teil 3)* Bauen Sie das Strukturmodell und achten Sie auf sorgfältige Ausführung.

*Material,* Werkzeug, Größe, Bearbeitungszeit und Hinweise wie bei Thema 1). Den Hinweisen ist noch hinzuzufügen, daß »lineare Struktur« meint, daß mit einem Element regelmäßige Ketten entwickelt werden sollen und nicht freie beliebige Kettenformen.

**Ausführung und Beurteilung** sind entsprechend wie bei den vorangegangenen Aufgabenstellungen zu bearbeiten.
**Beispiele: Abb. 9-55** bis **9-59**

**Abb. 9-59** Ursula Schellhöh

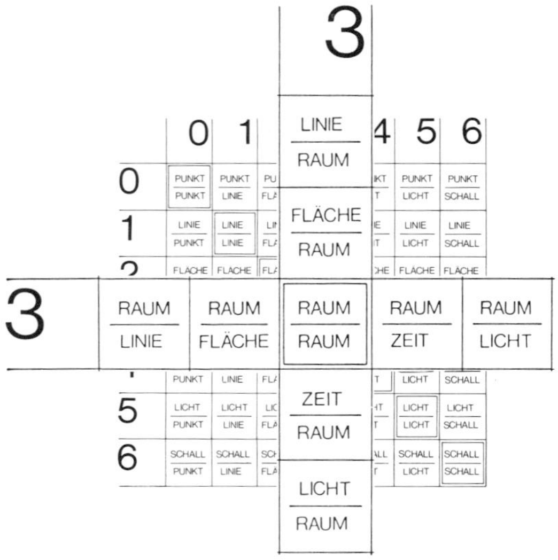

**Abb. 10-1** Evelyn Sachs – Baukörper

# 10 Architekturgestalt

Nachdem bisher die Architektur und damit auch Architekturgestalt im engeren Sinne ausgeklammert und sozusagen immer »im Sinn« behalten waren, soll in diesem letzten Teil die Architekturgestalt zum Thema werden. Es soll die Brücke zurück zu den ersten spielerischen Versuchen in Teil 3 geschlagen und gleichzeitig gewagt werden, auf dem Hintergrund der Erfahrungen aus den Teilen 4 bis 9 den Schritt in die Gestaltung von Architektur zu tun.
Dieses geschieht nicht als Planung im Sinne von Auseinandersetzung mit Funktionen, sondern als Versuch, am Modell semiotische Sachverhalte von Formen, die Architektur-Charakter besitzen, zu studieren. Es soll anschaulich eine Grundlage erarbeitet werden, um zu klären, inwiefern plastische Formen Architekturen darstellen und Bedeutungsträger für Inhalte architektonischer Art sein können.

HILFSMITTEL

**Hilfsmittel (subjektiv)**

Voraussetzung ist die Fähigkeit und die Bereitschaft zur Beobachtung und Entwicklung von Architekturformen und ihren Bedeutungen.

Ziele sind
a) architektonische Formen entwickeln können,
b) Bedeutungen von Formen erkennen können,
c) architektonische Formen in einem Zusammenhang mit bestimmter Bedeutung sinngemäß einzusetzen und eine Architektur-Gestalt aufbauen zu können.

**Hilfsmittel (objektiv)**

Objektive Hilfsmittel sind Materialien, Modellbau, Räume etc. Informationen zu der Frage der Bedeutung von Formen in der Architektur.

**Literatur:**


*Feuerstein,* Günther: Archetypen des Bauens, Wien 1966 und in TRANSPARENT 1974, 1975 und 1976
*Feuerstein,* Günther: »Bedeutung« in Architektur und Umwelt, in TRANSPARENT 3, 4/1977, Wien 1977
*Meisenheimer,* Wolfgang: Die verschiedenen Bedeutungsdimensionen von Architektur als Sprache, in ad2, Hrsg. der Rektor der Fachhochschule Düsseldorf 1976


## 10.1 Bedeutung von Formen der Architektur

Für den praktischen Versuch, im Modell Formen mit Architektur-Charakter zu entwickeln, liegt zuerst die Frage auf der Hand: was macht den Architektur-Charakter aus? Was macht eine Form zur Architektur? In zweiter Linie erst stellt sich dann die Frage inwiefern Architekturformen Bedeutung tragen und welcher Art diese Bedeutung sein kann. In einigen Thesen, bei denen ich mich grob an der Aufstellung von Wolfgang Meisenheimer (s. o.) orientiere, wollen wir einige Voraussetzungen zusammentragen, die helfen können, sachgemäße Kriterien zu finden.

**1** Architektur wird als ein *Mitteilungssystem* aufgefaßt. Wir benutzen Redeweisen wie »dieses Gebäude sagt mir nichts«, »die Wohnung wirkt sehr ansprechend«, »das Gebäude erscheint sehr einladend« oder »das

Schloß beherrscht die Landschaft«. Sie zeigen, daß Bauwerke Beziehungen herstellen oder herausfordern, daß sie von Menschen für Menschen gemacht sind, um Mitteilungen zu machen. Sie dienen der Verständigung in menschlichen Handlungszusammenhängen und bedeuten etwas für Menschen, die sie machen und nutzen, so daß sie sich entsprechend verhalten.

**2** Bauwerke werden aus *Materialien* hergestellt. Am fertigen Bauwerk sind die Herstellungsvorgänge noch ablesbar. Die Anstrengungen technisch-handwerklicher Art und ihre Folgerichtigkeit treten im Material sichtbar hervor und vermitteln uns Werte und Bedeutungen. Wir unterscheiden kostbare Materialien von billigen und erfahren daraus etwas über nicht sichtbare Zusammenhänge.

**3** Architektur ist eine *Form der Selbstdarstellung.* Sie gibt Auskunft über einen Menschen oder eine Familie, die sich in einem Bauwerk verwirklicht wie z. B. Palazzi der italienischen Renaissance. Mit Hilfe der Formensprache der Architektur repräsentiert sich ein Bauherr. Typisch für solche Bauwerke ist der persönliche Einfall, die Einmaligkeit und Besonderheit der Gestaltung wie wir sie bei Einfamilienhäusern kennen **(Abb. 10-2)**.

**4** Architektur ist auch eine Form der *Selbstdarstellung von sozialen oder ethnischen Gruppen.* Hier ist gerade die Typisierung und Vereinheitlichung des Bauwerks das bezeichnende Merkmal. Die Bauernhöfe des Schwarzwaldes z. B. wurden in typischen Formen wiederholt, ihre Nutzung war immer ähnlich und das Baumaterial war überall gleich. Sie erfüllten für Bauern mit Vieh-, Land- und Forstwirtschaft in dieser bestimmten Landschaft und Klimazone typische Bauaufgaben. (vgl. *Schilli,* Hermann, Das Schwarzwaldhaus, W. Kohlhammer Verlag Stuttgart 1964) **(Abb. 10-3)**.

**5** Architektur kann darüber hinaus auch eine *Kultur oder eine Institution darstellen.* Besonders deutlich wird das an Kirchen und an Regierungsgebäuden. Der Anspruch und die Macht einer Institution werden durch einen architektonischen Formenkanon dargestellt und an bedeutenden Orten wiederholt. Die griechischen Tempel, die gotischen Dome und die Schlösser des Barock sind typische Beispiele **(Abb. 10-4)**.

**6** Architektur kann auch *Ausdruck des menschlichen Typus* sein und die Menschheit darstellen. Hierzu dienen archetypische Formen. Sie wird in diesem Zusammehang zur Darstellung des jeweiligen Weltbildes benutzt. Architektonische Großformen wie Stadtanlagen sind typische Beispiele. In ihnen wird häufig die Entstehung des Kosmos nachvollzogen und in einfachen Gestalten dargestellt (s. Teil 4.1 Urakte und Urbilder in der Architektur).

**7** Bauwerke fordern auf zur *Benutzung.* Sie sind für Gebrauchszwecke errichtet und machen das durch ihre Formen deutlich. Sie haben Werkzeugcharakter und sind für bestimmte Nutzungen zweckmäßig errichtet und ausgestattet. Ein Haus, das bewohnt werden kann, besitzt z. B. Öffnungen verschiedener Art, um es zu begehen, zu belichten, zu belüften usw. Seine Räume sind durch den Raumbedarf für die Lebensvorgänge einer Familie geprägt: sich zu versammeln zum Gespräch, zur Mahlzeit, zu kochen, zu schlafen, zu gehen, zu steigen und für viele andere Verrichtungen.

**8** Architektonische Formen können auch dadurch zu Handlungen auffordern, daß sie *technische Geräte* sind oder wie Apparate aussehen. Beim Rasi Valaya Yantra im Observatorium Jaipur von 1734 z. B. handelt es sich um Instrumente, die tatsächlich von Astronomen benutzt wurden **(Abb. 10-5)**. Bei Gebäuden, die wie eine Dimensionsvergrößerung einer Maschine wirken, läßt die Baugestalt etwas Apparatives assoziieren, auch wenn das nichts mit dem Inhalt zu tun hat. In den 50er Jahren wurden z. B. in der BRD viele »Radioapparate« gebaut.

**9** Architektonische Räume und Formen *fordern die Gefühle der Menschen heraus.* Sie erzeugen Situationen, die Stimmungen, Gefühle oder Launen provozieren. Wir kennen die Atmosphäre einer Wohnung, eines Gebäudes, einer Straße, eines Stadtviertels oder einer ganzen Stadt. Menschen hängen an ihrem Haus, ihrer Stadt; sie identifizieren sich damit. Sie haben Erinnerungen daran, an Erlebnisse an bestimmten Orten. Oder aber sie lehnen eine bestimmte Architektur und Atmosphäre ab, weil sie lebensfeindlich erscheint und ihre Aggressionen herausfordert.

**10** Architekturformen legen *Bewegungsräume* fest und steuern Bewegungen. Wege, Straßen, Tore, Türen, Rampen, Treppen, Aufzüge etc. regeln die Richtung und je nach Abmessungen auch die Geschwindigkeit in der sich Menschen bewegen. Sie fordern zu einer bestimmten Art der Benutzung auf und bilden ein topologisches Ordnungsgefüge zusammen mit einprägsamen Orten. »Sofern die räumlich geographische Orientierung gelingt wird auch die Identifikation erleichtert. Dabei ist dieser Begriff nach wie vor in zweierlei Sinn zu verstehen: einerseits geht es um eine Identifikation (d. h. Wiedererkennung) des Stadtteils, andererseits um die Identifikation (d. h. psychische Gleichsetzung) mit dem Stadtteil« (G. *Feuerstein* a.a.O. S. 30) **(Abb. 10-6)**.

**11** Architektur fordert zur *Bildung und Erhaltung gesellschaftlicher Gruppen* heraus. Das kann dadurch geschehen, daß die Anordnung von Bauten das gemeinschaftliche Interesse einer oder mehrerer Gruppen darstellt und kommunizierbar macht. Der Markusplatz in Venedig ist noch heute als Zentrum venetianischer Herrschaft lesbar und bedeutend durch die dort zusammengetragenen und dargestellten Werte kultureller Art. »Die Wohnanlagen der Stadt Wien aus den 20er Jahren (z. B. der Karl-Marx-Hof, 1927) steigerten das Klassenbewußtsein ihrer Bewohner z. B. bis zum kämpferischen Einsatz von Waffen. Die Einfamilienhaus-Idylle der Adenauer-Zeit in der BRD dagegen trug dazu bei, das Klassenbewußtsein der Arbeiter bis zur

**Abb. 10-2** Athen (Kaisariani), 1943

**Abb. 10-3** Die Hausformen des Schwarzwaldes, 15. u. 16. Jh.

**Abb. 10-4** Paestum, Basilika, 6. Jh. v. Chr.

**Abb. 10-5** Jaipur, Rāśivalaya Yantras, 1734 n. Chr.

**Abb. 10-6** Rom, Spanische Treppe, 1721 bis 1726

**Abb. 10-7** Gernot Minke, Versuchsbau, Kassel 1977

**Abb. 10-8** Venedig, Piazzetta San Marco

**Abb. 10-9** Le Corbusier, plan voisin für Paris, 1922

Selbstverleugnung zu lähmen« (W. *Meisenheimer* a.a.O. S. 55) **(Abb. 10-8)**.

**12** Versuchsbauten haben ihre Bedeutsamkeit darin, daß sie die *Prüfung der Wirksamkeit* architektonischer Sprache und Form ermöglichen. Ein Bauwerk wird zur Diskussion gestellt, man kann an ihm lernen. Dabei werden Vergleiche angestellt. Beispiele sind die Experimentalhäuser in Dronten v. Eindhofen / Holland von Piet Blom (1975/76) oder die Versuchsbauten von Gernot Minke an der Gesamthochschule Kassel (1975–1980) **(Abb. 10-7)**.

**13** Architektur stellt *kulturelle, religiöse, historische oder andere Werte* dar. Das geschieht durch eine symbolische Formensprache die nur Eingeweihte verstehen können. Solche Architektur wendet sich an bestimmte soziale Schichten, die gebildet sind und die dargestellten Wertsysteme kennen. Historische Zitate in der architektonischen Formensprache z. B. der Renaissance sind nur dann zu verstehen, wenn man sie historisch einordnen kann und sie außerdem am Gebäude selbst in Beziehung zu anderen Formen sehen kann.

**14** Bauformen können *Formen aus verschiedenenBereichen nachahmen.* Solche antizipierten Formen können z. B. aus der Geometrie kommen wie Kugel oder Prismen verschiedener Art. Sie werden aber auch aus der Natur entnommen und der Versuch, pflanzliche, tierische und menschliche Formen in der Architektur nachzuahmen ist sehr alt. Man findet solche Formen z. B. an antiken Säulen, in mittelalterlichen Kirchengrundrissen und in modernen begehbaren Plastiken.

**15** Architektur *als Planspiel, als Spiel mit Architekur* führt zur Auseinandersetzung mit theoretischen Inhalten. Utopien oder Idealpläne sind Formen solcher Architektur. Sie besitzen Bedeutung und Wirkung auch wenn sie nicht tatsächlich gebaut werden. Der »plan voisin« von Le Corbusier für Paris aus dem Jahr 1925 war eine Herausforderung und die Proklamation einer neuen Vorstellung vom Leben der Menschen **(Abb. 10-9)**.

**16** Architektur kann auch sich selbst darstellen, den *architektonischen Raum selbst zum Inhalt haben.* Sie kann Darstellung ihrer selbst als »Novum, als materiale Raumstruktur mit eigenen Gesetzen« (W. *Meisenheimer,* a.a.O. S. 59) sein. Die Merkmale solcher Architektur sind Innenraum, Baukörper (Material), Außenraum und die Beziehung zum menschlichen Maßstab. Ihre Bedeutung liegt in ihr selbst.

Zusammenfassend können die Bedeutungsdimensionen in drei Gruppen gegliedert werden:

**1 Architektur als Ausdruck**
a) technisch-handwerklicher Leistung
b) persönlicher Selbstdarstellung
c) sozialer, ethnischer Gruppen
d) von Macht und Einfluß
e) des menschlichen Typus
**2 Architektur als Auforderung zu**
a) Gebrauch und Nutzung
b) instrumenteller Handhabung
c) Äußerung von Gefühlen
d) bestimmten Bewegungen und Verhaltensweisen
e) sozialem Verhalten
f) Vergleichen und Versuchen (Tests)
**3 Architektur als Darstellung von**
a) nicht materiellen Werten
b) Formen aus der Natur (Nachahmung)
c) Vorstellungen, Ideen, Utopien
d) dem architektonischen Raum selbst

Architektur wird immer durch Bedeutung geprägt, die Bezüge zu Sachverhalten und Werten darstellen. Die Bedeutungen werden durch architektonische Formen, die »Sprache« der Architektur, vermittelt. Eine Form wird also dadurch zur Architektur, daß sie in einem menschlichen Handlungszusammenhang Bedeutung bekommt, also für eine Mitteilung von Menschen für Menschen benutzt wird. Es ist also möglich, einen beliebigen Gegenstand als Architektur zu betrachten indem man ihn aus seiner gewohnten Umgebung entfernt und in der Vorstellung einen maßstabsgerechten menschlichen Handlungszusammenhang erfindet.

## 10.2 Partituren

An zwei Themen sollen die Merkmale topologischer und geometrischer Ordnungen in der Architektur beispielhaft gezeigt und studiert werden. Entscheidend ist dabei, daß nicht Architektur entworfen werden soll und auch nicht ein technisch einwandfreies Detail. Wohl aber soll das Verständnis des Zusammenhangs von komplexen Funktionen, zugehörigen Formen und Bedeutungen geweckt und andererseits im zweiten Thema die Beziehung zwischen Form und technisch-funktionaler Logik praktisch hergestellt werden.

### 10.2.1 THEMA: BAUKÖRPER

*Aufgabe:* Bauen Sie das Modell eines Bauwerks etwa im Maßstab 1:100 als Massenmodell.
Der Bau soll im Rahmen der Hochschule für kleine Ausstellungen, Diskussionsabende, Fachschaftsfeste und Kammerkonzert dienen. Er soll auf dem Gelände der Hochschule errichtet werden. Seine Nutzfläche soll zwischen 300 und 500 Quadratmetern liegen.

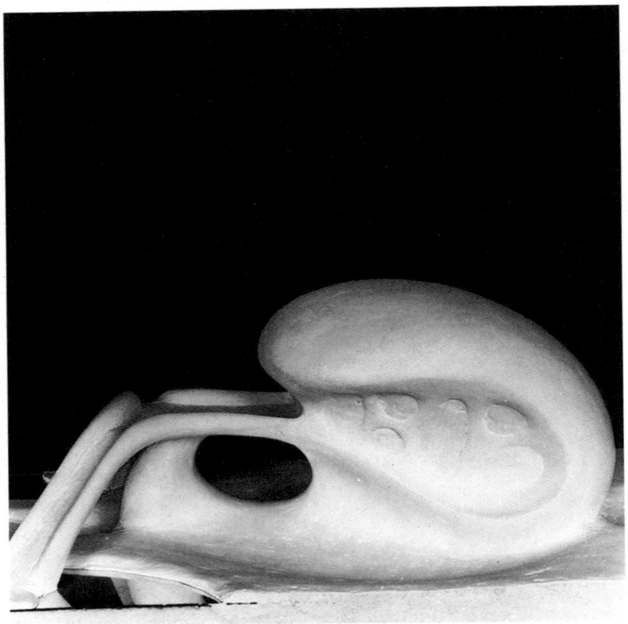
**Abb. 10-10** Klaus Stadler (Gips)

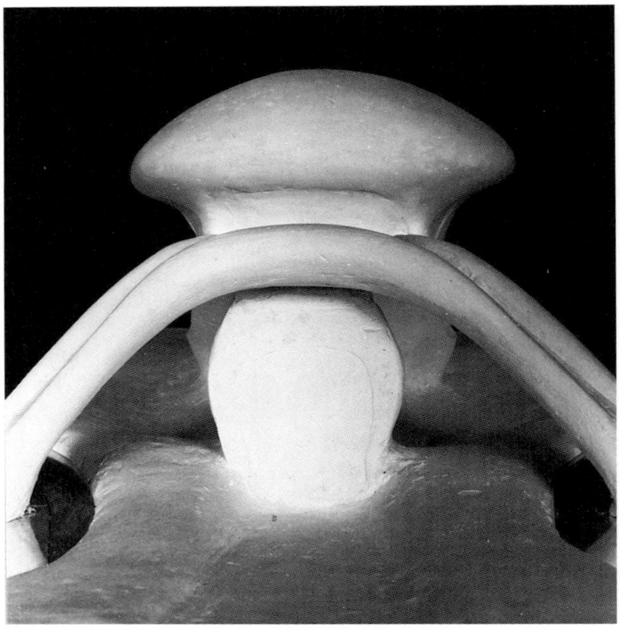
**Abb. 10-11** Klaus Stadler

**Abb. 10-12** Eberhard Jercke (Karton)

**Abb. 10-13** Rolf Lorenz (Pappe und Moltofill)

**Abb. 10-14** Ursula Striebel (Weißblech)

**Abb. 10-15** Lieselotte Mehl (Karton)

*Hinweis:* Das Hauptgewicht der Aufgabe liegt auf der Idee und der plastischen Durchbildung des Baukörpers. Er soll den Inhalt der Bauaufgabe zum Ausdruck bringen.

*Material:* Weißblech, Holz, Ton, Gips, Karton usw.

*Teil 1:* Stellen Sie einen Raumbedarfsplan auf und ermitteln Sie überschläglich die gesamte Baumasse.

*Teil 2:* Zeichnen Sie ein Funktionsschema und versuchen Sie, mit Arbeitsmodellen aus Ton oder Plastillin, Baumassen anhand des Schemas einander zuzuordnen.

*Teil 3:* Entwickeln Sie am Modell und mit Hilfe von Skizzen plastische Ausdrucksformen für die angegebenen Inhalte.

*Teil 4:* Bauen Sie das Massenmodell und versuchen Sie, ein Maximum an Ausdruck und Eindeutigkeit der Form zu erreichen.

*Bearbeitungszeit:* Teil 1 und 2: ein Tag, Teil 3: zwei Tage, Teil 4: zwei Tage.

**Ausführung**

Bei der Ausführung sollten Sie sich nicht zu sehr mit den Funktionen belasten. Sie sollen einen Überblick über die Zusammenhänge im ganzen Gebäude gewinnen, um mit Raumgruppen und Massen arbeiten zu können. Entwickeln Sie mehrere Varianten für die Anordnung der Baumassen und ebenso – unabhängig von diesen – für die Ausdrucksformen. Versuchen Sie dann durch Vergleichen einander entsprechende Lösungen zu vereinigen und daraus die endgültige Gestalt zu entwickeln.

**Beurteilung**

Kriterien für die Beurteilung sind:

1 Entsprechung von Form und Inhalt
2 Logik der Formen
3 Material und Form
4 handwerkliche Ausführung

**Beispiele: Abb. 10-1, 10-10** bis **10-15**

## 10.2.2 THEMA: KNOTEN

*Aufgabe:* Entwickeln Sie vier oder mehr gleiche (kongruente) Körperelemente und fügen Sie sie zu einem räumlichen Knoten zusammen. Der Knoten muß stabil sein. Er muß aber nicht allen Beanspruchungen (Druck, Zug, Biegung etc) gleichzeitig genügen.

*Teil 1:* Wählen Sie ein räumliches Achsenkreuz und bestimmen Sie die Form der Querschnitte

*Teil 2:* Untersuchen Sie die Möglichkeiten der räumlichen Durchdringung in Ihrem Achsenkreuz und erfinden Sie die plastische Form für eine der Möglichkeiten.

*Teil 3:* Bauen Sie den Knoten.

*Material* Holz (Aus Stäben verleimt)

*Größe* Stabquerschnitte etwa 10 cm Durchmesser

*Bearbeitungszeit:* Teil 1: ein Tag, Teil 2: ein Tag, Teil 3: zwei Tage

**Abb. 10-16** Hildegard Inderfurth

**Abb. 10-17** Jutta Meinhardt

**Abb. 10-18** Jürgen Prehn

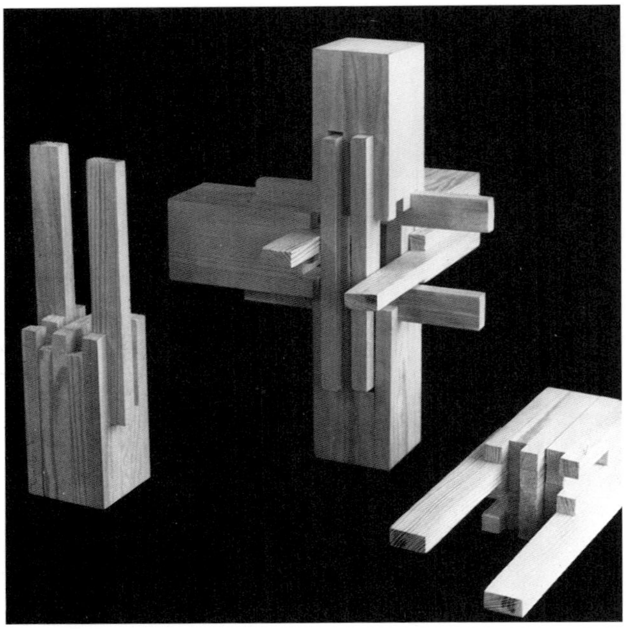

**Abb. 10-19** NN

**Abb. 10-20** NN

**Abb. 10-21** Ingrid Münstermann

**Abb. 10-22** Peter Dobrunz

**Abb. 10-23** NN

**Abb. 10-24** NN

### Ausführung

Greifen Sie bei Ihren Überlegungen auf Raumstrukturen und Würfelteilungen zurück. Beachten Sie, daß Sie ohne Hilfsmittel wie Schrauben oder andere zusätzliche Teile den Knoten haltbar machen sollen.

### Beurteilung

Die Kriterien der Beurteilung entsprechen der Aufgabe, einen haltbaren Knoten zu entwickeln. Außerdem sollen Sie zeigen, daß Sie die Prinzipien der räumlichen Strukturen und der räumlichen Teilungen anwenden können. Die handwerkliche Ausführung und Genauigkeit haben große Bedeutung.
**Beispiele: Abb. 10-16** bis **10-25**

**Abb. 10-25** Andreas Sack (Stahlrohr, geschweißt)

# Weiterführende Literatur


## GESTALT UND GESTALTUNG

*Arnheim,* Rudolf: Anschauliches Denken, Verlag M. Du Mont Schauberg Köln, 1972

*Halprin, Lawrence* and *Burns*, Jim: TAKING PART, MIT Press, Cambridge Massachusetts, 1974

*Kerner,* Günter und *Duroy*, Rolf: Bildsprache 1, Don Bosco Verlag, München, 3. Auflage 1979

*Konstantinidis,* Aris: Elements for Self-Knowledge, Selbstverlag, Athen, 1975

*Kepes,* Gregory: Sehen und Werten, ...

*Kepes,* Gregory: Sprache des Sehens, Mainz, Berlin 1970

*Klee,* Paul: Schriften zur Form- und Gestaltungslehre (Hg. v. J. Spiller), Bd. 1: Bildnerisches Denken, Basel, 1956

*Metzger,* Wolfgang: Gesetze des Sehens, Verlag Waldemar Kramer, Frankfurt a. M. 3. Auflage, 1975

*Neu,* Till: Von der Gestaltungslehre zu den Grundlagen der Gestaltung, Otto Maier Verlag, Ravensburg, 1978

*Schneider,* Martina (Hg.): Information über Gestalt, Bauweltfundamente 44, (Hg. Ulrich Conrads), Bertelsmann Fachverlag, Düsseldorf, 1974

*Strawinsky,* Igor: Musikalische Poetik, Verlag Schott, Mainz, 1949

The New Games Book, (Hg. The Headlands Press), San Francisco, 1976 deutsch: die neuen Spiele, Ahorn Verlag, München, 1979

*Wingler,* Hans: Das Bauhaus 1919–1933, Verlag Gebr. Rasch & Co, Bramsche, 1962, Verlag M. Du Mont Schauberg, Köln, 1962

## FARBE

*Albers,* Josef: Interaction of Colour, Verlag M. Du Mont Schauberg, Köln, 1970

*Hickethier,* Alfred: Ein-Mal-Eins der Farbe, Otto Maier Verlag, Ravensburg, 1963

*Itten,* Johannes: Kunst und Farbe, Otto Maier Verlag, Ravensburg, 1961

*Küppers,* Harald: Farbe (Ursprung, Systematik, Anwendung), Callwey Verlag, München, 1972

*Würtenberger,* Franzsepp: Architektur und Farbe, Hg. Universität Karlsruhe, Lehrstuhl für Gebäudelehre und Entwerfen, Institut für Gebäudeplanung, Karlsruhe, 1974

## NATURFORMEN

*Bentley,* W. A. and *Humphreys,* W. J.: Snow Crystals, Dover Publications, Inc. New York, o. J.

*Blossfeldt,* Karl: Urformen der Kunst, Verlag Ernst Wasmuth A. G. Berlin, o. J.

*Franke,* Herbert W.: Wohin kein Auge reicht, F. A. Brockhaus, Wiesbaden, 1959

*Haeckel,* Ernst: Art Forms in Nature, Dover Publications, Inc. New York, 1974. Nachdruck von: Kunstformen der Natur, Verl. des Bibliographischen Instituts, Leipzig und Wien, 1904

*Jenny,* Hans: Kymatik, Band 1 und 2, Basilius Presse A. G. Basel, 1972

## TOPOLOGISCHE ORDNUNGEN

*Arnheim,* Rudolf: Die Dynamik der architektonischen Form, Du Mont Buchverlag, Köln, 1980

*Bloomer,* Kent C. und *Moore,* Charles W.: Architektur für den »Einprägsamen Ort« Hg. Gerald R. Blomeyer und Barbara Tietze, Deutsche Verlagsanstalt Stuttgart, 1980

*Feuerstein,* Günther: Archetypen des Bauens, Diss. Wien, 1966 und in TRANSPARENT (Hg. Günther Feuerstein), Wien 1974, 1975 und 1976

*Hall,* Edward T.: The Hidden Dimension, Garden City, N. Y. 1966 deutsch: die Sprache des Raumes, Düsseldorf 1976

*Kükelhaus,* Hugo: Unmenschliche Architektur, Gaia Verlag, H. Albert Schulz, Köln, 1973

*Meisenheimer,* Wolfgang: Innenraum, ein architektonisches Urphänomen in ad4 Hg. der Rektor der Fach-

hochschule Düsseldorf Schriftleitung Jürgen Pahl, Düsseldorf, 1978
*Schaal,* Hans Dieter: Wege und Wegräume, Selbstverlag, 4. Auflage Stuttgart 1980
*Schaal,* Hans Dieter: Architektonische Situationen, Selbstverlag, Stuttgart 1980
*Scholl,* Helga und *Spieker,* Helmut: Eigenschaften von Platzräumen, Schriftenreihe Baugestaltung Band 2, Hg. Helmut Spieker, Lehrstuhl für Architektur, ETH Zürich, 1976

GEOMETRISCHE ORDNUNGEN

*Blaser,* Werner: Struktur und Gestalt in Japan, Verlag für Architektur Zürich, 1963
*Critchlow,* Keith: Order in Space, Thames and Hudson, London, 1969
*Fischer,* Theodor: Zwei Vorträge über Proportionen, München, 1934
*Groß,* Roland: Symmetrie, in ornament ohne ornament, Hg. Dr. Mark Buchmann, Kunstgewerbemuseum, Zürich, 1965
*Le Corbusier:* Der Modulor, Deutsche Verlagsanstalt Stuttgart, 1953
*Le Corbusier:* Der Modulor 2, Deutsche Verlagsanstalt Stuttgart, 1958
*Mössel,* Ernst: Urformen des Raumes als Grundlagen der Formgestaltung, C. H. Beck'sche Verlagsbuchhandlung, München, 1931
*Siegel,* Kurt: Strukturformen, Verlag Georg O. W. Callwey, München, 1960
*Wedepohl,* Edgar: Eumetriea, Verlag Richard Bacht GmbH, Essen, 1967
*Williams,* Robert: The Geometrical Foundation of Natural Structure, Dover Publications, INC. New York, 1979
*Wolf,* K. Lothar und *Wolff,* Robert: Symmetrie, Böhlau-Verlag, Münster / Köln, 1956

ARCHITEKTUR-THEORIE

*Giedion,* Siegfried: Raum, Zeit, Architektur, Otto Maier-Verlag, Ravensburg, o. J.
*Giedion,* Siegfried: Architektur und das Phänomen des Wandels, Tübingen, 1969
*Loos,* Adolf: Sämtliche Schriften in zwei Bänden, Hg. Franz Glück, Verlag Herold, Wien / München, 1962
*Meisenheimer,* Wolfgang: Der Raum in der Architektur, Diss. Aachen, 1964
*Feuerstein,* Günther: »Bedeutung« in Architektur und Umwelt, in TRANSPARENT 1977, Heft 3/4 Hg. Günther Feuerstein, Wien 1977
*Schulz,* Norbert: Logik der Baukunst, Bauweltfundamente 15, Bertelsmann Fachverlag, Gütersloh, Berlin, München, 1968
*Schumacher,* Fritz: Handbuch der Architektur, Verlag J. M. Gebhardt, Leipzig, 1926
*Schumacher,* Fritz: Der Geist der Baukunst, Tübingen, 1956
*Schwarz,* Rudolf: Von der Bebauung der Erde, Heidelberg, 1949
*Von Streng,* Philipp: Menschliches zur Architektur, Benzinger Verlag Einsiedeln, Zürich, Köln, 1968

ARCHITEKTUR-BAUWERKE

*Bussagli,* Mario und Pier Luigi *Nervi* (Hg.): Weltgeschichte der Architektur, Belser Verlag, Stuttgart
*Carver,* Norman F. Jr.: Form and Space of Japanese Architecture Shokokusha Publishing Co. Tokyo, 1955
*Conrads,* Ulrich und *Sperlich,* Hans G.: Phantastische Architektur, Verlag Gerd Hatje, Stuttgart, 1960
*Gerster,* Georg: Kirchen im Fels, Verlag W. Kohlhammer, Stuttgart, 1968
*Goldfinger,* Myron: Villages in the Sun, Lund Humphries, London, 1969
*Guidoni,* Enrico: Storia dell' architettura: »Architettura Primitiva« Electa Editrice, Mailand, 1979
*Knuffel,* Werner E.: The Construction of the Bantu Grass Hut, Akademische Druck- und Verlagsanstalt, Graz, 1973
*Oliver,* Paul (Ed.): Sehlter, Sign and Symbol, Barrie & Jenkins, London, 1975
Revolutionsarchitektur, Katalog der Staatlichen Kunsthalle Baden-Baden und der Gesellschaft der Freunde junger Kunst e. V. (Hg.) 2. Auflage, Baden-Baden, 1971
*Rudofsky,* Bernhard: Architecture without Architects, The Museum of Modern Art, New York, 1965
*Schilli,* Hermann: Das Schwarzwaldhaus, Verlag W. Kohlhammer, Stuttgart, 1953
*Wagner,* Friedrich Chr.: Die Töpfersiedlungen der Insel Siphnos, Selbstverlag, 2. Auflage, Karlsruhe, 1974

# Fotonachweis

Alle Fotografien vom Verfasser mit Ausnahme der **Abb. 1-35** aus Herbert W. *Franke,* Wohin kein Auge reicht, F. A. Brockhaus, Wiesbaden 1959. Fotograf: Dr. Ch. Meyer, Eindhoven

**Abb. 1-40** und **8-10** aus Hans *Jenny,* KYMATIK, Wellen und Schwingungen mit ihrer Struktur und Dynamik, Band 2, Basilius Presse AG, Basel 1972. Fotograf: Christiaan Stuten

**Abb. 10-2** aus Aris *Konstantinidis*, ELEMENTS FOR SELF-KNOWLEDGE, Selbstverlag, Athen 1975. Fotograf: Aris Konstantinidis

**Abb. 10-3** aus Hermann *Schilli,* Das Schwarzwaldhaus, a.a.O. Zeichnung: Hermann Schilli

**Abb. 10-5** aus KALENDERBAUTEN, Die neue Sammlung, München 1976. Fotograf: Dr. Hermann Kern, München

**Abb. 10-6** aus ROM, Merian Heft 4/X, Hoffmann & Campe Verlag, Hamburg. Fotografin: Helga Stursberg

**Abb. 10-7** aus Gernot *Minke,* Alternatives Bauen, Gesamthochschule Kassel, Kassel 1980. Fotograf: Gernot Minke

**Abb. 10-9** aus LE CORBUSIER, MEIN WERK, Verlag Gerd Hatje, Stuttgart 1960. Zeichnung: Le Corbusier

**Abb. 10-11, 10-12, 10-15** und **10-16** Hans Bauer

Die abgebildeten Personen sind mit der Veröffentlichung ihrer Bilder einverstanden.